태초에 웃음이 있었다

The Laugh of the Beginning

긴 세월 기다리다 먼저 가신

누님께

이 책을 바친다

태초에 웃음이 있었다

지승원 지음

이문출판사

저자 해경 지승원 (海鏡 池勝源)

- 한동대 법학부 교수
  다릿골교회 목사
  현대종교문화연구소 소장
  한국신학원 원장
- 서울법대, 연세대 대학원 법학과, 감신대 졸업
- 치과의료선교회 초대간사, 기독교대한감리회 홍은교회 목사, 경제기획원 · 공정거래위원회 신우회 지도목사 역임, 국제와이즈멘 서울한양클럽 회원, 변선환아키브 회원
- 고 무봉 홍정표(武峰 洪正杓) 선생으로부터 'YMCA 권법' 사사, 종로 YMCA 태권도 사범, 계명대 태권도학과 외래교수 역임
- 저서 『그의 나라를 기다리며』(1991), 『의미를 추구하는 인간, 법률인』(2007)

태초에 웃음이 있었다

펴낸곳 이문출판사 ‖ 변경등록:1994. 6. 3. 제7-20호

발행인 / 지경원 ‖ 지은이•지승원 ‖ 초판 발행 / 2014년 12월 15일
주소 / 704-306 대구시 달서구 진천동 581-3 ‖
121-846 서울 마포구 월드컵북로 66

전화 / 02) 359-8250, 053) 624-3113 ‖ 팩스 / 02) 359-8251

ISBN 978-89-7334-163-4 93230

이 도서의 국립중앙도서관 출판예정도서목록(CIP)은 서지정보유통지원시스템 홈페이지(http://seoji.nl.go.kr)와 국가자료공동목록시스템(http://www.nl.go.kr/kolisnet)에서 이용하실 수 있습니다.(CIP제어번호: CIP2014034412)

저자 서문

30여 년을 설교를 하고 들으며 살았다. 구슬은 만들기도 힘들고 꿰기도 힘들었다. 쓰려던 것은 고통과 악, 삶의 의미와 같은 사람살이의 문제였다. 그러나 결국 신학에서 논의되는 많은 주제들을 다루게 되었다. 사람 이야기가 하나님 이야기고 하나님 이야기는 사람 이야기라는 것을 알았다. 그리스도인이기에 성경의 가르침을 중심으로 글이 흘러갔지만, 세계 종교가 어깨를 나란히 하고 있는 현대의 상황을 감안할 때 다른 종교에 대한 언급도 피할 수 없었다. 또 한국인의 마음속에서 동양의 전통 종교와 사상의 흔적을 지워내기는 불가능하다는 것도 느꼈다. 적어도 고통의 문제에 관한 한 모든 종교는 '선한 이웃'이다.

이 책에는 20대에서 지금에 이르기까지 늘 믿음의 스승으로 서 계신 안형관 선생님과의 기나긴 대화, 그리고 나 자신의 경험이 녹아 있다. 안 선생님은 화이트헤드 철학에 정통하신 대구 철학계의 지주이시다. 법대를 졸업한 나를 목사로, 또 법철학자로 길러 철학자들의 '종교 간 대화'에 참여하게 하셨다. 그와 함께, 내 삶의 많은 부분은 난지도 쓰레기 매립장 사람들과 근육장애인들이 차지해 왔다. 스스로 찾아간 것이 아니다. 하나님이 만나게 하셨다고 말할 수밖에 없다. 한 걸음 한 걸음 같이 가다 보니 수십 년이 지났다. 그리고 마침내 웃을 수 없는 사람들의 얼굴에 미소가 번지는 것을 보았다. 나 자신도 그러했다. 이런 만남의 체험을 기초로 사람살이 얘기를 쓰다 보니 책 제목이 <태초에 웃음이

있었다>가 되었다.

안 선생님 외에도 돌아가실 때까지 온갖 배려를 아끼지 아니 하신 누님, 한국종교문화재단과 이문출판사를 설립하여 나의 모든 활동을 뒷받침해 주신 경원 형님, 목사의 길을 열어주신 아현중앙교회 김성렬 목사님, 사회활동에 많은 도움과 조언을 아끼지 않으셨던 와이즈멘 엄요섭 목사님, 신학의 토대를 닦아 주신 변선환 목사님과 정양모 신부님, 무술 스승이신 홍정표 선생님이 다 오늘의 나를 있게 하신 분들이다. 그리고 이 책을 위해 기도해 오신 다릿골교회의 사랑하는 성도들, 아내와 아이들, 현대종교문화연구소의 동료들, 한동대학교의 여러 교수님과 학생들, 만나면 시간 가는 줄 모르는 계명대 태권도학과 교수님들 등등 일일이 거명할 수 없을 만큼 많은 사람들이 인생의 동반자로서 내 옆에 있다. 감사하고 기쁘다.

부록은 난지도에 대한 독자들의 이해를 돕기 위해 덧붙인 것이다. '한국사회이론학회' 학회지인 <「사회이론」 2011년 가을 호>에 게재된 논문이다. 성경은 주로 개역성경을 인용했다. 약어는 성경을 참조해 주기 바란다. 마지막으로, 이 책을 편집하고 교정해준 아내 정경주 집사와 이상훈 박사, 표지 그림을 허락하신 김공웅 교수님, 귀한 문헌을 찾아준 다희에게 감사한다.

2014. 12.
안산 자락에서
지승원 씀

목차

제 1 장
땅에서 들리는 소리

사라가 이르되 하나님이 나를 웃게 하시니
듣는 자가 다 나와 함께 웃으리로다 (창 21:6)

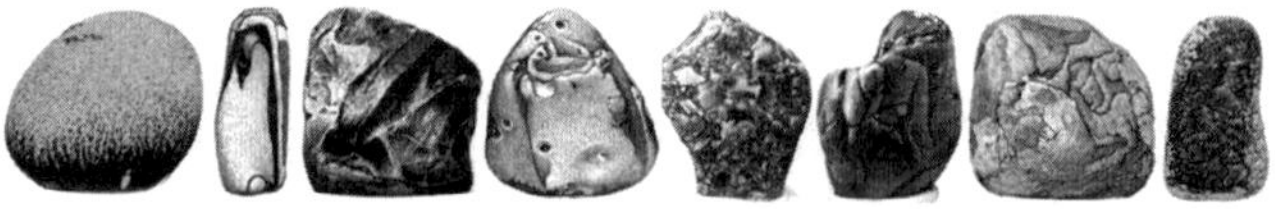

사람으로 산다는 것

탄식

"내 아버지는 꼽추, 어머니는 난장이, 여동생도 난장이, 우리 집에서 나만 멀쩡하다. 나는 지금까지 단 한 번도 부모님을 학교에 모셔간 적도 없고 친구들을 집에 데려와 본 적도 없다. 이게 나의 고통이다." 숨이 막히는 답안이었다. 큼지막한 글씨의 짧은 답안이었기에 순식간에 눈에 들어왔다. 오래 전 모 대학에서 강의할 때의 일이다. 시험문제는 '삶에 있어 고통의 의미는 무엇인가?'였다. 물론 그런 문제를 낸 데는 나름의 이유가 있었다. 김현승이 <슬픈 아버지>에서 읊었듯이, '우리 아버지 세대는 흙벽을 핥으며 자랐고 우리 세대는 외인부대의 깡통을 가지고 놀았다.' 어디서나 걸인과 나병환자와 상이군경 아저씨들을 볼 수 있던 시절, 우리들은 전쟁의 이야기를 들으며 자랐고 그 와중에도 부모들의 교육열은 식지 않았다. 어떤 고통도 능히 껴안는 '삶의 두터움' 같은 것이 우리를 감싸고 있었던지, 어린 우리들도 웬만한 고통은 그저 삶이 그러려니 하고 받아들였다. 그래서 '편히 살아가는' 요즘 젊은이들은 고통을 어떻게 대하는지 궁금했던 것이다. 그런데 예상 외로 피가 뚝뚝 흐르는 처절한 대답이 돌아왔다. 그 청년의 부모는 서로 사랑하여 부부가 되었고 아이들을 낳았을 것이다. 그런데 어째서 그 사랑이 아이들에게는 모든 인간관계를 단절해야 할 만큼 난폭하고 집요한 폭력으로 귀결되는가? 사랑의 열매는 언제나 아름다울 것이라는 기대는 여지없이 무너졌다. 하나님은 왜 한 가족에게 이런 불행이 덮치는 것을 보고만 계시는가? 이 청년은 어떻게 이 가정의 구조적 문제를 극복할 수 있을까? 답안을 제출한 그 청년은 내가 자신을 보고 있다고 느꼈던지 잠시 후 뒤돌아 나를 쳐다보았다. 검은 뿔테 안경 너머의 순한 눈, 그 이후 나는 그를 다시 만나지 못했다.

그러나 그 일을 계기로 나 자신이 고통이라는 주제에 대해 좀 더 진지하게 생각하게 된 것은 분명하다. 대체로 젊은 시절에는 거대담론에 경도되어 숲은 보고 나무는 보지 못한다. 그 당시 나도 난지도 쓰레기 매립장 사람들 및 근육병 장애인들과 교류하고 있었지만, 처음 접한 '집단'의 생소한 고통만 시야에 들어왔을 뿐 사람살이의 구체적 실상에 내 삶이 직접 닿아있지는 못했던 듯하다. 그게 30대 초반의 일이다. 그런데 이 만남 이후 무언가가 달라졌다. 그전에는 조금도 주저하지 않고 난지도 사람들을 대신하여 정부에 제출할 청원서를 여러 번 썼다. 교회도 세우고 야학도 했다. 그러다가 시간이 흘러 난지도 문제가 막바지에 이르렀을 때는 A4 용지 네 장 쓰는데 무려 4년이 걸렸다. 그것도 일부의 사람들의 마음을 대변하는 글이었고, 또 요청한 대로 이루어지지도 않았다. 그만큼 사람을 알고 고통을 알고 해법을 찾는 것은 어려운 일이다. 근육장애인의 경우도 법인 설립을 위해 오랫동안 준비했지만 결국 무산되고 말았다. 제도적 보장이 집단적 고통을 해소하는 지름길이긴 하지만 길은 멀고 험했다. 내가 그 청년을 만난 것도 그 즈음이었다.

아는 사람이든 모르는 사람이든 사람 사는 이야기는 우리 마음에 길고 짧은 여운을 남긴다. 그리고 어떤 계기가 생기면 다시 의식의 표면에 떠오른다. 김현승의 <슬픈 아버지>는 고등학교 3학년 국어 책에 실려 있던 것이다. 그런데 난지도에서 서울 아이들이 버린 장난감을 가지고 노는 아이를 보는 순간, 14년 동안이나 까맣게 잊고 있던 그 시가 갑자기 뇌리에서 되살아났다. 쓰레기 먼지를 뒤집어 쓴 채 물끄러미 나를 바라보는 아이의 맑은 눈에서 옛날의 나를 보았기 때문일까? 아무튼 그 이후 고통스럽게 사는 사람들을 보면 나도 모르게 과거를 회상하는 버릇이 생겼다. 그렇지 않았다면 그 뿔테 안경의 청년도 그냥 스쳐지나간 한 사람에 불과했을지 모른다.

초등학교 시절, 우리는 학교에 제출하기 위해 파리와 쥐를 잡곤 했다. 전염병을 예방하기 위한 조치였다. 콜레라가 휩쓸면 많은 사람이 죽어나가던 시절 이야기다. 파리채를 휘두르다가 문득 올려다 본 그때 그 푸른 하늘과 내려 쪼이던 한낮의 따가운 햇볕이 주던 묘한 허무감, 그것은 그 청년과 나를 이어주는 또 하나의 끈이었다. 그런데 왜 소년의 가슴에 그런 감정이 솟아났을까? 내가 <슬픈 아버지>를 외웠듯 '감자'라는 별명을 가진 불린 쾌활하고 장난 잘 치던 친구는 김동환의 <국경의 밤>을 좋아했다. 그러던 그가 젊은 나이에 스스로 생을 마감했다는 소식을 들었다. 그때 바로 떠오른 것은 '하룻밤 새 그 긴 시를 다 외웠다'고 자랑하던 그의 모습이었다. 무슨 아픔이 있어 그 시를 좋아했고 무슨 힘든 일이 있어 죽음의 길을 선택했는지 알 수 없지만 가끔은 보조개 파진 그 친구 얼굴이 떠오른다.

난지도의 경우는 결국 아파트 입주권을 보장하는 것으로 결론이 났고 그런대로 문제가 해소되었다. 국가의 장애인에 대한 대책도 점차 확대 개선되었고 기부금 영수증 처리도 가능하게 되었다. 그러나 집단의 고통이 어느 정도 극복된다 해도 개인의 고통은 여전히 미해결인 채로 남는다. 난지도 사람들이 공통적으로 원했던 것은 '자기 집'이었다. 그것이 고향을 떠난 사람들이 원하는 최소한의 '인간다운 삶'의 조건이었다. 그러나 집을 가진다 해서 모든 고통이 사라지는 것은 아니다. 난지도의 한 어머니는 제주 4. 3 사태의 피해자였다. 꽃다운 나이에 시댁과 친정 양쪽이 다 풍비박산되고 결국 육지로 나와 한 실향민을 만나 아들 하나 딸 하나를 낳았다. 그 역시 누구의 딸이었으니, 결국 예순 살이 넘어 자신의 딸에게 과거를 밝히고 모녀가 함께 아버지의 기억이 아련히 남아 있는 고향 제주를 찾았다. 좌우 양쪽으로부터 피해를 입은 그녀에게 사건의 책임 소재를 따지는 것은 아무 의미도 없었다. 새 남편도 오래 전 세상을 떴다. 그를 사로잡고 있는 것은 어릴 때 자신의 손을 붙잡고 여기저기 거닐던 아버지에 대한 추억뿐. 그러나 살아남은 친척들은 그녀가 혹시 옛날 아버지가 남긴 땅을 찾으러 온 것이 아닌지 의구심을 품고 모녀를 대했다. 그 딸이 내게 말했다. "생각하지도 않은 일이었지만 너무 슬펐습니다." 이 어머니가 돌아가시면 어느 땅에 그 몸을 누이실까? 누가 이념의 대립이라는 역사의 수레바퀴에 깔려 고통스럽게 살아온 이 어머니의 한을 풀어줄 수 있을까?

질병도 단절과 고독이라는 지독한 고통을 야기할 때가 많다. 도처에서 치매노인들에 얽힌 슬픈 이야기가 들린다. 근육장애인의 그룹 홈('잔디네집')에서 처절한 가족사를 작은 가슴에 담고 있던 한 아이가 휠체어를 타고 탈출했다. 몇 시간을 헤맨 끝에 어느 공원에서 푸른 하늘을 쳐다보고 있는 아이를 발견했다. 한사코 돌아가기를 거부하는 그를 달래 데리고 오는 데 애를 먹었다. 그리고 얼마 후, 그토록 보고 싶어 했던 가족들에 의해 그의 유골은 바다가 보이는 남녘 어느 곳에 안치되었다. 20여 년 전, 수사들이 운영하는 집에 살던 '분도 아저씨'는 자신의 본명과 가족에 대해 굳게 입을 다문 채 삶을 마감했다. 결국 시설에서는 그를 행려병자로 장례를 치러야만 했고, 내가 할 수 있었던 일은 앙상한 시신 앞에 찬 이슬 머금은 국화 한 다발 놓아드리는 것밖에 없었다. 시설에서 마음 착한 사람들의 보살핌을 받고 먹고 사는 데 어려움이 없었음에도 불구하고 이들의 마음 한 구석에는 누구도 채워줄 수 없는 공허와 어떤 빛도 제거해 주지 못하는 어둠이 자리 잡고 있었던 것이다. 그렇다면 이들에게 도대체 산다는 것은 무엇이었을까? 죽음이야말로 새로운 삶의 출발이요 해방이었을까?

전쟁과 테러의 소식도 끔찍하기 그지없다. 한밤중에 백병전을 벌이며 철모를 벗겨보고 까까머리면 대검으로 찌르고 긴 머리면 그냥 두었다는 등의 살벌한 이야기는 군인들 일이니까 그렇다 치자. 학살, 강간, 고문, 성노예, 생체실험, 소년병 등등 전쟁 중에는 이루 헤아릴 수 없는 비극이 일어난다. 아버지께서 생전에 하셨던 이웃집 아낙의 이야기도 전쟁의 비극적 측면을 생생히 깨닫게 해주었다. 6. 25 전란 중에 피난 와 살던 그이는 매일 밤이면 구슬피 울었다. 경찰관 남편은 피살되고 경황 중에 갓난아기를 땅에 누이고 구멍 뚫린 시루를 덮은 후 큰 아이와 함께 경황없이 피난을 왔는데 두고 온 그 아이가 생각나 그렇게 운다는 것이었다. 아이가 울다가 잡히면 모두가 죽으니까 그렇게 운명을 하늘에 맡길 수밖에 없었지만, 그건 어미가 감당할 수 있는 일도 아니고 그의 책임도 아니다.

90년대 초 대구에서 목회를 할 때 어떤 모자가 찾아왔다. 아들은 베트남전쟁 참전용사로 고엽제 피해자였다. 어머니의 말에 따르면 아들은 벽만 보면 거대한 뱀이 기어 다니는 환상에 빠진다 했다. 도대체 전장에서 무슨 일이 일어난 것일까? 70대의 어머니와 40대의 아들, 초췌하기 그지없는 몰골이었다. 어머니는 교회가 아들을 보살펴 줄 수 없는지 알아보러 오셨지만 자그마한 교회가 해줄 수 있는 것은 아무것도 없었다. 그 일 때문인지 한동안 고엽제 피해자 단체에서 제작한 물건을 구매하기도 했었다. 그러나 얼마 전에는 그것마저 끊었다. 냉정하다고 생각되었지만 어떤 단체를 지속적으로 돕는 것이 쉽지는 않았다. 고통을 겪어본 사람이 고통당하는 사람을 도울 줄 안다고들 하지만 늘 그런 것은 아닌 듯하다. 자신도 고통에 치여 살기 때문에 여유가 많지 않은 것이다.

자연재해도 삶을 망가뜨리긴 한다. 그러나 자연에는 복원력이 있다. 또 이를 계기로 소원했던 사람관계가 회복되기도 한다. 이에 비해 '인재(人災)'라 할 사건 · 사고는 직접 피해 외에도 '불신'과 '미움'이라는 다른 심각한 문제를 야기한다. 특히 한국 사회는 이런 감정을 소화하는 데 서투르다. 나이 들면서 친구들의 부고도 자주 접한다. 착잡하다. 50살 즈음에는 IMF 사태가 겹치면서 고등학교 동기들이 많이 떠났다. 퇴직하고 백수로 있는 것도 괴롭다. 친구 만나는 것도 뜸해지고 잘못하면 100살까지 살지도 모르니 끔찍하다. 그러나 인생에 고통과 탄식만 있는 것은 아니다. 인생에는 기쁨도 있고 웃음도 있다.

웃음

인간사에 탄식이 끊일 날이 없어도 역경을 딛고 무언가를 성취했을 때는 기쁨이 찾아온다. '울며 씨를 뿌리러 나가는 자는 기쁨으로 그 곡식단을 가지고 돌아온다'(시 126:6). 아이 길러본 이들은 안다. 웃을 때도 울 때도, 먹을 때도 쌀 때도 아기는 귀엽다. 그래서 커서 애를 먹여도 과거를 기억하고 사랑의 끈을 놓지 못한다. 어느 장애인 시설에서 8개월 된 뇌성마비 아기를 본 적이 있다. 눈을 보면 장애아인 줄 안다 했는데 그렇긴 했다. 그러나 방긋 웃는 모습이 참 귀여웠다. 그리고 그 얼마 전 방문했던 시설의 어른 뇌성마비 환자를 떠올렸다. '아! 그 일그러진 얼굴의 40대 아저씨도 어릴 때는 이렇게 귀여웠겠구나.' 그 어머니가 왜 아기를 유기했는지 사정은 알 길이 없지만, 우리 모두가 아기 때는 누구나 다 귀엽다는 사실만은 알았으면 한다. 이를 깨달으면 '원수 사랑'에 한 발짝 더 다가간다. 한 아기의 단 한 번의 웃음이 가진 힘이 이렇다. 웃음은 하나님이 주신 존재의 본성이다.

내 큰 고모님은 100세에 돌아가셨다. 10대 중반에 시집 와서 84년 간 같은 집에서 사시다 가셨다. 그 동안 형제자매는 물론 남편과 자식들까지 한 사람 남김없이 먼저 세상을 떠났다. 한 아들은 6.25 때 전사했다. 우리 윗세대 분들은 다들 그렇게 폭풍과 화염이 휘몰아치는 시대를 힘들게 사셨다. '정신대'에 끌려가지 않으려고 부모가 일찍 결혼시키는 경우도 많았다. 과연 모든 결혼이 다 축복일까? 그렇다고 대안이 있는 것도 아니다. "그 날에는 아이 밴 자들과 젖먹이는 자들에게 화가 있으리로다"라는 말씀(막 13:17)이 생각난다. 모질었던 인생, 그러나 거룩하고 장엄했다. 며느리가 교회에 다니셨기에 목사 조카가 낯설지는 않으셨던지 옛 이야기 하시며 웃으실 때가 많았다. 그것은 땅의 사람의 주름진 얼굴에 피어오른 천의무봉의 하늘의 미소였다.

'잔디네집'에서 두 아이가 한 날에 10분 간격으로 세상을 떴다. 같이 누워 살더니 갈 때도 그렇게 사이좋게 같이 갔다. 둘이서 낄낄대며 앉아서 레슬링을 하던 아이들도 있었다. 넘어지면 진다. 혼자 일어나 앉을 수 없기 때문이다. 보는 이도 즐겁다. 그러다 한 아이가 갔다. 정말 오랜 만에 아버지를 만난 기쁜 날이었다. 다른 한 아이는 지금도 살아있다. 이미 스무 살을 훌쩍 넘었는데 오래 전 바다 캠프에서 하루 종일 뛰놀던 일(지금은 앉아 있지만 그때는 뛰어다닐 수 있었다)을 다 기억하고 있다. 무슨 까닭인지 교회 오는 것은 거부하고 있지만 그 마음 알 것 같다. '하나님이 계시다면 왜 나를 이렇게 만드셨을까?' 분도 아저씨도 그랬다. 나는 이 질문에 대답할 말이 없다. 그러나 봉사자들과 잘 노는 걸 보면 웃음은 하늘이 주시는 것임이 분명하다.

그러나 혼자서 그냥 기쁨에 잠길 수 있는 사람은 드물다. 누군가 자신의 고통을 이해하고 공감해 줄 때 비로소 웃을 수 있다. 장애아와 그 어머니는 양쪽이 다 이해와 공감 능력이 남다르다. 어느 근육장애인 어머니는 식당을 경영하며 방에 아이를 뉘어 두고 있었다. 손님들 대화도 듣고 TV도 보면서 아이는 심심치 않게 시간을 보냈고 어머니도 틈틈이 아이를 돌볼 수 있었다. 그러다가 죽음의 시간이 다가왔다. 병실도 없었고 치료도 불가능했기에 병원 응급실에서 수많은 사람들이 오가는 것을 보며 며칠을 지냈다. 그리고 이런 말을 남기고 떠났다. "엄마, 마지막까지 지루하지 않았어." 스무 살도 되지 않은 아이가 어머니께서 자신에게 무엇을 주셨으며 사람살이가 무엇인지를 깨달은 것이다. 그 얘기를 전해들은 모든 봉사자들은 속으로 울고 또 웃었다. 근육장애인 아이들은 친구와 형들의 죽음을 자주 접한다. 매일매일 '죽음을 살다가' 훌쩍 삶과 죽음의 경계를 넘어서고 때가 되면 하늘로 떠나는 것이다.

1970년대 중반, 어느 문학잡지에서 '조선 여자 정신대'(일본군 위안부) 르뽀 기사를 읽은 적이 있다. 가장 충격적인 것은 해방의 기쁜 날, 먼 이역 땅에서 고향으로 향하는 열차에 몸을 던진 세 분의 이야기였다. 20여 년 후, 나는 위안부 할머니들을 직접 만날 기회가 있었다. 스님이 운영하는 시설에서였다. 한 할머니가 목사님 오셨다고 반가워하셨다. 교회에 다니는 분이었다. 스님이 주일이면 그녀를 교회에 태워다 준다 했다. 온갖 이야기를 하시다가 다른 할머니 한 분을 데리고 오셨다. 동생이었다. 나는 온 몸이 얼어붙는 듯했다. 자매가 잡혀가다니. 그리고 용케도 그 지옥에서 살아 돌아와 이렇게 내 앞에서 해맑은 얼굴로 웃고 있다니. 거기 그 자리에서 '예수 천국, 불신 지옥'이라는 일부 기독교인들의 천박한 구호는 일거에 무너졌다. 인생, 그리 간단치 않다. 교리대로라면 언니는 천국 가고 동생은 지옥에 가야 한다. 그러나 십자가를 지신 예수께서 그렇게 하실 리가 없다. 입가에 큰 여드름이 나 있던 그 젊은 스님은 언니의 삶과 신앙과 웃음을 존중해 주었다. 기독교인이 이 둘을 갈라놓는다면 언니는 필시 동생을 찾아 지옥에 갈 것이고 예수께서도 그 길에 동행하실 것이다. 두 분의 웃음 앞에 교회는 권위를 내려놓아야 하고, 책임 회피에 급급한 일본 정부 관계자들은 부끄러워해야 한다. 그것이 사람으로서는 감당키 힘든 고통의 늪을 지나 마침내 웃음을 되찾은 사람의 힘이다. 이제 그 자매에게서 웃음을 빼앗을 권리는 그 누구에게도 없다. 그것은 하나님이 주신 은총이다. 하나님은 이들에게 웃음을 되찾게 하시고 그들을 통해 폭력으로 사람들의 몸과 마음을 유린한 모든 자들을 심판하실 것이다.

'분도 아저씨'는 늘 한 아가씨를 기다리고 있었다. 그녀는 웃으면서 다가와 그의 손톱을 깎아주곤 했다. 원장 수사님도 손톱에는 손도 대지 못했다. 아저씨의 삶이 얼마 남지 않았을 때 내가 찾아갔다. 본명과 가족 상황을 물었더니 빙긋이 웃기만 하셨다. 그 아가씨에게만 말할 수 있다는 것이었다. 마지막에는 자신의 존재 자체마저 거부하고 떠난 분이지만 그래도 웃음은 잃지 않았고 또 웃음으로 그를 감싸주는 이를 기다리고 있었던 것이다. 장례식장에서 돌아올 때 하늘에 그의 웃는 얼굴이 잠시 나타났다 사라졌다. 나는 지금도 하나님이 그의 몸과 마음을 다 받아 안으셨다고 믿는다. <국경의 밤>을 흥얼거리던 그 친구는 고3 때 반 대항 체육대회에서 내가 물구나무서기 1위를 했을 때 자기가 평행봉 1위 한 것보다 더 좋아했다. 가끔씩 감자처럼 생긴 얼굴에 피어오르던 그의 웃음이 생각날 때가 있다. 그 친구도 저 세상 어딘가에서 그날을 기억하며 웃고 있을까?

고통 받는 이들에게 최고의 선물은 '웃음'이다. 거기 이르기까지 수많은 난관이 있겠지만 그가 웃을 수 있다면 그게 마지막이다. 2014년 4월 16일 진도 해역에서 단원고 학생들이 탄 '세월호'가 침몰하여 수많은 희생자가 났다. 험한 인생 살아온 부모들은 유가족들이 얼마나 아파하는지를 안다. 그 아픔은 오래 갈 것이다. 그러나 살아남은 아이들은 다시 웃고 떠들며 살아야 한다. 과거에도 그랬다. 전선에서는 형들과 아저씨들이 피를 흘리며 쓰러져 가고 부모들은 살기 위해 몸부림치는 상황에서도 아이들은 '외인부대의 깡통'을 가지고 잘도 놀았다. 그리고 그 아이들을 바라보며 부모들이 해방되었다. 즐겁게 노는 아이들이 가슴 가득 고통을 안고 사는 어른들을 치유하는 것이다. 지금의 아이들도 예전의 우리들과 다를 바 없다. 이들의 웃음이 우리 모두를 살린다. 오늘의 어른들은 이들이 웃을 수 있도록 해주어야 한다. 다시는 그런 비극이 일어나지 않도록 사람이 바뀌고 제도를 바꾸는 것, 그것이 아이들을 웃게 하는 길이다.

또 있다. 그 아이들이 저 세상에서 오직 즐거웠던 일만 기억하게 기도하는 것이다. 그러기 위해서는 이 땅에 있는 어른들이 웃음을 잃지 않아야 한다. 그 점에서 아이는 어른의 스승이다. 막내 아이 어릴 때 성당 유치원에서 '아빠가 불쌍해 보일 때'라는 주제로 그림과 글을 모아 전시회를 연 적이 있었다. 내가 선정한 '그랑프리' 대상 작품은 이것이었다. "아빠와 엄마가 싸울 때, 아빠가 질 때." 그 후 몇 달 간 그것만 생각하면 웃음을 그치지 못했으니 아마 그 아이 엄마 아빠는 적어도 몇 년을 그랬을 것이다. 청소년기에는 조그만 일에도 잘 웃는다. 오래 전 읽은 한 여중 교사의 글이 생각난다. 교정을 거닐다가 여학생 둘이서 식물원 앞에서 배꼽을 잡고 웃고 있기에 왜 그러나 해서 가 봤더니 어느 식물에 달린 '며느리 배꼽'이란 꼬리표를 보고 그렇게 웃더란다. 자신들도 언젠가는 뉘 집 며느리가 될 텐데, 고부 갈등을 가시가 돋친 식물에 투영한 선조들의 해학에 웃음보가 터졌던 모양이다. 그 아이들인들 고통스러운 일이 없었을까만 그런 자그만 일에 웃음을 그치지 못한다. 하나님은 사람을 그렇게 만드셨다. 이제 그 하나님 안에서 아이들도 웃고 부모들도 웃었으면 한다. 아이들을 선물로 주신 하나님은 반드시 그렇게 하실 것이다. 그 침통했던 4월의 어느 날 이런 기도를 바쳤다.

> 하늘의 그물은 넓고도 넓어 비록 성글지만 어느 하나 빠뜨리는 것이 없는 법/ 그 성긴 곳을 메우라고 사람을 내셨거늘/ 우리가 헛것에 눈이 멀어/ 우리 대신 눈부신 나이의 젊은 아이들을/ 탐욕의 제단에 제물로 바치고 말았나이다/ 아! 이제 고난을 당한 후에야 우리가 주의 율례를 배우게 되었사오니/ 하나님, 이 허물 많은 자들이 옷깃을 여미고 간구하나이다/ 모든 희생자들에게 아버지의 생기를 불어넣으사/ 새로운 생명으로 거듭나게 하시고/ 깊은 슬픔에 잠긴 남은 이들에게 불멸의 소망을 주옵소서/ 저 오욕의 바다 위에 다시금 떠오를 찬란한 아버지의 나라를 기다리며/ 부활이요 생명이신 우리 주 예수 그리스도의 이름으로 기도하나이다. 아멘.

아이들만 잘 웃는 것이 아니다. 땅의 모든 것이 때때로 그렇게 웃는다. 2009년 7월, 대천 앞바다 원산도에서의 일이다. '잔디네집'에서 아이들을 돌보는 혜란이 집을 방문했다가 태풍이 불어 섬에 갇혀 버렸다. 서울로 돌아가 주일 설교하는 것도 불가능해졌고 맑은 날씨를 기대했던 아이들에게도 미안하고 해서 한밤중에 밖에서 어슬렁거리며 이런저런 생각에 잠겼다. 그러다가 문득 바람이 잦아든 걸 느끼고 하늘을 올려다보았더니 구름은 온데간데없고 온 하늘이 별들로 가득 차 있지 않은가. 그때 느꼈다. '이런 것이 하나님 나라인가. 지금은 몸과 마음에 먹구름이 드리워져 있지만 사람은 본디 저 밤하늘의 별처럼 빛으로 가득 찬 아름답고 존귀한 존재이니, 하나님은 그 지으신 사람이 시름에 겨워 잠든 사이에도 그렇게 자비로운 손을 뻗어 먹구름을 걷어 내고 계시는가!'

한마디로 '씻김과 채움'의 경험이었다. 하늘에는 장엄한 별들의 축제가 열리고 현란한 별빛 아래 산천은 춤추고 있었다. 그리고 내 마음속 어딘가에 완강히 버티고 있던 어둠은 사라지고 난마처럼 얽혀 있던 갈등의 갈래들이 풀리면서 환희가 온 몸을 채웠다. '하늘'은 그렇게 천지를 통해 탄식하는 사람에게 다가왔고, 흑암과 혼돈과 공허는 물러갔다. 그때 그 '하늘'은 온 우주를 가득 채우고도 남는 소리 없는 '말씀'이었고 '땅'의 모든 것과 그 가운데 서 있는 '사람'은 기쁨에 홍겨워 웃었다. 법열(法悅)! 모든 존재하는 것들에게는 존재 자체가 지극한 기쁨임을 깨닫는 순간이었다. 긴 세월 동안의 질문, 뜻밖의 시간에 맞닥뜨린 천지의 조화, 그리고 작은 깨달음. 의문은 사람살이에서 일어났지만 해답은 '땅'을 통해 주어졌다. 먹구름 사라진 밤하늘에 갑자기 나타난 무수한 별들이 무언가에 목말라 했던 나그네를 마침내 영원히 마르지 않는 우물에 다다르게 한 것이다. '하늘'은 진리의 원천, '땅'은 진리의 현현, '사람'은 이 모든 것과의 교감을 통해 진리 안에서 자유를 얻고 무한한 기쁨에 잠긴다. 희로애락의 감정을 지닌 사람이 무심한 천지와 교감하고 그 배후의 형상 없는 실재로부터 들려오는 음성을 들을 수 있다니, 참으로 신비롭다.

사실 그 전에도 어렴풋이나마 그런 것을 느낀 때가 있었다. 그때는 몰랐다. 1990년대 중반쯤일 것이다. 장애인들을 위해 안면도 '바람아래' 해수욕장으로 여름 캠프를 갔다. 낮 시간의 물놀이가 좋았던지 아이 하나가 어머니께 조용히 밤 바다를 보고 싶다 했다. 그 어머니, 아이가 평생에 무얼 하고 싶다는 말을 한 적이 없었는데 아이 낳은 지 13년 만에 이런 기쁜 날은 처음이라 했다. 그날 물 위에 뜬 초승달처럼 가녀린 몸매의 아이는 말없이 바다와 하늘과 달을 바라보고 있었다. 나는 그들을 보며 '그저' 기뻐했지만 아이와 어머니는 '뼛속 깊이' 기뻐했지 않았을까 싶다. 형도 같은 장애인이었는데 얼마 후 앞서거니 뒤서거니 하며 세상을 떠났다. 오늘에 이르러 다시금 빈다. 그날 밤 그 바다가 하나님이 그에게 주신 최고의 선물임을 알고 떠났기를.

동서의 위대한 스승들도 무상한 '땅'의 존재들에게서 영원한 '하늘'의 진리를 명료하게 인식하셨다. 붓다는 보리수나무 아래에서 샛별을 보고 '무상정등각(無上正等覺)'에 이르셨고 예수께서는 들에 핀 꽃 한 송이에서 솔로몬의 영광보다 더 큰 하나님의 영광을 보셨다(마 6:29-30). 공자는 "하늘을 원망하지 않고 사람을 탓하지 않으며 오직 아래를 배워 위로 통달하셨으니 나를 아는 이는 오직 하늘뿐인가 하노라"고 하셨다(不怨天, 不尤人, 下學而上達. 知我者其天乎, 『논어』 <헌문憲問>). 궁극적 이법은 잠시 떴다 사라지는 샛별 속에 드러나고, 지극히 높으신 하나님은 하찮은 들풀 속에 성스러운 빛을 감추고 계시며, 현묘한 하늘의 뜻은

'아래'를 통해 알 수 있다니, 도대체 하늘은 땅에 무엇을 심어놓으신 것일까?

웃음은 모든 존재자의 본성

"하나님이 지으신 그 모든 것을 보시니 보시기에 심히 좋았더라"(창 1:31). 이 간결한 문장은 창조가 하나님의 기쁨임과 동시에 피조물의 기쁨임을 선언하고 있다. 하여 우리는 감히 '태초에 웃음이 있었다.'고 말할 수 있다. 이 창조자의 '태초의 미소'는 또한 모든 존재하는 것들의 본성을 이룬다. 온 땅은 하나님을 찬양한다(시 96:1). 하나님이 사람들의 거처로 만드신 동산은 '에덴', 즉 '기쁨'이었다. 이것이 '땅'의 진정한 모습이다. 그러나 곡식 가운데 가라지가 끼어들듯 악이 땅에 스며들었고 탄식과 부르짖음이 땅을 덮었다. 성경은 하나님처럼 되려는 인간의 욕망이 악을 자아내었다고 한다.

그렇다면 웃음과 기쁨을 되찾는 길은 무엇인가? 악이 하나님을 배제하고 스스로 하나님이 되려는 인간의 욕망에서 비롯되었으므로 회복의 길도 하나님께로 돌아가는 데 있다. 예수께서는 '하나님 나라가 가까웠으니 회개하고 복음을 믿으라' 하셨다(막 1:15). '곡식과 가라지의 비유'(마 13:24-30)는 하나님이 결국 악을 멸하실 것이라고 가르친다. 이 책은 그 '하나님의 나라'에 대한 나 자신의 경험을 토대로 한 고백이다.

고통과 악

존재의 어두운 그림자

'고통'은 사람이면 누구나 경험하는 현상이다. 양상은 다양하다. 질병, 노화, 죽음 같이 존재의 유한성에서 필연적으로 야기되는 고통이 있는가 하면, 자연재해나 테러, 전쟁, 범죄 등 외부적 요인에 의해 우연적으로 발생하는 고통도 있다. 육체적·감각적 고통(pain, 통증)도 있고 정신적 고통(anguish, 괴로움)도 있다. 그러나 대부분의 고통은 그 원인과 성격이 다중적이다. 전염병은 외부 작용에 의한 것이지만 몸의 면역력이 약한 것도 그 원인이다. 육체적 통증은 대개 정신적 고통을 수반하고, 열등감이나 적개심 같은 내면의 고통도 외부로부터의 충격이 그 원인인 경우가 많다. 사랑이 고통으로 이어지기도 한다. 이러한 고통의 다차원성은 인간의 의식과 외부세계, 육체와 정신이 상호 긴밀히 얽혀 있다는 데서 기인한다.

물론 고통 중에는 질병을 예고하거나 치료행위에 수반되는 통증처럼 어려움 없이 수용할 수 있는 것도 있다. 문제는 '고독하고 수동적이며 근본적으로 부정적인 경험'으로서의 고통이다. 이는 누구도 그의 심정을 정확히 알 수 없고 누가 그 짐을 대신 져 줄 수 있는 것도 아니며, 자신이 선택하는 것이 아니라 순수히 당하는 수동적 경험이면서 그 본성상 제거되고 거부되어야 할 나쁜 것으로 체험되는 고통이다(박정호, “고통의 의미”, 「시대와 철학」 제22집, 2011, 133-35쪽. 이는 레비나스의 통찰에 기초한 것이다). 자연의 폭력적 힘이나 생로병사는 존재 자체의 속성에서 비롯되는 것이기에 수용이 가능하다. 그러나 폭정과 같은 구조적 악은 우연적인 것이며 있어서는 안 되는 것이다. 맹자는 폭정으로 사람이 희생된다면 그것은 몽둥이로 사람을 죽이는 것이나 다를 바 없다고 했다. 인간은 고통 없는 행복한 삶을 희구하지만 현실에서는 ‘나쁜 고통’이 그림자처럼 집요하게 인간을 따라다닌다. 그것은 벗어날 수 없는 존재의 어두운 그림자다. 우리가 아는 한 역사상 어떤 집단이나 개인도 이러한 고통에서 자유롭지 못했다. 니체는 이를 두고 “지금까지 인류 위로 널리 퍼져 있던 저주는 고통이 아니라, 고통의 무의미였다”고 했다(F. Nietzsche, 『선악의 저편 · 도덕의 계보』, 「니체전집」 제14권, 김정현 역, 책세상, 2002, 540쪽. 위의 글 참조). 이 세상에는 어떤 명분도 압도할 만큼 심대하고 지속적인 고통이 널려 있으며, 단 한 사람의 고통과 슬픔이 전 우주도 감당치 못할 만큼 깊고 넓을 때도 있다. 사람들은 이 의미 없다고 생각되는 고통을 ‘악’이라 한다.

고통과 악의 상관관계

C. S. 루이스(C. S. Lewis)는 고통을 감각적 ‘통증’과 ‘육체적이든 정신적인 것이든 당사자가 싫어하는 모든 경험’으로 구분하고 후자에 논의의 초점을 맞춘다(C. S. 루이스, 이종태 역, 『고통의 문제 *The Problem of Pain*(1940)』, 홍성사, 2008, 136-37쪽). 니체처럼 의미를 찾기 어려운 고통이 문제의 핵심임을 간파했기 때문이다. 존 힉(J. Hick)도 같은 맥락에

서 고통의 경험의 보편적 차원을 "우리가 우리의 상황이 달라졌으면 하고 열렬히 바라는 마음의 상태"로 정의하고, "이러한 마음의 상태는 기억과 예측, 대안을 상상하는 능력과 (인간 안의) 도덕적 의식을 포함한다. 인간 고통의 전형적 요소들은 상대적으로 복잡하고 높은 수준의 의식 양태이기 때문"이라고 한다(존 힉, 김장생 역, 『신과 인간 그리고 악의 종교철학적 이해 *Evil and the God of Love*(1985)』, 열린책들, 2007, 331쪽). 인간의 도덕적 의식이 수용할 수 없는 경험들을 고통으로 보는 점에서 존 힉도 고통을 윤리학의 문제로 의식하고 있다고 하겠다. 이는 고통의 문제가 곧 선악의 문제로 전환된다는 것을 의미한다. 고통이나 악을 주제로 한 저술들이 흔히 양자를 병기하는 것은 이 때문일 것이다. 그 전환의 과정을 요약하면 이렇다.

고통은 '호(좋음, like)·불호(싫음, hate)', '옳고(right) 그름(wrong)' 또는 '좋고(good) 나쁨(evil, bad)'을 감지하는 인간의식의 전 영역에 걸쳐 경험되는 현상이다. 어떤 사물이나 현상에 대한 사람들의 첫 반응은 대체로 '호·불호'라는 감정으로 나타난다. 그러나 곧이어 그것이 싫긴 하지만 '옳은' 일이라 생각하고 감수할 때가 있다. 새벽 찬바람을 맞으며 쓰레기를 치우는 청소부는 그 일이 싫을지라도 가족의 생계를 위해 '기꺼이' 옷을 챙겨 입고 나선다. 고통이 윤리적 문제라는 것은 이런 경험적 사실에 기초한다. 누가복음의 '과부와 재판장 비유'(눅 18:1-8)도 이를 잘 적시하고 있다. 하나님을 두려워하지 않고 사람을 무시하는 재판장에게 한 과부가 찾아와 끊임없이 원한을 풀어달라고 졸라댄다. 재판장은 귀찮지만 과부의 청원을 들어주지 않으면 자신이 괴로울 터이니 그의 원한을 풀어주자고 마음먹는다. 결말은 나와 있지 않지만 분명 과부의 원한은 풀어졌다. 재판장은 귀찮지만(불호) 괴로워서(나쁨) 올바른 일(옳음)을 한다. 이게 사람살이에서 흔히 일어나는 일이다.

그러면 이때 사람들은 무엇을 기준으로 '옳다, 그르다'를 판단하는가? 이에 관해 서구 윤리학은(이를 '정의론'이라 한다) 일단 '옳음'과 '좋음'을 구분하고 이 둘을 연관 짓는 방식에 따라 상이한 두 종류의 윤리적 입장이 파생된다고 본다. 그 하나는 '좋음'을 '옳음'과 상관없이 규정하고 '옳음'은 그 '좋음'의 극대화로 보는 목적론(teleology)이고, 또 하나는 '좋음'을 '옳음'과 상관없이 규정하지 않으면서 '옳음'의 원칙과 의무의 체계에 따라 '좋음'의 한계를 설정하는 의무론(deontology)이다. 목적론은 공리주의가 대표주자이며 의무론의 태두는 칸트다. 롤스(J. Rawls)에 의하면 지난 수 세기 동안 서구에서는 공리주의가 우월적 지위를 차지해 왔다. 아무튼 개개인은 자신의 성향에 따라 이 중 어느 입장을 취할 것이고 그에 따라 특정 사안에 대한 선악판단이 달라질 수 있다. 주지할 것은 여기서의 '좋음'과 '옳음'은 다 같이 '호·불호'의 주관적 감정과 달리 일종의 객관적 가치평가라는 점이다. 목적론에서의 '좋음'도 결국은 '옳음'의 척도이다. 이것이 벤담이나 밀 등 대표적 공리주의자들이 쾌락주의에 매몰되지 않은 이유다. 그렇다고 의무론이 반드시 '좋음'을 배척하는 것은 아니다. '좋음'은 '옳음' 여부를 판단하는 데 있어 대단히 중요한 자료이다. 인간이 '좋고 나쁨'을 떠나 어떻게 '옳고 그름'을 판단할 수 있겠는가? '기꺼이' 청소부 옷을 입는 가장의 마음에는 이 모두가 들어 있다.

이러한 윤리학의 발전에 따라 용어에도 약간의 혼선이 생겼다. 대체로 동서양을 막론하고 사람들은 '좋음'과 '옳음'을 구분하지 않고 그냥 '선과 악', 'good과 evil'이라 했다. '존재는 선'이라는 플라톤의 언명, 노자의 '상선약수(上善若水), 성서의 '선악을 알게 하는 나무'(창 2:9) 등이 그 예다. 그런데 '좋고 나쁨'과 '옳고 그름'을 구별할 필요가 생기면서 'good과 evil'은 전자를 표상하게 되었고 후자는 'right와 wrong'으로 대체되었다. 그러나 일반인들은 여전히 옛 전통을 따른다. 따라서 전문가들이 동서의 경전을 번역할 때도 그럴 수밖에 없다. 사실 목적론에 의하더라도 '좋고 나쁨'은 결국 '옳고 그름'에로 수렴되기 때문에 별 문제는 없다. 오히려 선악 자체가 명료하게 구분되지 않으며 그에 따라 고통의 의미조차 모호해진다는 것이 문제다.

혼돈과 모호함

선한 의도가 반드시 옳은 결과를 낳는 것도 아니다. 아름다운 자연이 갑자기 무자비한 폭력적 힘을 행사한다. 내면의 고통은 선인지 악인지 분간하기 어렵다. 타인의 고통에 공감하는 것은 지극한 선이지만 기쁨보다는 오히려 고통을 수반한다. 이를 도대체 어떻게 이해해야 하는가?

□ 선한 의도, 나쁜 결과

그 뺄테 안경 청년의 부모도 서로 깊이 사랑했기에 결혼했을 것이다. 그런데 뜻밖에 이로 인해 아이는 고통스럽게 살아야 한다. 장애인 부부의 사랑은 비장애인이 짐작하기 어려울 정도로 깊다. 그게 어떤 것인지 알려면 이문열의 『아가』(민음사, 2000)를 읽어보면 된다. 마지막 부분, 주인공 '당편이'와 건어물전 영감과의 사랑 이야기는 처절하게 아름답다. 그녀를 거두어준 녹동대감의 죽음을 애도하는 모습은 비장애인으로서는 표현이 불가능한, 사람이 할 수 있는 극한의 사랑의 표현이다. 단언컨대, 비장애인의 사랑이 아무리 아름답다 해도 장애인의 사랑에는 미치지 못한다. 80년 후반 어느 추석, 멀리 태백에 계신 근육 장애인 아저씨를 찾아간 적이 있다. 어두컴컴한 방구석에 누워계신 분을 번쩍 안아 햇빛 쬐이는 마루로 옮겨드렸다. 조카는 멀리서 귀한 손님 오셨다고 계속 막걸리를 가져왔다. 안주는 김치. 내가 목사임을 알지만 그 집이 할 수 있는 최상의 접대는 이것뿐이었다. 한정 없이 마셨다. 한 다섯 시간은 되었다. 그게 내 나름의 예의였다. 그리고 십년 후, 수녀님들의 도움으로 성당 옆 양지 바른 집에서 잘 살고 계신다는 소식을 듣고 다시 찾아갔다. 한복 곱게 차려 입고 기다리고 계셨다. 이런저런 이야기를 나누었다. 특히 그분 마음에는 자기를 안아 마루로 옮겨드린 게 그리도 남았던 모양인지 그 이야기를 많이 하셨다. 그리고 작별인사를 하고 돌아서 나오는데 내 뒤통수에 그분의 외마디 소리가 비수처럼 꽂혔다. "그날이 1989년 10월 8일이었습니다." 한동안 움직일 수가 없었다. 고개만 돌려 뒤돌아보았다. 의연히 앉아 계셨다. 눈빛이 마주쳤다. 아, 그게 이분에게는 그런 것이었던가. 그 후 단 하루도 잊은 적이 없는 사건. 단 몇 초 동안 있었던 일이 이렇게도 되는 것인가. 그는 매일 나를 위해 그리고 '잔디회'(근육장애인협회)를 위해 기도한다 하셨다. 나는 그러한가? 단 한 번 내게 호의를 베푼 사람을 위해 평생을 매일 기도했는가? 할 용의조차 없는 것 아닌가. 몸 성한 사람들이 과연 이 사랑을 넘어설 수 있을까?

그러나 이문열도 그 작품에서 암시하고 있듯이 장애인이 행복하게 사는 데는 엄청난 장애가 있다. 과거 우리 사회는 동심원 형태로 계층 구분을 하되 외곽 거주자들이 중심부와 교류할 수 있는 기회를 열어두었다(이문열, 위의 책 30쪽 이하). 당편이가 대감마님 댁 일원이 될 수 있었던 것도 그런 공동체 구조와 사람살이가 무엇인지 잘 아는 마님 덕이었다. 지금은 이런 구조마저 해체되었고 사람들은 제 살기 바빠 이웃에 눈 돌릴 여유가 별로 없다. 그런 걸 배우지 못했으니 익숙하지도 않다. 설상가상으로 장애인 가정에 다시 장애인 자녀들이 태어나는 경우도 많다. 유전적 요인 때문일 것이다. 태백 그분에게는 여동생 자녀 중 장애인이 여러 명 있었다. 장애인의 마음 씀씀이를 직접 접했던 사람으로서 지금도 일말의 의문을 지울 수 없다. 사랑이 보답 받지 못하는 현실, 과연 선악을 가늠하는 '하늘의 잣대는 무엇일까?' 이렇게 물으면서도 끝내 하나님에 대한 믿음을 놓아버리지 못하는 이유는 또 무엇일까?

집단적 고통은 더 이해하기 어렵다. 1945년 8월 일본 히로시마 원폭투하는 태평양전쟁을 종식시킨다는 명목 하에 감행되었다. 그러나 원폭의 참혹한 피해는 방식의 정당성에 대한 의구심을 일게 한다. 또 2만여 명의 조선인을 포함한 수많은 민간인들의 죽음은 어떻게 설명할 것인가? 이스라엘도 이집트를 탈출하여 가나안에 진입할 때 그 땅에 거하는 가나안 족속을 진멸하려 했다. 이들은 그것을 하나님의 뜻이라고 믿어 의심치 않았고(신 7:1-5, 16, 20:13-17, 수 11:6-14), 이 기조는 사무엘과 호세아 시대에까지 그대로 이어졌다(삼상 15:3, 호 13:16). 그러나 당시로는 신앙을 보전하기 위한 유일한 수단이었을지 몰라도 '호흡이 있는 자는 하나도 살리지 말라'는 명령을 내리신 하나님을 십자가를 지신 예수의 아버지 하나님과 연관 짓기는 어렵다. 전도서 기자는 솔직히 고백한다. "또 내가 해 아래에서 보건대 재판하는 곳 거기에도 악이 있고 정의를 행하는 곳 거기에도 악이 있도다"(전 3:16). 그러나 '왜 그러한가?'에 대해서는 묻지도 않고 답하지도 않는다. 노자는 "언제나 죽이는 일을 맡아 하는 자(司殺者)가 있어 죽이는 일을 한다. 죽이는 일을 맡아 하는 자를 대신해서 사람을 죽이는 것은 목수를 대신해서 나무를 다듬는 것과 같다. 목수 대신 나무를 다듬는 자 치고 자기 손을 다치지 않는 자는 아주 드물다"고 했다(『도덕경』 74장). 원폭투하를 결행한 이들, 여호수아와 그 계승자들은 하늘이 낸 '사살자'인가, 아니면 목수 대신 어설프게 나무를 다듬은 자인가?

아우구스티누스도 비슷한 딜레마에 빠진 적이 있다. 그는 도나투스파 광신자들이 최대의 친절과 관용을 베풀었음에도 불구하고 끝까지 가톨릭교회에 저항했을 때 결국 "사람을 강권하여 데려다가 내 집을 채워라"는 주님의 말씀(눅 14:23)에 근거하여 신앙을 강요해도 된다고 판단하였다. 이로써 그는 신앙문제에 있어서 강권의 적용을 성서적으로 시인한 최초의 인물이 되었고, 결국 이런 해석이 후대에 가서 종교재판이라는 무시무시한 결과를 초래하고 말았다. 루터도 농민과 재세례파에 대한 불행한 처사에 이 원칙을 들이댔고 칼빈도 이를 근거로 제네바에서 피바람을 일으켰다. 그런 역사를 돌이켜 보면 아우구스티누스는 분명 잘못된 성서 해석에 터 잡고 있었다는 비판을 면할 길 없다. 왜냐하면 신약성서에는 종교영역에서 강제조처를 시인한 사례가 없으며, 성서는 다만 신앙을 하느님의 부르심에 대한 인간의 자유로운 귀의(歸依)로 볼 뿐이기 때문이다(아우구스트 프란쯘 August Franzen, 최석우 역, 『敎會史』, 분도출판사, 1982, 115-16쪽).

아우구스티누스의 의도 자체는 선했다. 그러나 결과는 악이었다. 물론 당대에도 그와 다른 생각을 한 이들이 있었겠지만 실제 역사에서 우위를 점한 것은 아우구스티누스였다. 그렇다면 우리는 이렇게 물을 수 있다. '당시 상황에서 하나님께는 그게 최선이었다면 그는 전능하신 분이 아니며, 그게 잘못임에도 교정하시지 않았다면 그는 선한 분이 아니지 않은가?'

□ 자연악

악의 문제를 논하는 이들은 자연재해 또는 질병과 같이 사람의 의지에 기초하지 않은 고통도 '악'의 범주에 넣는다. '자연악'이 그것이다. 재해는 착한 사람, 아닌 사람을 가리지 않고 엄습한다. 햇빛과 비가 의로운 자와 불의한 자를 가리지 않고 나리는 것을 보고 사람들은 하나님의 선하심을 찬양한다(마 5:45). 그러나 가뭄과 홍수가 들면 곧 혼란에 빠진다. 이 혼란을 벗어나 선악판단의 일관성을 유지하려면 두 가지 방법이 있다. 하나는 재해를 막무가내로 자연을 훼손하는 인간에 대한 자연의 보복으로 보는 것이고, 다른 하나는 그에 대한 신의 심판으로 이해하는 것이다. 전자는 자연도 인간과 같은 유기체로 보는 입장이고, 후자는 엄격한 신상필벌의 법칙을 한 치의 오차 없이 시행하는 절대자에 대한 믿음에서 연유한다. 그러나 자연은 본디 그러하며 재해는 단지 사람이 이겨내야 할 역경일 뿐이라고 생각할 수도 있다. 고대 중국인들이 그랬다. 당시의 최대 과제는 치수(治水)였다. 이를 성공시킨 우(禹)는 능히 천명을 계승할 만하다 하여 왕이 되었다.

성서 기자들은 대개 자연악을 하나님의 심판이라고 이해했다(대홍수와 소돔의 파멸). 예수께서도 누구든지 회개하지 않으면 실로암 망대 붕괴로 인해 죽은 사람들처럼 그렇게 망한다고 하셨다(눅 13:4). 그러나 날 때부터 맹인이 된 사람이 누구 죄 때문에 그렇게 되었는지 묻는 제자들에게는 누구 죄 때문이 아니라 다만 그에게서 하나님이 하시는 일을 나타내고자 하심이라고 하셨다(요 9:3). 두 말씀은 모순되는 것처럼 보인다. 그러나 하나는 회개를 촉구하는 것이고 다른 하나는 불행은 모두 죄의 결과라는 왜곡된 인식을 타파하는 것으로 이해할 수 있다. 왜 누구는 장애인으로 태어나고 누구는 완벽한 몸을 타고나는지, 누구는 요절하고 누구는 장수를 누리는지 아무도 알지 못한다. 지진과 홍수가 자연의 속성이듯 그것도 인간의 한 속성일 수 있다. 인간이 할 수 있는 것은 오직 질고를 안고 있는 이들을 사랑하고 섬기는 것뿐이다. 예수께서는 자신이 온 것은 세상을 심판하려 함이 아니라 구원하려 함이라 하셨다(요 3:16, 12:47). 말씀대로 그는 그 맹인을 구원하셨다. 그것이 전부다. 사람이 자신에게 임한 재해를 하나님의 심판으로 고백할 수는 있다. 그러나 이를 법칙화해서는 안 된다. 재난을 모면한 사람이 하나님께 감사하는 것은 당연하다. 그러나 희생된 사람들이 죄가 많아 심판을 받았다고 해서는 안 된다. 하나님의 심판은 신체와 재산을 어떻게 하는 것이 아니라 영혼의 명운을 좌우하는 엄정하고 명징한 것이기 때문이다(마 10:28).

자연 재해는 자연에 의존해서 살아야 하는 인간이면 누구나 감수할 수밖에 없는 삶의 조건이다. 햇빛과 비가 절대선이라면 대칭관계에 있는 가뭄과 홍수도 절대선일 수 있다. 재해를 무조건 악이라 단정해서는 안 된다. 실제로 사람들은 자연의 폭발적 힘 앞에서 자신의 유한성을 자각하고 겸허해진다. 전도서는 말한다. "하나님께서 행하시는 모든 것은 영원히 있을 것이라 그 위에 더 할 수도 없고 그것에서 덜 할 수도 없나니 이같이 행하심은 사람들이 그의 앞에서 경외하게 하려 하심인 줄을 내가 알았도다"(전 3:14). 하나님 행하시는 모든 것에 사람이 넣고 뺄 것이 없다. 그러나 자연에 무조건 순응하느냐, 그 폭력적 힘에 대응하기 위해 노력하느냐는 것은 그와 별개로 인간 자신의 윤리적 선의 문제다.

□ 순수한 내면의 고통

인간의 자아 정체성은 타자와의 의미 있는 대화를 통해 형성된다. 순수한 내면의 고통이란 그 과정에서 겪는 진통이다. 내가 원하는 '나'가 있는데 주변세계는 내가 그와 다른 존재이기를 원한다. 나는 무언가를 하고 싶지만 내가 속해 있는 신앙 공동체나 이데올로기 공동체는 절대적 규범으로 나를 압박한다. 루터는 이 고통을 자유의 길을 여는 계기로 전환시킨 사람이다. 노예들의 반란도 이런 내적 고통의 경험이 그 발원지다. 주어진 규범을 진리로 받아들이면서도 거기 항거하는 또 다른 자아가 있음을 경험하기도 한다. 바울은 예수님과 의미 있는 대화를 하기 시작한 때부터 진리와 그에 미치지 못하는 자아 간의 괴리로 괴로워한다. 그는 사도로서 완숙기에 이른 때에도 자신 안에 하나님의 법을 즐거워하는 마음과 함께 또 다른 한 마음이 그를 죄의 법으로 사로잡아 가고 있음을 고백했다(로마서 7-8장). 그러나 이런 사도가 있기에 평범한 사람들도 '그리스도 안에서' 자유를 얻을 수 있다는 믿음을 가질 수 있다. 그러므로 엄밀히 말하면 순수한 내면의 고통도 실은 타자와의 관계에서 생성되는 것이라 할 수 있다. 그리고 이 내면의 고통이 그의 정신을 더욱 고양시키고 주변세계도 순화시킨다. 고통의 신비다.

내면의 고통을 '가식'으로 덮는 경우도 있다. 여느 바리새인들처럼 회심 이전의 바울도 그랬다. 그는 예수를 만나고서야 그 자기 기만에서 풀려났다. 물론 내면을 들여다보는 것은 두렵다. 그러나 순수한 내면의 고통을 자각하는 자가 진리의 문에 들어선다. 주변의 시선이 부담되면 홀로 골방에서라도 하나님과 대면하려 시도해야 한다. 니고데모는 한밤중에 예수님을 찾았고 예수께서는 그에게 참된 진리를 설하셨다(요 3:1-21). 그는 훗날 아무도 두려워하지 않고 예수님의 시신을 수습했다

(요 19:39).

□ 공감의 고통

다른 존재의 고통에 공감하는 것은 지극한 선이다. 그러나 '공감'의 친구는 기쁨이 아니라 슬픔이다. 그래서 '공감의 고통'이다. 이는 루이스가 말한 '싫어하는 경험'은 아니지만 그렇다고 누구나 쉽사리 떠안을 수 있는 고통도 아니다. 그러나 이 분명히 사람에게는 이러한 성품이 잠재해 있다. 불교는 '관세음보살(觀世音菩薩)'의 형상을 빌어 이 본성을 해명하고 있다. 관음에게는 수많은 머리(도상학적으로는 11개. 그래서 '십일면관음'이다)와 천 개의 손이 있고 손마다 눈이 있다('천수관음'). 그 눈은 모든 중생들의 슬픔을 보고 구원의 눈물을 흘린다. 그리고 그는 선한 목자가 양떼를 다 들인 후에야 자신도 들어가 문을 닫듯이, 모든 중생들이 깨달음에 이른 후에야 열반에 들기로 작정한다. 무한한 자비심이 그로 하여금 열반의 기쁨법열을 포기하게 하는 것이다(조지프 캠벨, 홍윤희 역, 『신화의 이미지』, 살림, 2006, 383-85쪽 참조).

성서의 하나님은 이스라엘의 전 역사를 통해 이 성품을 사람들의 의식의 표면에까지 이끌어 내는 데 진력하신다. 하나님은 이집트에서 종살이하던 히브리인들을 사슬에서 풀어내시고(출 3:7-8) 그들에게 옛 일을 기억하며 나그네와 고아와 과부를 돌보라 하셨다(출 22:21-24). 예수님의 '포도원 품꾼의 비유'(마 20:1-16)는 하루 벌어 하루 살아가는 서민들에 대한 하나님의 마음을 실감 나게 보여준다. 그 중에는 게을러서 혹은 노동이 싫어서 빈둥거리는 사람도 있을 것이다. 그러나 하나님은 원인을 따지지 않으신다. 그렇게 된 데도 다 이유가 있다고 보시기 때문일 것이다. 이런 것이 '공감'이다. 사람들이 그 하나님 마음을 내면화할 때 평화가 임한다. 평화는 비극의 이해이자 보존이다(A. N. Whitehead, *Adventures of Ideas*, Macmillian Co., 1967초판 1952, p. 286). '비극의 이해'는 '응보의 원리' 같은 선험적 판단형식마저 배제하는 '비움'이 있을 때 가능하다. 그 비운 자리에 사람과 자연이 들어오고 하나님이 들어오신다. 그럼으로써 모든 존재하는 것들 간의 장벽이 허물어지고 자아는 무한히 확대된다. '영생'은 바로 이런 것이다.

그러나 '비움과 수용과 공감'은 생존 경쟁에 내몰린 사람들에게는 잘 드러나지 않는다. 본디 하나님이 뿌리신 씨앗임에도 불구하고 '가짐'을 강요받는 여건에서는 싹이 트지 않는 것이다. 예수께서 원수 사랑을 가르치신 지 2천년이 되었지만 아직도 '이웃은 사랑하고 원수는 미워하는 것'이 진리라고 믿는 사람들이 훨씬 많다. 원수도 무언가 고통을 안고 있을 터이나 그에 대해서는 오불관언이다. 내 생각에는 학생들을 두고 먼저 탈출한 '세월호' 선원들도 신분이 단원고 선생님이었다면 학생들과 운명을 같이 하지 않았을까 싶은데, 사람들은 이것저것 가리지 않고 일단 이들을 '죽일 놈' 취급한다. 그러나 법은 이들에게도 '변호인의 조력을 받을 권리'를 인정한다. 오랜 경험의 소산이다. 가해자 쪽 사정도 들어보라는 얘긴데, 아무튼 공감의 고통도 결코 단순한 것이 아니다.

이 고통과 악의 혼돈과 모호함은 사람의 몸과 마음이 분리되어 있지 않은 데서 기인한다. 몸은 사람의 정체성 인식의 기초이며 몸을 통해 사람은 자신이 살아있음을 느낀다. 몸이 허망한 것이라면 우리는 굳이 오랜 생을 갈구할 이유가 없다(『우파니샤드』, 박석일 역, 정음사, 1976, 20쪽). 그러나 몸에서 약동하는 생명은 사람으로 하여금 불멸의 몸을 꿈꾸게 할 정도로 강인하고 매혹적이다. 그런 만큼 '몸의 소욕(所欲)'도 거칠 데가 없다. 온갖 윤리적 교설에도 불구하고 쾌락주의가 끈질긴 생명력을 유지하는 것은, 쾌락을 추구하고 고통은 피하려는 몸의 소욕을 마음이 정당한 것으로 수용하기 때문이다. 그러나 거침없는 몸의 소욕은 결국 주변 사람뿐 아니라 자기 자신의 의식에도 고통의 가시를 찔러 넣고, 그 고통의 기억은 무의식의 세계에 깊이 저장되어 끊임없이 사람을 괴롭힌다. 이 있어서는 안 되는 고통을 사람들은 '악'이라 한다. 반면에 공감의 고통과 같은, 사람을 참 사람 되게 하는 선한 고통도 있다. 어떤 이는 모든 종류의 고통을 다 진리로 나아가는 고행으로 전환시키기도 한다. 이 경우에는 고통이 아무런 문제가 되지 않는다. 그러므로 혼돈스럽고 모호한 고통의 미로에서 헤어나려면 오히려 '악이란 무엇인가?'라는 관점에서 접근하는 것이 더 적절하다. 이제 이런 이해를 전제로 악이 무엇인가를 살펴보기로 하겠다.

악이란 무엇인가?

관계에서 경험되는 현상

인간 삶에 집요하게 붙어 있는 고통은 도대체 어디서 생성되는 것일까? 예를 들어보자. 치료를 위해 주사를 맞을 때와 바늘로 찌르는 고문을 당할 때의 생리적 통증은 동일하다. 그러나 의사에게는 감사의 마음이 일고 고문자에게는 분노와 적개심이 일어난다. 자연재해는 인간에게 겸손을 가르치고 창조자를 다시 생각하게 하지만 그것이 인재(人災)로 밝혀지면 사태가 전혀 다른 방향으로 전개된다. 이처럼 어디서 어떤 계기로 고통이 야기되었는가가 고통을 대하는 사람의 태도에 결정적 영향을 끼친다. 인간이 주변세계와 맺고 있는 관계의 양상에 따라 고통이 악 또는 선으로 평가되며, 이 평가가 사람의 행동을 좌우하는 것이다.

아우구스티누스에 의하면 악은 두 방향에서 문제가 된다. 하나는 누군가 옳지 않은 일을 했다는 것이고, 다른 하나는 어떠한 악을 누군가 당했다는 것이다. 그리고 이 둘이 짝을 이룰 때, 즉 누군가 나쁜 일을 저지르고 그로 인해 누군가가 고통을 당하는 경우를 '윤리적 악'이라 한다(프란치스꼬 페레스, 박영도 역, 『악의 형이상학』, 이문출판사, 133쪽). 그 '나쁜 일'을 저지르는 자가 자기 안의 또 다른 자아일 수도 있다. 관능적 쾌락을 추구하는 것이 악이라고 생각하면서도 과감히 뿌리치지 못하는 자신을 발견할 때 사람은 고통을 느낀다. 한편, 고통의 진원지가 자연인 경우 이를 '자연악'이라 일컫는다. 자연현상에 대해 선악판단을 할 수 있는가 하는 의문도 들지만, 재해가 '착한 사람 악한 사람을 가리지 않고' 불시에 닥치는 무지막지한 폭력임에는 틀림없기 때문이다. 요즘은 잔인한 가축 도살이나 동물실험처럼 인간 이외의 존재에 대한 행위도 윤리의 문제로 보는 이들이 많다. 라이프니츠는 창조주와 피조물의 구별을 전제로 피조물의 불완전성을 '형이상학적 악'이라 명명하고, 이로부터 자연악과 윤리적 악이 나온다고 했다(데이빗 그리핀, 이세형 역, 『과정신정론』, 이문출판사, 2007, 160쪽). 악이 문제되는 '관계'란 이처럼 다차원적이다. 이 악의 모호함을 조금이나마 탈각시키려면 복잡다기한 관계로 얽혀 있는 인간 삶의 현장에 들어가야 한다.

실천적 주제로서의 악

악은 극복하지 않으면 안 될 현상이요 경험이다. 그러나 악의 양태는 너무나 다양하여 구체적 상황에서 무엇이 악인지 명확히 구분하기가 힘들다. 이집트에서 종살이 하던 히브리인들에게는 자신들의 생명과 신체와 재산을 위협하는 억압이 악이었다. 그러나 이집트를 탈출한 이후의 악은 음식과 물의 결핍이었다. 그들은 이집트의 고기와 생선과 야채를 생각하며 울었다. 정력이 감퇴된다는 걱정 때문이었다(민 11:4-10). 하나님 섬기는 것만 알던 모세로서는(출 3:17-18) 기가 찰 일이었다. 그러면 하나님의 선은 무엇이었던가? 하나님은 자신의 백성에게 딱 일용할 양식만 주셨다. 그 이유는, 이스라엘의 마음이 어떠한지 하나님의 명령을 지키는지 안 지키는지를 알려 하심이요, 사람이 떡으로만 사는 것이 아니라 하나님의 말씀으로 사는 줄을 알게 하려 하시려는 데 있었다(신 8:2-3). 예수님 당시에도 그랬다. '돌로 떡이 되게 하라'는 사탄의 음성은 고기를 바라던 광야의 이스라엘의 외침과 다를 바 없다. 이에 대해 예수님은 사람이 떡으로만 사는 것이 아니라 하나님의 말씀으로 살아야 한다고 하셨다. 이와 같이 사람에게는 고통과 악으로 경험되는 것이 하나님에게는 선이었다. 그것을 안다면 선악의 경계는 좀 더 분명해진다.

하나님은 사람에게 자신의 말씀을 청종하라 하셨다. 그러므로 청종이 선이며 불순종이 악이다. 그의 말씀을 어기고 '자기 좋은 대로' 선악과를 따먹은 것이 인간이 저지른 최초의 악이다. 모세가 물 때문에 하나님의 명령을 어기고 반석을 두 번 친 것은 하나님의 거룩함을 나타내지 아니한 불신이요 악이다. 그 결과 그는 가나안에 들어갈 수 없었다고 성서는 기록하고 있다(민 20:2-12, '므리바 물 사건'). 하나님은 이스라엘 백성에게 공의를 행하며 인자를 사랑하며 겸손히 하나님과 함께 행할 것을 요구하셨다(미 6:8, 시 89:14, 97:2). '의와 사랑'은 하나님의 본성이다. 이것이 사람살이의 현장에서 구체적으로 실현되어야 할 '선'이다. 사람들은 고아와 과부와 나그네를 돌보고(출 22:21-23) 이웃을 자신의 몸처럼 사랑해야 한다(레 19:18). 가난한 사람을 학대하는 자는 그 지으신 이를 멸시하는 악한 자다(잠 14:31). 마태복음 25장의 '양과 염소의 비유'는 지극히 작은 자 하나에게 손을 내미는 것이 하나님의 '선'이라고 명쾌하게 선언한. 그 선을 행하는 자는 누구나 성별 · 연령 · 인종 · 종교의 구분 없이 하나님 나라의 상속자가 된다. 예수의 하나님은 선택한 자만 사랑하는 편협한 신이 아니라 고통 받는 이는 누구나 다 사랑하시는 무한히 자비로우신 하나님이시다.

성경에서 악은 반드시 '극복하지 않으면 안 될'(롬 12:21) 삶의 실천적 주제이며 역사는 하나님이 죄악으로부터 사람을 구원하시는 구속의 역사이다. 하나님의 선은 이처럼 역사를 통해 모습을 드러낸다. 그리고 그리스도인들은 하나님이 자신의 의와 사랑을 십자가를 지신 예수 안에서 온전히 계시하셨다고 믿는다. 그러므로 이를 제쳐두고 내세의 천국과 현세의 복을 위해 예수를 믿는다면 그것은 교회의 진정한 전통을 벗어난 것이다. 예수께서 바리새인들을 비판하신 것은 그들이 '믿음'이 없어서가 아니라 그 믿음이 이스라엘의 신앙 전통에서 벗어났기 때문이었다. 요컨대 하나님의 말씀이 없어서가 아니라 인간이 그 말씀을 따라 악을 버리고 선을 행하지 않는 것이 문제다. 광야의 40년 연단을 거친 이스라엘도 끊임없이 패역을 저질렀으며 그리스도교 역사도 무수한 죄악으로 덧칠되어 있다. 어째서 그런지 이유를 알아야만 악의 문제를 해결하는 열쇠도 찾을 수 있다.

인간이 악을 의식하는 것은 사물이 있어서는 안 될 것 같은 모습을 드러낼 때이다. 질서 있고 아름답게 보이던 자연이 느닷없이 폭력적 힘을 드러낼 때, 전쟁이 모든 것을 쓸어갈 때, 각종 범죄와 억압적 체제가 사람을 짓누를 때, 평범한 사람이 갑자기 무시무시한 광기를 보일 때, 사람들은 존재하는 것들 안에 존재 자체를 파괴하는 그 무엇이 잠재해 있다는 당혹스러운 모순을 경험한다. 그리고 도저히 '있어서는 안 되는' 것으로 경험되는 이러한 현상에 대해 '악(evil)'이란 이름을 붙인다. 이와 같이 '그것이 없었더라면 우주가 더 좋았을 어떤 것, 그렇게 생각되는 총체'를 '순수 악(genuine evil)'이라 한다. 그 중에서 언뜻 보아도 악이라

할 만한 것을 '자명한 악(*prima facie* evil)'이라 한다. 자명한 악은 순수 악일 경우가 많지만 더 큰 정황에서 보면 순수 악이 아닌 것으로 판명될 수도 있다. 이것이 '표면적 악(only apparent evil)'이다(그리핀, 위의 책, 20쪽).

악은 생생한 경험적 현실로서 엄연한 하나의 실재(reality)이다. 그런 점에서 순수 악은 분명히 존재한다. 악은 집요하고 애매모호하다. 만물을 기르는 비가 홍수로 변하고 좋은 이웃이 갑자기 범죄자로 표변한다. 나에게는 선인 것이 상대방에게는 악이 되고, 선한 동기에서 행한 일이 반드시 선한 열매를 거두는 것도 아니다. 이런 모호성 때문에 사람들은 악의 원천으로서 '악마(devil, 사탄)'를 상정하기도 한다(창 3:1, 마 4:1이하, 10:18 등등). 그러나 악마만큼 모호한 존재도 없다. 인간이 왜 악의 충동을 느끼는지도 의문에 싸여 있다. 타락설화에 의하면 아담과 하와는 하나님처럼 눈이 밝아지려고 선악과를 따먹었다. 그러나 이들의 의식을 일깨워 준 것은 '간교한 뱀'이며 그 생각을 행동으로 옮기도록 충동한 것은 동산 한가운데 '있는' 매우 탐스럽게 보인 선악과였다. 악을 유발하는 요소들이 하나님이 창조하신 세계 안에 이미 존재하고 있는 것이다! 그렇다면 하나님은 선하게 세상을 창조하신 것이 아니란 말인가? 왜 간교한 뱀과 선악을 알게 하는 나무가 하나님이 창조하신 기쁨의 동산('에덴'은 '환희'라는 뜻이다)에 있었는지에 대해 성경은 아무런 설명을 하지 않는다. 다만 악은 인간의 의식과 외부 세계(뱀과 선악과)와의 상호관계에서 생성된다는 것만 어렴풋이 드러낼 뿐이다. 성서 기자는 확실히 무언가를 알고 썼는데 독자들이 그것을 이해하지 못하는 것일까? 바울은 자신 속에도 '아담의 충동'이 있음을 고백했다. 그것은 원치 않는 죄의 법으로 그를 끌고 가는 이해할 수도 제어할 수도 없는 충동적 힘이었고, 결국 그는 이 힘을 '내 속에 거하는 죄'라고 표현할 수밖에 없었다(롬 7:17, 20). 그는 이 죄가 아담에서 연유한 것으로 생각했다. 그러나 과연 그럴까? 본디 인간은 그런 경향을 띤 존재이며 세계는 악으로 유혹하는 힘을 내포하고 있는 것은 아닐까?

타락설화는 선하신 하나님이 창조하신 세계 안에 악을 유발하는 요소들이 있으며 또 인간의 의식이 그에 공명한다는 충격적인 암시를 담고 있다. 이를 오늘의 말로 풀어 쓴 이가 있다. 독일 철학자 자프란스키는 이렇게 말한다. "악을 이해하기 위하여 악마를 찾아가 도움을 청할 필요는 없다. 악은 자유의 드라마이며 자유에 대한 대가다. … 악은 개념이 아니다. 악은 자유로운 의식과 만나 그 의식에 의해 행해질 수 있는 위협적인 것의 이름이다. 의식은 의미를 부여할 수 없는 자연 안에서 악을 만난다. 의식은 혼란 속에서, 우연히 일어나는 일에서, 미리 예측할 수 없는 일에서, 먹고 먹히는 관계에서, 그리고 우주의 적막 속에서와 마찬가지로 자기 자신 안에서, 존재의 블랙홀에서 악을 만난다. 의식은 자기 자신 때문에 잔혹함과 파괴를 선택할 수 있다. 이는 인간 내부에 깊숙이 진을 치고 있는 심연 때문이다"(뤼디거 자프란스키, 곽정연 역, 『악 또는 자유의 드라마』, 문예출판사, 2002, 11-12쪽). 이른바 '견물생심(見物生心)'이다. 아무튼 악이 인간의 자유로운 의식과 필연적으로 관련되어 있다면, 의식의 심층을 다 이해하지 못하는 한 악의 정체도 모호한 채로 남을 수밖에 없다.

악의 모호성은 근본적으로 인간과 자연 속에 선과 악이 공존한다는 사실에서 연유한다. 한 존재가 때로는 선의 구현자가 되었다가 다른 순간에는 악의 화신이 된다. 왜 그럴까? 어떤 이는 이를 '힘의 부조화'로 설명한다. 모든 존재자들은 존재하기 위한 필수요건으로 힘을 가지고 있는데 이 힘이 다른 존재자들의 힘과 조화를 이루지 못하는 것이 악이라는 것이다. 예를 들어, 인간이 살아가는 데 필요한 무엇을 구하는 것이 악일 수는 없지만 이를 위해 남의 물건을 강제로 빼앗는다면 그것은 악이다. 질병도 통합된 유기체로서의 인간의 몸 안에서 상호작용하는 여러 힘들 사이에 부조화라 할 수 있다. 그러나 이는 악의 현상을 설명하는 것이지 그 정체성에 대한 해명이 아니다. 그렇다면 도대체 악은 무엇이란 말인가?

악의 본질과 유형

사람들은 대체로 악을 '윤리적 악(도덕악)'과 '자연악(natural evil)'으로 나눈다. 양자의 구분에 대해서는 두 가지 다른 견해가 있다. 하나는 '작인(agent)'의 유형에 기초하여 합리적인 자유의 잘못된 사용, 즉 인간의 활동으로 인해 일어나는 모든 고통을 윤리적 악으로, 비도덕적 작인에 기초한 모든 악을 자연악으로 보는 견해이다. 다른 하나는 작인이 아니라 '의도'에 치중하여 악한 의도 자체만을 윤리적 악으로 보고, 자연악은 고통을 유발하는 작인과 상관없는 모든 형태의 악을 지칭하는 말로 사용한다. 후자의 경우 윤리적 악은 '죄(sin)'와 동의어가 되며 '자연악'보다는 '물리적 악(physical evil)'이라는 용어를 더 즐겨 사용한다.

'악'을 단순히 '있어서는 안 되는 일' 혹은 '삶에 대한 위협'이라 정의한다면 자연악은 당연히 악이다. 그러나 '악'이라는 용어를 어떤 도덕적 판단이 개재된 의미로 사용한다면 윤리적 악만이 악이며 자연악은 악이 아니라 인간이 수용할 수밖에 없는 현상으로 보게 된다. 일반인의 소박한 '악' 관념은 대체로 이런 것이다. 그러므로 악의 문제의 핵심은 결국 '윤리적 악'이 무엇이냐에 있다. 그러나 무엇이 윤리적 악인지가 자명하지는 않다. 동성애나 사형제도에 대한 평가는 시대와 장소에 따라 엇갈리며, 선한 '의도'에서 나온 금주법이 결과적으로 탈법을 조장하였다.

그리스도교는 전통적으로 인간의 악한 의도를 '죄(죄악)', 즉 '윤리적 악'으로 규정하고, 이를 다시 원죄, 본죄, 자범죄로 나누어 이해해 왔다. '원죄(original sin)'란 아담이 지은 죄로서, 그로 인해 모든 사람은 태어나면서부터 죄 가운데 있게 되었다고 한다. 그리고 아담과 하와가 하나님의 명을 거역하고('불순종') 선악과에 손을 댄 결정적 동기는 눈이 밝아져 하나님처럼 되고자 하는 '교만'이었다고 본다. 뱀의 유혹은 그런 마음을 발동케 한 하나의 계기일 뿐, 불순종과 타락의 책임은 전적으로 인간에게 있으며 인간은 자유로운 의지로 악을 선택했다는 것이다(창 3:1이하 참조). 사도 바울은 "한 사람으로 말미암아 죄가 세상에 들어오고 … 이와 같이 모든 사람이 죄를 지었으므로 사망이 모든 사람에게 이르렀느니라"(롬 5:12)고 하여 원죄론의 결정적인 단서를 제공하였다. 인간 시조의 타락으로 인해 누구도 죄에서 자유로울 수 없다고 보는 점에서("의인은 없나니 하나도 없도다." 롬 3:12, 시 14:3) 원죄는 '근본악'이라 불리며 이로부터 본죄와 자범죄가 연유한다고 본다. 여기서의 '사망'은 오랫동안 육신의 사망일 것으로 여겨져 왔지만 요즘은 하나님과의 관계의 단절을 의미하는 것으로 이해되고 있다. '본죄(本罪, intrinsic sin)'는 죄를 짓고자 하는 소욕으로서, 마음속에 잉태하고 있는 악한 생각을 말한다. 하나님이 아벨을 죽인 카인에게 "죄의 소욕은 네게 있으나 너는 죄를 다스릴지니라"(창 4:7)고 말씀하신 것과, 여인을 보고 음욕을 품는 자는 다 간음한 자라고 하신 예수의 말씀(마 5:28)이 본죄 개념의 근거이다.

그리고 이 본죄가 행동으로 드러난 것이 '자범죄(自犯罪, behaviour sin)' 이다. 법과 제도가 금하고 있는 것은 바로 이 자범죄다. 한편, 자연악에 대해서는 대체로 그 원인을 인간의 죄에 돌리는 것이 성서의 관점이다. 성서에 언급된 자연악은 거의가 하나님의 심판과 연결되어 있다(물론 예외도 있다. 요 9:3). 이에 의하면 자연악은 하나님의 의의 실현으로서 결국 악이 아니다.

라이프니츠는 인간에게 책임이 귀속되는 성서적 원죄 개념에서 한 걸음 더 나아가 피조물 속에 존재하는 근원적인 불완전성(제한성 혹은 유한성) 자체를 악의 근원으로 보았다. 그에 의하면 악은 '불완전한' 피조물에서 연유한다. 피조물이 불완전하지 않다면 그것은 피조물이 아니라 하나님이다(그리핀, 위의 책, 160쪽). 그리고 그는 창조주와 피조물의 구별에 기초하고 있는 이 불완전성을 '형이상학적 악'이라 명명하고, 이로부터 고통과 질병 같은 자연악과 인간의 책임에 속하는 윤리적 악이 나온다고 한다. 여기서 형이상학적 '악'으로 명명된 피조물의 불완전성은 존재론적 제약이지 원죄처럼 자유의지에 의한 윤리적 죄가 아니다.

불교나 유교 등 동양사상의 선악관은 서구 철학이나 유대-그리스도교에 비해 간명하다. 간단히 요약하면 이렇다. 불교의 경우, 악은 '고(苦)'나 '번뇌'로 표현되며 그 종류도 헤아릴 수 없이 많다. 그러나 그 모든 악은 무명(無明)에서 오며(무명은 탐·진·치, 즉 욕심, 화냄, 어리석음 등 삼독三毒이 근원이다) 깨달음을 통해 청정한 자성(自性, 또는 佛性)을 봄으로써 거기서 벗어난다고 가르친다. 선과 악은 모두 마음의 작용이며一切唯心造 궁극적으로는 선악의 구별을 넘어서 있는 본디 자아眞我를 찾음으로써 해탈에 이른다는 것이다. 불교에서도 그리스도교의 하나님에 비견될 만한 '법신불'의 존재를 인정하지만 그리스도교처럼 악을 그에 대한 거역으로 보지는 않는다.

유가(儒家)에서도 인간의 본성은 원래 선하다고 본다. 그러나 불교가 말하는 불성은 그 자체로 무시무종한 근본적 실재인 데 비해 유가는 인간의 선한 본성을 하늘天과 연관지어 이해하는 점이 다르다. 『중용』 첫머리는 "하늘이 나리신 것이 '성'이요 성을 따르는 것이 '도'이며 도를 마름질하는 것이 '교'이다(天命之謂性 率性之謂道 修道之謂敎)"라고 설파한다. 즉, 하늘이 선한 성품을 주셨으니 이를 잘 갈고 닦아 밝은 덕에 이르러야 하며明明德 악은 배움과 교화로 극복해야 한다는 것이다. 그래서 유가의 통치이념은 '덕치(德治)'이다. 또 공자는 "하늘에 죄를 얻으면 빌 데가 없다(獲罪於天 無所禱也)"고 하여, 선악을 하늘의 뜻天命과 짓는다. 천명을 거스른 자를 몰아내는 역성혁명(易姓革命)이 정당화되는 것은 여기서 연유한다. 중국의 제자백가 중에는 순자와 법가사상가들처럼 성악설을 주창하는 이들도 있었다. 이들은 인간 본성에 대해 회의를 품은 사람들로서 덕치의 무용함과 함께 법적 강제를 통해 악을 제어하려 했다. 본성이 악하다는 것은 인간과 하늘을 연결짓지 않는다는 뜻이다. 그러므로 근본적으로는 유가의 틀 안에서 이루어진 논의라고 볼 수 있다.

윤리적 악의 범위도 문제다. 자연도 인간에 의해 고통 받을 수 있다면 그것 역시 악으로 규정되어야 할 것이다. 살생을 금하는 불교의 가르침이 그렇다. 무위자연을 이상으로 하는 도가사상도 이와 유사하다. 자연과학자들도 그런 생각을 한다. 진화생물학자 도킨스(Richard Dawkins)는 『이기적 유전자』에서 인간의 행태도 다른 동식물의 행태와 별다를 바 없다고 지적하고(인간과 침팬지 간에는 유전자의 98.5%가, 인간과 쥐 간에도 그에 근접하는 정도의 유전자가 공통된다고 한다), 이를 근거로 인간은 지구상의 다른 존재들에 대해 지금보다 훨씬 더 겸손해야 한다고 말한다. 이런 관점에서 보자면, 식량 위기를 타개하기 위한 동식물의 유전자 조작도 인체에 대한 유해 여부와 상관없이 그 자체가 악으로 규정될 수 있다.

위의 여러 견해들에서 악의 연원도 상당 부분 언급되었다. 크게 보면 악이 인간에게서 비롯되며 타자와의 관계 속에서 구체화된다는 점에서 공통점을 보인다. 그러나 그리스도교를 비롯한 유일신론은 근본적으로 악의 뿌리를 창조자 하나님과의 관계에서 찾는다는 점에서 여타의 사상이나 종교와 입장을 달리한다. 그렇다고 유일신론이 다 같은 것도 아니며, 신의 존부를 언급하지 않는다 해서 무신론이라고 단정할 수도 없다. 오히려 그런 차이는 인간과 신의 관계에 대한 관점의 차이, 인간이 무엇인가에 대한 이해의 차이에서 비롯된 것이라고 볼 여지가 많다.

성서는 하나님과 사람의 관계가 비틀린 데서 모든 고통과 악이 연유한다고 본다. 아담과 하와가 하나님의 금령을 어기고 선악과를 따먹음으로써 사람 사이에 불신과 반목이 싹트고 자연도 사람에 대해 적대적으로 변했으며 인간은 생명나무로 다가갈 수 없는 사망의 존재가 되었다는 것이다. 이는 하나님을 제치고 스스로 선악판단의 주체가 되려는 인간의 욕망이 고통과 악의 근원임을 시사한다. 그리고 고통과 악의 원인이 불순종에 있는 만큼 그로부터 자유롭게 되는 길도 순종, 즉 믿음에서 찾는다. 우리는 우리 마음속에 선과 악이 공존하고 있음을 인정하지 않을 수 없다. 사도 바울은 이 혼란스러운 자아의 모습을 명확히 꿰뚫어 보았다. "내가 한 법을 깨달았노니 곧 선을 행하기 원하는 나에게 악이 함께 있는 것이로다"(롬 7:21). 성서에 의하면 악은 신의 창조물이 아니다. 창조설화는 모든 존재하는 것은 선이라고 증언한다. 이어지는 타락설화는 악과 고통이 인간에게서 비롯되었다고 한다.

20세기 최고의 신화학자 조지프 캠벨(Joseph Campbell)은 고대 인도의 우주관을 이렇게 묘사한다. "인도에서는 천국과 지옥, 그리고 그 안에 있는 모든 것으로 이루어진 우주가 어느 한 존재가 꾸는 위대한 꿈이며, 그 꿈속의 모든 등장인물들도 마찬가지로 꿈을 꾸고 있다고 노래되어왔고, 그것이 인도의 문명 전체를 틀 지웠다"(조지프 캠벨, 『신화의 이미지』, 24쪽). 우주가 한 존재의 위대한 꿈이라는 것은 인생살이의 고통과 악도 창조자의 섭리임을 암시한다. 왜 그러한가에 대한 언급은 없다. 그러나 이 인도인들의 통찰이 악의 근원을 신에게 돌리는 것은 아니라고 본다. 그들은 다만 인간이 어찌할 수 없을 만큼 강인하고 집요한 악을 신의 섭리로 이해하고 신에 대한 믿음으로 그것을 넘어서려 한 것이다.

같은 맥락에서 사람 안에 있는 세 가지 독심(三毒心, 貪瞋癡)을 '고'의 원인으로 보는 불교도 무신론이라고 단정할 수 없다. 붓다는 신의 존재 여부를 묻는 질문에 침묵으로 응대했다고 한다. 이 '대침묵'은 언어의 한계를 의식한 데서 연유한 것이라 생각된다. 아마도 그는 신이 '있다' 하면 사람들은 기존의 무수한 신들을 연상할 테고, '없다' 하면 '법'에 대한 그의 체험과 어그러진다고 생각했을 것이다. 악을 독자의 근원을 지닌 실재로 이해하는 이원론도 실은 창조자 하나님과 악을 단절시키려는 의도에서 나온 것이라고 추측된다. 그 주장하는 바 악의 근원적 실재성은 인간이 자아내는 악의 집요하고 애매모호한 속성의 또 다른 표명이다. 소크라테스도 신의 존재를 인정했지만 삶의 혼돈과 고통의 원인은 인간의 '무지'에서 찾았다. '동굴의 비유'를 남긴 플라톤도 마찬가지다. 천명을 강조한 공자나 맹자도 악의 뿌리를 천과의 관련 하에 성찰하지는 않았다. 오직 악은 인간의 문제였다. 그러나 그 인간은 다른 존재와의 관계 속에서만 살아갈 수 있는 존재이며 악도 그 관계 속에서 생성되는 그 무엇이다. 그리고 그 관계 중 가장 중요한 것은 모든 것을 있게 한 궁극적 실재와의 관계가 아닐 수 없다.

관계에 대한 물음

유신론과 무신론

인류는 악을 파악하고 제어하려고 무던히도 노력해 왔다. 그러나 악은 극복되기는커녕 오히려 선하시고 전능하신 창조자에 대한 믿음마저 흔들어 놓을 정도로 강력한 실재로서 현존하고 있다. 이 악의 경험이 많은 사람을 무신론자로 만든다. 윤리학은 대체로 하나님과 같은 궁극 실재를 고려하지 않고 선악을 오직 인간 의지의 문제로 파악하려 한다. 이는 인간을 도덕과 제도(법)로써 교화가 가능한 존재라고 보는 주지주의적 낙관적 인간관에 기초한 것으로, 인간의 선한 본성과 의지 및 그에 따른 역사의 진보를 믿고 또 그것으로 만족한다. 많은 진화생물학자들은 그리스 자연철학자들의 길을 따라 관찰을 통해 알게 된 자연법칙에서 도덕법칙을 도출해 낸다. 이들의 윤리학에 신이 설 자리는 없어 보인다. 그러나 인간이 자연에 대해 지금보다 더 겸손해야 한다는 주장은 오히려 하나님의 이름으로 파괴를 일삼아 온 종교인들의 태도보다 훨씬 더 윤리적이다. 인류는 칸트적 실천이성이 요청하는 윤리적 '당위'가 여지없이 허물어지는 일들을 수없이 경험했다. 칸트가 신의 존재를 요청했던 것도 그런 경험의 소산일 것이다. 인간의 선한 본성과 의지에 전적으로 의존하기에는 현실의 악이 너무나 뿌리가 깊고 강하다. 이들은 이

점에 있어서 인식을 같이한다. 상호 간의 거리는 그리 멀지 않다.

색수상행식 등 인간의 행동과 의식작용이 다 공(空)함을 깨달아 일체 고액을 넘어서고자 하는 불교도 악을 무력화하는 좋은 길임에 틀림없다. '위로 깨달음을 구하고 아래로 중생을 제도한다(上求菩提 下化衆生)'는 보살도는 결코 사회적 책임을 방기하지 않는다. 그러나 악을 '연기(緣起)'로 해명하는 것은 자칫 현실의 악에 대한 저항력을 약화시킬 수 있다. 악을 업보로 이해하고 상황을 개선하려는 노력을 쉽게 포기해 버리는 경우가 생기기 때문이다.

유대교, 그리스도교, 이슬람 등 근동에서 탄생한 유일신 종교는 인간의 의지가 아니라 절대자 하나님이 악을 멸하실 것으로 믿는 점에서 공통된다. 특히 그리스도교는 인간은 원죄로 인해 스스로의 힘으로는 죄에서 빠져나올 수 없다는 비관적 인간관을 기초로 죄악에서의 구원은 오직 은총에 의해서만 가능하다고 한다. 이들 유신론에서는 하나님이 악과의 싸움에서의 주역이며 인간은 악의 대항자가 아니라 오히려 악을 생성하는 주체로 이해된다. 인간은 죄인이며, 따라서 '회개하고 하나님을 믿고 따름(청종)으로써' 하나님으로부터 용서를 받아야만 악에서 벗어날 수 있다. 회개와 청종은 직접 악을 향한 것이 아니라 악을 제압하는 주체이신 하나님을 향한 것이다. 그러나 이처럼 하나님께로 돌아서는 것은 다른 어떤 태도보다도 더 악을 극복하는 위대한 힘을 발휘했다. 문제는 사람들이 그러한 겸허함을 끝까지 견지하지 않았다는 것이다. 교회는 곧 스스로를 하나님의 대리자로 여기고 하나님의 이름으로 악을 멸하려 했지만, 오히려 이로 인해 수많은 악이 저질러졌다. 그리고 자신을 죄인이라 하면서 동시에 신의 행세를 하는 이 이중성이, 많은 사람들로 하여금 하나님에게서 등을 돌리게 만든 요인 중 하나였다.

라이프니츠의 '형이상학적 악'은 하나님과 인간의 관계를 전제로 한 것이라는 점에서는 성경의 가르침에 기초한 것이라 할 수 있다. 그러나 그의 주장대로 피조물이라는 한계가 바로 악과 직결된다면 피조물이 존재하는 한 악도 존재하게 된다. 그리고 이렇듯 악이 필연이라면 악에 대한 모든 책임도 하나님께 귀속될 수밖에 없다. 한마디로 딜레마다. 창조성을 발휘하지 않는 신은 신일 수 없는데, 창조성을 발휘하는 순간 신은 동시에 악을 창조한 자로서 선하신 전능자가 될 수 없기 때문이다.

유가는 하늘의 도와 인간의 노력誠을 조화시키는 실천적 도덕철학으로서 이천년이 넘게 동아시아인들의 정신을 '인의(仁義)'로 무장시켜 불의에 대항하게 했다. 특히 맹자는 히브리 예언자들에 비견될 정도로(송천성은 『대자대비하신 하느님』에서 특히 이를 부각시킨다) 현실의 악에 대해 비판적이었다. 물론 유교가 유신론이냐 아니냐에 대해서는 논란의 여지가 있다. 송대 이후 천(天)과 상제(上帝) 등 인격적 실재가 이(理)와 기(氣) 같은 이법(理法)으로 이해되어갔기 때문이다. 그러나 이는 중요하지 않다. 유학이 공리공론에 빠져들 때마다 그 반작용으로 경세치용의 실학적 기풍이 새로운 바람을 불어넣어왔기 때문이다. 오히려 유가의 최대의 약점은 그 가르침이 주로 지배계층이나 지식층을 겨냥한 것으로 민중들의 역동적인 힘의 뒷받침을 받지 못했다는 데 있다. 이는 동양의 시대적 상황이 '하늘天' 이해에 투사되었기 때문이다. 아무튼 유학이 현대사에서 중요한 한 축을 감당하려면 이 점은 반드시 재고되어야 할 것이다.

신정론

악의 모호성은 유신론자들을 해결하기 어려운 딜레마에 빠뜨린다. 에피쿠로스는 이를 다음과 같이 정형화했다(에피쿠로스의 딜레마): '신은 악을 방지할 수 있지만 하지 않거나, 방지하려 하나 할 수 없거나 둘 중의 하나이다. 만약 전자라면 그는 자비롭지 않으며 후자라면 그는 전능하지 않다'(프란치스코 페레스, 앞의 책, 44쪽). 불가지론이나 무신론은 다 이유가 있는 법이다. 그러면 유신론자들은 어리석게도 불완전한 존재를 절대자라고 믿고 있는 것일까? 그렇지는 않다. 유신론자들은 선하고 전능한 신을 믿는다. 또 그렇기 때문에 그들은 세계 속에 현존하는 악에 대응하여 하나님의 선과 전능성을 입증하기 위해 심혈을 기울인다. 하나님의 존재야말로 유신론자들의 실존의 기반이요 자아정체성의 핵심이다. 그리스도교 내에서 '신정론(神正論, 변신론辯神論이라고도 한다. Theodicy, 'Theodicy'는 '신성deity'과 '정의justice'를 의미하는 그리스어의 두 단어에서 연유한 것이다)이라는 이름하에 악과 하나님의 관계에 대한 신학적 논의가 계속되어 온 것도 그런 이유 때문이다.

그 중 어떤 이(아우구스티누스)는 악의 실재 자체를 부인하기도 하고 어떤 이(이레네우스)는 악을 선의 도구로 봄으로써 딜레마를 벗어나려 했다. 그러나 이런 시도는 그리 성공적이지 못했지만, 오랜 논의를 통해 이 문제를 해결할 수 있는 열쇠가 무엇인가에 대해서는 합의할 수 있었다. 그것은 다음과 같은 역설적 형식의 고백이다: '창세기에서 창조는 선한 것이라 선포한다. 그런데 신약은 또 하나님이 십자가라는 악한 사건 속에 특별히 자신을 계시하셨다고 선포한다'(Van A. Harvey, *A*

Handbook of Theological Terms, N Y. : Macmillan Publishing Co., p. 236). 이 고백의 전반부는 유신론자라면 누구나 별 이의 없이 받아들일 것이다. 그러나 후반부는 그리스도인들만의 고유한 고백이어서 특별한 해명이 필요하다. 도대체 그리스도인들은 악을 무엇이라고 보고 있기에 십자가 사건을(고전 1:23) 악의 문제를 풀어내는 하나님의 열쇠로 믿는가?

그리스도인들은 오랫동안 다음과 같이 들어 왔다: 인간 시조 아담이 마귀의 유혹에 빠져 하나님의 명을 어기고 선악과를 따먹음으로써 모든 인간은 죄인이 되었다(근거 본문은 롬 3:23, 고전 15:22 등). 그러나 하나님은 이 죄인들을 구원하시기 위해 독생자 예수로 하여금 대속의 십자가를 지게 하셨다(롬 3:25, 엡 1:7, 히 7:27, 벧전 2:24). 그래서 이 기쁜 소식(복음)을 믿는 자는 멸망치 않고 영생을 얻으며(요 3:16) 믿지 않는 자는 심판을 받아 영벌에 처해지게 된다(마 25:46, 계 20:15). 아담 때부터 끊임없이 사람들을 미혹하던 사탄도 종말의 때에 영벌을 받는다(계 20:3, 10).

많은 사람이 이 구원의 복음을 듣고 새 사람이 되었다. 인류 역사에 한 획을 긋는 거대한 문화적 변혁도 일어났다. 그러나 그것이 악에 대한 모든 의문을 불식한 것은 아니다. 사람은 정말 나면서부터 죄인인지, 타종교에는 구원이 없는지, 하나님은 꼭 무시무시한 심판으로써만 악에 대처하셔야 하는지, 하나님이 선하시고 전능하시다면 왜 이 세상에서 악이 끊이지 않는지 등등 질문이 꼬리를 문다. 더욱이 20세기에는 과거보다 더욱 악랄하고 잔인한 대규모 학살과 인종청소가 잇따랐음에도 하나님은 침묵하셨다. 지금도 유일신 야훼와 알라를 믿는 이들이 폭격과 야만적 참수로 맞서고 있음에도 불구하고 해법은 찾을 길 없다. 사태는 '무조건 믿어라'는 말로는 수습할 수 없는 지경에 이르렀다. 이제 하나님과 악의 관계에 대해 현대인들이 납득할 만한 해명이 제시되지 않으면 구원론과 종말론, 신론과 기독론 등 그리스도교의 중요한 교리들 마저 흔들리게 되었다. 설득력 있는 신정론의 재정립이 다시금 요구되는 이유가 여기에 있다. 그리고 그 답은 교회가 유일무이한 구원자로 고백하는 그리스도 예수 안에서 찾을 수밖에 없다. 우리는 다시금 그리스도의 눈으로 인간과 세계와 하나님을 봄으로써 시작해야 한다. 그는 지금도 살아계셔서 우리를 위해 간구하시는 분이시니(롬 8:34) 두드리는 자에게 문은 열릴 것이다.

악은 엄연한 '실재(reality)'다. 그러나 과연 '실체(substance)' 또는 '본질(nature)'이라 할 만한 것이 있는 '실재'인지는 의심스럽다. 유신론자도 존재의 근원을 제일원인에서 찾는 철학자도 선과 악이 한 근원에서 나왔다고 말하지는 않는다. 한 우물이 쓴물과 단물을 동시에 내는 것은 불가능하기 때문이다. 그렇다면 뿌리 없는 악을 실재라고 할 수 있을까? 여기서 악의 독자적 연원으로서의 '사탄'의 존부가 문제된다.

'사탄'이 악의 연원인가?

사람들은 악의 연원을 어떤 인격적 실재에서 찾는 경향이 있다. 악은 '의도를 가진 힘'으로 경험되기 때문이다. 현대에서도 '악마(devil)'란 결코 낯선 존재가 아니다. 성경도 '사탄'을 여러 곳에서 언급하고 있다. 창세기에 의하면 '간교한 뱀'이 인간을 유혹했다. 요한계시록은 이 뱀을 '사탄'이라 칭한다(계 12:9, 20:2). 원래 히브리어 '사탄'은 '대적하는 자'라는 뜻의 보통명사였으나(민 22:22, 32, 삼상 29:4, 시 109:6) 이것이 변하여 초자연적인 존재로서의 악마의 고유명사가 되었다(욥 1:6이하, 슥 3:1-2).

신약성서에서 사탄은 예수를 시험하고(마 4:1이하) 죽이려 한 자요(요 13:27), 하나님 말씀을 방해하고(막 4:15) 온 세상을 꾀며(계 12:9), 공중의 권세를 잡고 하나님께 불순종하는 이들 가운데 역사하는 존재이다(엡 2:2). 그 사탄의 사주를 받는 대표적 인물이 '적그리스도'다(요일 2:18, 22, 4:3, 요이 1:7). 이와 같이 사탄은 하나님을 대적하는 모종의 초자연적 존재로 인식되고 있다. 이스라엘이 포로로 잡혀간 근동지역에는 이원론적 종교가 성행하고 있었고, 악을 마음의 작용이라 보는 불교도 '악마'를 인정하고 있을 정도이니(고행 중의 싯달타에게 마군魔軍을 보내 유혹한 마왕 파순波旬. 주류적 해석은 이를 마음의 번뇌를 상징화한 것으로 본다), 자신들은 하나님의 절대적인 보호 아래 있다고 믿는 이스라엘과 그리스도인들이 이해할 수 없는 고통과 악을 해명하기 위해 사탄을 상정하는 것도 무리는 아니다.

그러나 성경은 결코 사탄이 악의 원천이라고 말하지 않는다. '간교한 뱀'은 '유혹자'에 불과하다(창 3:4-5). 악에 관한 한 사탄은 언제나 간접적 위치에 있다. 그는 '이미 있는 것을 이용하여' 사람을 하나님과 분리시키고 사람이 다른 존재들과 맺고 있는 관계를 파탄에 이르도록 유혹했다. 선악과를 따먹지 말라는 하나님의 명령은 사람을 향한 것이었고(창 2:17) 사람이 금령을 어긴 것도 '하나님처럼 눈이 밝아지려는' 욕심과 교만이 그 원인이었다(창 3:5-6). 그 결과로서 사탄이 세상의 지배자가 되고 사람들의 경배를 받은 것도 아니다. 사람 스스로 하나님이 되었을 뿐이다.

성모께 수태고지를 한 대천사 가브리엘이 허깨비였을 리는 없으니, 하나님을 배반한 타락한 대천사와 그 부하들도 얼마든지 있을 수 있다. 예수께서도 시몬 베드로에게 사탄이 밀 까부르듯 제자들을 청구한다

하셨다(눅 22:31). 그러나 하나님 나라를 결정적으로 위협하는 것은 사탄이라기보다 자기 생각대로 선악을 판단하려는 사람들임을 성경은 분명히 하고 있다. 요한복음은 '가룟 유다에게 사탄이 들어갔다'고 표현한다. 그러나 예수께서는 그 사탄에게 '유다에게서 나오라' 명하시지 않고 유다에게 "네 하는 일을 속히 하라"고 하셨다(요 13:27). 초점이 사탄이 아니라 사람에게 맞추어져 있는 것이다. 십자가의 길을 가로막은 베드로도 "사탄"이라 불렸다(마 16:23). 그러나 그는 돌이켰다. 만약 유다가 예수의 말씀으로 인해 생각을 바꾸었다면 그도 사도로서의 사명을 감당했을 것이다. 믿는 자에게는 사탄이 아무런 힘도 발휘하지 못한다. 광야의 예수께서 이를 증명하셨다.

십자가 사건도 마찬가지. 광야에서 그를 시험했던 사탄이 이때 다시 나타났는지는 잘 모르나(눅 4:13 참조) 예수께서 자신의 고난을 사탄과의 대결로 생각하신 것 같지는 않다. 골고다는 사탄의 무대가 아니라 하나님의 뜻이 완전히 이루어지는 거룩한 장소였다. 처형자 백부장도 회개했으니 그곳에 사탄의 자리라고는 바늘 끝만큼도 없었다. 사탄은 처음부터 끝까지 '유혹자' 이상도 이하도 아니었다. 십자가가 사탄과의 한판 큰 싸움이었고 여기서 사탄이 결정적으로 패퇴했다면 그 후 인류 역사에서 악은 점차 소멸했어야 옳다. 그러나 역사는 그렇지 않았다. 악은 객관적 실재가 아니라 사람 마음의 작용이기 때문이다. 그러므로 사람이 바뀌지 않으면 악은 언제나 되살아난다. 예수께서는 제자들에게 '자기를 부인하고 자기 십자가를 지고 나를 따르라' 하셨다(막 8:34). '자기 부인'이 필요한 이유가 어디 있을까? 악의 뿌리는 인간 내면의 은밀하고 음험한 욕망이기 때문이다. 그러므로 보이지 않는 사탄을 찾아 칼을 휘두르려 하기보다 자신의 내면에 눈을 돌려 거기서 악의 뿌리를 찾아야 한다. 바울은 이를 잘 간파한 사람이다(롬 7-8장).

이 세상에는 사람 마음을 미혹하는 여러 사물들이 있다. 그러나 그것들은 다 하나님의 피조물이다. 문제는 그것들을 자신의 욕망의 대상으로만 파악하는(마 5:28, 6:24) 인간의 태도다. "돈을 사랑함이 일만 악의 뿌리"다(딤전 6:10). 그러나 가난한 과부의 동전 두 닢(눅 21:1-4)은 지극히 성스럽다. 마음 여하에 따라 재물은 우상이 되기도 하고 성물이 되기도 하는 것이다. 인간의 뒤틀린 욕망은 천변만화하는 가면을 쓰고 제어하려야 할 수 없을 만큼 강인한 힘으로 사람을 사로잡는다. 그래서 그 배후에 강력한 힘을 가진 영적 존재가 있다고 믿기 십상이다. 그러나 악의 원천은 어디까지나 사람 마음속 깊이 자리잡고 있는 내밀한 욕망이다. '하나님 나라'가 사람 안에 있는 것 같이(눅 17:21) '악의 제국'도 사람 안에 있다.

그러므로 그에 대한 책임도 사람이 져야 한다. 홍수 심판은 "사람의 죄악이 세상에 관영함과 그 마음의 생각의 모든 계획이 항상 악할 뿐"인데서 말미암은 것이다(창 6:5-6). 사탄을 악의 원천으로 보는 이원론은 인간의 두려움과 무지의 소산이다. '타락한' 천사 따위가 신적 존재가 될 수는 없다. 그는 순진한 제자들마저도 못 이겨 번개처럼 하늘에서 떨어졌다(눅 10:19). 사탄이야말로 '만들어진 신'이다. 마녀재판은 무식의 소치거나 음침한 욕망을 사탄의 이름으로 포장한 것이거나 둘 중 하나다. 요한 계시록의 종말론적 대심판도 주된 대상이 사람이다. 사탄에 대한 심판은 곁가지에 불과하다. 예수께서도 사람은 자기 행한 대로 하나님 나라를 상속하거나 하지 못하게 된다 하셨다(마 7:20, 25장). 그가 요청하신 '회개'도 사람을 향해 있다(막 1:15). 그리고 사람이 돌이키면 그는 언제나 하나님 나라의 사람이 된다. 믿음의 사람에게 사탄이 할 수 있는 일은 아무것도 없다. 성서 기자들은 이해할 수 없는 악이 삶을 위협하는 상황에서도 결코 이원론에 빠지지 않았다. 오히려 성경은 사탄을 철저히 비신화화하고 있다.

결국 사람이 문제다

이 세계는 사람 눈에도 좋게 보인다. 모든 존재하는 것은 하늘의 별에서부터 미물에 이르기까지 사람의 호기심을 불러일으킨다. 그러나 그런 지적 감정적 호기심에서 한 걸음 더 나아가 그것들을 자기 좋은 대로 이용하고 지배하려는 욕망이 일어나는 것이 문제다. 그 결과 재화와 권력이 신이 되고 그 제단에 바쳐질 제물, 즉 지배욕의 희생자가 생긴다. 바빌론에 포로로 잡혀온 이스라엘 백성이 바로 그들이었다. 그 때, 사제들이 역사의 전면에 등장했다. 이들은 냉철한 역사의식과 지성, 뜨거운 신심을 겸비한 사람들이었다. 사제들은 일단 제의 전통을 정교하게 다듬어 구원의 하나님에 대한 희망의 불씨가 꺼지지 않게 하고, 창조자에게 눈을 돌려 만물 안에 깃든 하나님의 뜻을 헤아리는 데 진력했다. 이들은 창조자에 대한 이해가 깊어질수록 구원의 확신도 더욱 강화된다는 것을 알았다. 민족적 고난이 이들로 하여금 하나님과 사람과 세계의 관계에 대해 새로이 눈을 뜨게 했고, 전래의 구원신앙을 창조신앙과 결합하게 한 것이다.

이들은 사람 안에 두 개의 마음, 즉 하나님을 향하는 마음과 함께 하나님을 배제하고 자신이 세상의 지배자가 되려는 마음이 공존하고 있음을 보았다. 그리고 '하나님의 형상'을 통해 사람의 이 존재론적 모순을 절묘하게 결합시켰다. 고대의 제왕들은 영토 곳곳에 자신의 '형상'을 세워 백성들에게 자신의 지배권을 확인시켰다. '형상'은 왕의 대리자로서 집안 구석구석까지 침투해 있는 무자비한 왕의 권력의 상징이었다. 그런데 사제들은 그 강압적 '형상'을 하나님이 사람에게 부여하신 존엄과 권한의 상징으로 바꾸어 놓았다. 왕이 아니라 모든 사람 하나하나가 다 존귀한 '하나님의 형상'이다. 왕의 형상이 왕의 대리자이듯 사람은 누구나 '하나님의 대리자'다. 그는 하나님과 호흡을 같이 해야 한다. 사제들은 하나님이 흙으로 사람을 빚으시고 자신의 숨을 불어넣었다는 오랜 전승(창 2:7)에 공감했다. 그렇다. 하나님은 본디 사람을 자신의 성품에 참예하는 존재로 지으셨다. 또 사제들은 '땅'도 하나님의 것이라 보았다(레 25:23). 하나님의 것은 하나님의 형상을 갖춘 사람만이 다스려야 한다. 지배욕에 가득 찬 압제자들이 땅을 차지하는 것은 하나님의 나라에서는 있을 수 없는 일이다.

강자의 힘이 정의이던 시절, 이 선언은 억압 받는 자를 향한 해방의 '기쁜 소식'이자 억압자에 대한 경고였다. 그렇게 하나님은 흑암에 행하던 백성과 사망의 그늘진 땅에 거주하던 자에게 빛을 비추셨다(사 9:2). 이 빛으로 인해 사람들은 자신의 내면에서 하나님의 형상이 왕의 형상을 무너뜨리는 놀라운 역사가 일어나는 것을 경험했을 것이다. 말씀은 사람 안의 흑암과 혼돈과 공허를 몰아내고 그 빈 자리를 하나님의 빛과 생명으로 채웠다. 그것은 지극한 기쁨. 이제 고통과 악은 그들에게 아무런 족쇄가 되지 못한다. '사람은 하나님의 형상'이라는 폭탄선언의 진정한 의미는 여기에 있다. '갇힌 자를 자유케 하는'(사 61:1-3) 사회 변혁은 그렇게 내적 변화를 경험한 사람들에게서 비롯된다.

그러나 이 처음 믿음을 잃어버릴 때 개인도 사회도 다시 혼돈에 빠진다. 이집트의 종살이에서 풀려난 이스라엘에게 하나님은 그 때를 기억하고 고아와 과부와 나그네를 잘 돌보라 하셨다. 그러나 세월이 흐르면서 왕은 압제자가 되었고 초기의 믿음과 열정은 사라졌다. 자신의 생애에서 이 두 면을 다 보이고 있는 사람이 솔로몬이다. 그는 하나님의 형상과 이방의 왕의 형상을 공유한 대표적 인물이었다. 열왕기 기자의 솔로몬에 대한 질책은 신랄하기 그지없다(왕상 11장). 압제와 불신은 후대로 이어지고 그것이 분단의 결정적 요인이 되었다(왕상 12장). 분단은 이미 멸망을 잉태하고 있었다. 우리도 마찬가지다. 자신의 생각과 욕망을 진리라고 우기고 정당화할 때 누구나 그 속에 왕의 형상이 만들어진다. 패거리가 형성되면 이는 더욱 강화된다. 70여 년 전 해방정국 때나 지금이나 우리의 내면에는 왕의 형상이 압도적이다. '서로 다름'을 합력하여 선을 이룰 '다양성'으로 이해하지 못하고 배척해야 할 '적'으로만 인식한다. 상대방 안에서 하나님의 형상을 보려 하지 않을 때 그는 자신 안에서도 하나님의 형상을 상실한다. 상대를 존중하지 않는 자는 자신의 존엄도 내팽개친다. 자신의 생명을 초개처럼 여길 때도 다른 이를 벌레 취급하기 쉽다. 난징대학살에 가담했던 일본군이 그랬다(아이리스 장, 김은령 역, 『난징대학살』, 끌리오, 1999, 74쪽). 아우슈비츠에서 중간관리자로 임명된 유대인들은 동족에게 극도로 가혹했다. 군대나 학교에서는 피해자가 가해자가 되는 폭력의 악순환이 이어지면서 도처에서 희생자가 생긴다. 아무도 존엄하지 않다. 우리는 이렇게 살고 있다. 전 인류가 '공생'이 아니라 '공멸'의 길을 가고 있다. 인류는 '죽음의 문화'를 택한 것이다.

이래서는 안 된다. 우리는 그 옛 사제들에게서 배워야 한다. 그리스도인이 되라는 말이 아니다. 유수한 세계 종교들의 전통에는 다 그런 가르침이 담겨 있다. 스스로 하나님이 되려는 욕망은 뒤틀린 '하나님의 형상'이다. 악은 독자의 뿌리를 가진 실체가 아니라 선의 기생물일 뿐이다. 사제들은 '사람은 하나님의 형상'이라는 말로 사람들 속에 뿌리 내린 이 욕망을 떨어버리기를 바랐다. 하나님의 형상이 왕의 형상을 무너뜨리기를 기대한 것이다.

이들과 동시대의 이름 모를 선지자는 이를 '고난 받는 야훼의 종'(특히 이사야 53장)으로 구체화했다. 하나님은 고난을 통해 그의 마음속에서 모든 삿된 것을 제하신다. 왕의 형상은 티끌만큼도 없다. 그의 안에 살아 있는 것은 오직 하나님의 의와 사랑뿐, 그는 마침내 다른 사람의 죄마저 떠안을 수 있게 된다. 그것은 하나님이 주신 생명의 힘이니, 그래서 영원하다. 이 예언은 예수님에 이르러 구체적으로 완전히 성취되었다. 속으로 탄식하던 마음 착한 이들이 그를 보고 용기를 얻어 따라나섰다. 포도나무에 붙은 가지처럼(요 15:1이하) 이들 안에 하나님의 형상이 영글고 하나님의 나라가 이루어졌다. 자신 안의 두 마음으로 괴로워하던 바울도 십자가를 지신 그리스도 안에서 자유를 얻었다(롬 8:12).

왕의 형상과 하나님의 형상의 대비는 묵시문학에서 한층 강렬하게 드러난다. 다니엘서의 배경도 포로기다. 느부갓네살 왕은 꿈에서 거대한 신상을 보았다. 그런데 사람 손이 닿지 않은 돌이 신상을 부서뜨려 가루로 만들고 그 돌은 태산을 이루어 온 세계에 가득하게 된다. 다니엘은 해석하기를, 신상은 지금과 앞으로 일어날 모든 제국이며 '손대지 아니한 돌'은 하늘의 하나님이 세우실 영원한 '나라'로서, 하나님이 왕에게 바로 이 나라가 모든 제국들을 멸망시킬 것을 알게 하신 것이라 했다. 느부갓네살은 이에 다니엘에게 엎드리고 "너희 하나님은 참으로 모든 신들의 신이시오 모든 왕의 주재시로다"고 고백한다(단 2:31이하). 역사의 주재이신 하나님을 이토록 극명하게 선언한 것도 찾아보기 어렵다. 그것이 포로의 입에서 터져 나왔다. 그리고 제국의 왕이 그 앞에 무릎을 꿇었다. 역사가 그러함을 깨달을 때 천하를 통일한 왕의 내면에서도 우상이 무너지는 것이다. 다니엘의 말은 이스라엘에게는 기쁜 소식이고 지배자들에는 깨달음의 경종이었다. 광대한 제국의 포로였기에 그의 눈은 땅 끝까지 지평이 넓혀졌고 그의 가슴은 전 인류를 향한 하나님의 보편적 구원의지를 확인할 수 있었다. 구원은 의로움이요 자비였다. 이후 이스라엘이 품었던 메시야 기대는 이러한 하나님의 섭리의 열매다.

선도 악도 사람의 문제로 귀착된다. 사람의 마음 결에 따라, 주변세계와 하나님을 어떻게 이해하느냐에 따라 그가 사탄도 되고 하나님 백성도 된다. 그 척도가 '하나님의 형상'이다. 사제들은 땅에서 일어나는 일을 보고 조상들의 하나님을 상기했다. 그리고 오랜 기도와 묵상 끝에 사람에 대한 심오한 통찰에 도달했다. 그것은 하나님과의 일치 속에 형상화된 관념이다. 자신이 하나님과 하나 되지 않고서는 결코 사람을 '하나님의' 형상이라 선언할 수 없다. 그것은 정녕 계시다.

'하나님의 형상'은 한편으로는 사람과 하나님의 관계를, 또 한편으로는 사람과 세계와의 관계를 함축하고 있다. 땅에서의 고난이 하나님을 다시 생각하게 했고, 그 결과 인간에 대한 새로운 이해의 통로가 열린 것이다. 포로라는 극한의 고통 속에서 형상화된 계시이기에 그것은 오늘날에도 고통의 문제에 관해 많은 것을 시사한다. 우리는 십자가를 지신 예수님에게서 역설적으로 자기 영혼의 수고한 것에 만족해 하는 '야훼의 종', '하나님의 형상'을 본다. 그의 얼굴에 떠오른 하나님의 태초의 미소. 이제 이 땅에 울리는 그 웃음의 소식을 알아볼 차례가 되었다.

제2장

가이없는 하나님의 숨결

그들이 광야 사막 길에서 방황하며 거주할 성읍을 찾지 못하고
주리고 목이 말라 그들의 영혼이 그들 안에서 피곤하였도다
이에 그들이 근심 중에 여호와께 부르짖으매
그들의 고통에서 건지시고 또 바른 길로 인도하사
거주할 성읍에 이르게 하셨도다 (시 107:4~7)

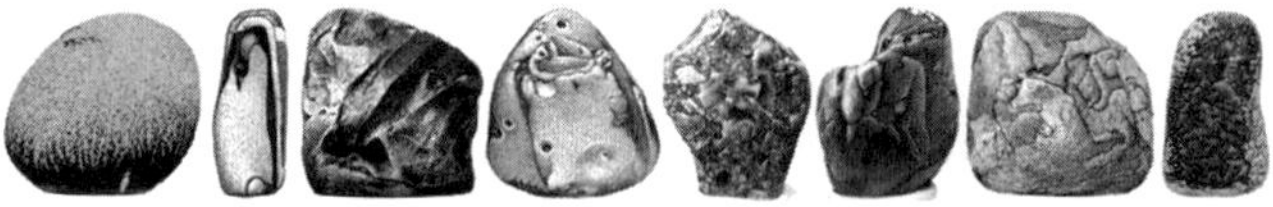

기쁜 소식

시작과 끝에 관한 이야기

그리스도인들은 하나님이 세상을 창조하셨고 역사에 관여하시며 자신의 뜻을 이루신다고 믿는다. 역사를 하나님과 사람과 세계의 관계라는 범주를 통해 바라본다는 말이다. 성서 기자들은 수많은 사건들의 계기로 이루어진 '사실로서의 역사' 속에 하나님의 구원의 역사(구속사救贖史)가 맥박치고 있음을 보았고 자기들도 그 역사의 한 모퉁이 돌로서 부름을 받아 참여하고 있음을 인식하고 있었다. 그리고 그런 관점(구속사관)에서 과거의 사건들을 재해석하고 미래를 예측했다. 각자의 사정이 달랐기에 진술의 양식이나 내용도 다양했다. 그러나 그 역사는 다 구속사라는 점에서 일치한다. 출발점은 사람살이에 깊이 뿌리내린 고통이었다.

기원전 12, 3세기경(15세기로 보는 이도 있다) '히브리인'이라 불리는 일단의 사람들이 모세라는 걸출한 지도자의 영도 하에 이집트를 탈출했다. 이들은 당시 근동에 광범위하게 퍼져 살고 있던, '하비루' 또는 '이브리'라 불리던 하층민들 중의 한 집단으로 알려져 있다. 히브리인들은 하나님을 경배해온 조상들에 대한 전승을 간직하고 있었다. 아브라함과 이삭과 야곱 등 족장들이 그들이다. 히브리 성경에서 가장 오래된 공동기도문(신 26:5-10, 이는 가나안 진입 후 추수감사예배 때 바치던 기도문이다)은 이들을 '유리하는 아람사람'이라 한다. 야곱의 아들 요셉의 공로로 그 후예들은 기근을 피해 이집트에 정착해 살게 되었지만 결국 하층민으로 전락하여 이집트 사람들의 학대에 시달려야 했다. 그 고통 중에 이들은 조상들의 하나님께 부르짖었고 하나님은 그 신음을 들으시고 전능의 손으로 이들을 압제에서 이끌어내셨다. 이들은 시내 산에서 하나님과 언약을 맺고 하나님의 백성이 되었으며 하나님의 인도 하에 젖과 꿀이 흐르는 약속의 땅 가나안으로 들어갔다. 이후 대를 이어가며 이스라엘은 그 구원의 하나님을 기억하고 그를 통해 세계를 이해하고 역사를 해석했다. 이스라엘에게 있어 역사란 '구원의 약속과 그 성취'의 긴장 속에서 나날이 형성되는 하나님과 세계와 인간의 관계 자체였다(J. G. Baldwin, *Daniel*, Inter-Varsity, 1978, p. 13. 참조). 창세기 서두의 장엄한 창조설화도 이 구속신앙을 모태로 하여 태어난 것이다.

역사가들은 과거의 사건들과 대화하면서 '사관'을 확립하고 그에 따라 '사실로서의 역사' 중 의미 있다고 생각되는 것들을 오늘에 재연(再演, reenact)한다. 이것이 '기록된 역사'다. 역사가만 그런 것이 아니다. 사람은 누구나 과거와 현재의 일들을 보며 미래를 예상하고 이를 기초로 다시 현재를 구성한다. 개인의 자아 정체성은 의미 있는 타자와의 대화를 통해 형성된다. 그런 점에서 사람은 누구나 그 나름의 역사가이다. 물론 사람들의 선이해와 여건의 차이로 인해 사관도 다양하다. 유물사관도 있고 순환사관도 있다. 정치사나 경제사, 문화사, 과학사, 철학사 등등 관심 분야가 특화되기도 한다. 이에 비해 성서 기자들의 관심은 구속사에 집중되어 있다. 역사의 주관자는 하나님이시고 사람은 거기에 참여한다는 것이다. 이들은 역사에 처음과 끝이 있다고 본다(계 22:13).

창조와 종말이다. 그러나 그 의미는 구속사에 의해 최종적으로 규정된다. 하나님의 창조를 목격한 자는 없다. 그러나 창조자의 뜻과 능력은 막강한 권력자를 제어하고 눌린 자를 자유케 하시는 그의 역사(役事)에서 충분히 미루어 짐작할 수 있다. 또 지금 여기서 구원의 하나님을 체험한 사람은 그 믿음의 눈으로 악과 죄가 종말을 고할 때를 예견한다.

다만 사람은 유한한 역사적 존재이니 계시에도 역사적 한계는 있다. 예수께서는 자신이 율법을 완성하러 왔다고 하셨는데(마 5:17), 이는 율법이 아직 미완의 계시임을 시사한다. 또한 성서는 오류가 없어도 해석에는 오류가 있을 수 있다. 결국 우리는 해석의 다양성을 수용하면서 지금 여기서 하나님이 나에게 무엇을 말씀하려 하시는지를 물을 수밖에 없다. 이를 위해 필요한 것은 무엇보다도 자신의 생각과 기존의 관념들을 철저히 질문 앞에 세우는 것이다. 이것이 '비움'이다. 그리스도께서는 비움과 순종으로 죄인들의 구원의 터전을 닦으셨다(빌 2:5이하의 '그리스도 찬가'). 노자도 '무위'로써 '도'가 스스로 드러나도록 해야 한다('무위자연')고 가르쳤다. '비움'이란 아무 생각도 하지 않는 것이 아니라(이런 시도는 오히려 사람을 혼미상태에 빠뜨린다), 진리가 스스로를 구현하도록 자신을 상대화하는 것이다. 겟세마네의 기도에서 볼 수 있듯이 비움은 엄청난 결단이다. 십자가 사건은 비움이야말로 진리가 고스란히 드러나는 터전이라는 것, 그리고 비움 자체가 또한 진리라는 것을 말해주고 있다.

그리스도의 수세(受洗)도 비움이었다. 그때 성령이 임하셨다. 그는 자신의 말과 능력이 아니라 하나님의 말씀으로 사탄을 물리치셨다. 빈 마음을 계시가 채웠던 것이다. 그런 이의 마음에는 하나님과 함께 모든 존재하는 것들도 다 들어온다. 그는 한 사람의 작은 죄도 우주를 흔들고, 죄인 하나가 회개하면 하나님도 함께 기뻐하신다는 것을 느낀다. 이제

'나'는 비었으니 그가 하는 일은 온통 하나님의 일이다. 구속사는 이런 사람들과 하나님이 함께 엮어내는 '새 창조'의 과정이다. 성서는 이를 '약속과 성취'의 틀로 기술했다. '성취'란 성서가 거듭하여 언급하고 있는 '언약'의 구체적 발현이다. 사람 아닌 생물과의 언약도 있다(창 9:10이하). '약속'은 시작이요 '성취'는 끝이다. 그러므로 '끝 날'은 사멸의 시간이 아니라 하나님이 창조하신 모든 것들이 그 충일한 의미를 구현하는 '열린 날'이다. 예수께서는 이 날을 두고 "그 날에는 내가 아버지 안에, 너희가 내 안에, 내가 너희 안에 있는 것을 너희가 알리라" 하셨다(요 14:20). 로마서 8장은 하나님이 모든 생물들과 맺은 언약이 이루어질 것을 확언하고 있다. 성서를 쓴 이들은 분명 하나님의 숨결은 미치지 않는 곳이 없다는 것을 확신하고 있었다.

새 창조

2006년 겨울인가 싶다. 한동대 태권도 동아리 학생들과 함께 방글라데시에 갔다 오는 길에 방콕 공항 매점에서 난징대학살을 다룬 아이리스 장의 *The Rape of Nanking*(번역본은 김은령 역 『난징대학살』)을 샀다. 기내에서 읽어내려 가다가 역사상 최대 규모의 집단 성폭행은 1972년 방글라데시 독립전쟁 시 서파키스탄 군인들에 의해 저질러졌으며 피해여성은 40여만 명이라는 대목에 눈이 멈췄다. 엄청난 충격을 받았다. 바로 조금 전까지 머물다 온 나라에 그런 비극이 있었다니. 그런데 그날 밤, 꿈에서 보관을 쓴 검은 얼굴의 여인을 보았다. 신비로운 미소를 띠고 있었다. 어쩐지 낯이 익었다. 관음보살이라는 생각이 들었다. 국립

박물관의 '금동미륵보살반가사유상' 같다는 느낌도 들었다. 떠나기 전에 보았던 벵골 전통 춤을 추던 소녀의 얼굴도 떠올랐다. 퍼즐이 맞추어졌다. 중생과 보살은 둘이 아니었다. 하나님은 이미 그 절대적 거룩함과 '태초의 미소'로 40만 방글라데시 여성들의 고통을 씻어주신 것이다. 가난한 방글라데시 사람들의 집은 난지도 판잣집보다 더 열악했다. 그런데도 아이들은 크리켓과 축구를 하며 즐겁게 놀았고 어른들의 눈에도 티 한 점 없었다. 웃음으로 방문객을 맞이하며 '이건 밥그릇, 저건 냄비' 하며 사는 이야기도 해주었다. 유구한 역사를 지닌 벵골족의 자존심만으로 이 모든 것을 설명할 수는 없다. 하나님은 이미 그들 가운데 계셨다.

그 책에 의하면 난징대학살 때 강간당한 중국여성은 7만여 명. 그 중 상당수는 그 자리에서 피살되었다. 그리고 얼마 후 장강에는 임신한 여성들과 아기들의 시신이 수도 없이 떠올랐다. 그런데 아이리스 장은 그가 인터뷰한 여성 중에 그 누구도 자기 아이가 그렇게 해서 태어났다고 말한 이가 없었다고 했다. 저자의 진술은 여기서 끝난다. 그러면 정말 단 한 명도 그런 아이가 없었을까? 그렇지는 않을 것이다. 단언컨대, 그 어머니와 주변사람들은 눈물을 삼키며 그 아이들을 중국의 아들 딸로 길렀다. 그들은 결코 웃을 수 없는 사람들. 그러나 천진난만한 아이들은 그렇지 않았을 것이다. 그리고 아이들의 웃음을 보며 그 어머니와 주변사람들도 결국 웃음을 되찾았을 것이다. 그러므로 단 한 명도 그런 아이가 없다는 말은 사실이다. 이로써 난징 사람들은 7만 명의 정조를 유린하고 30만 명을 학살한 일본군을 이겼다. 40만 벵골 여인들도 침략자를 이겼다.

그 웃음은 하늘이 주신 것이다. 그러나 '씻김과 채움'의 길은 멀고 험하다. 불교에서는 한 순간 깨달으면 모든 것이 달리 보인다 하고 그리스도인들은 예수의 십자가의 대속을 믿음으로써 구원을 얻는다고 한다. 분명 부처에게는 모든 것이 부처이고 불국토이며, 구원의 은총을 입은 이들에게는 모든 것이 하나님 나라일 것이다. 그러나 그 지극한 환희도 잠시뿐, 세상에 한 발짝만 들어가면 고통이 물밀듯이 밀려든다. 인간은 관계적 존재이기에 부처가 되었든 하나님 나라 백성이 되었든 다른 사람들이 겪는 고통에서 혼자 자유로울 수는 없는 법이다. 그래서 격심한 고통 끝에 하늘이 주신 웃음을 몸에 간직하게 된 사람은 세상의 모든 고통에 대해 마음이 열리고 고통을 겪는 다른 이들과 연대성을 경험하게 된다. 하늘이 주시는 웃음과 세상의 탄식은 결코 분리되어 있지 않다. 중생의 번뇌를 떠난 깨달음은 없다. '번뇌(煩惱)가 곧 보리(菩提)'다(『直指心經』).

마음 어진 이들이 고통 가운데 있는 사람들을 찾아가는 것도, 불교인과 그리스도인이 불국토와 하나님 나라를 기리고, 유교인들이 대동세계(大同世界)를 이상으로 삼았던 것(『예기禮記』 <예운편禮運編>)도 다 여기에 이유가 있다. 보살은 중생이어야 하고 하나님 나라 사람은 땅 끝까지 가서 복음의 증거자가 될 수밖에 없는 것이다. 그러므로 '씻김과 채움'은, 아직 오지 않았지만 언젠가는 반드시 오고야 말 종말론적 세계를 확신할 때 비로소 온전한 기쁨이 된다. 내 방에는 만해 한용운의 '오도송(悟道頌)'이 걸려 있다. 그 셋째 련은 이렇다. "큰 소리 한 번 질러 삼천대천세계 갈파하니(一聲喝破三千界)." 1917년 12월 어느 날 밤 10시경, 바람에 물건 떨어지는 소리에 천지를 관통하는 이법을 깨치고 걸림 없는 자유의 경지에 드신 것이다. 물론 그는 죽는 날까지 나라와 민족을 두고 쉴 새 없이 앓고 또 앓았다. 그러나 그것은 지극한 기쁨 속의 번뇌, 희망을 품은 아픔이었다.

진리를 찾는 길이 얼마나 고단한 것인지는 욥기가 잘 말해주고 있다. 욥기가 실화인지 아닌지는 알 수 없다. 그러나 그것이 누구나 공감할 만한 인간의 실존적 상황을 묘사하고 있는 것은 분명하다. 욥의 재난은 사람과 자연 양쪽에서 다가왔다(욥 1:13-19, 2:7). 게다가 불에 기름 붓듯이 아내와 친구들이 그의 속을 긁는다(2:9, 4장 이하). 욥은 왜 자신에게 이런 일이 일어나는지 도무지 이해할 수 없다. 도입부의 하나님과 사탄의 대화는 욥에게 전달되지 않는다. 명백한 것은 그가 자연과 인간으로부터 재앙을 당했다는 사실뿐이다. 그는 영문을 모르는 상태에서 태어난 날을 저주할 정도로 힘들어 한다(3장). 친구에게 항의도 해보지만(6:27) 메아리는 없다. 욥기의 대부분은 이 고뇌의 과정을 서술하는 데 할애되어 있다. 욥은 하나님을 믿는 의인임에도 불구하고 마지막에 이르기까지 하나님은 단 한 번도 나타나시지 않는다. 너무도 우리 일상과 닮았다. 하나님은 우리의 고통에 대해 도무지 해명해 주시는 법이 없다. 동양인이 믿어온 '하늘'도 본디 그렇게 말이 없다.

그런데 욥이 한계점에 도달했을 때 비로소 하나님이 그에게 다가오신다. 그러나 그의 말씀은 고통에 대한 해명도 아니고 믿음을 지킨 데 대한 위로도 아니었다. 하나님은 다만 자신의 창조의 권능과 인간의 왜소함을 말씀하시는 데 그쳤다. 그럼에도 불구하고 욥은 거기서 귀로 듣기만 하던 하나님을 눈으로 뵈옵는다 하며 회개하고(아마도 생일을 저주한 것을 회개했을 것이다. 그것은 생명을 창조하신 하나님을 부인한 것과 같기 때문이다) 그 앞에 무릎을 꿇는다. 욥이 사람은 행한 대로 복과 벌을 받는다는 생각에서 벗어나지 못했다면 아마 그는 아내의 말대로 하나님을 떠났을 것이다. 그러나 이 세계의 경이로움과 그 안에 담긴 창조자의 영광에 눈을 뜨는 순간 그는 모든 고통과 회의에서 자유로워졌다. 창조자 하나님 안에서 구원의 길을 발견한 것이다.

바울이 말했듯이 사람은 태생적으로 만물 안에서 하나님의 영원하신 능력과 신성을 볼 수 있는 존재다(롬 1:20). 그러나 그 앎이 그대로 하나님의 '의'에 대한 앎으로까지 연장되는 것은 아니다. 오히려 선악에 관한 한 사람들은 자기주장을 앞세우고 '무지한 말로 이치를 어둡게 하는'(욥 38:2) 경우가 허다하다. 그러므로 사람에게는 어둠을 밝히는 하나님의 말씀이 필요하다. 욥기의 대부분은 이 말씀이 있기까지 인간이 겪어야 하는 '혼돈과 공허와 흑암'에 대한 기록이라 해도 좋다. 욥은 침묵하시는 하나님 앞에서 괴로워했다. 그리고 이해할 수 없는 고통을 당하는 이들이 겪어야 하는 모든 정신적 혼란과 투쟁의 과정을 다 지난 후에야 마침내 하나님을 눈으로 뵈옵고, 이 땅의 모든 일들이—비록 그 의미는 명백히 이해하지 못할지라도(천상어전회의 회의록은 욥에게는 감추어져 있다)—다 하나님 손 안에 있음을 깨달았다. 참된 자유는 그렇게 성취되었다. 그는 완전히 하나님 안에 있게 되었다. 그와 함께 원수에 대한 적개심도 자연에 대한 두려움도 없어졌고 탄식도 사라졌다. 그에게서 창세기가 말하고 있는 '하나님의 형상'이 비로소 모습을 드러낸 것이다.

욥기는 우리에게 사람은 고난을 통해 '하나님의 형상으로 빚어져 간다'는 것을 가르쳐준다. 예수께서도 그러셨다. 그는 사탄의 시험을 이기셨을 때도, 종횡무진 활동하실 때도, 결코 '다 이루었다'고 하시지 않았다. 이는 십자가에서 돌아가실 때에야 하신 말씀이다(요 19:30). 하나님은 구원의 주를 고난으로 말미암아 온전하게 하셨다(히 2:10). 사람 안에 새겨진 하나님의 형상은 마치 씨앗이 싹트고 자라 꽃피고 열매를 맺듯이 '고난의 삶 가운데서' 완성에 이르는 것이다. 이것이 사람의 길이다.

하나님은 사람을 아무렇게나 지으시지 않았다. 그에게 자유를 주고 스스로 역경을 이기게 하시고 그 가운데서 하늘과 땅과 사람을 알게 하신다. 사람에게 고통이 있다는 것은 사람이 그만큼 고귀한 존재이기 때문이다. 극심한 고통의 강을 건넌 사람은 어떤 유혹에도 넘어지지 않는 금강과 같은 믿음의 화신이 된다. 그는 하나님의 손길이 만물에 깃들어 있음을 안다. 그래서 만물을 다스리는 지위에 선다 할지라도 그 '다스림'은 '사랑과 섬김'일 수밖에 없다. '고난 받는 야훼 종'의 노래가 이를 잘 드러내 주고 있다. 욥은 허튼 소리로 자신을 괴롭혔던 친구들을 위해 기도함으로써(욥 42:7-9) 이 길을 고스란히 따랐다.

친구들이 욥에게 준 '충정어린' 조언들은 다 틀렸다(욥 42:7). 고난은 징계가 아니었다. 전지전능하신 하나님이 사람의 믿음 여부를 아시기 위해 테스트를 하신 것 같지도 않다. 그렇다면 고통은 결국 '연단'으로 이해할 수밖에 없다. 사람은 고통과 악을 통해 예리한 선악판단과 견인불발의 믿음을 갖게 된다. 고통은 '하나님의 형상'을 빚어내는 '불의 연단'이요 하나님을 알아가는 데 필연적인 순례의 길이다. 문제는 이 '연단으로서의 고통이 하나님으로부터 말미암은 것인가?' 하는 것이다. 대체로 하나님이 역사의 주관자라고 믿는 이들은 그러리라고 생각한다. 욥기나 예레미야도 그렇게 해석할 수 있다. 맹자도 하늘이 사람에게 사명을 부여하기 전에 반드시 시련을 준다고 했다(『맹자』 <고자장구告子章句>). 그러나 '자연악'은 몰라도 사람이 자행하는 '윤리적 악'도 그러하다고 함부로 말할 수는 없다. 유다를 멸망시킨 바빌론을 하나님의 도구로 본 예레미야도 그 죄악에 대한 심판을 확실히 언급하고 있다. 일제의 강점이 한민족의 연단을 위한 하나님의 섭리라는 해석을 우리가 쉽게 받아들일 수 있겠는가. 선악과 사건에서 미루어보건대 하나님은 악을 예상하셨지만 결코 바라거나 의도하신 적이 없었다. 악은 하나님의 인식 안에 있지만 의지 안에 있지는 않다. 악은 인간이 자아낸 부정적 사건이요 현상일 뿐이다. 하나님은 그런 사람들 가운데 자신의 나라를 이룩하셔야 한다. 그러므로 악이 횡행하는 세상에서 그 일을 위해 부르심을 받은 사람은 필시 고난 가운데서 하나님의 형상을 갖추어나갈 수밖에 없는 것이다. 성서의 사람들의 길은 다 그런 것이었다. 그리고 그 정점에 그리스도의 십자가가 서 있다.

욥기는 고대사회에서는 보기 드물게 고통과 악에서 신비적 요소를 제거하고 있다. 욥기도 다른 많은 성경 본문들처럼(창세기 3장, 요한계시록, 마 4:1이하, 눅 22:3, 31-32, 엡 6:10이하 등등) 사탄의 존재를 시인하고 있다. 욥기는 분명 선악 이원론이 성행하던 시절의 이야기다. 그러나 도입부와 달리 그 뒤 어느 곳에도 욥이 사탄의 존재를 의식하고 그와 대결한다는 생각을 했다는 이야기는 없다. 그는 이웃 종족의 침탈과 자연재해를 사탄의 역사로 이해하지 않았다. 그런 점에서 욥기 저자는 사탄을 철저히 '비신화화'하고 있다. 하나님에 대해서도 마찬가지다. 하나님은 우러러 볼 수조차 없는 천상의 보좌에 앉아계신 절대타자로 묘사되어 있지 않다. 하나님은 욥에게 대단히 '실증적인' 방식으로 자연 안에 자신의 신성과 영광을 드러내고 계심을 설복하신다. 일종의 자연신학이다. 그러나 하나님은 '말씀'으로 욥을 설복하신다는 점에서 자연신학을 넘어선다. '말씀의 신학'이다. 요컨대 욥기의 핵심은 욥이 견인불발의 믿음으로 고통을 견뎠으며 마침내 하나님의 말씀으로 고통에서 헤어났다는 것이다. 설사 사탄이 욥에게 고통을 가하는 주체라 하더라도 하나님으로부터 욥을 분리시키려던 그의 의도는 완전히 좌절되었다.

세상에는 신의 존재를 부인할 정도로 이해 불가능한 고통이 확실히 있다. 그럼에도 불구하고 하나님은 그것을 막지도 않으시고 그에 대한 해명도 위로도 하지 않으신다. 욥의 운명이 그러했다. 게다가 친구들의 냉정한 위로의 말은 독약처럼 그의 골수를 파고들었다. 수아 사람 빌닷은 욥에게, 자녀들이 죽은 것은 그들이 하나님께 죄를 지었기 때문이니 네가 만일 하나님을 찾고 간구하며 청결하고 정직하면 너에게 평안을 주실 것이라 하면서, "네 시작은 미약하였으나 네 나중은 심히 창대하리라"는 예언(욥 8:1-7)까지 한다. 욥은 철저히 고독했다. 그러나 하나님은 처음부터 끝까지 욥을 지켜보셨다. 하나님이 바라신 것은 그가 행복할 때도 불행할 때도 한결같이 믿음을 견지하는 것이었다. 욥이 나중에 창대해졌다는 것은 사족이다. 그는 하나님을 눈으로 뵈옵고 모든 것에서 해방되었다. 빌닷은 하나님을 오해했다. 성장에 목매단 교회가 이 본문을 숭상하지만, 예수님은 속옷을 달라고 하는 자에게 겉옷까지 주라 하셨지 그렇게 하면 너에게 집을 주리라고 약속하시지는 않았다(오랫동안 루마니아 지하감옥에 갇혀 있었던 범브란트 목사의 말로 기억한다). 팔복선언대로 마음이 온유한 자가 땅을 기업으로 얻는 것이 당연하다. 그런 사람만이 땅의 진정한 주인이 될 자격이 있다. 그런데 '번영신학'은 노력하지 않은 데도 부가 늘어나는 것을 은혜로 생각한다. 온유한 자는 부하지도 가난하지도 않기만을 기도한다는 사실을 잊어서는 안 된다. 찢어지게 가난한 자가 천 원을 놓고 다투는 것은 거룩하다. 가족을 향한 사랑의 발로이기 때문이다. 그러나 부자가 더 큰 부를 위해 창고를 증축하는 것은 어리석은 짓이다(눅 18:18이하). 부의 노예가 되었기 때문이다.

하나님이 '지켜보신다'는 것은 처음부터 끝까지 모든 것을 사람의 자유의지에 맡긴다는 말이 아니다. 하나님은 욥에게 다가오셔서 그를 설득하시고 마침내 고통을 선의 토대로 전환시키게끔 하셨다. 사탄의 자리는 아무 데도 없다. 믿음의 사람에게 사탄은 없는 것과 같다. 남는 것은 오직 하나님의 의와 사랑뿐이니, 그것이 바로 '하나님 나라'다. 욥은 고난을 통해 하나님의 의와 사랑이 무엇인지 체득했다. 그리고 웃음을 되찾았다. 그 웃음은 이전의 그저 행복하기만 했던 때의 웃음이 아니라, 자기 영혼의 수고한 것을 만족히 여기는 그윽한 미소다.

하박국도 욥처럼 하나님이 부르짖음을 듣지도 않으시고 구원도 아니하신다고 한탄했다(합 1:2이하). 그러나 결국 '의인은 그 믿음으로 살리라'라는 말씀에 감동하고(합 2:3-4) 바빌론의 침략이 야기할 처참한 파멸에 몸을 떨면서도 구원의 하나님으로 인하여 기뻐할 수 있었다(합 3:16-19). 예레미야는 사람이 고생하며 근심하는 것이 하나님의 본심이 아니니(애 3:33) 그의 구원을 바라고 기다리라 했다(애 3:27). 고향에서처럼, 잡혀온 땅에서도 집 짓고 전원 만들고 결혼해서 아이 낳고 살며, 심지어 평안을 위해서 지배자들을 위해서도 기도하라고까지 했다(렘 29:5-7). 하박국과 예레미야는 다 비극의 시대를 산 사람이다. 또 예언자로서 이스라엘의 고난을 불의에 대한 징벌로 이해했다. 이 점에서 이해할 수 없는 고통을 당한 욥과 다르다. 그러나 결말은 동일하다. 의인뿐 아니라 모든 사람은 다 믿음으로 살아야 한다는 것이다. '잠언'은 하나님을 경외하는 것이 지혜의 근본이라 한다(잠 1:7). 성서의 사람들은 이해할 수 없는 고난도 이해 가능한 고통도 다 그렇게 극복했다. 그 믿음은 천상의 나라나 내세를 지향하는 것이 아니었다. 하나님의 나라는 이 땅에서 믿음으로 이룰 나라였다.

고통은 확실히 부정적 경험이다. 그러나 고통 속에서 사람은 하늘의 도와 사람살이의 이치를 깨달을 수 있기에 그것은 또한 긍정적 경험이다. 고대 동양인들의 지혜를 집약해 놓은 『역경(易經)』에 대해 해설자는 "아마도 『역』을 지은 사람은 근심걱정(우환憂患)이 있었던가 보다" 고 했다(<계사전 하>). 그러나 저자는 근심만 한 것이 아니라, 모든 것을 내신 하늘은 우환과 함께 평안의 길도 마련하신다고 믿었다. '상극(相剋)'과 '상생(相生)'이 함께 하는 것이 존재의 본래적 양상임을 꿰뚫어 본 것이다. 이것이 동양인의 '우환의식'이다. 그래서 방책이 안정적이다. 아예 우환의 싹을 완전히 잘라버리는 것은 언뜻 보면 옳을 듯해도 결과는 참담하다. 만약 이스라엘이 팔레스타인 사람들의 씨를 말리려 한다면 어떻게 될까? 그만큼 이스라엘도 대가를 치러야 할 것이다. 이스라엘의 조상 아브라함은 상생의 길을 잘 알고 있었다. 그는 하나님이 약속하신 땅임에도 불구하고 막벨라 굴과 부속토지를 거금을 주고 샀다. 매매방식은 헷 족속의 관습에 따랐고 그들은 아브라함의 배타적 권리를 공식적으로 선언했다(창 23장). 지금이라도 이 전례에 따라 유대인들이 팔레스타인 땅을 엄청난 돈으로 매수하면 어떨까? 이천년 간 멸시 받으며 부를 축적한 것이 이 때를 위함이 아닌지 누가 알겠는가. 매매를 통해 상호 상대방의 권리를 인정하고 칼을 쳐서 보습을 만드는 것이(사 2:4), 옛 선지자의 예언처럼(사 19:23-25) 이스라엘과 이집트와 앗수르가 서로 소통하며 함께 하나님을 경배하는 평화의 길이 아닐까 한다. 엘리사는 포로로 잡아온 적국 병사들을 잘 먹여 보냄으로써 평화를 정착시켰다(왕하 6:8이하). 물론 자기 재산을 떼어 적에게 주는 것은 쉽게 선택할 수 없는 좁고 험한 길이다. 그렇지만 상생의 길은 바로 거기에 있다.

심판

여기서 우리는 성서가 말하는 심판에 대해 재고하지 않을 수 없다.

특히 종말론적 심판은 역사 속에 구현되고 전승된 하나님의 '의와 사랑'의 완결판이다. 따라서 그것은 천상천하의 모든 존재를 설득할 수 있어야 한다. 그런 관점에서 오늘의 이스라엘의 행태를 살펴보자. 아마도 유대인들은 여호수아를 상기하면서, 자신들의 존립을 위해서는 어떤 일을 해도 좋다고 생각할지 모른다. 그리스도인들 중에도 이스라엘의 건국을 종말의 징조로 보는 이들이 많다. 예루살렘에 복음이 들어가면 그 때가 바로 '심판자' 예수께서 다시 오시는 종말의 때라고 여기기 때문이다. 따라서 이들은 대체로 이스라엘의 횡포에 대해 묵인하는 입장을 취한다. 그러나 오늘날 대다수 사람들은 무고한 민간인들, 특히 어린이들을 살상하는 것은 범죄 이외의 그 어떤 것도 아니라고 본다. 어느 쪽이 맞는지 한번 생각해보자. 예수께서는 어린아이처럼 되지 않으면 천국에 들어갈 수 없다 하셨는데, 이들은 어린이들의 죽음을 조금도 개의치 않는다. 예루살렘의 복음화를 위해 어린이들을 희생 제물로 받는 것이 과연 다시 오시는 그분의 뜻일까? 그건 '몰록'이 하는 짓이다.

그는 또 하나님 나라는 '여기 또는 저기'가 아니라 '너희 안에 있다'고 하셨다(눅 17:21). 초기 이스라엘은 하나님을 '왕'이라 부르지 않았다. 왕은 압제자의 상징이었기 때문이다. 다윗 '왕'의 등극 이후 '왕정신학'이 성행했지만 여기서도 왕은 철저히 하나님의 뜻에 순종해야 하는 '하나님의 종'이었다. 그리스도인들은 예수님을 '만왕의 왕'이라 한다. 요한계시록에 그렇게 기록되어 있다(계 19:16). 교리가 그분께 귀속시킨 세 가지 직분 중 하나가 왕이다. 그는 '철장으로 만국을 다스릴 분'이다(계 2:27, 19:11-16). 그러나 우리는 복음서의 예수님에게서는 왕의 이미지를 도무지 찾을 수 없다. 그를 왕이라 하자. 그러나 그 왕권을 극명하게 드러내는 십자가를 지시기 위해 그는 여느 왕들이 타는 백마 대신 겸손하게 어린 나귀를 타고 자신의 도성 예루살렘에 입성하셨다. 왕과 하나님은 양립이 불가능하다. 이스라엘의 건국을 종말과 연관 짓는 것도 사람의 생각일 뿐이다. 철장으로 다스릴 대상은 따로 있다. 불의를 행하는 자들이 바로 그들이다.

인간은 법을 만들고 법정에서 범죄자들을 심판한다. 그러나 수많은 법이 존재해도 범죄는 끊이지 않고 또 모든 범죄자를 다 심판대에 세울 수 있는 것도 아니다. 설사 그렇게 되더라도 억울한 피해자의 한은 충분히 위로 받지 못한다. 근본적으로 왜 그런 일이 생기는가에 대한 의문도 풀리지 않는다. 칸트가 신은 존재해야 하고 사후세계가 있어 죽어서라도 상벌은 명확히 적용되어야 한다고 주장한 것도 이런 맥락에서 이해할 수 있다. 그런 점에서 전지전능한 초월자의 심판은 반드시 필요하다. 유사 이래 사람들은 끊임없이 정의를 추구해 왔다. 그렇다면 하나님의 의(righteousness)와 심판이 그러한 인간의 정의(justice)와 어떤 연관이 있을까? 인간의 정의는 신의 정의의 한 표현인가? 나는 그렇다고 생각한다. 그러나 확연히 구별되는 점도 있다. 이 점을 밝혀야 인간적 정의의 의미도 분명해진다. 그것은 마치 율법과 은혜의 관계와 유사하다. 예수께서는 율법을 폐기하신 것이 아니라 완성하려 하셨다. 은혜는 정의를 포용함과 동시에 그것을 넘어서야 한다. 그것이 하나님의 의다.

그리스도교 원죄 교리는 인간은 전적으로 타락했기 때문에 인간에게서는 도무지 선을 찾아볼 수 없다고 한다. 그래서 은혜를 강조한다. 그러나 그러한 그런 인식에 기초한 종교재판이 오히려 인간적 정의보다 더 불의한 결과를 낳았다. 요즈음도 그렇다. 오랫동안 수많은 목사를 길러낸 신학대학 교수를 종교다원주의자로 낙인찍어 '출교' 처분하고, '구름 타고 오시는' 예수를 문자대로 믿지 않는다고 공부 잘하는 학생을 퇴학

시킨다. 근래 우리나라에서 일어난 일이다. '나를 구원하신 하나님의 은혜로 미루어볼 때 타종교에도 진리가 있다'고 하는 것이 어찌 쫓겨나야 할 이유가 되는가. 자신도 하나님의 은혜로 구원을 받았으면서 그 은혜를 자신의 종교에만 국한시키는 것이야말로 타락설화가 그토록 경계하고 있는, 인간이 하나님의 지위에 오르는 바로 그것이다. 하나님이 다른 일꾼들을 통해 다른 곳에서 또 다른 포도원을 일구어 오셨다고 느낄 때 오히려 하나님에 대한 경외심은 더 깊어진다. 계시록의 '짐승'과 '666'은 다 상징으로 보면서 예수는 반드시 구름을 타고 오신다고 해석하는 것도 자가당착이다. 이와 같은 종교적 오만과 독선은 결국 정의와 의를 파괴하고 은혜마저 갉아 먹는다. '그들만의 잔치'에는 '기쁨'이 없다.

카인은 하나님으로부터 분리된 상태에서 죄를 저지른 것이 아니라 하나님께로 나아가는 바로 그 자리(제단)에서 죄를 저질렀다. 폰 라트(G. von Rad)는 창세기 기자가 이를 통해 원역사적이고 근원적인 인간의 모습을 뚜렷이 부각시켰다고 했다(폰 라트, 『창세기』, 한국신학연구소, 1993, 117쪽). 20세기의 신학자도 수천 년 전의 신학자도, 똑같이 자신의 눈앞에서 펼쳐지고 있는 비극적 사건들에서 타락한 인간의 적나라한 모습을 본 것일까. 종교가 배경이 된 모든 힘겨루기에서 우리는 카인의 환영을 본다. 우리 종교, 우리 교파, 우리 교회는 여전히 번창하고 있으니 우리가 행한 재판은 하나님의 뜻에 따른 것이었음이 분명하다고 강변하는 사람들은, 하나님이 카인에게도 표를 주어 보호하셨다는 기사를 상기할 필요가 있다. 천명을 거슬러도 이렇게 보호 받을 수 있다. 그러나 그 보호에는 분명한 한계가 있다. 카인은 죄 지은 것을 알고 두려워했지만 목이 곧은 사람들은 그 사실조차 모른다. 그 결과는 쇠락과 '게토화'다. 2014년 여름, 이스라엘이 가자 지구를 폭격할 때, 이스라엘의 한 여성 지도자가 모든 팔레스타인의 어머니들을 죽여 없애야 한다고 주장했다 한다. 오보이기만을 빈다.

종교와 양심의 자유는 근대법의 가장 중요한 특징 중 하나다. 종교개혁이 그 발단이었다. 그런데 지금은 그 개혁교회가 다른 종교의 자유를 허용하지 않으려 하며, 심지어 사탄이라고 저주까지 한다. 나는 그런 설교 여러 번 들었다. 그 때 느낀 것은 '개혁교회는 끊임없이 개혁되어야 한다'는 개혁교회의 정신이 교리와 장정에 가로막혀 숨을 쉬지 못한다는 것이었다. 종교개혁은 질문에서 시작되었다. 그런데 이제는 그 개혁교회가 질문을 하지 말라 한다. '카인이 자기를 죽일까 두려워했던 그 사람들은 어디서 온 사람들이지요?' '그의 아내는 어디서 왔나요?' 유년주일학교에서부터 이런 질문은 철저히 차단되고 그러는 가운데 아이들의 탐구정신은 압살된다. 뿐만 아니라 '너는 죄인'이라는 가르침이 어릴 때부터 마음에 각인되면 신앙에 두려움이 끼어들어 기도가 늘 용서해 달라는 것에 머물고 만다. 사람을 자유롭게 하는 진리의 '기쁜 소식'이 이런 것일 수는 없다. 진정한 기쁜 소식은 회의와 절망과 질문을 허용하고 그 미로에서 사람을 이끌어 내는 빛과 생명이어야 한다.

'참'을 추구하는 학문이 사람을 타락시키고 악에 물들게 했던가? 오히려 종교의 배타성이 사람들 사이에 증오의 장벽을 높게 쌓았다. 이를 깨닫는다면 이 시대의 '기쁜 소식'은 하나님 안에서 모든 사람이 평화를 이룩하는 것이어야 한다는 것을 이해할 것이다. 사람의 창조성과 자유가 보장되고 서로 '다름'을 인식하면서 자아를 끝없이 확장하는 것, 그것은 '나 안에 너를 품고 너 안에 내가 품어지는 것'이요 '땅'과 '사람'과 '하늘'이 하나 되는 것이니, 그때에야 비로소 존재하는 모든 것들이 하나님을 송축할 것이다. 진리는 본디 어디 한 곳 걸림이 없는 법이다. 진실로 뜻이 하늘에서와 같이 땅에서도 이루어지기를 바라는 사람들은 진리의 구도자들이 어떤 옷을 입고 있든 다 협력하여 선을 이룰 좋은 벗으로 생각해야 한다. 고통과 악에 대처하는 데 있어서는 더욱 그러하다.

인간의 존엄성을 인식하고 자유와 평등을 보장하기 위해 피 흘려 싸우도록 한 것은 사람 마음속에 싹튼 인간에 대한 새로운 이해였다. '자백은 증거의 여왕'이라며 고문을 서슴지 않았던 중세 종교재판의 악몽에서 사람들을 구출한 것도 그것이었다. '현재의 상황'을 질문하지 않고 이런 일이 일어날 수 있을까? 모든 종교는 질문에 문을 열어야 한다. 하나님이 심판하실 때 법을 통해 구현된 인간적 정의, 피로써 얻은 자유와 평등의 가치를 배설물처럼 취급하실까? 아니다. 그것은 하나님 나라의 한 부분이다. 법뿐만 아니라 사물과 현상의 본질을 파악하려는 모든 학문이 다 그렇다.

예수님 눈에는 하나님의 손길이 어디에나 미치고 계시다는 것이 여실히 보였다. 생베 조각을 낡은 옷 깁는 데 쓰지 않으시는 어머니와 새 술은 새 부대에 담는 아버지 안에서, 포도나무와 포도원 농부에게서, 등불을 켜서 등경 위에 두는 소녀에게서, 망대를 세우는 공학도들에게서, 그는 하나님이 세상 다스리시는 이치를 꿰뚫어 보셨다. 그에게는 모든 사람이 하나님의 숨이 깃든 존재였다. 그리고 자신의 말씀이 그 숨을 살아나게 할 때 무한히 기뻐하셨다. 그들은 그의 '친구'였다. 공자님도 먼 곳에서 친구가 찾아오는 것을 더할 수 없는 기쁨이라 하셨다. 진리를 찾아나선 동과 서, 남과 북의 모든 사람들은 이제 진실로 벗으로 만날 때가 되었다. "온 백성에게 미칠 큰 기쁨의 좋은 소식"(눅 2:10)은 그렇게 다시 이 땅에 찾아온다.

사람들은 비극적 사건이 터질 때마다 전능하고 자비로운 신이 있다면 왜 잔인한 폭력을 묵인하는지 의문을 가져왔다. 그러나 피해자가 똑같은 폭력으로 보복한다면 원래의 가해자는 빚진 게 없다고 항변할 수 있다. '눈에는 눈, 이에는 이'의 정의는 끝없는 싸움의 악순환만 야기할 뿐이다. 어느 세대의 그 누군가가 이 순환의 고리를 끊어야 한다. 하늘은 한 많은 필부필부에게 원수 사랑을 요구하시지 않는다. 자신도 어머니의 배에서 태어났으면서 어머니들을 모독한 버러지보다 못한 인간들에 대한 한 가닥 연민과, 참을 수 없는 것을 참으며 올곧은 마음으로 의연히 원수를 대하는 것(以直報怨, 『논어』 <헌문>)으로 족하다. 그런 사람들이 있어 하늘은 심판을 행할 수 있다. 그 심판은 은밀하여 사람이 알지 못한다. 그러나 우리에게, 곁을 스쳐지나간 많은 사람들의 얼굴에서 그 천상의 미소를 보았던 기억이 있다면 종말론적 심판의 때는 이미 눈앞에 다가왔다.

마태복음 25장의 '양과 염소의 비유'는 그 하나님의 심판에 대해 명확한 기준을 제시하고 있다. 지극히 작은 자 하나에게 손을 내민 것이 곧 하나님께 한 것이요 그리 하지 아니 한 것이 하나님께 아니 한 것이다. 그리고 그 행한 바에 따라 하나님 나라의 상속자가 되기도 하고 못 되기도 한다. 그런데 도움은커녕 그 몸과 마음을 압살했다면 그 죄가 어떻겠는가. 하나님은 지극히 작은 자를 자신과 동일시하셨으니, 그 폭력은 곧 하나님에 대한 폭력이요 하나님의 몸에 대한 훼손이다. 그 결말을 한번 상상해 보자. 하나님의 법정의 증인석에 '지극히 작은 자'들이 서 있다. 학살당한 사람들, 압제에 허덕였던 노예들, 위안부 할머니들, 온몸이 난도질당하셨던 유관순 열사, 벵골과 난징의 여인들, 세월호의 아이들과 선생님들, 시루 안에 뉘인 아기 등등 인간의 죄악으로 인해 질고를 겪은 사람들이다. 이들 가운데 예수님이 계신다. 그분 역시 폭력의 희생자이셨기 때문이다. 하나님은 죽음을 당하신 예수를 일으키셨듯이 이들에게 생기를 불어넣으시고(겔 37:1-14) 그 얼굴에 자신의 '태초의 미소'를 새기셨다. 하여 풀잎처럼 엎드려 있던 고난 받은 사람들이 일어섰다. 부활이요 해방이다. 지금까지 이들은 역사의 전면에 등장하지 못했다. 그러나 이제는 그렇지 않다. 고난의 흔적을 지닌 이들에게 하늘의 위로가 다가왔고 그의 생기로 얼굴에는 미소가 감돈다. 예수께서 팔복선언에서 '복되다'고 말씀하신 바로 그 사람들이다. 그리고 바로 이들 앞에 폭력으로 사람들을 억압했던 모든 자들이 서 있다. 그 명명백백한 대비는 악과 거짓이 무엇인지를 드러낸다. 하나님은 말씀이 없으시나 이들의 얼굴에서는 웃음이 사라진다. 그 만남이 바로 천지를 뒤덮는 하나님의 심판의 말씀임을 알기 때문이다. 이들은 이제 어디 몸을 기댈 데가 없다. 공자님 말씀하신 대로 하늘에 죄를 얻으면 빌 데가 없다(獲罪於天無所禱也, 『논어』 <팔일八佾>). 사람은 하늘이 내셨으니 사람에게 죄를 짓는 것은 하늘에 죄를 짓는 것이다. 이들의 처지는 유황불이 타오르는 지옥(계 20:10, 14, 21:8)과 같다.

과거에는 고통 받는 이들에게 위로자가 없었다. 악행은 은폐되었고 힘이 곧 정의였다. 전도서 기자는 이렇게 탄식했다. "내가 다시 해 아래에서 행하는 모든 학대를 살펴 보았도다 보라 학대 받는 자들의 눈물이로다 그들에게 위로자가 없도다 그들을 학대하는 자들의 손에는 권세가 있으나 그들에게는 위로자가 없도다"(전 4:1). 그러나 1945년 2차 세계대전이 종식된 이후 세상은 바뀌기 시작했다. 비록 학대가 사라지거나 전쟁이 그친 것은 아니지만, '인간 존엄'이 그 무엇보다도 더 중요한 가치로 자리매김됨과 동시에 전쟁범죄 등 '인도(人道)에 관한 죄'가 인류의 이름으로 단죄되게 되었다. '법정 없이 정의 없고 정의 없이 평화 없다'는 국제형사재판소(2003년 출범)의 모토가 말해주듯이 사람들은 정의가 평화의 요체임을 명확히 인식하고 있다. 그와 함께 정보화시대의 도래는 은폐된 사실들을 백일하에 드러내고 있다. 의미 있는 변화다. 이제 학대 받은 자들은 말할 기회와 위로자를 얻게 되었고, 마음대로 폭력을 휘두른 자는 유형·무형의 심판대에 불려나가고 있다.

그렇다면 지금이 예수께서 말씀하신 무화과나무 가지가 연하여지고 잎사귀를 내는 바로 그 때(막 13:28)인가? 비유를 현실에 짜맞추기는 힘들다. 그러나 인류는 이미 지난 한 세기 동안 지구가 감당할 수 없을 만큼 많은 피를 흘렸고 '감추인 것이 드러나지 않을 것이 없고 숨은 것이 알려지지 않을 것이 없는'(마 10:26) 때가 도래하였다. 우리는 그가 말씀하신 '인자의 오심'(막 13:26)이 무엇인지, 계시록이 언급하고 있는 종말의 대심판이 어떤 것인지 잘 모른다. 그러나 인간은 끊임없이 역사에 대해 어떤 식으로든 판단을 해 왔고 이제는 그 기준에 대해서도 어느 정도 합의에 도달했다. 자유, 평등, 정의, 평화, 인간 존엄 등등의 이념과 가치가 그런 것들이다. 하나님이 친히 종말론적 심판을 하시더라도 이런 이상을 도외시하실 수는 없을 것이다. 그렇더라도 선입관을 가지고 하나님을 이해해서는 안 된다. 예수께서는 하나님의 뜻이 하늘에서처럼 땅에서도 이루어지기를 바라셨다. 그는 하나님 하시는 대로 한다고 하셨다. 그런데 그의 하나님 나라 비유는 대개가 사람살이의 모습에 기초를 두고 있다. 공자님도 아래를 헤아려 위에 통달했다고 하셨다. 땅에서 이루어지는 일을 보고 하나님을 생각하는 것이 바른 길이다. 말씀이 육신이 되신 이유가 어디 있겠는가.

사람들은 예수께서 증인석에 학대 받은 사람들과 함께 계신 것을 보고 가난한 자와 애통하는 자와 의에 주리고 목마른 자들이 천국의 주인임을 깨닫는다. 그 나라에는 성별 · 연령 · 종교 · 인종의 구분이 없으며, 지극히 작은 자 하나에게 손을 내민 이들은 누구나 자신들이 그 내밀하고 거룩한 하나님의 나라를 이룩하는 데 한 몫을 담당했음을 알고 기뻐한다. 그러나 이것이 끝은 아니다. 행악자들에게도 철저한 회개라는 한 가닥 회생의 길이 남아 있다. 정복전쟁으로 영웅의 칭호를 받은 이들, 힘만 믿고 사람을 억압했던 모든 자들은 미소 짓는 하나님의 사람들 앞에 무릎을 꿇어야 한다. 시대적 조건에 책임을 미룰 수도 없다. 이 회개가 있을 때 고난 받은 이들이 성취한 저 궁극적 진리, 예수께서 가르치신 '원수 사랑'이 비로소 그들 마음에도 각인되고 얼굴에 웃음이 살아난다. 그 때 천지도 감응한다. 전능하시고 거룩하신 하나님의 심판은 이처럼 모든 존재하는 것들의 웃음으로 귀결된다. 심판이 구원으로 반전되는 것이다. 그것은 끝임과 동시에 새로운 시작이다. 그 중심에 그리스도 예수께서 서 계신다. 그는 사람의 아들. 그는 땅에서 십자가를 지셨고 땅의 사람들에게 돌아오셨다. 구원도 심판도 다 땅에서 이루어진다.

성서에는 참혹한 전쟁의 기록이 있다. 이집트를 탈출한 이스라엘은 어린아이도 돌에 메칠 정도로 가나안 족속을 진멸하는 것이 하나님의 뜻이라고 믿었다. 그러나 우리는 예수의 눈으로 다시 성경을 읽어야 한다. 성스러운 전쟁에 대한 반성은 히브리 성경 안에도 있다. 엘리사는 아람 군대를 사마리아로 이끌고 들어왔지만 그들을 선대하여 돌려보냈다. 그 결말을 성서는 이렇게 기록하고 있다. "이로부터 아람 군사의 부대가 다시는 이스라엘 땅에 들어오지 못하니라"(왕하 6:23). 평화는 칼로 이루어지는 것이 아니었다. 이 포로에 대한 대우는 20세기에 들어와

서야 국제법으로 정착되었다. 또 이사야는 칼을 쳐서 보습을 만드는 날이 온다고 했다(사 2:4). 이런 본문들이 다 새로운 해석의 단초이다. 어쩌면 고대 이스라엘인들은 특수한 여건에서 형성된 자신들의 판단을 계시로 치환한 것이 아니었나 생각된다. 그리스도교 교리대로 모든 사람을 죄인으로 규정하면 학대마저도 죄에 대한 징벌 내지는 정화의 과정으로 보게 된다. 악명 높은 종교재판은 그런 이해에 기초를 두고 있다. 그러나 예수께서는 그렇게 학대와 폭력을 정당화하신 적이 없다. 열심당원들의 독립운동에 동의하셨다는 흔적도 없다. 그는 다만 애통하는 자가 위로를 받는다고만 하셨다(마 5:4). 그는 이런 사람들 가운데 계시며 '원수 사랑'을 가르치셨다. 악을 선의 계기로 전환시키신 것이다. 그에게 악은 어떤 의미 있는 그 무엇이 아니었다. 그것은 회개를 통해서 씻어져야 할(막 1:15) 존재의 어둠일 뿐이었다.

고통당한 자의 웃음은 무엇이 거짓이며 악인지를 드러낸다. 그것은 무언의 심판이다. '원당리 홍애자와 변숙자는 함께 이쁜 손톱 봉선화 꽃물 들이던 동무'였다. 그러나 사변 통에 하나는 반동분자의 딸, 또 하나는 빨갱이의 딸이 되고 말았다. 그리고 단지 그 이유만으로 살해되어 땅에 묻혔다(고은, 『만인보』 제17권 <두 소녀>, 창비, 2004, 112-113쪽). 이념이 존재를 파괴하던 시절의 얘기다. 그러나 이제 세월이 60년도 더 흘렀으니 둘의 육신은 다 흙이 되어 순환하는 대자연의 생명계 속에 함께 스며들었다. 그 둘은 본디 친구였으니 존재의 본 모습으로 돌아간 것이다. 그리고 누군가에게 기억으로만 남아있던 두 소녀는 시인의 '말'을 통해 다시 살아나, 아직도 죽음의 이데올로기에 사로잡혀 있는 자들의 어리석음을 꾸짖고 있다. 김훈은 『현의 노래』에서 우륵을 통해 전쟁으로 인해 희생된 사람들의 혼을 불러낸다. 정복자 진흥왕이 소리의 연원을 물었다. 우륵은 답한다. "무너진 고을에 살아남은 백성들의 소리를 한 토막씩 주워서 다듬고 이었사옵니다"(266쪽). 글은 이처럼 초혼가(招魂歌)가 되어 과거의 사람들을 산 자의 가슴에 다시 살려낸다. 한반도의 허리를 가르는 비무장지대, 한국군과 UN군과 인민군과 중공군의 시신이 거름이 되어 생태계의 보고의 이루었다. 거기 원수가 어디 있는가. 다만 '섬김'과 '어울림'이 있을 뿐이다. '하늘'은 '땅'을 통해 그렇게 자신을 드러내신다.

그러나 이 깨달음에 이르는 과정과 깨달은 바를 사람들에게 전하는 과정은 고통과 고독을 수반한다. 천도교 2대 교주 해월 최시형은 대인(待人)과 접물(接物), 즉 사람을 귀하게 존중하고 자연생명과 조화롭게 어울리는 일이 모든 사람의 도리임을 설파했다. 그러나 그가 산 시대는 그런 이상세계와는 거리가 멀었다. 흉년에 가렴주구가 겹쳐 민중들의 삶은 핍절하기 이를 데 없었다. 그런 상황에서 그의 운명인들 순탄할 리 없었다. 조선 땅의 권력자들은 진리를 어지럽힌 죄로 그를 처형했다. 그의 스승 수운 최제우도 그렇게 죽었다. 그러나 이들의 죽음이 거꾸로 그 가르침을 가난한 민중들의 마음에 사무치게 했다. 예수께서 십자가에 달리심으로써 제자들이 원수 사랑이 무엇인지 알 수 있었던 것과 같다.

사람들은 자신의 욕망과 의지를 '정의'와 '하나님의 계시'로 포장하고, 그 울타리 안에서 온갖 죄악을 정당화한다. 자신이 만든 이념과 우상에 속아서 그 사실을 의식조차 하지 못하는 것이다. 그러므로 진리의 등불이 밝혀져도 사람들은 어둠을 더 사랑한다. 예수께서는 불을 땅에 던지러 오셨지만 사람들은 외면했다(눅 12:49). 하늘만이 자신을 안다는 공자의 말씀에도 '하늘'과 통하게 된 이의 기쁨과 고독이 진하게 배어 있다. 정각을 이룬 후 한동안 깊은 희열에 잠기셨던 붓다에게도 사람들이 이 진리를 깨달을 수 있을까 하는 의문이 있었다. 그러나 진리가 주는 기쁨은 회의를 넘어선다. 결국 이분들은 평생을 바쳐 진리를 설파했고 제자들 안에서 진리의 나무가 자라는 것을 보며 기뻐했다. 비진리는 언젠가는 본색이 드러나 사람을 실망시키지만, 진리는 사람을 모든 속박과 두려움으로부터 자유롭게 하고 극한의 고통 중에도 기쁨을 잃지 않게 한다.

진리가 너희를 자유케 하리라

진리란 무엇인가?

'생각하는 존재'인 인간은 이 지구상에 등장한 바로 그 때부터 어떤 식으로든 진리와 비진리를 구분하며 살아왔을 것이다. 이웃과 자연에 의존해 살아가야 하는 인간에게 있어 존재하는 것들에 대한 앎은 삶의 최소 조건이기 때문이다. 그러나 사람도 다르고 환경도 다르기 때문에 무엇이 참된 것이냐에 대해서는 다양한 입장이 있을 수밖에 없다. 예수와 빌라도 간에는 진리 이해에 있어 넘을 수 없는 간극이 있었다. 그러나 진리의 개념에 대해서는 어느 정도 합의할 수 있다.

우선 진리는 우리들의 '생각과 말의 성질'이라 할 수 있다. 아리스토텔레스는 유명한 정의를 남겼다. '있는 것은 있다고 하고, 있지 않은 것은 있지 않다고 말하는 데에 진리가 있다'(아리스토텔레스, 『형이상학』 1011b 27). 또 한편으로 진리란 '존재자의 성질'이라 할 수 있다. 만약에 '존재자'가 '있어야 할 그대로' 있다면, 그것은 진리다. 앞의 정의는 '논리적 진리'고 뒤의 것은 '존재론적 진리'다(힐쉬베르거, 강성위 역, 『서양철학사』 상권, 이문출판사, 2003, 114-15쪽). 진리는 이 두 면에서 스스로를 현시한다. '무엇이 참이다'라고 할 때 우리는 이미 진리의 존재를 전제로 하고 있다. 따라서 한편으로는 우리의 인식 여하에 관계 없이 그 자신 진리에 바탕하여 '참'인 것이 존재하고, 또 한편으로는 이 객관적 실재가 인간의 인식의 대상이 되어 의식 속에서 올바로 파악되어 언표될 때 그 인식은 참이라 불리는 것이다(정의채 · 김규영, 『中世哲學史』, 지학사, 1981, 49쪽).

플라톤 철학에 있어서 근본적인 것은 '존재론적 진리'다. 그는 개개 '존재자'의 배후에 있는 영원하고 무시간적인 '이데아'를 진리라고 생각했고, 이에 기초하여 '참된 존재가 아닌 존재자'와 '참된 존재'를 구분하려 애썼다. 그에 의하면 이데아는 피라미드 같은 중층구조를 이루고 있고 그 맨 꼭대기에 모든 다른 이데아들이 의존하고 있는 '이데아의 이데아', '모든 것의 근원'인 '선 그 자체의 이데아'가 있다(『국가』 511b. 박종현 역, 444쪽. 힐쉬베르거, 앞의 책, 135-36쪽). 그러므로 그의 철학체계에는 악의 범주가 없다. 악은 일종의 현실이긴 하지만("우리 인간들에게 있어서는 악이 선을 훨씬 능가하고 있다." 『국가』 379c) 참된 존재가 아니기 때문이다. 후일, 이 '악'은 '결여(privatio)'라는 말로 대체되었다(힐쉬베르거, 위의 책, 112-113쪽).

아우구스티누스에 의하면 '존재하는 것은 모두 선하며'(『고백록』 7.12) '악은 선의 결여에 불과하다'(『고백록』 3.7). 이런 존재와 악의 이해를 바탕으로 그는 진리에 대해 이같이 말했다. "오! 영원한 진리시고 참된 사람이시며 영원이신 주님이시여! 당신은 나의 하나님이십니다. … 이제 나는 나의 존재를 의심할지언정 그 만드신 만물에 분명히 보이는(롬 1:20) 진리의 존재는 의심할 수 없습니다"(『고백록』 7.10). 이 고백은 분명 요한복음(1:1-14, 14:6)과 창세기 1장 그리고 바울 서신에 기초하고 있다. 요한복음에 따르면, 예수 안에 '은혜와 진리'가 충만했다(1:14).

은혜와 진리는 그로 말미암아 왔으니(1:17) 예수 그분이 바로 '진리'다(14:6). 이 '은혜와 진리'는 히브리 성경의 '인자와 진실'(이 두 단어는 거의 함께 쓰이며 또 '인자'는 언제나 '은혜'로 이해되고 있다. 출 34:6, 시 36:5, 57:3, 85:10, 115:1, 잠 3:3-4, 20:28)과 동의어다(C.K. 바레트, 『요한복음』 I, 국제성서주석, 256쪽 참조). 요컨대 요한은 예부터 하나님이 이스라엘의 역사를 통해 보여주신 그의 '인자하심과 진실하심'이 예수 그리스도 안에서 온전히 성취되었다고 본 것이다. 또한 말씀이 곧 진리이며 말씀으로 말미암아 모든 것이 창조되었으니, 진리는 사람이 알 만큼 모든 것에 명백히 드러나 있다. 따라서 사람이 모른다고 핑계를 댈 수 없다(롬 1:20).

그렇다면 "나의 존재는 의심할지언정"이라는 말은 무엇인가? 아마도 미혹에 빠져 그릇된 길을 걸었던 자신을 회고하며 스스로 타락한 아담의 후예임을 자처한 것이 아닐까? 즉 만물은 진리이신 하나님을 드러내고 있건만, 악한 의지의 지배하에 있는 인간은 그런 참된 존재가 아니라고 고백한 것이다. 그는 플라톤 철학을 그리스도교와 접목시킨 사람으로 알려져 있다. 선악의 문제나 진리 이해에서 분명 그러하다. 그러나 그는 스스로를 돌아볼 줄 알았다는 점에서 오히려 바울을 더 많이 닮았다. 바울이 그리스도를 통해 죄의 법에서 해방되었듯이 그는 하나님 안에서 쉼과 평안을 얻었다. 두 사람에게 있어 모든 진리 판단의 기준은 플라톤의 '이데아'처럼 애매모호한 관념이 아니라(플라톤은 '신학'이라는 말을 처음 쓴 사람이지만 그의 '신'은 인격적 존재가 아니었다. 힐쉬베르거, 위의 책, 190-92쪽), 말씀이 육신이 되신 예수 그리스도였다. 그 진리에 비추어보면 인간은 죄에 매인 곤고한 자(롬 7:24)다. 바울과 아우구스티누스는 자신 안에 있는 괴물 같은 악한 의지를 보았다. 우리는 이런 내면세계에 대한 통찰이 이들을 하나님께로 이끌어갔다고 생각하기 쉽지만 사실은 그 반대다. 오히려 어느 날 문득 이들에게 다가온 진리가 그들을 자유롭게 했다고 말하는 것이 옳다. 이들은 자신의 능력으로가 아니라 그리스도의 구속의 은혜로 자유를 얻었다. 이들에게 그리스도는 잃은 양 한 마리를 찾아 밤중에 온 산을 헤매는, 양을 위해 목숨을 버리는 선한 목자였다. 그를 만나기까지 이들은 자신들이 곤고한 자인 줄도 몰랐다.

초기 그리스도인들에게는 예수의 삶과 죽음과 부활, 즉 그의 존재 전체가 하나님의 말씀이요 계시였다. 그분 말씀의 원천이었던 히브리 성경과 그를 증언하는 문서로서 사도들의 전통을 이은 이들이 썼고 교회에 의해 하나님의 감동으로 된 것임이 확인된 것들(딤후 3:16)은 '정경'의 지위를 획득했다. 사람이 쓴 역사요 고백임에도 불구하고, 다 '하나님의 말씀'으로 자리매김된 것이다. 이로써 그리스도 예수 안에서 '말씀'과 '존재자'가 완전히 융합되었다. 이에 따라 그를 증거하는 말은 곧 하나님 나라를 전하는 '기쁜 소식'이며, '내 안에 내 대신 그리스도가 사시는 이'(갈 2:20)는 그가 쓰신 '편지'가 되었다(고후 3:3). 그의 몸은 그의 향기를 뿜는(고후 2:15) 그의 지체이자 성령의 전이다(고전 6:15-19).

'말씀'의 위력은 놀라웠다. 바울은 다메섹 도상에서 눈이 먼 채로 예수의 말씀을 듣고 즉각 회심했다. 아우구스티누스는 '집어라, 읽어라'라는 신비한 음성에 로마서(롬 13:13-14)를 펼치고 진리에 눈을 떴다(『고백록』 8.12). 이쯤에서 우리는 플라톤과 아우구스티누스가 경시했던, 사태와 언표의 일치를 의미하는 '논리적 진리' 개념이 전혀 무용한 것은 아님을 알게 된다. 말씀이 육신이 되신 예수는 다시 '말씀(복음)'으로 표현됨으로써(마 28:20) 다른 사람들 안에 거하실 수 있다. 팔복선언이나 '하나님은 사랑이시다'라는 언명은 존재론적 진리를 있는 그대로 표현하고 있는 '논리적 진리'다. 이에 비해 '거짓 예언자'들(예컨대 왕상 22:22 이하, 막 13:22, 요일 4:1)의 '말', '외식하는' 서기관과 바리새인들의 말, 마니교의 말은 하나님의 뜻을 왜곡한 것으로 논리적 진리가 아니다. 세상에는 진리라고 주장하는 많은 말들이 있다. 그러나 사람들은 늘 그 진위를 가려 자신의 생각과 행동을 결정한다. 그 이유는 하나님이 사람 마음 깊숙이 뿌려 놓으신 진리의 씨앗이 있기 때문이다. 이와 같이 언표된 진리는 결국 존재론적 진리에 의존한다. 창세기는 그 진리의 씨앗을 '하나님의 형상' 또는 '하나님의 생기'라 한다. 그 특성은 사람을 자유롭게 한다는 것이다.

자유, 사랑, 거룩함

그리스도께서는 자신의 말에 거하면 사람이 진리를 알고 진리가 그를 자유롭게 한다고 하셨다(요 8:31-32). 이스라엘 백성들이 전 역사에 걸쳐 희구했던 것은 자유였다. 그들은 이집트의 종살이에서 해방되기를 원했고 포로에서 풀려나 고향으로 귀환하기를 바랐다. 자유는 인간의 원초적 희망이다. 자유를 억압하는 모든 것은 진리가 아니다. 그러나 사람을 자유롭게 하는 진리는 역사적 성격을 띠고 있어서 상황에 따라 다른 모습으로 나타난다. 이집트를 탈출한 이스라엘은 하나님을 알지 못하는 가나안 족속을 멸하고 자신들이 그 땅을 차지하는 것을 진리로 이해했다. 로마의 지배하에 있던 예수님 당시의 유대인 중에도 무장 독립투쟁을 벌이는 열혈당원들이 많았다. 이들에게는 그것이 진리였다. 그러나 예수께서는 이에 동조하지 않으셨다. 오히려 그는 '원수를 사랑하라'고 가르치셨다.

여호수아는 분명 가나안 족을 진멸하라는 하나님의 말씀을 들었다고 성서는 기록하였다. 그런데 예수께서는 왜 다른 말씀을 하셨는가? 진리를 이해함에 있어서, 또는 그것을 구현함에 있어서 인간의 존재론적 제약이 있기 때문이다. 여호수아와 예수는 이름이 같다. 그러나 처한 여건과 타고난 그릇은 달랐다. 예수는 '전 인류'를 하나님께 인도해야 할 책무가 있었지만 여호수아에게는 모세가 남기고 간 '이스라엘 백성의 존립'이 급선무였다. 하나님은 그러한 시대적 상황에 알맞게 사람을 내셨고, 부르심을 입은 사람 역시 역사적 존재로서의 자신의 입장에서 하나님의 뜻을 이해하고 행동할 수밖에 없었을 것이다. 생각해 보자. 전쟁을 치러야만 할 여건에 예수 같으신 분이 적합했겠는가. 여호수아가 예수님 시대에 태어났다면 그는 거의 틀림없이 열혈당원이 되었을 것이다 (예수님 제자 중에도 스승 몰래 칼을 품고 다니던 이가 있었다. 눅 22:38).

모든 사람과 만물이 온전한 자유를 회복할 마지막 때가 되어야 비로소 진리는 그 온전한 모습을 드러낸다. 예수께서는 자신과 함께 그 때가 왔다고 하셨다(막 1:15, 눅 4:17이하). 그로 인해 종말은 시작되었다는 말씀이다. 그의 재림은 이미 도래한 종말의 최종적 현실화다. 진리는 이미 완전히 모습을 드러냈다. 그가 곧 길이요 진리요 생명이다. 그러므로 그 전과 후의 모든 말과 사건은 그에 비추어 진리 여부가 가려져야 한다. 그렇다면 여호수아의 전쟁은 어떻게 평가될까? 자유의 이름으로 행해진 수많은 '처형'도 진리로 수용될까? 판단은 쉽지 않다. 그러나 기준은 명확하다. 전쟁수행자와 처형자들에게 '원수까지도 사랑하는 마음이 있었는가?'가 그것이다. 그가 하나님 나라에 들어가는 조건으로 제시하신 '하나님 뜻대로 행하는 것'(마 7:21)은 이를 말하는 것이다. 만약 그렇지 못하다면 어떤 명분으로 치장했든 그것은 진리로 인정되지 못한다. 그리고 진리 안에 수용되지 않는 행위를 한 이들에게 필요한 것은 회개뿐이다. 이 세상 그 어디에 있든, 회개가 없으면 그는 자신이 만든 증오와 탐욕의 감옥에서 해방되지 못한다. 십자가 처형의 책임자였던 백부장은 회개의 전형이다. 그의 말 한 마디는 복음사가들에 의해 기록됨으로써 모든 처형자들이 진리로 나아오는 길잡이 역할을 해왔다. 이에 비해 빌라도와 유대교 지도자들의 언행은 무엇이 진리를 가장한 비진리인지를 명확히 보여준다. 십자가에 달려 죽으시고 부활하신 예수는 그렇게 참된 존재와 참된 존재가 아닌 존재자를 분별하는 기준으로 서 계신다.

사람이 원수를 미워하기는 쉽다. 그러나 그 미움은 복수가 이루어지지 않는 한 풀리지 않는다. 이에 비해 원수를 사랑하기는 어렵다. 그러나 사랑할 수만 있다면 그는 미움에서 풀려난다. 또 그 사랑이 원수를 회개에 이르게 하여 속박에서 풀려나게 할 수 있다. 사람을 신실로 자유롭게 하는 것은 사랑밖에 없다! 성경에서 '인자와 진실' 또는 '은혜와 진리'가 함께 언급되고 있는 것은 진리가 사랑이기 때문이다. '종말의 때'의 진리는 마땅히 이 사랑의 완벽한 구현, 즉 '원수 사랑'일 수밖에 없다. 유대인들이 예수를 메시아로 받아들이지 못했던 것은, 말씀을 단지 사람이 지켜야 할 '계명'으로만 이해하고 하나님을 그 계명 안에 가두어버렸기 때문이다. 그래서 제사를 공손히 드릴 줄은 알아도 하나님이 긍휼을 원하신다는 것은 몰랐다(마 9:13; 호 6:6). 이들 속에는 하나님을 사랑하는 것이 없었다(요 5:42). 유대인들이 그러했으니 로마의 '법과 권력'만이 진리로 알고 있던 빌라도가 그를 몰라본 것은 당연하다(요 18:38). 사실 그런 일은 늘 반복되어 왔고 오늘날이라 해서 크게 다를 바 없다. 일찍이 예수께서도, 인자가 번개처럼 누구나 볼 수 있게 임하더라도 그는 먼저 많은 고난을 받으며 사람들로부터 버림을 받으리라 하셨다(눅 17:24-25). 세상에서 믿음을 볼 수 없을 것(눅 18:8)이라는 말씀이다. 사람들이 땅의 것을 사랑할 뿐, 하나님을 사랑하지 않기 때문이다.

그리스 문화권에 복음을 전해야 했던 초기 그리스도인들은 그리스인들이 지혜를 사랑한다는 것(愛知者, philosopher)을 알았고 그 '지혜 사랑'이 진리이신 예수께 와 닿도록 과감한 선택을 했다. 우선 복음서를 헬라어로 썼고 그리스 철학의 핵심 개념인 '로고스(Logos)'를 하나님과 직접 연관지었다. 그것이 요한복음 1장의 '말씀'이다. 진리를 깨달은 이들 중에는 진리가 훼손되는 것을 두려워하여 다른 문화에 대해 배타적 태도를 취하는 경우도 많지만(2-3세기 사람 테르툴리아누스는 '아테네와 예루살렘이 무슨 상관이 있는가?'라고 했다), 복음사가들은 진리전파를 위해 타문화와의 교류도 불사했다. '아레오파고스' 설교(행 17:22이하)로 미루어보아 바울도 크게 다르지 않았다. 다른 이유는 없다. 이들은 예수님을 자기 목숨보다 더 사랑했기 때문이다(요 21:15-18). 이들은 '주님'께서 온 인류를 위해 자신의 목숨을 바치셨다고 믿었고 스스로도 그런 각오로 그의 소식을 땅 끝까지 전하려 했다. 이들 가운데 역사하시는 성령은 이미 사람들이 쳐놓은 모든 울타리를 걷어내셨다(사도행전은 그런 기록으로 가득 차 있다. 2장의 성령강림, 8장의 에디오피아 내시, 10장의 고넬료 등등). 그리스도께서 그러하셨듯이(빌 2:5이하) 이들은 자신을 비웠고 그 빈 마음에 예수의 사랑이 흘러넘쳤다. 부활하신 예수께서 베드로에게 '나를 사랑하느냐?'고 물으신 것은 '나처럼 내 양들을 사랑할 수 있느냐?'는 물음이었다. 요한일서는 말한다. "어느 때나 하나님을 본 사람이 없으되 만일 우리가 서로 사랑하면 하나님이 우리 안에 거하시고 그의 사랑이 우리 안에 온전히 이루어지느니라"(요일 4:12).

우리가 일반적으로 '사랑'이라 일컫는 행태 중에는 평화보다 고통과 갈등을 야기하는 것이 훨씬 더 많다. 이 모든 사랑이 진리로 용납될 수는 없다. 사랑은 거룩한 것이어야만 한다. 궁극적 사랑은 원수 사랑이겠지만 적어도 사랑이 거룩한 것이려면 자신보다 다른 사람을 더 배려하는 것이어야 한다. 상호간에 단단한 사랑의 끈으로 묶여 있는 집단이 집단 밖의 사람들에게 적대적인 태도를 보일 때, 그것은 사랑이 아니라 '집단적 이기심'에 불과하다. 종교집단도 언제나 그럴 수 있다. 이 경우 그 종교는 '참된 종교'(아우구스티누스는 동명의 책을 썼다)가 아니다. 사람을 자유롭게 하는 사랑의 진리는 거룩하다. 하나님이 거룩하시기 때문이다. 하나님이 말씀하셨다. "너희는 거룩하라 나 여호와 하나님이 거룩함이니라"(레 19:2). 예수께서 바치신 '대사제의 기도'에는 "저희를 진리로 거룩하게 하옵소서 아버지의 말씀은 진리니이다"는 간절한 도고(禱告)가 포함되어 있다(요 17:17).

이스라엘은 오랫동안 하나님이 다스리시는 나라를 꿈꾸어 왔다. 그 나라에는 해함도 없고 상함도 없다(사 11:1-11). 그 나라에 들어가는 것은 하나님의 '신성한 성품(신의 성품)에 참여하는 것'이니(벧후 1:4), 그 가는 길은 '거룩한 길'이어서 깨끗하지 못한 자는 지나가지 못한다(사 35:8). 사람을 거룩하게 하는 것은 권력도 부도 지식도 아니다. 황홀경 같은 신비체험도 아니다. 그것은 오직 사랑이다. 예수께서 말씀하신, 그 문으로 들어가야만 구원을 받는 '양의 문'도 다른 사람을 위해 목숨을 버리는 사랑이었다(요 10:1-18). "나로 말미암지 않고는 아버지께로 올 자가 없다"는 말씀(요 14:6)도 그렇게 이해해야 한다. 어렵지 않다. 이웃에게 손 하나 내미는 작은 사랑이 사람을 거룩하게 한다. 단순명쾌하다. 그래서 강건하다. 거룩한 사랑에는 대적자가 없다.

단순하기에 열려 있다

진리는 단순하기에 온갖 모양으로 나타날 수 있다. 사랑에는 일정한 틀이 없다. 어느 한 사람이나 집단이 독점할 수도 없다. '원당리 홍애자와 변숙자' 이야기를 쓴 문인의 고통과 연민은 의식이 존재를 규정하는 이데올로기의 허구를 폭로하고 존재자를 있는 그대로 보게 함으로써 사람을 허위의식에서 벗어나게 한다. 과학자들의 말도 사람을 자연에 대한 두려움으로부터 해방시킨다. 그리스도교에 거부감을 갖고 있던 버트란드 러셀도(예수께서 무화과 잎사귀를 마르게 했다는 이유로. 수학자인 그로서는 이런 자연을 거스르는 행동이 못마땅했던 모양이다) 이 점에서는 명석한 판단을 내린다. 그는 역사에서 가장 힘센 사람으로 네 사람을 들었다. 둘은 과학자고 둘은 종교인이다. 그는 이들의 가르침의 특징을 사람들에게 노예와 굴종을 물리치는 길을 열어주는 힘이라고 보았다. 붓다와 그리스도는 사람들 사이에 알력을 야기시키는 여러 욕망을 억제하는 길을, 피타고라스와 갈릴레오는 자연력을 통제하는 방법을 가르침으로써 사람을 자유롭게 했다는 것이다. 그리고 "진실로 사람들을 복종케 하는 것은 폭력이 아니라 행복, 내외의 평화, 우리가 살아가야 할 세계에 대한 이해와 같은 인류의 공통적 욕구에 호소하는 지혜"라고 단언한다(B. Russell, *Power: A New Social Analysis*, George Allen & Urwin Ltd., 1948, p. 284/이극찬 역, 『권력론』, 285-286쪽).

'세월호' 사건에서 선원들이 따라야 했던 진리는 안중근 의사께서 휘호로 남기신 『논어』 <헌문편>의 '見利思義 見危授命(이익을 보면 의로움을 생각하고, 위험을 보면 목숨을 준다)' 여덟 글자다. 독화살을 맞은 사람은 살려내는 것이 급선무다('독화살의 비유', 『중아함경』 <전유경>). 수레바퀴 자국의 괸 물속에 있는 붕어가 원하는 것은 몇 됫박의 물이지 큰 강이 아니다(『장자』, <외물>). 굶주린 자에게는 먹을 것을 주고 헐벗은 자는 입히고 병든 자는 치료해야 한다. 제프리 삭스(J. Sachs)는 『빈곤의 종말*The End of Poverty*』(2005)에서 덧없이 죽어가는 가난한 이들의 '대량치료무기'는 에이즈 퇴치약과 모기장과 안전한 식수를 위한 우물이라 했다. 하나 덧붙이자면, '우유 한 잔, 빵 한 조각'이다. 만성적인 굶주림에 시달리는 사람은 머리도 잘 돌아가지 않고 눈앞에는 밥만 어른거린다.

이들은 하나님이 버린 사람들이 아니다. 사람들이 자기 일에 바빠 '강도 만난 사람'을 외면한 것이다. 주께서 말씀하셨다. "복되어라, 가난한 이여! 하나님의 나라가 너희 것이다"(눅 6:20. 마태의 병행 구절은 5:3). 마태와 누가 모두 이 축복을 현재형으로 서술한 것은(그 밖의 축복들은 미래형으로 표현된다) 가난의 상태가 바뀌지 않더라도 복되다는 것이다. 어째서 그런가? 하나님이 약속하셨기 때문이다. 이 약속을 마음에 새긴 이는 경건하고 겸손하다(시 86:1-2는 이런 이를 가난한 사람이라 한다). 이 선언에는 분명 영적인 의미도 함축되어 있다. 바로 그런 사람이 마태의 '마음이 가난한 자'다. 실제로 그렇다. "한해 두해도 아니고 … 30년, 50년을 굶주려본 사람"(신동엽, <금강>)은 자신들의 배고픔에 하나님이 함께 배고파하신다고 느낀다. 인도네시아의 한 시인은 이렇게 절규했다. "하나님의 배가 고픕니다."(송천성, 이덕주 역, 『대자대비하신 하느님』, 분도출판사, 196쪽). 끊임없는 전쟁과 가난에 시달리던 고대 중국인들에게는 양식이 곧 하늘이었다(民以食爲天, 『관자管子』, 『사기』 <역생육고열전>). '선한 사마리아 사람'은 '강도' 만나 돈 털리고 몸 상한 '가난한 사람'의 이웃, 곧 '마음 가난한 복된 사람'이다. 예수 자신이 바로 그런 분이셨다.

그렇게 하나님은 가난한 사람들과 함께 하신다.

이를 실증하는 아름다운 이야기가 있다. 어느 날 한 가난한 과부가 동전 두 닢을 헌금함에 넣었다. 그것을 보시고 예수께서는 그녀가 다른 모든 사람보다 많이 넣었다고 하셨다. 그녀는 생활비 전부를 넣었기 때문이다(눅 21:1-4). 비슷한 옛 이야기가 있다. 어느 사제가 남긴 글이다.

> 어느 날 한 여인이 가루 한 웅큼을 가지고 왔다. 내가 말했다. "무엇을 바치고 무엇을 먹으란 말이냐?" 그날 밤 주께서 말씀하셨다. "그 여인을 무시하지 말라. 그 여인은 자신의 생명을 바친 것이다."

당시 헌물은 반으로 나누어 반은 제단에 바치고 반은 사제가 가져갔다. 그런데 그녀가 가져온 것은 고작 가루 한 웅큼, 우리로 치면 천 원짜리 한 장이다. 사제는 기가 찼지만 하나님은 그것이 자신의 생명을 바친 것이라고 사제를 설득하신다(1978년 서강대 정양모 신부 강의에서. 출전은 Paul Billerbeck의 *Kommentar zum NT. aus Talmud und Midrasch*일 것). 사람들은 그 과부를 하찮게 여겼을지 몰라도 예수님은 그러지 않으셨다. 그녀는 자신의 생명을 하나님께 바친 사람이요 자신은 사람들을 위해 자기 생명을 내어주셔야 할 사람이니, 그녀가 어찌 마음에 와 닿지 않았겠는가. 하나님을 향한 그녀의 거룩한 사랑은 필시 일상의 삶에도 이어졌을 것이다. 진실로 하나님을 사랑하는 이는 반드시 사람을 사랑한다. 아마도 예수께서는 그 자리에서 혈루병 앓던 여인에게 하신 말씀을 되뇌고 계셨을 것이다. "딸아, 네 믿음이 너를 구원하였다. 평안히 가거라"(막 5:34).

사람들은 아무리 고통스러워도 삶을 '사랑'한다. 개똥밭에 굴러도 이승이 낫다는 것이다. 이 삶의 의지는 하늘이 사람 마음 깊은 곳에 심어 주신 훼손되지 않는 씨앗, 원초적이고도 거룩한 사랑이다. 어떻게 그런 씨앗이 있다는 것을 아는가? 자신을 돌아보면 된다. 인간은 주변세계를 의식하면서 자신의 존재 의미를 깨달아 간다. 아름답고 광대무변한 우주, 수많은 생명체들, 가족과 친구들을 비롯한 각양각색의 인간들. 이 모든 존재자들과의 관계 속에서 내가 태어났고 또 살아가고 있다. 그리고 나의 삶에 다른 존재들이 필요하듯 다른 존재들도 나를 필요로 한다. 하늘이 점지한 인물이라 할지라도 다른 사람으로부터 교육을 받아야 한다. 이 모든 것들을 이어주는 것은 사랑이다. 창조자 하나님은 사랑이시다(요일 4:8). 사랑하는 사람은 자신을 얽매고 있던 그 어떤 굴레에서 벗어나는 경험을 한다. 장애인 봉사를 하면서 스스로 사람이 되어갔다고, 준 것보다 받은 것이 더 많다고 토로하는 이들이 많다. 사람들은 이렇게 세계와 인간을 이해하면서 인생은 진실로 살 만한 가치가 있다고 느낀다.

걸림돌

하나님의 사랑의 숨결이 미치지 않는 곳이 어디 있겠는가만, 사람들은 그 하나님의 숨결을 화석으로 만들어 버리고 친히 하나님이 되는 경우가 허다하다. 이스라엘도 그러했다. 그들은 하나님이 제사보다 긍휼을 원하신다는 것을 잊었고 '만민의 기도하는 집'(사 56:7)을 '강도의 소굴'로 만들었다(렘 7:1, 막 11:17). 진리는 돌밭이나 길가나 가시나무에 떨어진 씨앗처럼 홀대받고(막 4:1이하) 찬양받으실 메시아는 이 땅에 머리 둘 곳이 없었다. 강도 만난 사람을 그냥 지나치는 제사장과 레위인은 지천으로 널려 있되 정성을 다해 그를 돌보는 선한 사마리아인(눅 10:30 이하)은 드물다. 왜 그럴까? 인간의 제어되지 않는 욕망이 진리의 문을 막고 있기 때문이다. 창세기는 그 욕망을 하나님처럼 되려는 마음이라 한다. 그러나 사람은 자유로운 의지를 가진 존재이므로 강제력으로 이 욕망을 통제할 수는 없다. 길은 '설득'뿐이다. 설득은 마치 어린 아이 기르는 것 같아서 시간이 걸린다. 사람들이 '이웃은 사랑하고 원수는 미워하라'는 가르침에서 벗어나 '원수 사랑'을 깨닫는 데 천 년 이상의 시간이 걸렸다. '진리가 죄에서 사람을 건진다'는 말씀도 히브리 성경에서는 발견되지 않는다(쿰란문서는 '진리가 죄를 파괴한다'고만 한다. R. E. Brown, *The Gospel according to John*, p. 355). 고통의 문제에 직면한 사람은 시간의 시험을 이겨야 한다.

오래 전 근육 장애인 단체의 한 어머니가 내게 전화를 했다. 한 번도 만나지는 못했지만 너무 기뻐서 회장님께 얘기를 좀 해야겠다는 것이다. 그 어머니는 13년 간 참 힘들게 아이를 보살펴 오면서 자신에게 왜 이런 일이 생겼나 하고 늘 의문을 품었었는데, 갑자기 '아! 하나님께서, 이런 아이가 이 세상에 있긴 해야 하는데 도대체 누구에게 이 아이를 맡길까 하고 두루 찾으시다가 결국 나에게 맡기셨다'는 생각이 들면서 온갖 의심과 그 동안의 고통이 눈 녹듯이 사라졌다고 했다. 나는 지금도 경탄을 금치 못한다. 어찌 그런 생각이 들 수 있을까? 어떤 성경 말씀이 와 닿았을까? 십자가에 달리신 예수님의 이미지가 마음에 새겨져서일까? 어쩌면 그 어머니는 기독교인이 아닐 수도 있다. 그러나 분명한 것은 하나님이 가르쳐 주시지 않았다면 도저히 일어날 수 없는 일이 일어난 것이다. 그 아이는 하나님이 주신 선물, 어머니는 그런 아이를 돌보기 위해 선택된 사람, 그 아이를 잉태할 때부터 지금까지 언제나 하나님은 그들과 함께 계셨다! 이를 깨닫는 순간 그 어머니는 모든 고통스러운 과거의 시간으로부터 그리고 장애인 아들과 함께 그 자신도 해방되었다. 그 기간이 13년. 진리의 문에 도달하는 데는 고통스러운 시간이 필요했던 것이다.

근원으로의 회귀

궁극적인 것에 대한 관심과 물음

13년 간 장애아를 기르신 그 어머니는 어느 날 문득 지난 모든 시간 동안 하나님이 자신과 늘 함께 하셨음을 깨달았다. 하나님은 왜 사람 운명이 그러해야 하는지 말씀하시지 않았음에도 불구하고, 그는 긴 고통의 시간 끝에 하나님 안에서 평안을 얻었다. 근원으로의 회귀는 그렇게 이루어졌다. 그 어머니는 고통에 함몰되지 않았다. 오히려 어떤 철학자보다 더 심각하게, 어떤 신학자보다 더 깊은 믿음으로, '사람으로 산다는 것'이 무엇인지 생각하며 하루하루를 보냈을 것이다. 자신과 아이의 존재와 삶에 끼어든 비존재와 죽음의 그림자가 무엇인지 파악하려는 이러한 노력은 곧 '궁극적인 것'이 무엇인지에 대한 관심과 물음이다. 이는 평소에는 의식의 표면에 잘 떠오르지 않는다. 그러나 지극한 고통이 임했을 때에는 어김없이 고개를 든다. 그것은 사람 마음속 깊이 숨겨진 타고난 천품이다. 발현되는 양상은 크게 두 가지다. 하나는 어떤 전제도 없이 인간과 세계를 그 근본에까지 추구해 들어가는 것이고, 다른 하나는 처음부터 모든 것이 말미암은 근원적 실재가 '있음'을 믿고 그가 '누구신지'를 찾아 나가는 것이다.

첫째 방식에 관해서는 다음과 같은 한 천문학자의 술회를 상기해 보는 것이 좋겠다. "내 몸을 구성하는 물질, 그걸 원자적 수준으로 내려가서 분석해 봤다. 그랬더니 수소와 헬륨만 빼고 모두 다른 별의 내부에서 만들어졌더라. 저 나무도, 저 바위도 마찬가지다. 별은 수명이 다하면 폭발한다. 수없이 많은 별이 폭발하며 퍼뜨린 원소 알갱이들이 뭉쳐서 지구를 만든 거다. 거기서 생명이 나오고, 나도 나온 거다. 이런 생각이 나를 더 심각하게 만들었다. … 나는 철저하게 수없이 많은 별의 내부에서 만들어진 존재더라. 거기에 무려 138억 년이 걸렸다"(홍승수, 2013. 9. 25. 중앙일보. 그는 가톨릭 신자임). 이는 관찰과 분석에 능한 과학자의 인간 이해이다. 자연과 인간 간에는 질적 차이가 별로 없으며 인간의 나이는 우주의 나이와 같다. 만약 창조자가 있다면 나는 창세 전에 이미 그의 뜻 안에 있었던 셈이다.

이와 유사하게 '아래에서 위로' 향하면서도 관찰과 경험 대신 직관을 통해 우주와의 합일과 생사일여의 경지를 경험한 이들도 있다. 죽은 아내 앞에서 동이盆를 두드리며 노래를 부르고 있던 장자는, 이를 힐난하는 친구에게 아내는 혼돈에서 와서 혼돈으로 돌아가 천지 사이의 큰 방에서 편안히 자고 있기 때문이라고 답했다. 또 그는 해골의 입을 빌어 인간은 조용히 천지와 수명을 같이한다(天地爲春秋, 천지와 나이가 같다고 새길 수도 있음)고도 했다(『장자』 <지락至樂>). 이 동양의 지혜자에게는 주변세계와 자신에 대한 인식이 분리되어 있지 않다. 인간 즉 자연이고 그가 곧 세계다. 세계-내-존재로서의 자아에 대한 성찰이 모든 존재하는 것을 감싸고 있는 무한히 큰 근원적 실재에 대한 인식으로 이어진 것이다. 그 실재가 바로 '도(道)'다. 자연은 도의 무궁한 화현이며 그는 그 도 안에서 자유롭게 노닌다. 그러므로 그에게 있어 인생은 문틈으로 번개처럼 달려가는 준마를 보는 것처럼 순식간의 일이니 고통과 쾌락에

일희일비할 까닭이 없다. 불교의 이사무애 사사무애(理事無碍 事事無碍), 자타불이(自他不二)도 존재하는 것들의 근본실상을 끝까지 추구해간 구도의 산물이다. '하늘'에 대한 지극한 공경심을 가지고 있던 공자 역시 출발점은 아래, 즉 '땅'이었다.

이에 비해 유일신 신앙은 하나님의 존재가 모든 사유의 중심에 자리잡고 있다. 관점은 다양하다. 첫째, 칸트처럼 확고한 도덕의식에 기초하여 신은 존재해야 한다고 생각하는 이들이 있다. 선악에 대해서는 합당한 보상과 징벌이 반드시 주어져야 하며, 이를 위해 신은 존재해야 하고 인간의 영혼은 불멸성을 띠어야 한다는 것이다. 여기서 신은 다만 요청될 뿐('요청적 신'), 그 현존 여부는 큰 관심사가 아니다. 비록 내면세계에서는 신의 존재를 확신할지라도, 신이 '세계와 관계하는 양상'은 그런 식으로 이해한다. 흔히 '이신론(理神論)'이라 불리는 이 입장은 방법론적으로는 전통적 유신론과 반대로 '아래에서 위로' 향하는 유신론이다. 둘째, 비상한 정신적 편력을 겪은 끝에 결국 하나님이 인간의 역사에 개입하셔서 끊임없이 자신의 선하신 뜻을 실현하고 계신다는 믿음을 갖게 된 사람들이 있다. 죄의 법에 매여 허덕이던 바울이 진정한 자유를 얻은 결정적 계기는 그리스도와의 만남이었다(롬 7:25-8:2). 장자가 도 안에서 자유로웠듯이 그는 하나님 안에서 자유로웠다. 셋째, 최고의 선신과 함께 악신의 존재를 인정하고 역사를 두 신들의 투쟁의 장으로 이해하는 이원론도 있다. 그 모태는 집요하고 파괴적이고 애매모호한 악에 대한 현실적 경험이다. 따라서 만약 그 투쟁이 궁극적으로 선신의 승리로 끝난다고 믿는다면 그 이원론은 유일신론과 대척점에 서 있는 것이 아니다. 넷째, 참담한 현실을 외면하는 신은 더 이상 신일 수 없다고 생각하고 고통과 선악의 문제를 전적으로 인간에게 귀속시키는 이들이 있다.

여기서 신은 인간의 자기 투사에 불과한 것으로 자리매김된다. 마르크스와 같은 무신론자들이 이 길을 갔다. 그러나 무신론은 그들이 비판한 것과 똑같이 인간을 신의 지위에 앉힌다는 점에서 유신론의 사생아라 할 수 있다. 동양의 현자들이 세계가 전일(全一)한 하나의 유기체임을 깨닫는 데서 인간의 길을 찾으려 했다면, 유신론은 절대자에 대한 믿음을 강조한다. 따라서 그 믿는 바 진리를 전파하는 방식도 전투적이다. 유일신론이 인류 정신사에 격렬한 파동을 불러일으킨 것은 여기에 이유가 있다.

이처럼 많은 사람들이 아득한 옛날부터 무상(無常)한 세계의 배후에 어떤 불변의 영원한 실재가 있다고 생각해 왔다. 그런 존재가 없다면 자신이 누구인지 알 수도 없고 느닷없이 엄습하는 고통과 허무를 감당할 길도 없었기 때문이다. 그 궁극적 존재는 문화적 토양에 따라 각기 다른 이름으로 불렸고 이름만큼 '세계에 관여하는 양상'도 다르게 이해되어 왔다. 그러나 어느 쪽이든 사람이 인식할 수 있는 꼴(형상)을 가진 실재가 아니라는 점에서는 공통된다. 따라서 그 존부는 증명이 불가능하며 다만 체험으로 증득할 수 있을 뿐이다. 꼴이 없으니 꼴로 표상된 그는 온전한 그가 아니다. 그래서 성경은 하나님을 형상화하는 것을 철저히 금한다(출 20:23. 아론은 금송아지로 하나님을 기리고자 한 잘못을 저질렀다). 또한 말의 한계 때문에 체험을 고백한 언어도 불완전하다. '도'는 '도'라는 이름마저 붙이기 어려운 실재다. 말로 형용하는 순간 오류에 빠질 수 있다는 것이다. 그런데 어느 날, 말씀이신 하나님이 사람이 되셔서 우리 가운데 거하신다는 소식(요 1:14)이 들렸다. 형상화할 수 없는 하나님이 친히 사람의 형상을 취하고 인간 세상에 강림하셨다는 것이니, 그것은 실로 종교사에 전례를 찾을 수 없는 놀라운 소식이었다.

사람이 되신 하나님

그의 이름은 예수, 팔레스타인 땅 어느 목수의 아들이었다. 그는 동시대의 선지자 세례 요한에 비해 사람들의 주목을 끌 만한 그 무엇도 지니지 못한 사람이었다. 그러나 때가 되어 몸을 일으켰을 때 아무도 그의 행보를 막지 못할 정도로 그 말씀은 '권위'가 있었고 기적은 경이로웠으며 행동은 파격적이었다. 외식하는 자들은 그 앞에서 여지없이 그 본색이 드러났다(예컨대 간음한 여인을 돌로 치려던 자들, 요 8:1이하). 그러나 가난하고 슬픔 많은 이들, 의에 주리고 목마른 자들, 주류 사회에 편입될 수 없었던 죄인들은 그에게서 한없는 위로를 받았다(마 5:1이하, 9:10, 11:19). 그는 하나님을 '아버지'라 부르라 하셨고(마 6:9) 실제로 부모가 아기를 안듯이 직접 '손을 대어' 나병환자를 고치셨다(막 1:41). 번다한 계명 대신 오직 '서로 사랑하라'는 단 하나의 계명만 주셨다(요 13:34). 하나님의 이름으로 정죄하는 것이 일상화되어 있던 당시 사회에서 그가 주신 멍에는 참으로 쉽고 가벼웠다(마 11:30). 제자들은 귀로만 듣던 하나님을 직접 눈으로 보는 듯했고 제자 베드로는 서슴없이 그를 '그리스도(메시아, 기름부음 받은 자)시요 살아계신 하나님의 아들'이시라고 고백했다(마 16:16).

그런데 갑자기 그에게 죽음의 그림자가 덮쳤다. 권능에 넘치던 분이 모든 것을 잃으셨다. 제자들은 망연자실했다. 그러나 사흘 후 사태는 반전되었다. 하나님이 그는 다시 살리신 것이다. 부활은 제자들에게서 공포를 걷어내었다. 그리고 어렴풋하던 '하나님의 아들'의 모습도 투명해졌다. 이제야 그들은, 언젠가 신실한 하나님의 종이 나타나 자신의 고난으로 사람들의 죄를 대신 감당할 것이라는 옛 예언이 그에게서 완전히 성취되었음을 깨달았다(눅 24:25이하, 행 8:26이하). 아들은 죽음을 통해 '원수 사랑'을 구현하셨고 아버지는 부활로써 그 길이 진리요 생명임을 드러내 보이신 것이다. 하여 그를 믿는 자는 누구나 멸망치 않고 '영생'을 얻었다(요 3:16). 그것은 '거듭남'을 통해 하나님 나라에 들어가는 것, 회개와 불같은 성령의 역사가 어우러져 이루어내는 내적 변화를 의미했다(요 3:3-8). 그 변화를 경험한 이들은 '예수가 곧 부활이요 생명이며 그를 믿는 자는 죽어도 살겠고 살아서 그를 믿는 자는 영원히 죽지 않는다'(요11:25-26)고 확신했다. 예수 안에 나타나신 하나님의 지극한 사랑으로 인해 생사의 경계를 넘어서 버린 것이다.

예수를 다시 살리신 하나님의 숨결은 실로 거침이 없었다. 죽음의 관문은 물론이고 이 땅의 모든 강고한 차별의 장벽을 허물어뜨렸다. 제자들은 자신들이 성령이 내주하시는 하나님의 성전임을 경험했다(고전 3:16, 엡 2:22). 공동체로서의 교회 역시 하나의 건물처럼 그리스도를 모퉁잇돌로 하여 서로 연결하여 그분 안에서 성전이 되어갔다(엡 2:20-21). 새 성전은 옛 성전처럼 사람을 구분하지 않았다. 그의 마지막 분부대로, 새 성전은 모든 족속, 모든 사람을 끌어안았다(마 28:18이하, 눅 24:47, 행 1:8). 유대인이나 헬라인이나 종이나 자유인이나 남자나 여자나 다 그분 안에서 하나가 되었다(갈 3:28). 실은 사람 차별 하지 않으신 그분 자신이 바로 성전이었다(요 2:19). 이들은 탄식하는 만물도 자신들을 통해 "사멸의 종살이에서 해방되어서 하나님의 자녀가 누릴 영광된 자유를 얻는" 소망을 가지게 된다고 믿었다(롬 8:21). 이처럼 '영생'은 이 세상과 저 세상, 사람과 사람, 사람과 자연 모두를 관통하는 삶이다. 그러므로 제자들은 더 이상 육신의 삶에 연연할 이유가 없었다. 그들은 서슴없이 자기를 부인하고 자기 십자가를 지고 그를 좇았다(막 8:34). 그것이 길이요 진리요 생명임을 알고 있었기 때문이다. '십자가를 짐'은 그의 소식을 땅 끝까지 전한다는 것이다. 그리고 그들의 발걸음이 닿는 곳마다 부활이 재연되었다.

유대인들은 사람이 죽으면 누구나 음부에 내려가 잠자는 줄로만 알았다. 그러나 예수님의 제자들은 십자가 사건 이후 땅이 터지고 무덤에서 잠자던 자들이 일어나는 것을 보았다(마 27:52-53). 이 신비한 기사는 그리스도의 죽음으로 음부의 문이 열리고 하나님의 숨이 스며들었다는 것을 의미한다. 동시에 그것은 영생을 얻은 자와 그렇지 않은 자의 삶은 '산 자'와 '잠자는 자'만큼 차이가 있다는 것을 암시한다. 바울도 분명하게 "그리스도께서 죽은 자 가운데서 다시 살아나사 잠자는 자들의 첫 열매가 되셨도다"고 했다(고전 15:20). 성전 휘장이 찢어졌다는 기사(마 27:51)도 하늘과 땅 사이에 가로놓인 장벽이 허물어진 것을 상징한다. 하나님은 저 높고 거룩한 곳에 홀로 계시지 않고 죄로 얼룩진 땅에 몸으로 오셨다. 그를 믿는 자는 에스겔의 환상(겔 37장)처럼 하나님의 생기로 다시 살아났다.

십자가와 부활은 하나님에 대한 새로운 이해의 지평을 열었다. 하나님은 사람 몸으로 이 땅에 오셨으며 성령께서는 사람들도 하여금 그가 말씀하신 진리를 깨닫게 하시고(요 14:26, 15:26) 그 진리로써 사람들을 고통과 악의 굴레에서 해방시키셨다. 예수께서 친히 이렇게 말씀하셨다. "주의 성령이 내게 임하셨으니 이는 가난한 자에게 복음을 전하려고 내게 기름을 부으시고 나를 보내사 포로 된 자에게 자유를, 눈 먼 자에게 다시 보게 함을 전파하며 눌린 자를 자유롭게 하고 주의 은혜의 해를 전파하게 하려 하심이라"(눅 4:18; 사 61:1-3). 이처럼 하나님은 성부와 성자와 성령의 모습으로 '사람으로 산다는 것'과 '궁극적인 것'이 과연 무엇인지 묻는 사람들에게 응답하셨다. 아버지와 아들과 성령은 하나이시며 이로써 하나님은 자신의 모든 것을 다 드러내 보이셨다. 그 목적은 사람을 자신의 형상으로 다시금 빚어내는 것, 그럼으로써 그 지으신 모든 것이 하나님의 그 태초의 미소를 회복하게 하시려는 것이었다.

변화

그로 인해 이 땅에 어떤 일이 일어났는지는 그리스도교의 역사가 잘 말해준다. 물론 잘못도 많았다. 그러나 그 와중에도 그리스도께서 드러내 보이신 하나님의 빛과 생명(요 1:4)은 사그러드는 법이 없었다. 그의 소식이 전파되기 시작한 지 천팔백여 년이 지나 우리 한국 땅에서도 그는 여전히 절망에 빠진 사람들을 생명의 나라로 인도하셨다. 수많은 순교자를 냄으로써 전 세계 그리스도인들을 숙연케 한 나라. 여기서는 한 사람의 예만 들어보기로 한다. 그는 황성기독교청년회 최초 조선인 간사요 도쿄 한인 YMCA 창설자이신 김정식 선생이다(이하 서술은 이덕주, "경무관 출신 평신도 전도자 김정식", 서울 YMCA 엮음, 『YMCA 인물콘서트』, 한국기독교역사연구소, 2014, 39-59쪽을 발췌 요약하고 내 생각을 덧붙인 것이다. 이 책을 엮고 증정해준 신종원 본부장께 감사한다).

김정식은 1862년 태생으로 무관으로 입신하여 1898년 독립협회 사건으로 세상이 시끄러울 즈음에 경무관이 되었다. 그러나 시위 진압하러 나갔다가 거꾸로 시위에 동조하게 되었고 결국 파직 수감되고 만다. 그를 악랄하게 취조한 이는 옛 동료. 머리털이 곤두서고 말도 하지 못할 만큼 원통함이 뼈에 사무쳤다. 그러다가 선교사가 넣어준 존 번연의

『천로역정』을 읽게 된다. 그는 열 명의 자녀를 두었지만 이런저런 연유도 다 죽고 하나 남은 맹인 딸은 천주교 고아원에 보냈는데 번연 역시 맹인 딸을 두고 12년 감옥살이를 했다는 점이 그를 『천로역정』에 몰두하게 했다. 그리고 번연의 삶을 그처럼 의미 있는 것으로 바꾸어 놓은 원동력이 성경인 것을 알고 성경을 읽기 시작한다. 그는 이렇게 썼다. "공중에 나는 새는 농사짓지 아니하되 먹는다 하였으니 이 말씀으로 우리 세상에 먹는 것으로 근심하는 사람의 마음을 위로하여 깨끗한 샘이 솟아나는 듯하고, 우리 구주께서 우리 죄를 대신하야 당신의 몸으로 한번 십자가에 못박혔다가 다시 살아나서 우리 육신의 죽음으로 하여금 권세가 없어지게 하고 하나님과 사람 사이에 교통케 된 은혜가 감사하도다." 또 그는 물질로는 평안을 얻을 수 없고 "다만 만물을 지으신 하나님의 사람으로 오신 예수를 믿어 구원을 얻게 하는 길뿐이로다"고 했다.

그 후 그는 무디의 설교집을 읽고 중생 체험을 한다. 그 과정은 신묘하다. 그가 잠들지 못해 전전반측할 때 예수께서 그가 누운 요에 앉으셨다. 그는 '예수 형님'(하나님을 아버지로 확신했음이 분명하다. 무관답게 단순소박하다)의 무릎을 붙잡고 그의 불쌍한 처지와 온갖 죄상, 맹인 딸을 팽개친 일이 얼마나 후회되는지를 허심탄회하게 고한다. 그 때 그의 눈물이 비오듯 배개를 적셨고 예수께서 그의 등을 어루만지시며 위로하시기를 "너의 회개함을 내가 아나니 너무 서러마라"(서러워 말아라) 하신다. 이 한마디가 그를 구했다. 자신을 고문한 동료에 대한 증오도 사라졌다. 고통이 고행으로 전환된 것이다.

그가 살던 조선은 출구 없는 유한의 세계였다. 그러나 감옥에서 그는 무한의 세계로 들어가는 문을 발견했다. 그의 누추한 잠자리에 찾아오신 예수는 길 잃은 양을 찾아 그 문 안에 들이는 선한 목자였다. 그는 유한이 주는 고통을 뼈저리게 경험했기에 그 목자 따라 순순히 무한의 세계로 걸어들어 갔다. 거기는 어떤 걸림도 없는 자유의 나라. 그리고 그에게 주어진 것은 영원한 생명이었다.

유한과 무한

무(無)와 '산 존재'

만물에 시작이 있다면 끝도 있을 것이다. 그러나 사람들은 모든 존재하는 것들의 시작 이전의 '무'에는 생각이 미쳐도 그 마지막으로서의 '무', 즉 모든 것이 사멸하는 상황이 오리라는 생각은 좀체 하지 않는다. 자신이 '살아있음'을 자각할 수 있는 인간에게 있어 자아의 완전한 소멸은 상상하기 어렵다. 영혼불멸은 그 어떤 것보다도 더 강렬한 인간의 염원이다. 사후세계나 천상의 나라에 별 관심을 보이지 않는 히브리 성경도 죽은 자가 '음부에서 잔다'고 하지 없어진다고 하지는 않는다. 불교는 존재의 실상을 무시무종의 '연기(緣起)'로 이해한다. 그것은 '고(苦)'다. 그리고 '고'로부터의 해탈은 '적멸'이다. 그러나 적멸은 '무'가 아니라 모든 것을 함축하는 '공'(眞空妙有)의 경험이다. 자아는 상실되지 않고 오히려 모든 것 안에 살아있다. 이처럼 사람에게 있어 '살아있다'는 의식은 '무'와 '비존재'를 초월하는 강인한 힘을 가지고 있다.

자기 존재를 의식하는 사람은 존재하기 위해 무엇이 있어야 하는지를 안다. 살기 위해 먹는 쌀 한 톨에 땅의 힘, 햇빛과 비, 농부의 땀 등 수많은 것들이 엉켜들어 있다. 그 자신도 이승의 삶이 끝나면 한 줌 흙이 되어 다른 존재의 밑거름이 된다. 그의 몸을 이루고 있는 분자들도 그의 창조물이 아니다. 몸에 관한 한 인간이 할 수 있는 일이란 기껏 잘 보존하고 양육하는 것밖에 없다. 그만큼 인간은 다른 것들에 의존해서 존재한다. 그런 점에서 '얻고 잃음'은 만물이 존재하는 본래적 양상이다. 그럼에도 불구하고 인간의 자의식은 얻고 잃음이 없는 불멸의 삶을 꿈꾼다. 긴 우주의 역사에서 잠시 살다갈 존재임을 알면서도, 천지는 없어져도 '나'는 존재할 것이라고 믿는다. 그리스도인들은 하나님 안에서 영생을 맛보고 불교인들은 자아가 '공의 법' 안에서 무수한 연꽃으로 피어나는 것을 경험한다. 그 근원적 실재는 증명할 수 없으며 다만 체험으로 증득할 수 있을 뿐이다. 출발점은 인간 자신도 영고성쇠를 거듭하는 세계의 한 부분이라는 자각이다.

얻음과 잃음, 받음과 내어줌

1971년 12월 마지막 날인가, 눈이 왔다. 대학 졸업을 눈앞에 두었음에도 도무지 미래를 가늠할 수 없었다. 거리를 헤매는데 <백자 도공 최술>이라는 단편이 실린 문학잡지가 눈에 들어왔다. 저자는 『전황당인보기』의 정한숙. 주인공 최술은 원래 빼어난 청자 도공이었지만 고려가 망하면서 하릴없는 백수가 되고 만다. 실의에 빠진 그가 할 수 있는 것은 그저 뒷산을 오르내리는 것뿐. 그러던 그에게 푸른 하늘을 떠다니는 흰 구름이 다가왔다. '저 흰 구름이 없다면 푸른 하늘이 그렇게 아름다울 수 있을까?' 이 한 순간의 깨달음이 청자 도공 최술을 조선 최초의 백자 도공으로 빚어낸다.

그 후 지금까지 나는 다시 그 책을 접할 기회를 갖지 못했다. 그러나 돌이켜보면 최술의 하늘과 구름은 알게 모르게 내 안에 자리를 잡고 인간과 세계를 이해하는 한 틀을 형성해 갔던 듯하다. 그 틀이 여물어 간 과정을 재구성해보면 다음과 같다. <백자 도공 최술>에서 푸른 하늘과 흰 구름은 진리의 상징이다. 진리는 늘 그렇게 자신을 드러내고 있었지만 최술이 그것을 깨달은 것은 땅에서 터전을 상실한 후의 일이다. 도제 교육을 받은 숙련공 최술이 처음부터 청자를 푸른 하늘에 빗대어 생각했을 리는 만무하다. 그러나 그가 땅에서 발판을 잃었을 때, 언제나 거기 그렇게 있던 푸른 하늘과 흰 구름이 그의 삶 한가운데로 진입해 들어와 꿈꾸어 보지 아니한 일을 시도하게 했다. 그는 자신의 마음을 송두리째 사로잡은 대자연의 미(美)를 흙으로 형상화했다. 우리 삶도 그러하다. 이미 가진 것, 또는 가지고 싶은 것에 매이다 보면 보다 근본적인 것을 찾으려 하지 않는다. 그러나 소중한 것을 잃었을 때 비로소 무엇이 진정으로 가치 있는 것인가를 생각하게 된다.

그렇다고 우리가 일상을 떠날 수 있는 것은 아니다. 잃은 곳에서 다시 찾아야 하고 넘어진 자리에서 일어서야 한다. 그렇게 머리를 들 때 진리가 다시 우리 일상 가운데 진입해 들어온다. 최술은 새로운 일을 한 것이 아니다. 그는 청자 도공으로서 백자를 만들었다. 아마도 그는 청자든 백자든 하찮은 흙으로도 능히 천지가 함축하고 있는 궁극의 미를 현실화할 수 있다는 깨달음에 도달했을 것이다. 백자 도공 최술은 이제 단순한 숙련공이 아니라 하늘과 땅과 사람의 이치를 깨달은 사람이다. 그는 푸른 하늘과 흰 구름이 같이 있어 아름답다는 것을 알았다. 하여 청자는 백자를 낳고 백자 안에 청자가 살아 숨 쉰다. 결국 그는 아무것도 잃지 않았다. 진리는 그렇게 발판을 잃고 괴로워하는 사람에게 다가와 그를 '새 사람'으로 빚어낸다. 진리는 흘러가버린 쓰라린 과거를 회복시키고 빛과 생명으로 가득 찬 새로운 미래를 열어준다. 그것은 시간의 시험을 견디고 마침내 진리는 언제나 모든 곳에 있다는 것을 깨달은 자만이 얻을 수 있는 '지극한 기쁨'이다.

그날 원산도의 밤하늘도 그랬다. 하늘을 수놓은 무수한 별들은 내 마음에 끼어있던 오랜 먹구름을 씻어내었다. '잃음'은 새로운 '얻음'의 시작이라는 것, 그 과정에서 과거의 상처는 아물고 아름다웠던 기억은 되살아난다는 것을 깨닫게 해준 것이다. 하나님은 별들로 온 하늘을 채우듯 우주 어디 한 곳 미치지 않는 곳이 없는 무언의 '말씀'으로 나를 채우셨다.

삶에는 '얻음'과 '잃음'이 교차한다. 인간의 생명은 얻은 것이지 스스로 창출한 것이 아니다. 생명을 유지하는 데도 무언가를 얻어야 한다. '얻음'은 존재에 필수적이다. 그래서 진리다. 그러나 그 어떤 얻음도 영속적일 수 없다. 얻은 것은 잃고 잃어야 또한 얻는다. 그러므로 '잃음' 역시 진리다. 전도서는 말한다. "찾을 때가 있고 잃을 때가 있으며 지킬 때가 있고 버릴 때가 있다"(전 3:6). 인생에서 최종적 잃음은 죽음이다. 그러나 죽음이 없다면 사람이 어찌 죄 많은 이들을 위해 자기 목숨을 버리는 궁극의 사랑을 깨달을 수 있겠는가. 초월의 문은 유한한 존재가 자신의 유한성을 자각할 때 비로소 열린다. 그러므로 죽음은 저주가 아니다. '잃음' 또한 최종적인 '얻음'에 이르는 과정이다. 아우구스티누스가 긴 편력 끝에 하나님 안에서 쉼을 얻었던 것처럼 인생은 그렇게 흘러 그 온 곳으로 돌아간다. 인간의 유한성은 라이프니츠가 말한 존재론적 악이 아니라 영원한 나라에 들어가는 관문이다. 아브라함은 고향 친척 아비 집을 떠남으로써 믿음의 조상이 되었고, 이스라엘은 이집트의 고기 가마와 수박을 잃음으로써 약속의 땅을 얻었다. 예수님의 제자들은 그를 잃고서 그가 누구신지를 알았다.

우리는 무언가를 잃었을 때, 얻고 싶은 것을 얻지 못했을 때 고통을 느낀다. 그러나 잃고 얻음이 존재자들의 본성임을 깨달은 이는 상실감과 박탈감의 고통에서 자유롭다. 그는 대지와 같다. 한 세대가 가면 또 한 세대가 오고 나라는 망해도 산하는 그대로이듯(國破山河在, 두보의 <춘망春望>, 진리 안에 사는 이도 그러하다. 그는 하나님이 행하시는 일에는 인간이 더할 것도 없고 뺄 것도 없다는 것을 안다(전 3:14). 그러므로 그는 존재의 본성에 따른 변화를 수용한다. 그것은 아무것도 하지 않는 것이 아니다. 그는 자기 욕망에 따라 억지로 무엇을 얻으려 하지 않되 존재하는 것들의 천성에 어긋나는 일은 철저히 거부한다. 절망적 상황에서도 하나님을 믿고 희망의 끈을 놓지 않으니 그는 시간의 시험으로부터도 자유롭다. 그의 삶을 일관하는 것은 생동하는 하나님의 '의와 사랑'이다.

그런 이에게도 쓰라린 과거가 있을 것이다. 후회, 절망, 허무의 경험은 누구에게나 있다. 그러나 진리는 그러한 부정적 경험마저 새로운 현재 안에서 의미 있는 것으로 바꾸어 놓는다.
베드로는 세 번이나 예수님을 부인했던 죄책감에 시달렸지만 예수께서는 처음 약속대로 기어이 그를 '사람 낚는 어부'가 되게 하셨다. 이집트를 탈출한 히브리인들은 몸에 밴 종의 습성 때문에 불신에 빠져 광야에서 죽었다. 그러나 이들의 탈출이 없었다면 약속의 땅도 한갓 백일몽에 그쳤을 것이다. 이스라엘은 과거 종 되었던 시절을 회상하고 고아와 과부와 나그네를 돌볼 수 있었고, 아브라함은 '유리하는 사람'으로서(신 26:5) 온갖 신고와 간난을 겪었지만 오히려 그것이 두고두고 진리를 찾는 순례자들의 영감의 원천이 되었다. 비록 아둔하고 어리석더라도 뿌리는 자가 있기에 거두는 자가 있고 거두는 자가 있어 그 뿌린 자가 함께 기뻐할 수 있는 것이다.

그리스도인들은 하나님이 아브라함에게 하신 약속('너로 인해 모든 족속이 복을 얻으리라.' 창 12:1-4)이 부단한 갱신을 거쳐 마침내 예수에 이르러 완전히 성취되었다고 믿는다. 성서 속에 굽이쳐 흐르는 '약속과 성취'는 '버림과 비움'을 통해 '얻음과 채움'으로 나아가는 과정이다. 비움 없이는 얻음도 없다. 구원의 약속은 비움을 시작으로 성취된다. 아브라함의 이삭 번제는 '비움'의 극치다. 이스라엘 희생제의의 발원지는 여기다. 희생제의는 절대자 앞에서 자신을 죽이고 부인하고 비우는 정화의례(淨化儀禮)다. 아들을 바치는 것은 자신을 바치는 것과 같으니, 이삭 번제는 곧 자신이 바라는 모든 것들을 무화시키는 비움과 정화의 제의였다. 이로써 "땅의 모든 족속이 너로 말미암아 복을 얻을 것이라"고 하신 하나님의 약속(창 12:3)이 성취될 기초가 완성되었다. 그 이전, 카인과 아벨의 이야기는 '비움의 신앙'이 '풍요의 신앙'에 압도되어 온 현실을 반영한다. 동서고금을 막론하고 자신을 부인하는 희생제의 신앙이 번영과 풍요를 기원하는 기복신앙을 이긴 예가 별로 없다. 이삭 번제는 이를 뒤집는 것이다. 현실에서는 풍요의 신이 매혹적이지만 구원의 길은 결국 '비움'에 있다는 것이다.

유대인 전승에 의하면 아브라함이 이삭을 바치려 했던 제단은 아담과 카인과 아벨, 노아와 아들들이 제물을 바쳤던 그 제단이며, 그 땅 위에 솔로몬의 성전이 세워졌다고 한다. 십자가 처형이 이루어진 '골고다'는 바로 그 성전 바깥이다. 또 그리스도교 전설에 의하면 골고다는 아담의 뼈가 묻힌 곳이다. 캠벨은 이 일련의 전승들이 담지하고 있는 신앙을 이렇게 이해한다. "그러므로 구세주의 피는 인류 전체의 조상을 정화한 것이며, 그로 인해 인류를 구제하고 세계축을 시간의 여명으로 되돌려 놓는 동시에 종국의 약속을 향해 나아가게 하였다”(조지프 캠벨, 『신화의 이미지』, 257쪽). 철저한 유대교 교육을 받은 후 그리스도의 사도로서 '대속'의 교리를 확립한 바울은 이를 한 문장으로 요약했다. “아담 안에서 모든 사람이 죽은 것 같이 그리스도 안에서 모든 사람이 삶을 얻으리라”(고전 15:22). 풍요의 신은 인간의 온갖 욕망을 다 정당화해준다. 인간 내면에 숨겨진 충동적이고 야만적인 힘의 정체를 알려면 그런 제의들을 보면 된다. 그런데 이스라엘의 희생제의는 그런 욕망이 야기하는 죄악을 똑바로 보고 거기서 돌아서라 한다. 동물을 제물로 바치는 것은 그 욕망을 동물적 힘으로 생각했기 때문일 것이다. 사실 둘 다 우리들 모습이다. 한쪽은 맛난 음식을 폭풍흡입하고 대궐 같은 집을 지어 살면서 거대하고 아름다운 성전을 지어 그런 복을 준 신을 경배하려는 우리들이고, 다른 한쪽은 그 허망한 욕망 너머에 있을 법한 불멸의 삶을 찾아 떠나고자 하는 정신적·영적 존재로서의 우리들이다.

먹고 마시는 것은 사람살이의 필요조건이다. 그러나 그것만을 추구할 때 사람은 더 소중한 것, 자신 속의 영적 씨앗과 그 씨를 심으신 하나님을 잃는다. 예수께서도 금식의 계율에 매이지 않고 죄인들과 어울려 먹고 마시셨다. 기적으로 수천 명을 먹이셨으며 혼인잔치에 포도주가 떨어지면 즉석에서 물로 포도주를 만드셨다. 그러나 먹고 마시는 것을 찾기 전에 먼저 하나님 나라와 그 의를 구하라 하셨다. 왜 이집트의 거대한 신전에는 관광객만 북적일 뿐 경배자는 없는가? 경배할 만한 신이 아니기 때문이다. 사람들은 그것이 이집트인들의 욕망을 신격화한 것임을 안다. 예수님 탄생 시 헤롯은 성전 재건축에 매진하고 있었다. 그러나 정작 성전 예배자들이 고대하던 메시아는 죽이려 했고 실제로 그의 후

손은 목적을 달성했다. 그러나 '진정한 성전'은 허물어진 지 사흘만에 다시 세워졌고, 수십 년 공들여 세운 성전은 이천여 년이 지나도록 회복되지 못했다. '강도의 굴혈'이 된 성전의 예고된 운명이다. 인간의 욕망은 이처럼 부질없다. 지금 그 자리에서 하나님은 '알라'의 이름으로 무슬림들의 경배를 받으신다. '야훼' 하나님을 찾는 이들은 남은 축대 앞에서 통곡하며 기도한다. 나는 이 성전에 대한 순결한 공경심이 언젠가는 진정한 성전이신 그리스도 예수에 대한 믿음으로 귀결되리라 믿는다.

왜 그러한가? 그가 길이요 진리요 생명이기 때문이다. 십자가는 '버림과 비움'이며(빌 2:5이하) 부활은 '얻음과 채움'이다(마 28:18). 이 둘은 전일한 삶의 두 측면이다. 십자가 없이는 부활도 없고(마 16:24) 부활이 없다면 십자가는 절망이다(고전 15:12-19). 하나님은 아들의 죽음과 부활을 통해 자신의 형상인 사람의 길이 무엇인지 보이셨다. 그 길은 흙의 사람이 가진 욕망이 무엇인지를 깨닫는 데서 시작한다. 흙의 몸이 없으면 사람이라는 존재가 있을 수 없고, 흙의 욕구가 채워지지 않으면 존재가 지속될 수 없다. 그러나 그 안에 하나님이 불어넣으신 숨이 그 흙의 욕구로 인해 질식한다면 그 역시 사람이 아니라 한갓 생명 있는 물체에 불과하다. 왜 하나님이 사람을 그렇게 지으셨는지에 대해서는 더 깊은 논의가 필요하다. 다만 분명한 것은 사람살이에는 '버림'도 진리요 '얻음'도 진리라는 것이다.

현상계의 순환 구조는 존재자체에 허무를 느낄 만큼 무상하다. 영원한 것은 어디에도 없다. 그러나 모든 것을 있게 하신 하나님과의 관계에서 생각해 보면 그것 자체가 하나님의 생명의 발현이다. 모든 것은 '받음과 내어줌'의 과정을 통해 언제나 영원하신 하나님 안에 있다. 존재는 받음에서 시작하고 내어줌을 통해 또 다른 존재의 초석이 된다. 모든 것은 사라지는 것이 아니라 하나님 안에서 살아있다. 위대한 진리의 스승들이 대자연에서 깨달음의 계기를 얻은 것은 하나님이 그렇게 모든 곳 모든 것에 계시기 때문이다. 그들은 유한을 통해 무한을 깨우쳤다. 유한 자체를 무한으로 바꾸려는 부질없는 노력 대신 유한을 유한으로 받아들이는 '유한의 비움'을 통해 무한의 세계에 들어갔다. 그 비워진 마음을 빛과 생명이 넘치는 진리가 채워주었고 이분들은 다시 그것을 세상과 나누고자 했다.

그러나 대부분의 사람들은 '내어줌'은 잊은 채 '가지고 빼앗는' 길로만 치닫는다. 그 결과 사람도 자연도 파괴되며 하나님마저 인간의 무한정한 욕망을 채워주는 하찮은 존재로 격하된다(『하찮아진 하나님』이라는 책이 있다. D.W. 맥컬로우, 박소영 역, 대한기독교서회, 1996). 그것이 고통과 악의 원인임을 나날이 경험하면서도 대세에 휘말려 빠져나오지 못한다. 십자가의 구속의 은총에 감사하는 그리스도인들도 주님의 식탁에 함께하기는 바라지만 그의 십자가에는 쉬이 동참하려 하지 않는다. 멸망으로 인도하는 크고 넓은 길을 가는 이는 많으나 생명으로 인도하는 좁은 길을 택하는 이는 적은 것이다(마 7:13-14).

'가짐과 빼앗음'의 문화는 모든 존재하는 것들의 역동적인 관계의 그물망을 교란한다. 진리의 스승들은 어느 한쪽에 치우치지 않았다. '비움과 내어줌'을 강조하되 '받음과 가짐'을 방기하지 않았다. '받음'이 없으면 존재도 없고 '내어줌' 없이는 '받음'도 의미가 없다. 붓다가 깨달음을 얻은 금강좌의 기초는 6년의 고행과 고행에 지친 그의 몸에 생기를 불어넣어준 소녀의 죽 한 그릇이었다. 십자가를 앞두고 예수께서 베푸신 최후의 만찬은 장차 임할 하나님 나라 잔치(막 14:22-25)의 예표였다. 성찬은 그 새 날이 오늘 여기서 이미 이루어지고 있음을 기리는 잔치다.

내어줌도 진리요 받음도 진리다. 이를 깨달은 자에게는 삶의 어느 한 자락도 진리 아닌 것이 없다. 걷고 머물고 앉고 눕고 하는 것(行住坐臥) 모두가 진리의 현현이다. 다만 그 진리의 문은 자신이 '곤고한 자'임을 아는 자(롬 7:24)가 두드리고, 두드리는 자에게 열린다(마 7:7).

흙에 담긴 하나님의 숨결

사람은 흙에서 난 것을 먹고 살며 죽어 흙으로 돌아간다. 눈부신 청춘의 날은 길지 않고 수시로 닥치는 재난은 사람을 끝없이 수심에 잠기게 한다. 그런데 아득한 옛날부터 이 '존재의 어둠'을 직시한 사람들이 있었다. 주변세계의 뭇 존재들은 얻음과 잃음이 반복되는 무상한 현실을 무심하게 수용하지만 인간은 그렇지 못하다는 사실이 이들을 괴롭혔다. 도대체 인간이란 무엇인가? 이 근원적 질문이 이들로 하여금 내면의 자아에 눈을 돌리게 했고, 어느 날 문득 자신의 내면에 그 무엇에도 흔들리지 않고 오염되지도 않는 약동하는 생명, 모든 어둠을 몰아내는 영원한 빛이 있음을 깨달았다. 그 빛과 생명은 흙으로 된 사람 안에 있으되 '흙에서는 비롯될 수 없는' 불가사의한 실재였다. 그리고 마음속에서 깨어난 그 빛과 생명은 스스로 자신의 근원을 찾아나서고 마침내 모든 것을 낳고 기르는 궁극적 존재와 마주친다. 그것은 진정한 고향으로의 귀환. 이제 그들은 본향으로 돌아오기까지 하늘이 한시도 그를 떠나지 않았다는 것을 깨닫는다. 그는 이미 내 안에 있었고 아픔의 시간조차 그를 알아가는 의미 있는 시간이었으니, 이제 구도의 긴 편력은 끝나고 그들의 몸과 마음이 진정한 쉼을 얻는다.

하여 사람들은 흙 속에 담긴 이 빛과 생명을 일컬어 '하늘이 부여하신 성'(天命之謂性, 『중용』), '불멸의 정신'(『우파니샤드』, 박석일 역, 177쪽), '부처의 성품'('여래장', '불성'), 또는 '하나님이 불어넣으신 숨'('생기', 창 2:7)이라 한다. 칸트의 '실천이성'도 그런 것이다. 다석 류영모(多夕柳永模)는 "영생이 있습니까?"라는 물음에 "지금 여기 내가 이렇게 있는데 어찌 영생이 없겠는가!"라고 답했다. 그 '내'가 바로 '얼나' 곧 내 안에 있는 하나님의 숨이다(그는 육신에 사로잡힌 나는 '제나自我'라 한다). 때때로 바울처럼 자신의 육신에는 도무지 선한 것이 거하지 아니한다고 고백하는 이도 있다(롬 7:18). 그러나 하나님을 알 만한 것이 그에게 없었다면 그는 결코 다메섹 도상에서 단박에 그리스도께 무릎을 꿇을 수 없었다.

흙으로 된 자신 속에 하나님의 숨이 깃들어 있음을 깨달은 이는 이 세계에 대해서도 새롭게 눈을 뜬다. 하나님이 모든 것을 내었으니 그에게는 하나님과 땅과 사람이 '존재'라는 점에서 '하나'다. 존재하는 모든 것은 하나님의 생명과 사랑의 발현이다. 하나님의 손길은 미치지 않는 곳이 없으니 진리는 모든 곳에 있다. 티끌 하나에도 그의 영광이 담겨 있고, 존재하는 것들의 생성과 소멸은 다만 그에게서 와서 그에게로 돌아가는 것, 하여 만물에는 시작은 있으되 끝은 없다. 그가 무엇을 있게 하신 순간, '무'와 '비존재'는 영원히 물러간 것이다. 이를 깨달은 자는 모든 것을 하나님의 마음으로 대할 수 있으며 보이는 사물을 통해 보이지 않으시는 하나님을 해명할 수 있다. 진리의 스승들이 남긴 '비유'는 그런 것이다.

그렇다면 왜 하나님은 사람에게 자신의 숨을 불어넣어 이 진리를 깨닫게 하시는가? 그것은 그 지으신 모든 것과 사랑으로 소통하시기 위함이다. 하나님의 창조의 기쁨(창 1:25)은 지으신 분과 지음 받은 존재들 간에 교통이 있을 때 온전하다. 사람이 그가 지으신 모든 것에 기대어 살면서 감사하고 보듬고 찬탄할 때 그 온전한 기쁨의 소통이 이루어진다. 하늘이 사람을 내신 것은 이처럼 하늘과 땅과 사람이 함께 지극한 기쁨과 평안을 누리기 위함이다.

만약 '사람'이 불멸의 몸을 가지고 있다면 그는 스스로 신이 될 것이고, 사람 안에 하나님의 숨이 없다면 양자는 서로 소통할 수 없을 것이다. 어느 쪽이든 하나님은 그 지으신 세계와 단절된다. 그러므로 사람은 흙에 속하되 흙의 삶을 넘어 하나님의 숨으로 사는 존재여야 하는 것이다. 사람은 흙에 기대어 살기에 '땅'의 모든 것과 친숙하며 하나님의 숨이 있기에 유한한 '땅' 너머에 무한의 세계 곧 '하나님 나라'가 있음을 안다. 그는 어둠도 알고 빛도 알며, 죽음도 알고 생명도 안다. 만물의 온 곳을 알기에 돌아갈 곳도 안다. 창세기는 그 사람을 하나님의 모양(모습, 모상)대로 지은 바 된 '하나님의 형상'이라 한다. 하나님의 성품을 닮아 하나님처럼 느끼고 생각할 수 있는 존재인 인간, 그가 하나님이 지으신 땅의 생물을 다스린다는 것은 곧 하나님에 대한 '섬김'이요 만물을 그 지은 바대로 '있게 하는' 것이다.

예수님의 가르침에서 이 관계는 더 분명히 드러난다. 그는 땅과 사람과 뭇 생명을 지으신 하나님을 '아버지'라 부르라 하셨다. 하나님은 시계 제조공이 아니시며 이 세계는 시계들의 집합이 아니다. 하나님은 만물을 낳으신 분이다. 장자도 '도(道)'가 천지를 낳는다(生天生地, 『장자』 <대종사편大宗師編>)고 했다. 아버지 하나님께는 자신에게서 말미암은 것들이 다 '그의 분신이요 몸이요 나라'다. 그러므로 존재하는 모든 것 간에는 구분은 있으되 차별은 없다. 인간의 '다스림'도 그 모든 것을 '내

몸처럼' 대하는 것이어야만 한다. 불교의 '불상생계'도 이 진리를 설파하고 있다. '법계'는 전일한 하나의 실재이며 모든 것은 다 불성을 가지고 있다. 본디 부처와 중생 간에도, 중생들 상호간에도 걸림이 없으니(理事無碍, 事事無碍) 어찌 함부로 생명을 빼앗을 수 있겠는가.

'사람'이 이 자리를 굳게 지킬 때 '하늘'과 '땅'이 이어진다. 사람은 '땅'의 모든 것이 '하늘'로부터 왔다는 것을 확인하며 땅과 사람과 하늘을 하나 되게 한다. 추수감사예배는 그런 관계를 상징한다. 돈독한 신심을 가진 이들은 하나님을 완전하고 자기충족적인 궁극 실재라고 믿는다. 따라서 창조는 그가 이 세계로부터 무엇을 얻기 위해서가 아니라 주기 위함이요 그의 선함과 아름다움을 전파하기 위함이다. 세계가 그의 영광을 위해 있다는 말도 그가 찬미의 합창을 듣기 원하셨다는 뜻이 아니라 만물이 하나님의 선과 미를 '표현'하고 '참여'함으로써 그에게 영광을 돌린다는 뜻으로 이해한다(정의채 · 김규영, 앞의 책, 257쪽). 그러나 사람의 '참여'와 '섬김'이 지극할수록 하나님과 만물의 기쁨이 배가된다는 것(창 1:31)도 진리다. 하나님과 세계에 대한 인간의 사랑과 기도와 찬미는 하나님과 그 지으신 모든 것들에게 생기와 빛을 더한다. 예수님의 십자가는 하나님의 영광이다(요 13:28). 그가 거닐었던 곳은 성지가 되고 그가 쥐었던 포도주 잔은 성배가 되며 그의 말씀을 마음에 새긴 이는 '성령의 전'이 된다(고전 6:19). 하나님과 세계와의 관계는 결코 일방적이지 않다. 이 세계가 존재한다는 것 자체가 하나님의 기쁨이요 영광이다. 화이트헤드가 말한 바와 같이 "하나님이 세계를 창조하신다는 말이 참인 것처럼 세계가 하나님을 창조한다고 말하는 것도 참이다"(A. N. 화이트헤드, 오영환 역, 『과정과 실재』, 658쪽).

'백제관음'을 보며 사람들은 실제의 관음을 만난다. 하찮은 나무 하나가 이름 없는 장인에 의해 진리의 문을 여는 열쇠가 되는 것이다. 어째서 그럴까? 하나님의 '숨'이 흙으로 된 사람에게 임하고 사람이 흙에 다시 그 숨을 불어넣기 때문이다. 이와 같이 모든 것은 하나님으로 말미암아 무한한 관계의 그물망으로 얽혀 있다. 중세 그리스도교 사상가 니콜라우스 쿠사누스는 이 관계를 '집약(complicatio)'과 '전개(explicatio)'로 이해했다. 모든 것은 '일자'요 '무한자'인 하나님이 자신을 전개하여 산출한 것이며, 일자의 전개로서의 피조물은 다시 무한자에게로 '집약'되어 가서 마침내 그 안에서 모든 대립물들이 일치('대립의 일치', coincidentia oppositorum)를 이룬다는 것이다(정의채 · 김규영, 위의 책, 327-330쪽).

그러나 모든 존재하는 것은 어디까지나 '유한화된 무한'이다. 따라서 무한자에 대한 이해에도 한계가 있다. 예수 믿고 하나님 나라에 들어가도 어찌 그가 하나님의 모든 것을 알 수 있겠는가. 하나님을 '빛'이라 고백하지만 그것은 우리가 아는 빛이 아니다. 우리 관념 속의 '빛'은 '흑암'에 대응하는 것이고 하나님의 빛은 이 둘이 일치를 이루고 있는 빛이기 때문이다(위의 책, 330쪽). 하나님이 스스로를 열어 보이시지 않으면 인간은 하나님을 알 수 없다고 하는 그리스도교 교리는 이 진리를 정확히 표현하고 있다. 그리스도인들은 예수 그리스도를 통해 하나님을 안다. 그래서 그가 자신을 친구라 하셨을지라도, 그가 자신 안에 살아계시고 자신이 그 안에 사는 '영생'을 경험했을지라도, 그는 결코 '유한화된 무한자'로서의 위치를 넘어서지 않는다. 예수께서도 하나님 하시는 대로 한다 하셨으며(요 5:19, 30) 붓다의 마지막 법문도 다만 너 자신과 법만을 의지하라(自燈明 法燈明)는 것이었다. 누구보다도 더 명확히 진리를 깨달았고 그래서 사람들이 자신들을 통해 진리에 이를 수 있다고 믿었음에도 불구하고 이분들은 무한자 앞에서 겸손했다. '초월과 일치'의 체험은 모든 것을 내고 기르는 무한자의 대자비를 경험하고 자신 역시 그 자비의 화신이 되는 것이다. 그러나 이는 무한자와의 '동일화'가 아니다. 양자는 결코 혼동되지 않는다. 오히려 무한자를 알면 알수록 인간은 자신의 유한성을 더 명징하게 인식하게 된다. '동일화'는 인간이 신이 되는 것이니, 유한함의 인식을 통해 하나님을 안 이는 욥처럼 말문을 닫고 다만 그의 섭리에 승복할 뿐이다(욥 42:1-6).

또한 유한성의 인식을 통해 무한의 세계로 넘어간 이는 사람 속의 흙의 욕구가 사람을 유한의 세계에 묶어 둠으로써 사람 안에 불어넣어진 하나님의 숨이 매몰되고 무한자의 대자비가 발현되지 못한다는 것을 안다. 오히려 묶인 사람들이 그걸 잘 모른다. 예수께서 뱃사람들을 불러 사람 낚는 어부가 되게 하신 것은(마 4:18-22) 그런 무지한 자들이 하나님의 사랑을 알게 하려 하심이었다. 사람이 떡으로만 살 것이 아니라 하나님의 말씀으로 살아야 함에도 불구하고(마 4:4), 사람들은 오병이어의 기적만 구할 뿐 생명의 떡을 찾으려 하지 않는다(요 6장). 사람을 진실로 '산 자'가 되게 하는 것(창 2:7)은 영이요, 육은 무익하다(요 6:63). 그러나 '육이 무익하다'는 것은 하나님의 숨이 없는 육은 죽은 것과 같다는 말이지 영에게는 육이 필요치 않다는 말이 아니다. 영을 품고 있지 않은 육은 다른 존재들과 의미 있는 관계를 맺을 수 없다. 하나님의 영이 '수면 위에만' 운행하고 계실 때는 땅이 혼돈과 공허와 흑암의 상태에 잠겨 있다(창 1:2). 육은 영이 깃들어야 비로소 '그 무엇으로서' 있게 된다. 하나님의 손길이 닿아야 아무것도 아닌 것이 의미 있는 존재들이 되는 것이다. 영 또한 육에 깃듦으로써 모든 존재하는 것들에 의해 인식되고 영광을 얻는다. '육' 없이 '영'은 드러날 수 없다. 하나님의 영이 모든 것에 스며들어 꼴을 갖출 때 비로소 하나님은 그 지으신 모든 것을 보시고 기뻐하시며 안식에 드신다(창 1:31-2:3).

'영'은 '하나님의 숨'이다. '영' 없는 '육'은 허망하다. 그러나 '육' 없는 '영'도 공허하다. '영'은 육화되고 '육'에 의해 의식됨으로써 더욱 충일해진다. 이것이 유한과 무한의 관계다. 무한은 유한이 있어 무한이고, 유한은 무한이 있어 의미 있는 존재가 된다. 아직 잉태되지 않은 아이를 사랑할 수 있는가? 아이를 염원할 수는 있어도 그 염원이 낳은 아이 사랑만 할까? 하나님의 사랑도 그러하다. 그의 사랑은 만물을 낳는 데까지 이르러야만 한다. 하나님이 사랑이시라면 창조는 필연이다. 그리고 사람은 그가 창조하신 것들을 통해 보이지 않는 하나님을 안다. 시편은 "그가 나를 '푸른 초장'에 누이시며 '쉴 만한 물가'로 인도하시는도다"고 노래한다(시 23:2). 아담은 하나님이 주신 배필 하와를 보고 '내 뼈 중의 뼈, 살 중의 살'이라 했다. 둘은 서로 아무것도 숨길 것이 없는 한 몸이 되었다(창 2:23-25). 산모가 아기를 안고 할 수 있는 말 중에 이를 능가할 만한 것은 없다. 하나님이 사람 대하시는 마음도 똑같다. "너는 내 아들이라 오늘날 내가 너를 낳았도다"(시 2:7). 사람은 몸이 있어 자연에서 하나님의 영광을 느끼며, 이웃을 위해 자신의 몸을 버리는 궁극의 사랑을 경험할 수 있다. 흙으로 된 사람 몸은 하나님과 모든 존재하는 것에 대한 사랑을 체득하고 실현하는 장소다. 결국 이웃 사랑과 하나님 사랑은 하나인 것이다. 그래서 예수께서는 '너희는 서로 사랑하라'(요 13:34)는 오직 하나의 계명을 주셨다.

십자가 사건은 예수의 영이 고난을 받은 것이 아니라 그의 육이 피를 흘린 것이다. 그가 남기신 하나님 나라의 비유들은 다 흙의 삶을 소재로 한 것이다. 그는 목수로서 가족을 부양하셨다. 십자가 위에서는 한 어머니의 아들로서 제자에게 그 여생을 부탁하셨다(요 19:26-27). 여느 사람과 다를 바 없는 그의 모습에서 우리는 생생히 살아있는 진리를 본다. 하나님의 말씀은 육신이 되어 사람 가운데 계셨다. 그리고 말씀하셨다. "하나님의 나라는 너희 안에 있느니라"(눅 17:21). 하나님의 아들이 사람으로 오시지 않았다면 성령께서 무엇으로 성부의 뜻을 사람들에게 알게 하시겠는가.

'삼위일체' 교리는 이 진리 체험에 기초를 두고 있다. 그리스도는 하나님의 말씀의 육화요(요 1:1이하). 성령께서는 사람들로 하여금 그의 말씀을 알게 하신다(요 14:26). 그러므로 하나님과 그리스도와 성령은 구분되어 있으되 하나이다. 그 관계는 '사랑'이다. 하나님의 창조력은 이 내재적 상호관계 속에서 끝없이 발현된다. 그렇게 해서 모든 것이 있게 되었으니, 이 세계에 하나님의 손길이 미치지 않는 것은 아무것도 없다. 그리스도는 포도나무요 사람들은 가지다(요 15:5). 그는 아버지 안에 계시고, 사람들은 그의 안에 있으며, 그는 사람들 안에 계신다(요 14:20). 땅은 하나님의 말씀 따라 뭇 생명을 낸다(창 1:11, 20). 하나님이 지으신 모든 것에는 그의 손길과 말씀에 감응하는 그 무언가가 내재해 있다. 무한자는 모든 유한자를 초월해 있음과 동시에 모든 유한자 안에 있다. 그렇다면 사람의 역할은 무엇인가? 하나님은 생물들을 아담에게 이끌어 오셨고 아담은 이들에게 이름을 붙였다(창 2:19). 이름을 부른다는 것은 지극한 친밀감과 존중의 표현이다. 그것은 생물들의 기쁨이다. 그러나 사람이 사악하면 이 관계가 파괴되고 피조물은 탄식할 수밖에 없다(롬 8:19-22). 사람은 모름지기 이들의 이름을 불러주는 자로서 하나님과 그 지으신 모든 것들의 경이롭고 거룩한 관계를 회복시키는 역할을 감당해야 한다.

새로운 만남

예수님은 주변 모든 것에서 하나님의 숨결을 느끼신 분이다. 농부, 빵 굽는 아줌마, 목동, 꽃과 나무, 공중의 새들, 포도원 등등 그의 눈에 들어오는 모든 것은 다 하나님 나라의 현현이었다. 이런 이는 누구를 미워하지 못한다. 그는 십자가 위에서 원수의 용서를 간구하셨다. 『우파니샤드』에 이런 말이 전해온다. "신 안에서 모든 존재를 보며, 모든 존재 안에서 신을 보는 자여. 그는 아무도 미워하지 않는다"(『우파니샤드』, 박석일 역, 39쪽). 미워함이 없으면 슬픔도 사라진다. "모든 것에 퍼져 있는 지고의 것은 신이나니. 그의 진정한 내재(內在)에서 그를 아는 현명한 자는 모든 슬픔을 초월하노라"(위의 책, 24쪽). 남는 것은 오직 하나님이 그의 얼굴 깊숙이 새겨 두셨던 그 '태초의 미소'뿐이다. 그렇게 그는 하나님의 형상이 되고 그의 마음 안에 하나님 나라가 이루어진다. 내외상합(內外相合)이다.

그런 사람은 하나님의 숨결 따라 생각하고 행동한다. 마음이 원하는 바를 따라도 천도에 어그러짐이 없다(從心所欲不踰矩, 『논어』 <위정편>). 못 갈 곳도 없고 못 만날 사람도 없다. 세리의 집에도 가고 왕궁에도 가고, 거지도 만나고 귀인도 만난다. 예수께서는 무덤에 묻히신 후 음부에 내려가셔서 노아 때의 믿지 않은 자들에게 말씀을 전하셨다(벧전 3:19-20, 사도신경에도 이 고백이 들어있지만 우리말 번역에는 빠져 있다). 그에게는 음부라는 공간이 아무 장애가 될 수 없었다. 과거와 현재 미래의 모든 사람들이 다 그의 마음 안에 들어와 있었다. 팔복선언(마 5:3이하)은 모든 시대의 모든 사람들에 대한 축복이다. 그는 사람이 어느 시대

어느 곳에서 어떤 종교의 옷을 입고 있든, 그 조건에 합당한 이는 하나님의 은혜를 입는다고 명백히 말씀하셨다.

흙의 몸에 매인 사람이 성령의 사람이 가는 곳을 어찌 알겠는가만(요 3:8), 잡초처럼 쉼 없이 돋아나는 삿된 마음 제어하려 마음먹으면(이게 회개다) 길이 보인다. 가는 이 적은 좁고 험한 길이지만 거기서 '하늘의 문'을 발견하게 되는 것이다. 그리스도의 눈으로 세상을 보면 하나님의 생명은 모든 곳에서 살아 숨 쉰다. 물론 타종교 안에서도 하나님의 손길은 얼마든지 찾아볼 수 있다. 어느 스님이 쓴 글이 생각난다. 중국 어느 곳에 천 개의 손과 천 개의 눈을 가진 천수관음을 모시는 도량이 있었다. 눈 먼 아들을 둔 어머니가 아들과 함께 수천 리를 걸어와 그 앞에 섰다. 그리고 빌었다. "당신은 눈이 천 개이니 자비를 베풀어 그 중 하나만 내 아들에게 주소서." 즉시 그 아들은 눈을 뜨게 되었다. 일연의 『삼국유사』도 똑같은 일이 경주 분황사에서 있었다고 전한다. 이 어머니들은 우상에게 빈 것이 아니라 형상 배후에 있는 무형의 궁극자에게 빈 것이다. 천수관음은 만들어진 신이 아니다. '법(다르마)'은 원래 그러하다. 그래서 경주 남산을 오르는 사람들은 볼 수도 없고 들을 수도 없고 말할 수도 없는 목 없는 석불 앞에서 빌고 또 비는 것이다. 그리스도인이 보기에 그런 기도를 듣고 응답할 수 있는 존재는 하나님밖에 없다. 그리스도와 불교는 한 궁극 실재를 다른 이름으로 경배하고 있는 것이다.

하나님과의 만남은 늘 새롭다. 평생을 일관하는 기도도 어제 다르고 오늘 다르다. 하나님과 이스라엘 간의 계약은 쌍방간에 '새로운 만남'에 대한 기대로 가득 차 있다. 그 만남은 묵은 것을 버릴 때 가능하다. 새 술은 새 부대에 담아야 한다. 노아와 아브라함은 약속의 성취를 위해 익숙했던 많은 것을 버려야 했다. 예레미야는 사람의 지혜와 용맹과 부에 기댈 것이 아니라 인애와 공평과 정직을 땅에 행하시는 하나님을 의지하라 했다(렘 9:23-24). 예수님 초기 설교는 회개와 믿음에 집중되어 있었다(막 1:15). 그것은 과거의 청산, 즉 새 마음 갖고 회개에 합당한 열매'를 맺는 것이다(마 3:8). 잘못한 일은 바로잡고(눅 3:11-14) 원망 들을 일은 먼저 풀고서 하나님 앞에 서야 한다(마 5:23-25). 그렇게 사람 사이의 관계가 회복되어야 십자가의 '대속'이 나의 구원으로 현실화된다. '하나님의 뜻대로 행하는 자'라야 천국에 들어가는 것이다(마 7:21). 그리 어려운 일도 아니다. 지극히 작은 자 하나를 돌보는 것이 바로 그것이다(마 25:40). 그 작은 사랑이 원수 사랑에까지 나아가게 된다.

하나님은 사랑이시니(요일 4:8) 모든 존재하는 것들의 진정한 본성도 '서로 사랑하는 것'이다. 창조는 우연적 사건이 아니다. 아이들이 모래성 쌓듯 하나님이 장난으로 세상을 만드신 것이 아니다. 창조는 하나님의 무한하신 사랑의 필연적 발현이다. 그가 사랑이시기에 세계를 창조하시고 보존 양육하시며 빗나간 이들도 끊임없이 진리의 길로 인도하시는 것이다. 세계는 하나님의 사랑의 결과물이요 대상이니 지으신 이가 보시기에 지극히 좋을 수밖에 없다. 사랑은 기쁨과 웃음을 낳는다. 만물 안에 깃든 하나님의 태초의 미소는 어떤 어두운 힘이 잠시 틀어막고 교란하고 훼손할 수는 있어도 완전히 파괴하지는 못한다. 유한은 결코 무한을 이기지 못한다. 어둠이 빛을 이기지 못하고 죽음이 생명을 이기지 못한다. 만물이 하나님의 그 태초의 미소를 되찾기를 원하면 혼돈과 흑암과 공허는 반드시 스러지기 마련이다. 그 중심에 사람이 있다.

하나님의 형상인 사람은 이 땅에서 그 나라와 그 의를 구현해야 한다. 하나님이 모든 일에 직접 관여하신다면 사람들이 원수를 사랑하고 의를 위해 목숨을 바쳐야 할 이유가 없다. 하나님이 사람 안에 자신의 숨을 불어넣으신 것은 그로 하여금 세상에 하나님의 숨결이 감돌게 하기 위함이다. 노자는 '하늘의 그물은 넓고도 넓어 비록 성글게 보여도 어느 하나 빠뜨리는 것이 없다(天網恢恢 疎而不失)' 했다(『도덕경』 73장). '무위'는 아무것도 하지 않는 것이 아니다. 사람은 성심을 다해 하늘의 그물을 촘촘히 채워야 한다.

노자는 천지는 인자하지 않다고 했다(天地不仁, 『도덕경』 5장). 천재지변은 사람을 하루살이 취급한다. 전쟁 후에는 어김없이 흉년이 든다. 무심하고 가혹하다. 사람들이 저지르는 죄는 또 어떤가. 천명과 정의의 탈을 쓴 불의가 수많은 사람을 죽음으로 몰아넣는다. 그러나 자연과 인간이 그렇기 때문에 오히려 인간은 이웃을 사랑할 수 있다. '천지불인(天地不仁)' 네 글자는 존재의 실상에 대한 묘사임과 동시에 그에 대한 도덕적 판단이다. 도에 비추어 보니 천지는 인자하지 않다! 그렇다면 결국 노자는 '무위자연'으로써 도의 본성인 '인의'를 구현하라고 말하고 있는 것이다. '인의'는 유가의 가르침의 핵심이다. 그리스도인들의 유일한 계명도 '서로 사랑하라'는 것이다. 이 셋은 멀리 떨어져 있지 않다. 위대한 스승들의 마음 길은 다 모든 것을 내고 보존하고 기르는 무형의 근원적 실재로 향하고 있다.

궁극 실재

진리의 원천

고심에 고심을 거듭하며 고통의 문제를 대면하는 사람은 결국 모든 것의 근원이 되는 어떤 존재를 마음에 떠올리게 된다. 그렇지 않고서는 복잡하기 그지없는 고통의 미로를 벗어날 길이 없기 때문이다. 때로는 추론을 통해, 때로는 체험을 통해 사람들은 그 근원적 존재의 현존을 감지한다. 이 근원적 존재가 바로 사람을 고통에서 해방시키는 진리의 원천이다. 종교학자들은 이를 일컬어 '궁극 실재(ultimate reality)' 또는 '궁극자(the ultimate)'라 한다. 위대한 스승들은 자신들이 조우한 궁극 실재에 대해 어떤 식으로든 말씀을 남겼다. 말의 한계를 잘 앎에도 불구하고(불교는 '입을 여는 즉시 오류에 빠진다開口卽錯'고 한다) 말이 없으면 진리가 전파될 수 없다는 것을 알았기 때문이다.

그런 이유로 진리의 스승들은 궁극 실재에 대해 확실히 언급하면서도 또 한편으로는 그에 대한 직설적 묘사를 대단히 조심스러워 했다. '하늘天'을 공경한 공자님은 하늘 자체보다 '하늘의 명天命'이 무엇이냐를 서술하는 데 치중하셨다. 히브리 성경은 아예 하나님의 모습을 형상화하는 것을 철저히 금한다. 그 대신 하나님이 인간의 삶에 개입하신 흔적에 대해서는 무수한 찬양시와 역사적 기록을 남겼다. 이슬람의 알라 신은 천사를 통해 계시된 말씀을 통해서만 인식된다. 불교는 역설적으로 '무(無)' 또는 '공(空)'이라는 관념으로 궁극 실재와 존재자들의 본성을 표상한다. 노자에게 있어 '도(道)'는 '도'라는 이름조차 붙일 수 없는 현묘한 실재이다.

'궁극 실재'는 유대-그리스도교의 하나님을 아리스토텔레스의 제1철학의 언어로 표현한 것이다. 절대자에 대한 믿음의 체계인 종교와 존재에 대한 사유의 체계인 형이상학은 엄연히 구분되지만 그래도 양자 간에는 존재의 근원에 대한 성찰이라는 공통분모가 있다고 생각했기 때문이다. 이와 같이 '궁극 실재'는 상이한 진리 체계의 공통점과 차이점을 탐구하는 과정에서 생성된 관념이기 때문에 세계의 여타 신념 체계들을 이해하는 데도 좋은 매개체가 되고 있다.

진리의 스승들이 남긴 말로써 미루어 짐작할 수 있는 궁극 실재의 본성은 매우 다채롭다. 그는 어떤 이에게는 인격적 존재로, 또 어떤 이에게는 '이법'이나 '작용'으로 이해되었다. 체험이 다양한 만큼 명칭도 다양하다. '야훼'와 같은 고유명사를 쓰기도 하고 '하나님', '도', '천', '법' 등 나름의 특성을 지닌 용어로써 표현하기도 한다. 관심의 방향에 따라 '절대자', '초월자', '무한자' 또는 '무한'이라고도 한다. 그러면 그 같고 다름은 무엇인가? 다 같이 인격적 신의 존재를 믿으면서도 그리스도교는 그 신이 사람이 되셨다 하고(요 1:14, 그래서 예수를 본 자는 하나님을 본 것이다. 요 14:9), 이슬람은 이를 철저히 거부하면서 오히려 그리스도교를 다신론이라고 비판한다. 선진유학에서의 '천'은 인격적 실재로서의 성격이 강하고 주자에 이르러는 만물을 관통하는 이법으로서의 성격이 두드러진다. 불교의 '법'은 존재들의 상호 걸림 없는無碍, 相卽相入 실상을 표상하고 있다는 점에서 인격적 신과 다르다. 그러나 불교인들도 불 · 보살을 무한한 자비로 가득 차 있는 존재로 이해하고 그에의 귀의를 해탈의 중요한 방편으로 이해한다는 점에서 궁극 실재의 인격성이 완전히 배제되고 있지는 않다. 장자에 의하면 '도(道)'는 어디에나 존재하며(道惡乎往而不存, 『장자』 <제물론>) 의심할 수 없이 실재하지만 행함도 형체도 없어(夫道有情有信 無爲無形, <대종사편>) 그 흔적을 찾기 어렵다(而特不得其眹, <제물론>). 도는 자신에 의존할 뿐 다른 무엇에도 의존하지 않아 천지가 있기 이전 옛날부터 본래 존재했으며(自本自根 未有天地 自古以固存) 하늘과 땅을 생성한다(生天生地, <대종사편>). '도'에서 바라본다면 모두가 같은 것이며(道通爲一) 천지만물과 나는 하나이다(而萬物與我爲一, <제물론>). 그래서 현대의 동양철학자들은 '도'를 '궁극 실재'라 하는 데 주저하지 않는다(유명종, 『中國思想史(1)』, 이문출판사, 1983, 271, 274쪽).

본디 궁극 실재에 대한 믿음은 스스로를 절대화하는 데 익숙하다. 그러나 오늘에 이르러 세계 종교들은 어깨를 나란히 하게 되었고, 다문화 현상은 상이한 신념 체계들이 공존하는 길을 모색하지 않을 수 없게 하고 있다. 절대화된 신념 체계 간의 투쟁은 인류를 끝없는 갈등으로 몰아넣기 때문이다. 생각건대 어느 종교에서건 궁극 실재는 사람을 자유롭게 한다는 특징을 지니고 있다. 궁극 실재는 유한한 존재자들을 통해 자신을 구체화하며 이 자기 현시로 인해 인간에게 인식된다. 그리고 그 인식을 통해 인식 주체의 삶을 변화시킨다. 하나님은 꽃 한 송이 안에 솔로몬의 영광보다 더 큰 영광을 불어넣으셨다는 예수 말씀은 사람으로 하여금 세속적 영화의 허망함을 깨우치고 삶의 방향을 바꾸게 한다. 천명을 찾고 구현하기 위해 일생을 바친 공자의 삶은 그 자체가 궁극 실재와 사람의 관계를 더할 나위 없이 명확히 보여준다. 자유에로의 길, 이것을 찾는 것이 바로 세계 종교의 '궁극적 관심'이며 그 해답이 '궁극 실재'다.

진리의 스승들이 꿰뚫어본 궁극 실재는 '시원도 형체도 없고 미치지 않는 곳이 없으며 모든 것 안에 작동하되 모든 것을 넘어서 있는 생동하는 실재'다. 그러므로 궁극 실재와 모든 존재자들은 하나의 그물망에 얽혀 있는 '관계존재'다. 그러나 이 모두를 유한한 인간이 명확히 지각할 수는 없다. 가끔씩 유한성의 한계가 무너지는 초월의 체험을 한 사람이 있긴 하다. 그러나 초월자와의 일치를 경험한다 해서 그를 다 알지는 못한다. 오히려 그 '성스러움'의 체험은 사람의 입을 다물게 하고 자신의 유한성을 더욱 분명하게 의식하게 할 뿐이다.

인간은 궁극 실재에서 비롯되는 무한한 관계망 속의 한 구성 부분이다. 따라서 그의 의식은 그 그물망을 따라 무한히 확대될 수 있다. 모든 존재하는 것들과의 '어울림과 협력'도 가능하다. 그러나 인간은 어디까지나 '관계-내-존재'이다. 그는 그 그물을 훼손할 수는 있어도 완전히 파괴할 수는 없다. 인간은 다만 그 본성에 순응 또는 거역할 수 있을 뿐이다. 빌립보서의 '그리스도 찬가'는 예수께서 "자기를 낮추시고 죽기까지 복종하셨으니 곧 십자가에 죽으심이라"고 한다(빌 2:8). 이것이 순응이다. 겟세마네와 십자가상의 기도와 절규는 성부와 성자의 관계가 어떤 것인가를 잘 보여준다. 공자님도 자신의 마음과 행동이 천도에 순응해 감을 기뻐하셨고 부처님은 '자아를 부정함으로써無自性, 一切皆空' 무상의 진리를 깨달으셨다. 무한자와 유한자는 이렇게 일치하면서 또한 구분된다.

모든 존재하는 것들은 궁극 실재와의 관계를 통해 그 의미가 드러난다. 사람을 고통과 악에서 자유롭게 하는 진리도 거기서 찾아야 한다.

모든 중생이 다 불성을 보유하고 있다(一切衆生悉有佛性)는 붓다의 가르침도 실은 진리 자체인 법과 중생과의 관계를 설파한 것이다. 그러므로 이 관계를 명징하게 인식할 때 사람은 자아의 참 모습眞我을 알고 모든 고에서 벗어나게 된다. 유명한 『중용』 첫 부분(天命之謂性 率性之謂道 修道之謂敎)의 요지도 결국 사람의 본성은 하늘이 품부하신 것임을 알라는 것이다. 그러할 때 그는 잠시도 도를 떠나지 않도록 삼가(愼) 마음이 좌로나 우로 치우치지 않고(中) 그 행동이 오롯이 화평을 이루어(和) 천지와 함께 할 수 있다. '사람은 하나님의 형상'이라는 선포는 포로로 잡혀온 이스라엘을 어떤 사슬도 옭아맬 수 없는 자유의 나라로 인도했다. 바울은 그리스도와의 만남을 통해 죄로부터 해방되었다(롬 7:25-8:2). 이 고백은 고린도서에서 재확인된다. "그런즉 누구든지 그리스도 안에 있으면 새로운 피조물이라 이전 것은 지나갔으니 보라 새 것이 되었도다" (고후 5:17). 포도나무에 붙은 가지처럼(요 15:1이하) 그는 그리스도와의 만남을 통해 어떤 상황에서도 조금의 걸림도 없는 삶의 비결을 터득했다(빌 4:10-13). 바울에게 있어 그리스도는 사도 요한과 똑같이(요 1:1-14) 하나님의 현현 그 자체였다.

궁극 실재의 초월성과 역사성

궁극 실재의 본성은 '무한히' 자신을 구체화하는 것이다. 모든 존재자들은 궁극 실재의 현현이다. 그러므로 진리는 초월적이면서 동시에 역사적이다. 흔히 우리는 진리 자체와 진리를 표현하는 말을 구분하여, 진리가 달이라면 말은 달을 가리키는 손가락이라 한다. 즉 예수님이 길이요 진리요 생명이라면 성경은 그를 증거하는 말이다. 그래서 성경을 읽고도 그를 알아보지 못하는 경우가 있다(요 5:39). 그러나 말이 없다면 진리는 드러나지 않는다. '말씀'은 초월적이고 절대적인 진리의 역사적 현현이요 구체화다. '팔복선언'(마 5:3 이하)은 그 자체로 진리다. 그러나 예수의 말씀이 없었더라면 사람을 해방시키는 힘을 가지지 못한다. 천지는 없어질지라도 그의 말씀은 없어지지 않을 만큼(마 24:35) 말씀은 진리와 분리되어 있지 않다. 그래서 바울은 모든 성경은 하나님의 감동으로 쓰여졌다고 했다(딤후 3:16). 이렇게 그의 '말씀' 안에서 '존재론적 진리'와 '논리적 진리'(이 책 102쪽 참조)는 하나로 융합된다. 궁극 실재가 없다면 애초부터 아무것도 존재하지 않거나 존재하더라도 곧 파괴되어 버리고 말 것이다. 그에 대한 '말'이 없어도 사람은 허무와 절망에서 헤어나지 못한다. 그러므로 궁극 실재에 대한 언표, 진리의 말씀은 반드시 있어야 하고 또 시대 상황에 맞게 늘 새롭게 갱신되어야 한다.

궁극 실재는 누구도 독점할 수 없고 그에 대한 '말'도 절대적일 수 없다. 그래서 사람들은 어느 하나가 다른 것들을 지배하려는 시도를 놀라운 인내심으로 거부해 왔다. 사람들은 과학이나 철학 기타 학문도 진리에 대한 '앎'을 통해 삶의 장애들을 제거하고 있음을 안다. 모든 것은 '어울림과 나눔[相卽相入]' 안에서 살고 있는 관계존재이며(안형관 · 전영숙, 『화엄세계 안에서의 나눔』, 이문출판사, 2006, 109쪽) 여러 종교와 학문 그리고 일반인의 다양한 삶의 경험은 각기 독자적인 가치와 의미를 띠고 '협력하여 선을' 이루어 나가야 한다. 유한한 인간이 넓디넓은 '하늘의 그물'을 다 알 수는 없지만, 자신의 그릇대로 마음과 뜻과 정성을 다해 진리를 참구하고 구현해야 한다. 그것이 하늘이 사람을 내신 이유다. 그 진리의 세계를 그리스도인들은 '하나님 나라'로 표상해 왔다.

하나님 나라

하나님 나라와 땅의 나라

성서 기자들은 선하시고 자비로우시고 의로우신 하나님에 대한 신심을 지닌 이들이었다. 그러나 그들은 삶에 깊이 뿌리내린 악을 결코 가벼이 보지 않았다. 창세기 첫 부분은 하나님의 창조가 혼돈과 공허와 흑암과 깊음에서 시작했다고 말하고 있으며, 복음서는 예수님의 공생애가 시작될 때 성령의 임재와 사탄의 시험이 잇따랐다고 증언한다. 이처럼 성경이 펼쳐내는 역사에는 선도 있고 악도 있다. 빛과 어둠, 생명과 죽음이 동행하고 있고 찬미와 저주, 평화와 전쟁의 소식이 공존하고 있다. 불의에 대한 불같은 질타가 있나 하면 유유자적한 지혜도 있다. 이 모든 것은 우리 인간들이 맺어나가는 다양한 관계들에 대한 표상이다. 그럼에도 불구하고 여기에는 하나의 일관된 주제가 있다. 그것은 바로 이 땅에서 이루어질 '하나님 나라'이다. 성서 기자들이 초월의 세계에 대한 관심이 없었던 것은 아니다. 그러나 이들은 결코 현실을 떠나 천상의 세계를 갈구하지 않았다. 욥기 첫 부분의 '천상어전회의'도 이해할 수 없는 의인의 고난을 해명하기 위한 무대장치일 뿐이다. 예수께서도 하나님 나라는 너희 안에 있으며(눅 17:21) 땅에서 매면 하늘에서도 매이고 땅에서 풀면 하늘에서도 풀린다고 하셨다(마 16:19). 고통과 악은 살아있는 인간이 맞닥뜨리고 있는 현실이며, 따라서 구원과 해방도 삶의 현장에서 이루어져야 한다고 본 것이다.

'하나님 나라'는 신약성경에서 비로소 분명한 언어로 표명되었다. 그러나 당시 사람들이 이에 대해 별다른 의문을 제기하지 않았던 이유는 이스라엘이 먼 옛날부터 하나님을 '나라'라는 틀을 통해 경험하고 이해해 왔기 때문이다. 다윗 왕국뿐 아니라 그 이전의 지파동맹체제도, 더 거슬러 올라가 믿음의 조상 아브라함의 경우도 그러했다. 아브라함을 부르신 하나님은 그로 하여금 큰 민족을 이루게 하고 그들을 통해 모든 족속이 복을 얻으리라고 약속하셨다(창 12:2). 그 약속대로 이집트를 탈출한 히브리인들은 시나이 산 계약을 통해 하나님의 백성이 되었다. 그렇다고 개인의 삶이 결코 경시된 것은 아니다. 아브라함과 이삭과 야곱, 모세의 삶의 여정은 한 개인에게 하나님이 어떻게 역사하시는지를 잘 보여준다. 그러나 그 개인은 언제나 공동체와 결부된 개인이었음을 성경은 분명히 하고 있다. 이들은 '나라'를 이루어야 했다.

이스라엘이 하나님을 '나라'라는 틀을 통해 경험하고 이해한 것은 인간의 삶이 관계로 엮여져 있기 때문이다. 인간은 다른 존재에 의존함이 없이 살 수 없다. 그래서 자연과 사람이 어우러진 공동체를 이룬다. 가정, 마을, 직장 등이 그런 것이다. 국가는 사람들이 자연스럽게 창출해내는 이 다양한 공동체들의 종합이자 동시에 그 자체로 독자성을 갖춘 최고·독립의 관계의 체계이다. '나라'는 모든 존재하는 것들의 복합적·중첩적 관계의 산물이다. 헤겔도 국가를 절대정신의 최고의 구현양식으로 본 바 있다.

그러나 '국가'는 근본적으로 인간이 만들어낸 삶의 형식이다. 근대의 사회계약론은 사람들이 행복한 삶을 위해 국가를 만들었다고 한다. 그러나 이는 근대 자유주의국가의 정당화이론일 뿐, 인류의 역사적 경험과는 일치하지 않는다. 고대에서부터 20세기에 이르기까지 정복전쟁을 통해 영토를 확장하고 피정복민들에게 희생을 강요했던 대제국들의 행태를 보라. 이런 국가들을 어떻게 정당하다 할 수 있는가. 이스라엘은 그런 제국의 노예였다. 예나 이제나 국가의 요체는 권력이다. 물론 그 힘의 주체도 인간이다. 그리고 권력을 좇는 인간의 발걸음 따라 국가는 흥망성쇠를 거듭한다. 비록 현대에 접어들어 '정의'와 '인간존엄'이 국가의 최고 이념과 가치로 존숭되고 있지만, 역사는 인간이 보유하고 있는 어떤 힘도 그것을 확고히 해줄 만큼 강인하지도 않고 의롭지도 않다는 것을 증언하고 있다. 국가가 있는 한 권력이 있고 권력을 추구하는 사람이 있다. 그리고 힘을 숭상하는 자로서 자신을 희생하면서 타인의 존엄을 지켜주려는 사람도 없다.

'하나님의 백성' 이스라엘은 지상의 어떤 국가와도 동일시될 수 없는 나라였다. 이스라엘을 다스리시는 분은 하나님이시기 때문이다. 하나님은 사람들에게 자신의 말씀을 듣고 따르라('청종') 하신다. 청종은 믿음에서 나오고 이 믿음이 사람을 의롭게 한다. 또 믿음으로 의롭게 된 이는 어떤 불의한 권력에도 몸을 굽히지 않는다. 진리 안에서 자유를 얻었기 때문이다. 하나님의 말씀을 청종하는 사람들의 공동체가 하나님 나라다. 그러나 '청종'의 길은 험난하다. 아브라함은 철저히 과거와 단절하고 고향을 떠나야 했다(창 12장). 이삭 번제(창 22장)는 그 나라를 이루기 위해서는 때때로 미래마저 포기해야 한다는 것을 시사한다(폰 라트, 『창세기』, 263쪽). 그러나 모리아 산을 향해 걸어가는 부자의 마지막 대화야말로 '영혼에 대한 참된 묘사'다(위의 책, 265쪽). 두 사람은 그런 믿음으로 살아났다. 이집트 탈출 후에도 이스라엘은 믿음을 세우기 위해 광야에서 40년을 보내야 했다. 사사 시대 마지막에 하나님은 어쩔 수 없이 '왕의 제도'를 허락하셨지만 왕정은 하나님 대신 왕을 섬김으로써 하나님에 대한 '청종'을 약화시킬 가능성이 크다. 실제로 그런 일이 빈발했고 그때마다 예언자들은 다시금 '처음 사랑'을 상기시켜야만 했다.

이스라엘이 하나님의 말씀을 듣고 따라야 했던 이유는 이들이 땅의 모든 족속의 복의 근원이 되어야 했기 때문이다(창 12:3). 하나님은 그 지으신 모든 사람을 다 끌어안으신다. 이스라엘은 이 일을 위해 선택된 백성이었다. 하나님의 나라는 분열된 '땅의 나라들'과 같지 않다. 이런 나라가 있기에 '땅의 나라'에 절망한 사람들이 희망을 가질 수 있다. 이스라엘은 끊임없이 주변 국가들과 투쟁하며 살아갔음에도 불구하고 용케도 이 전승만큼은 그대로 보존했고 그 바탕 위에 전 인류의 구주이신 그리스도께서 강생하셨다.

마음 맑은 이들은 예수를 만나고 그분 안에서 오롯이 성취되고 있는 하나님 나라를 보았다. 그는 "하나님 나라가 가까웠다"고 하셨다(막 1:15). 그리고 다양한 비유를 통해 '하나님 나라'를 설명하셨다. 거기에는 농부도 있고 목동도 있고 어부도 있다. 주인도 있고 종도 있고 아버지와 아들도 있다. 햇빛과 비, 씨앗, 나무와 들풀, 공중의 새도 한 몫을 한다. 다 땅의 나라에서 우리가 볼 수 있는 것들이다. 그러므로 그 말씀을 듣는 이들은 분명 자신들이 살고 있는 바로 그 자리에 하나님 나라가 임하고 있음을 경험했을 것이다. 이것이 비유의 힘이다. 비유는 땅과 하늘을 이어주는 다리와 같다.

그러나 비유들이 말해주는 하나님 나라의 주역은 땅의 나라의 주역들과 일치하지 않는다. 땅의 나라에서 부귀를 누리는 자들은 그 나라에 들어가기가 낙타가 바늘 귀 들어가는 것만큼 어렵다. 제사에만 정성을 쏟고 정죄하기 좋아하는 이들은 입술로만 하나님을 경배하는 자들일 뿐이다. 그 대신 땅의 나라에서 천대받는 가난한 사람과 애통해 하는 사람, 의에 주리고 목마른 사람, 마음이 온유하고 청결한 사람은 누구나 그 나라의 사람이다(마 5:3이하). 사마리아 우물가의 여인, 간음하다 잡혀와 떨고 있는 여인, 이웃에게 작은 손 하나 내민 이들, 죄가 마음에 사무쳐 성전을 쳐다보지도 못하는 세리들은 하나님의 은총을 입는다. 그에게 치유 받기를 원해 나아온 이들은 그 믿음으로 구원을 얻는다. 인종·종교·성별·학식은 아무 상관이 없었다. 다만 하나님 나라를 기다리고 구하는 사람(마 6:33), 회개하고 그 기쁜 소식을 믿는 이들(막 1:15)이 그 나라의 백성이다.

예수께서는 '하나님 나라에 들어간다'는 표현을 자주 쓰셨다(막 9:47; 10:15, 23-25; 마 5:20, 7:21, 18:3, 19:23 참조. E. Schweizer, *The Good News according to Mark,* trans. D. H. Madvig, London: S. P. C. K, 1971, p. 45f.). 죽음의 예고를 듣고 두려워하는 제자들에게는 '거처를 예비하러 간다'고도 하셨다(요 14:1이하). 그러나 또 한편으로 하나님 나라는 '여기 또는 저기'가 아니라 사람 안에 있다고 하셨다(눅 17:20-21). 무슨 말씀인가? '나라'는 사람들의 공동체이니 땅이든 하늘이든 그들이 거하는 처소가 있을 것이다. 그러므로 '들어간다'는 표현은 적절하다. 그러나 거기 들어갈 사람은 그 안에 하나님의 생기가 살아있어야 한다. 그 요체는 마음의 변화, 즉 믿음과 회개다. 그런 사람은 그 자신이 바로 성전이다. 하나님 나라는 그 사람 안에서 온갖 모양으로 형상화된다. 혼돈과 공허와 흑암은 사라지고 사랑과 기쁨이 넘친다. 이웃에게는 빛과 소금이 된다. 누군가가 흙으로 된 그의 몸은 죽일 수 있어도 그 마음은 빼앗을 수 없다.

그는 하나님 안에서 신령한 몸으로 다시 산다. 그리스도 자신이 바로 그런 분이셨다. 그의 기도는 만대에 이르고 천지가 없어져도 그의 말씀은 살아있다. 그의 피는 죽은 자를 살리고 그의 빛은 지옥문을 깨뜨린다. 그의 소식은 땅 끝까지 이르는 것이니 땅의 나라의 경계가 아무 장애가 되지 않는다. 땅의 권력은 무상하나 그가 가지신 사랑과 의와 생명의 힘은 영원하다. 그의 손이 닿은 모든 것은 '성물'이며 그가 거니신 땅은 '성지'요 그가 베푸시는 식사는 '성찬'이다. 거룩하신 하나님은 그와 그의 마음과 하나 된 사람들을 통해 땅의 나라를 거룩하게 하신다.

그 나라의 사람들 : 하나님의 형상

하나님은 시계 제조공이 아니시다. 그는 창조하시고 보존하시고 완성하신다. 악이 횡행하는 세상에서 '보존과 완성'은 '의'를 요체로 하지 않을 수 없다. 그래서 창조자에 대한 찬미는 언제나 하나님의 '의'와 관련되어 나타난다(시 96:2, 97:12). 하나님의 보좌의 기초는 '의와 공평'이다(시 96:10,13, 97:2). 창조신앙과 구속신앙은 처음부터 상호 뗄 수 없는 관계에 있다. 그리스도인들이 십자가 사건에 대한 예언으로 이해하는 이사야 53장의 '고난 받는 야훼의 종의 노래'와 창세기 1장의 창조설화는 각기 히브리 성경의 구속신앙과 창조신앙을 대변하는 작품이다. 본문의 위치로 보면 서로 멀리 떨어져 있지만 이 둘은 똑같이 바빌론 포로기에 형성된 것으로서 상호 긴밀한 연관이 있다. 전자는 예언자가, 후자는 사제들이 썼다. 그래서 관심사도 달랐다. 사제들은 창조자 하나님과 사람의 관계를, 예언자는 구원자 하나님과 사람의 관계를 하나님께 물었다. 그러나 이들은 같은 운명에 처한 사람들이었으니, 두 개의 상이한 질문은 사실 '인간은 무엇이며 하나님은 누구신가?'라는 하나의 물음의 두 측면이다. 그러므로 하나님의 응답도 다르면서도 같다. '야훼의 종'(이사야서에 네 개의 노래가 있다. 대표적인 것이 53장이다)은 바로 '하나님의 형상'인 사람이다.

'야훼의 종'은 범죄자를 저주하지 않는다. 그렇다고 '공의'를 방기하지도 않는다. 그는 상한 갈대도 꺾지 않고 꺼져가는 등불도 끄지 않는 '인자함'을 갖추었으되 쇠함도 낙담도 없이 세상에 '정의'를 세운다(사 42:3-4). 더 나아가 그는 자신의 고난으로 범죄자들이 나음을 입게 하고 그 영혼의 수고한 것을 보며 만족히 여긴다(사 53:1-12). 의인이 자신의 고난으로 죄인들의 죄를 속하는 것, 그것이 바로 하나님의 구원이요 영광이라는 것이다. 고난 받는 백성을 보며 탄식하던 선지자에게 섬광처럼 찾아온 이 계시는 500여년 후 갈릴리의 한 청년이 자신에 대한 예언이라고 이해하기에 조금도 부족함이 없을 만큼 명백했다. 이는 실로 한 시대의 획을 긋는 계시다. 여기서 하나님의 '의와 사랑'은 완전히 결합된다. 이것이 바로 사람을 자유롭게 하는 진리다.

본문의 역사적 배경을 생각할 때, '하나님의 형상'에 관한 창세기의 언명은 은연중에 황제의 지배권을 거부하는 정치적 의미를 함축하고 있다. 그렇다면 '하나님의 형상', 즉 하나님의 대리자로서 땅을 다스릴 자격이 있는 사람은 누구인가? 그가 바로 '고난 받는 야훼의 종'이다. 혁명적인 주장이지만 평온하다. 그는 하나님의 정의가 이 땅에 세워져야 한다는 것을 분명히 인식하고 있다. 그러나 그것은 정죄를 특징으로 하는 냉엄한 인간의 정의가 아니라 범죄자마저 끌어안는 사랑을 요체로 한다. 죄를 용납하지 않되 죄인은 다 감싸 안는 사람, 하나님 나라란 바로 이런 사람들의 공동체다. 그러므로 그 다스림은 '섬김'이다. 예수께서도 첫째가 되고자 하는 자는 남을 섬기는 자라야 한다 하셨다. 섬기는 자가 다스리니 이 나라에는 두려움이 없다. 범죄자도 회개하면 모든 어둠이 걷힌다. 일찍이 하나님이 죄 짓고 떠는 아담과 하와와 카인을 그렇게 대하셨다. 예수께서도 간음하다 잡힌 여인을 철저히 보호하셨다.

우리는 십자가를 지신 예수에게서 그 '고난 받는 야훼의 종'을 본다. 얼굴에 피어올라야만 웃음이 아니다. 자신의 삶과 죽음, 그 존재 전체가 하나님의 의와 사랑을 구현하는 것임을 확인할 때 그 온몸의 세포 하나하나가 다 희열에 넘친다. 그것은 바로 하나님의 그 태초의 미소의 재현이다. 부활의 기쁨은 십자가의 고난에 이미 확고히 내재하고 있다. '야훼의 종'이 감당하는 죄에는 제한이 없다. 원수도 그 안에 들어온다. 구원은 이제 유대교의 민족적 종교의 울타리를 넘어 전 인류에게로 그 지평을 넓힌다. 신약시대에 이르러 이 신심은 더욱 공고해진다. 그리스도 예수는 모든 족속의 구원자로 자리매김되었고, 그가 선포하신 하나님 나라의 기쁜 소식(막 1:15)은 모든 족속에게 전해져야 했다(마 28:19-20, 행 1:8). 자연도 그 나라에서 중요한 위치를 점한다. 예수께서는 들에 핀 꽃 한 송이에서 '대영광송'을 들으셨다(마 6:29). 일상사를 소재로 한 그의 유장한 비유들은 평화를 희구하는 사람들과 그들이 몸 붙여 살아가는 땅에 대한 한없는 축복이다. 만약 누군가가 이분처럼 사물을 대할 수 있다면 그의 마음이 가 닿는 모든 것들은 다 기뻐 춤출 것이다. 반대로 탐욕에 사로잡힌 이들이 횡행하는 세상에서는 만물이 탄식하며 하나님의 자녀들이 나타날 것을 고대할 수밖에 없다(롬 8:19-22).

하나님 나라 사람들의 특징은 '기뻐한다'는 것이다. 예수께서는 제자들이 '기뻐하며' 돌아와 선교 보고를 했을 때 '성령으로 기뻐하시며' 하나님께 감사의 기도를 바치셨다(눅 10:21). 그는 땅에서 죄인 하나가 회개하면 하늘의 기쁨은 회개할 것 없는 의인 아흔 아홉으로 인한 기쁨보다 더하다 하셨다(눅 15:7). 그의 부활도 승천도 제자들에게 크나큰 기쁨이었다(눅 24:50-53). 존재하는 모든 것을 기쁨에 넘치게 하고 마음껏 웃게 하는 것이 진리다. 이 땅에는 웃음보다 탄식이, 선보다는 악이 우세할지 모른다. 그러나 그래도 결국은 웃음이다. 빛과 생명이시요 창조자요 구원자이신 하나님은 만물을 그렇게 가꾸신다.

성서는 그 하나님의 나라가 이 땅 사람들 가운데 임하실 것을 이렇게 노래한다. "흑암에 앉은 백성이 큰 빛을 보았고 사망의 땅과 그늘에 앉은 자들에게 빛이 비치었도다"(마 4:16; 사 9:2). 이사야는 그 나라를 사자가 풀을 뜯고 독사 굴에 어린 아이가 손을 넣어도 물리지 않는, 해함도 없고 상함도 없는 하나님의 성산으로 비유했다(사 11:6-9, 65:25). 사자 같이 사나운 사람이 양 같이 순해지고 상극이었던 집단이 상생을 이루는 세상이라는 말이다. 그는 이 나라가 한 인물의 출현과 뗄 수 없는 관계에 있다고 했다(사 11:1-5). 하나님의 다스림은 볼 수 있는 꼴로 나타나기 전에 먼저 사람 마음 안에서 이루어져야 한다는 것이다. 밖에서는 이웃 강대국이 호시탐탐 침략의 기회를 노리고 안으로는 불신과 불의가 만연한 이스라엘의 당시 상황에서 선지자는 이렇게 칼을 쳐서 보습을 만들고 피에 젖은 갑옷을 불태울 평화의 통치자(사 2:4이하), 하나님의 뜻대로 세상을 다스릴 진정한 대리자를 갈망했다.

그러나 오늘의 교회가 선포하는 기쁜 소식에는 이러한 소박하고도 강인한 소망이 잘 보이지 않는다. 인간 내면의 깊은 심연에서 터져 나오는 탄식은 외면한 채 '예수 천국 불신 지옥'만 외친다. 사람에 대해 깊은 연민을 가지셨던 예수님의 면모를 찾기는 어렵고 오만한 심판자의 모습만 두드러진다. 이렇게 해서야 어떻게 뜻이 하늘에서와 같이 땅에서도 이루어지기를(마 6:10) 고대하겠는가. 기쁜 소식은 존재하는 모든 것에 스며들어야 한다. 악은 종식되고 이해할 수 없었던 고통은 의미 있는 그 무엇으로 자리매김됨으로써 만물이 하나님을 송축할 수 있어야 한다. 그것이 종말이다.

그 종말은 이미 창조 안에 함축되어 있다. 사람은 창조적 능력과 자유를 보유하고 있다. 물론 이 자유는 지으신 이의 뜻을 거슬러 행사될 수도 있다. 자신의 왕국을 만드는 것이다. 그러나 사람이 신이 되어 만들어낸 어떤 국가나 공동체도 다 '바벨탑처럼' 허물어졌다. 이에 비해 그리스도 예수 안에서 우리가 발견할 수 있는 것은 사람이 하나님 안에 있고 하나님이 사람 안에 계실 때 그 사람은 '영원한 생명'을 경험한다는 것이다. 그는 하나님과 하나됨을 통해 고통과 악에서 자유롭게 된다. 그는 하나님 뜻대로 사람과 만물을 섬겨야 한다는 것을 안다. 포로기 사제들이 사람을 '하나님의 형상'이라 한 것은 그러한 경험의 고백이다. 이어지는 창 1:28의 '정복과 다스림'은 저자가 당시 이스라엘을 정복하고 다스렸던 바빌론 왕을 염두에 둔 표현일 뿐, 사람이 만물의 지배자라는 말은 아니다. 예수께서는 분명 '크고자 하는 자는 섬기는 자가 되고 인자도 섬김을 받으러 온 것이 아니라 섬기려 왔다'고 하셨다(막 10:42-45). 성서학자들은 대개 출애굽의 구원체험이 창조신앙의 모태라고 본다. 그러나 사람이 하나님께 부르짖는 것은 그가 모든 것을 지으시고 기르시며 보존하시는 분이심을 믿기 때문이다. 인간은 태생적으로 자신에게 삶을 허여한 초월자에 대한 믿음을 가지고 있다. 창조신앙과 구속신앙은 동전의 양면처럼 표리관계에 있다. '시작과 끝'은 하나이다. 그것이 하나님 나라 사람들의 신심이다.

자신이 하나님의 형상임을 깨달은 사람은 하나님의 손발로서 그 뜻을 이루기 위해 성심을 다해 산다. 그는 창조자 하나님의 그 태초의 미소가 무엇인지 알고 그 미소가 이 세상 어디 하나 미치지 않는 곳이 없어야 한다는 것도 안다. 그러므로 그의 삶 자체가 주변세계에 하나님의 미소와 말씀을 드러내는 기쁜 소식이다. 이런 사람, 이런 소식이 확산될수록 땅에서의 탄식은 줄어든다. 그리고 마침내 끝이 온다. 그러나 '끝 날'은 거저 오지 않는다. 사람들이 이 땅 구석구석에 스며든 고통과 악에 대한 맑고 투명한 통찰력을 지니게 될 때 비로소 그 희망은 현실이 된다. 어둠을 모르면 빛도 모른다. 죽음을 모르면 삶도 알지 못한다.

10전 짜리 밥상에 떠오른 하나님 나라

이런 시가 있다. "조선총독부가 있을 때/ 청계천변 10전 균일상(均一床) 밥집 문턱엔/ 거지 소녀가 거지 장님 어버이를/ 이끌고 와 서 있었다/ 주인 영감이 소리를 질렀으나/ 태연하였다/ 어린 소녀는 어버이의 생일이라고/ 10전짜리 두 개를 보였다"(『장편(掌篇)2-김종삼』). 누가 시인더러 그 뒤에 어떻게 되었냐고 물었다. 궁금하기도 했을 것이다. 그러나 시인은 알 것 없다고 손사래를 쳤다 한다. 이미 이 소녀에게서 완결된 하나님 나라를 보았기 때문일 것이다. 지금 그녀의 생사를 알 길은 없으나 그 모습이 산 자의 가슴을 친다. "조선총독부가 있을 때"란 첫 구절은 이 부녀가 시대의 희생자임을 암시한다. 그 시절의 가난이 이들의 책임일 수 없다. 예수 말씀에 의하면 그 아비가 장님이 된 것은 그나 그의 조상이나 딸의 죄 때문이 아니다. 이 부녀에게 소리를 지르는 주인 영감은 우리 자신을 꼭 닮았다. 이 소녀는 이 상식을 보기 좋게 깨뜨리고 있다. 당당하고 거룩하고 평화롭다.

김소운은 한 가난한 부부의 밥상을 두고 '왕후의 밥, 걸인의 찬'이라는 절창을 남겼다(<가난한 날의 행복>에 나오는 실화 한 토막). 그가 이 맹인 부녀의 밥상을 보았다면 뭐라고 했을까. 나는 딱 한 번, 참으로 성스럽다 할 만한 식사를 본 적이 있다. 35년 전, 종로의 학원가 뒷골목 식당에서였다. 좀 늦은 점심시간에 허름한 작업복 차림의 중년 아저씨가 들어와 순대국밥을 시켰다. 조용히 목례를 하고 수저를 들었다. 빠르지도 느리지도 않고 무얼 생각하는 듯도 하고 무심한 듯도 했다. 집에 두고 온 가족을 생각하고 있을까. 김이 모락모락 나는 순대국은 맛있다. 이걸 먹어야 또 일을 한다. 그런데 아내와 아이들은 라면에 김치 쪼각으로 점심을 떼우고 있지는 않을까. 내 마음의 눈은 그렇게 그의 속을 훑어 내려갔다. 이미 식사를 마쳤음에도 나는 그가 나갈 때까지 자리에서 일어설 수가 없었다. 누구나 먹는 밥인데, 밥을 먹는 것이 그토록 성스러울 수 있다는 사실이 지금도 놀랍다. 나에게도 감격적이고 은혜로운 식사가 없지는 않았지만 유감스럽게도 그 아저씨처럼 거룩하게 밥을 먹었던 기억은 없다.

우리는 생각 없이 아무렇게나 먹는다. 그래도 좋다. 다만 '거룩한 식사'가 있다는 것만은 알아야 한다. 최후의 만찬(막 14:17이하)과 부활하신 후 디베랴 바닷가에서의 조찬(요 21:21이하)은 누가 봐도 성스럽다. 그곳은 하나님 나라를 위한 맹약과 결단의 장소였다. 덧붙여 우리는 또 하나의 식사를 기억해야 한다. 그것은 예수께서 세리 레위의 집에서 죄인들과 함께 나누신 식사(막 2:13이하)다. 당시 세리와 창기는 죄인이라 불렸다. 그렇게 되면 당사자들도 죄인 의식을 갖는다. 그런데 예수께서는 그들과 서슴없이 어울리시며 죄인들과 하나님 사이에 가로놓인 벽을 허물어뜨리셨다(고후 5:18-19). 진리가 사람을 자유롭게 한 것이다. 그러나 바리새인과 서기관들에게는 이것이 보이지 않았다. '죄인들과는 손을 얽지 않아야 한다'는 도그마에 갇혀 있었기 때문이다. 그런 그들을 향해 예수께서는 이렇게 직격탄을 날리셨다. "건강한 자에게는 의원이 쓸데없고 병든 자에게라야 쓸데 있느니라 내가 의인을 부르러 온 것이 아니요 죄인을 부르러 왔노라"(17절). 그는 그저 죄인들과 먹고 마시셨다. 심각한 대화가 오간 것 같지도 않다. 그러나 그는 이미 죄인들의 식탁에 참여하심으로써 말 없는 말로 하나님 나라를 보여주셨다. 그 나라는 진실로 '그리스도 안에서 모든 사람이 삶을 얻는'(고전 15:22) 종말론적 하나님 나라였다.

알렉산드리아의 클레멘트(Clement of Alex.)는 죄인들의 일상에 진입해 들어오신 하나님의 아들을 이렇게 묘사했다. "테이블 칼이 은으로 싸지 않으면 베어지지 않겠는가? 또 상아 손잡이가 아니면 쓸 수 없겠는가? … 세수 대야가 도기면 어떠냐? … 등이 토기장이의 것이고 금세공의 것이 아니라면 빛을 내지 못하겠는가? 주님은 보통 그릇으로 잡수셨고 그의 제자들은 땅바닥 풀밭에 기대어 눕게 했고 그들의 발을 씻고 무명 타올로 허리에 찼다. —주님은 낮은 마음을 가진 신이요 우주의 주였다"(전경연, 『예수의 敎訓과 倫理』, 향린사, 1985, 302쪽).

하나님은 사람의 몸부터 만드셨고 사람은 그 몸으로 사랑을 표현하고 실천한다. 그리스도도 몸으로 십자가를 지셨고 그 몸으로 부활하셨다. 오병이어의 기적은 배고픔이 없는 하나님 나라의 상징이요, '굶주린 자가 배부를 것'이라는 종말론적 선언(눅 6:21)의 선취다. 다시 오실 때도 그는 분명 몸으로 오실 것이다. 그가 승천하실 때 천사들은 "너희 가운데서 하늘로 올려지신 이 예수는 하늘로 가심을 본 그대로 오시리라"고 했다(행 1:11). 문자대로라면 부활의 '신령한 몸'으로 오신다(바울은 종말의 때에 죽은 사람들도 '신령한 몸으로' 다시 살 것이라 했다. 고전 15:44). 그러나 그는 말씀이 육신이 되신 분이니(요 1:14) 바울이 고대했던 하나님의 자녀들(롬 8:19-21) 안에 '육화된 말씀'으로 오실 수도 있다. 성찬예식을 사람 속에 살기를 바라시는 그의 염원(갈 2:20에서 바울은 그리스도께서 내 안에 사신다 했다)의 표현으로 본다면, 이 둘은 모순되는 것이 아니다. 어느 쪽이든 하나님의 뜻은 몸의 삶을 통해 완결된다. 그러므로 그가 몸으로 사람들과 나누신 '성스러운 식사들'은 다 언제나 지금 여기서 선취되어야 '종말'의 상징이다. 야고보는 말한다. "만일 형제나 자매가 헐벗고 일용할 양식이 없는데 너희 중에 누구든지 그에게 이르되 평안히 가라, 더웁게 하라, 배부르게 하라 하며 그 몸에 쓸 것을 주지 아니하면 무슨 이익이 있으리요 이와 같이 행함이 없는 믿음은 그 자체가 죽은 것이라"(약 2:15-17).

예수께서 부활하셔서 제자들과 식사하시던 그 디베랴 바닷가 바위 위에는 지금 '주님의 식탁(Mensa Christi)'이라는 팻말이 놓여 있다. 그 식탁에 맹인 부녀의 10전짜리 밥상과 이름 모를 노동자의 순대국밥 한 그릇이 추가되어야 한다. 이들은 밥 먹는 것이 성스러운 것임을 아는 사람들. 예수께서는 스스로를 비워 가난한 자 중의 가난한 자가 되신 분이니, 그 마음속 깊이 흐르고 있는 눈물을 못 보실 리 없다. 우리가 종말을 희망 속에 기다릴 수 있는 것은 그분이 반드시 다시 오리라 약속하셨기 때문이다(계 22:12, 20). 다만 걸리는 것은 오늘날의 부자 교회와 부자 나라들이 그 옛날 바리새인들처럼 그들만의 식탁을 더 즐긴다는 것, 그래서 그가 다시 오실 때 세상에서 믿음을 볼 수 없을지도 모른다는 것이다(눅 18:8).

그 결과는 어떨까? 이미 조짐이 보인다. 제프리 삭스의 경고가 있은 지 9년이 흐른 2014년 현재, 세계 최빈국인 서아프리카의 기니 · 시에라리온 · 라이베리아에서 치명적인 에볼라 바이러스가 발생하여 전 세계로 확산되어 가고 있다. 원인은 이 지역의 가난한 사람들이 과일박쥐를 잡아먹은 데 있다는 것이 정설이다(중앙일보, 2014. 10. 19. 3면). 가난을 퇴치할 '대량치료무기'를 쓸 생각이 없는 사람들에게 가난이 잠재적 '대량살상무기'로 대응하고 있는 것이다. 하늘이 내신 만물의 상호관계가 본디 그러하다. 그렇다면 거꾸로 사람들이 한 마음 일으켜 관계를 새롭게 하기로 작정하면 함께 더불어 사는 새 길이 열리지 않겠는가. '하나님 나라는 너희 안에 있다'는 말씀은 진리다. 그러므로 그리스도인들이 타 종교인을 포함하여 다른 모든 사람들이 다 천국에 들어가고 난 뒤에야 천국에 들어가겠다고 결심하고, 강대국은 과거 자신들이 종으로 부렸던 식민지 국가들을 종처럼 섬긴다면 세상은 바뀐다. 예수께서도 "너희 중에 누구든지 으뜸이 되고자 하는 자는 너희 종이 되어야 하리라"고 하셨다(마 20:27). 개인이든 집단이든, 하나님 나라든 땅의 나라든 다 관계로 얽혀 있다. 만약 사람이 선한 인연은 더욱 강화하고 악연은 선한 인연으로 전환함으로써 자신이 지금까지 맺어온 모든 타자와의 관계를 하나님의 생기가 흐르는 통로가 되기를 간절히 바란다면, 전능하고 자비로우신 하나님이 반드시 그에 응답하실 것이다. 현대의 다문화, 무한경쟁 사회는 기존의 체제와 이념으로는 감당하기 어렵다. 토인비도 말했듯이 한 문명이 황혼기에 접어들면 새 문명을 창도할 '창조적 소수자'가 나타난다. 그리고 이미 많은 사람들이 시대의 징조를 읽고 희망의 새 길을 찾아 나섰다.

종말론적 희망

샤를르 뻬기(Ch. Péguy)라는 프랑스 시인이 있었다. 백여 년 전 사람이다. 그는 교회 밖의 사람들을 불확실한 운명에 방치해 두는 전통 교회의 입장('교회 밖에 구원 없다')이 특권 시민적이고 자본주의적이라고 느꼈다. 그리고 교회 바깥 사람들과의 연대감 때문에 교회 공동체로부터 떨어져 생활했다. 그러던 중 '탕자의 비유'에 마음이 꽂혔다. 그리고 그것을 자신만의 강력한 시적 비유로 재표현했다. 그에 의하면 이 비유는 거대한 힘을 지닌 고대 전함이 힘센 임금을 대항하여 공격을 시도하듯 성부를 향해 돌진해 들어가는 성자의 기도다. 그리스도의 뒤로는 크고 작은 무수한 함선으로 이루어 삼각 함대, 즉 기도하는 전 인류가 따른다. 그 모습을 바라보시며 마침내 하나님께서 말씀하신다. "… 유명한 예화가 있지/ 멀리 떠났다가 되돌아온 탕자를/ 아버지가 어떻게 심판하였는지를/ 그리고/ 모두가 충분히 알고 있지/ 눈물을 제일 많이 흘린 분은 아버지였다는 것을/ 내 아들이 이런 이야기를 저들에게 들려주었지/ 내 아들이 저들에게 심판의 비밀을 누설하였지." 뻬기의 생각은 이렇다. '우리는 저 사람 없이 이 사람하고만 하느님께 나아가서는 안 된다. 우리는 모두 함께 우리 아버지 집으로 들어가야 한다. 바울도 동족 이스라엘을 위해서라면 자신이 저주를 받아 그리스도에게서 떨어질지라도 조금도 여한이 없을 것이라 했다(롬 9:3). 우리 모두는 희망으로 맺어진 연대감 속에서 참으로 궁극적인 구원을 향한 도정 위에 함께 서 있다'(뻬기의 책은 『잔 다크의 사랑의 신비』. G. 그레사케, 심상태 역, 『종말신앙』, 성바오로 출판사, 1982, 121-27쪽에서 발췌 인용).

마음이 온유한 자는 대체로 이른바 '믿지 않는 자들'을 냉정하게 내치는 교회의 가르침을 불편해 한다. 그렇지만 교리 체계가 워낙 강고하기에 쉽사리 도전도 못하고 그냥 눌러 앉고 만다. 그러나 그 중에는 빼기처럼 끝까지 하나님께 진실을 묻는 사람도 있다. 그런 사람에게 어느 날, '멸망의 예정'을 뒷받침하는 본문만큼이나 확실한 '구원의 예정'에 관한 본문이 눈에 띈다. 그 전에 보이지 않던 성경의 한 정결한 맥이 여여히 모습을 드러내었으니 그는 마치 비밀의 문을 여는 신비의 열쇠를 발견한 사람처럼 기뻐한다. 이와 같이 '말씀'은 사람이 어디 가든 그를 놓지 않는다. 진리의 문은 두드리면 항상 열릴 준비가 되어 있다. 하나님의 사람 사랑하심이 이러하다.

사실 '초월자의 암호'는 늘 우리 곁에 있다. 그것도 헤아릴 수 없을 만큼 많이 있다. 티끌 하나, 꽃 한 송이에 이르기까지 그의 나라를 품고 있지 않은 것이 없다. 다만 우리가 그것을 달리 해석하고 있을 뿐이다. 그러나 예수께서 십자가에서 죽으시고 부활하신 후에야 제자들이 '고난받는 야훼의 종의 노래'가 바로 그분에 대한 예언인 줄을 깨달았던 것처럼, 때가 되면 사람들은 그 암호를 해독할 수 있게 된다. 그때가 언제인가? 바로 지금이다. 어떤 종교적 문화적 전통을 가지고 있든 다른 전통을 보유한 국가나 민족과 교류하지 않고는 살아갈 수 없는 시대가 되었기 때문이다. 오랜 세월 사람들을 안전하게 보호해 온 견고한 성벽이지만 이제는 허물 때가 되었다. 이미 사람들은 고통을 극복하기 위해 자신의 종교를 넘어 다른 가르침에도 눈을 돌린다. 그렇다고 성직자들이 우려하듯이 사람들이 섣부른 종교 '혼합주의'나 '다원주의'에 빠져들지는 않는다. 대개는 다른 종교와 문화를 접하면서 자신의 종교에 대한 이해가 더 고양된다.

나 자신이 그러했다. 고등학교 2학년 때 친구 따라 절에 갔다. 모든 것이 좋았다. 나무로 엮여진 툇마루, 마당에 흐드러진 꽃들이 매일 나를 그 고즈넉한 공간으로 나를 이끌었다. 참선과 예불도 독특한 경험이었다. 불상에 절하는 것은 부모님께 절하는 것과는 판이했다. 나는 지금도 확신한다. 불상 앞에 절하는 것은 절대로 우상숭배가 아니다. 사람들은 자신과 뭇 중생들을 고통에서 해방시켜 줄 수 있는 전지전능하고 자비로운 초월자를 경배하는 것이다. 그리고 진심으로 불상 앞에 절을 해본 이는 조상 제사가 우상숭배가 아니라는 것을 저절로 안다. 그것은 다만 효의 한 표현형식일 뿐이다.

그 시절 가장 마음에 와 닿은 것은 마지막 한 중생이 해탈할 때까지 지옥에 남아 있겠다는 보살의 서원이었다. '사홍서원'의 아름다운 운율은 강물 따라 흘러가는 조각배처럼 한 소년을 싣고 꿈꾸어 보지 아니한 신비의 나라로 인도해 들어갔다. 무릇 경배와 기도와 찬미와 묵상은 다 이쪽 세속의 언덕에서 저쪽 진리의 언덕으로 사람을 실어다 주는 배와 같다. 그 때 이런 서원을 한 적이 있다. '이 세상 어떤 사람들과도 대화할 수 있는 사람이 되리라.' 그것이 마음 한켠에 남아 있었던가, 십 수 년이 흐른 후 난지도 사람들과 장애인들을 만났을 때도 나는 그리 어려움이 없었다.

그러나 반야심경을 수천 번을 외워도 '색즉시공 공즉시색'이 무슨 말인지 알 수가 없었고 수많은 화두 중에 이해되는 것이 하나도 없었다. 게다가 청년기에 접어들어서는 내 자신이 무엇을 해야 하는 자인지를 도무지 알 수 없었다. 방황하는 젊은이에게 '공'은 허무에 불과하고 '무명(無明)'은 글자 그대로 짙은 어둠이었다. 그 '캄캄함'이 극에 달했던 어느 날, 빛을 찾아 탈출을 시도했다. 그리고 빛은 이미 예비되어 있었다. 닥치는 대로 일했고 하나님의 뜻이라 생각되면 서슴없이 어려운 선택도 했다. 그러나 예비된 길이라 해서 순탄한 것은 결코 아니었다. 젊은 나이에는 감당할 수 없을 만큼 깊은 고통과 슬픔이 뒤따랐다. 방황할 때도 많았다. 그 이해할 수 없는 고통은 그것이 다른 쪽의 일을 이루는 밑거름이 된다는 것을 깨닫고서야 서서히 가시기 시작했다. 고통을 고행으로 전환시키고 슬픔을 희망의 씨앗으로 내면화하는 데는 그렇게 시간이 걸린다. 그러나 그 어느 시간에도 하나님은 쉬지 않으셨다. 동서의 경전에 담긴 진리의 말씀들, 미망을 일깨워 주시는 스승, 위로의 눈길을 보내주는 주변 사람들, 아름다운 자연이 나를 그리스도께로 좀 더 가까이 다가가게 했고 그와 함께 모든 일들이 의미 있는 것으로 되살아났다. 마음의 '캄캄함'은 점차 사라지고 '보살의 마음'이 그리스도의 십자가와 하나가 되었다.

보살의 눈물은 모든 악이 소멸하는 '종말의 때'를 약속하지 않는다. 그러나 그 마음이 전능하신 하나님의 자비에서 비롯된 것이라면 우리는 종말을 확신할 수 있다. 거꾸로, 보살의 마음은 하나님의 구원하심이 결국 '모든 사람에게' 임할 것이라는 믿음에 이르게 한다. 바로 그때 불경 한쪽에 숨겨져 있던 '법신불(비로자나불)'이 하나님이신 양 모습을 드러낸다. 불교 안에도 하나님이 계신다는 깨달음이다. '법신불'은 석가라는 한 인물을 통해 '화신불'이 되었다. 그 관계는 성부와 성자의 관계와 흡사하다. 그러나 굳이 그걸 따질 필요는 없다. 왜냐하면 불교는 모든 중생이 불성을 갖추고 있다고 보기 때문이다. 그리고 바로 여기서 불교를 이해하는 그리스도인은 모든 사람에게 미칠 하나님의 구속의 은총을 확인하게 된다.

나는 가끔씩 내가 꼭 어떤 집에 시집 온 며느리 같다는 느낌이 든다. 친정서 배운 품행과 음식 솜씨로 시댁에 새로움을 더하고, 친정에서의 어린 시절을 기쁨과 감사로 회상하며 시댁의 좋은 것을 친정에 가져다 주는 그런 며느리 말이다. 이제 와서 돌이켜보면 보살은 내 몸에 새겨진 '하나님의 형상'이요 그 눈물은 하나님의 형상이 흘리는 눈물이었다. 그래, 보살의 마음은 하늘이 나리신 '성'이요 내 안에 살아있는 무궁한 '도'이며 '가이없는 하나님의 숨결'이다. '종말'이란 보살의 눈물이 뿌린 씨앗이 열매를 맺고 유정·무정의 모든 중생이 고에서 해방되는 것이다. 보살과 하나님의 형상은 하나님과 사람, 하늘과 땅, 성과 속을 소통케 하는 '불이문(不二門)'이다.

다문화사회를 몸으로 체험하고 있는 사람들은 대개 이런 내적 경험이 있으리라 생각한다. 경건한 그리스도인들은 이런 태도를 '다원주의'라 해서 이단 취급을 한다. 그러나 이들은 독실한 그리스도교 신자이면서도 다른 종교 전통에 대한 강한 애정을 가진 사람들이 속출하는 이유가 무엇인지 물어야 한다. 왜 법철학자 오경웅(吳經熊, John C.H. Wu)은 『선학(禪學)의 황금시대』와 『동서(東西)의 피안』을 썼으며 송천성(宋泉盛, C.S. Song)은 '전위(轉位)신학(transpositional theology)'을 주창했을까? 우리나라의 사상가들이 우리 역사를 하나님의 뜻에 비추어 해석하며 유불선과 그리스도교를 융합시키려 했을까? 서구신학의 세례를 받은 뛰어난 신학자들이 토착화신학과 해방신학에 경도된 이유는 무엇일까? 이미 서구신학자들도 그러한 태도를 보인 지 오래다. 1960년대에 제2바티칸 공의회는 타종교에도 진리가 있음을 인정했다.

생각건대 교회가 오랫동안 성벽을 강고하게 쌓아온 것은 '성경의 역사'가 '성경 속의 역사'를 제약함으로써 세계의 다른 곳에서 일어난 하나님의 구속의 역사가 기록에서 배제된 데서 그 원인을 찾을 수 있다. 하나님에 대한 신실한 믿음을 가진 이들은 기록된 역사 이외의 다른 것에 눈을 돌릴 수가 없었던 것이다. 성서 기자가 이 세계의 역사에 아무 관심이 없었던 것은 아니다. 창조와 종말에 관한 기사 외에도 곳곳에서 우리는 구속사의 무한히 넓혀진 지평을 볼 수 있다. 예컨대 아브라함의 선택은 모든 족속을 위함이라는 창 12:1-3, 이집트와 아시리아와 이스라엘이 함께 하나님을 경배하리라는 사 19:23이하, 세계사적 구원을 시사하는 다니엘서, 예수 그리스도의 계보를 하나님까지 소급시키는 눅 3:23이하, 헬라의 로고스 관념으로 예수를 해명하는 요 1:1-14, 이방의 사도 바울의 편지 등등이 그것이다. 그러나 이스라엘과 그리스도 예수 그리고 교회로 이어지는 직선적 구속사 신학(오스카 쿨만, 김근수 역, 『그리스도와 시간』, 나단, 1989, 83쪽)과 '창조-타락-구원'이라는 도식으로 단순화된 그리스도교 세계관에는 "그리스도교 교회 밖의 사람들이 가진 역사적 체험들과는 맞아떨어지지 않는 요소들이 있음"(송천성, 『대자대비하신 하느님』, 41쪽)도 부인할 수 없다. 초기 그리스도인들에게는 로마제국의 경계 또는 기껏해야 알렉산더의 힘이 미쳤던 인도가 '땅 끝'이었다. 이들은 그 바깥에 훨씬 더 넓은 세계가 있고 그곳에도 창조자 하나님의 섭리가 있으리라고는 생각할 수 없었을 것이다. 아무리 하나님의 감동으로 된 글이라 해도 역사적 실존인 사람이 쓴 글이기 때문이다. 그런데 이제는 세계가 하나의 지구촌이 되었다. 세계와 인간에 대한 지식도 예전과 비할 바 없이 크게 확대되었다. 그렇다면 어떻게 해야 하는가?

근래에 들어 활발히 논의되고 있는 창조신학이나 생태신학은 그러한 문제에 대처하려는 노력의 일환으로 생각된다. 그러나 그것이 일방적으로 위로부터, 성경으로부터 연역하여 세계와 하나님을 해명하는 것이라면 반쪽 신학에 불과하게 될 것이다. 공자가 천명을 알기 위해 아래에서부터 출발했듯이 성서 기자들도 땅의 고통을 극복하기 위해 고래의 신앙 전통 안에서 어떻게 하나님이 역사하시는지를 파악하고 그 하나님이 지금 여기서 무엇을 하려 하시는지를 헤아리려 했다. 그렇게 성서는 '텍스트와 컨텍스트', '이론과 실천'의 상호 관계를 통해 해석되고('해석학적 순환') 기록되었다. 지금 그리스도인들의 태도도 마찬가지여야 한다. '정경'은 더 이상 추가될 수 없지만 해석은 언제나 새로워야 한다.

경제학자 제프리 삭스가 제안한 가난 대책은 결국 가난한 사람들을 세계의 부의 핵심과 연결하는 것이었다. 예수께서도 이런 일이 구원과 상관없는 일이라 하시지는 않을 것이다. 그분은 오병이어의 기적으로 사람들을 먹이셨고 주린 자에게 먹을 것을 주라(마 25:35) 하셨다. 하나님이 사람을 흙으로 지으셨는데 구원이 영적인 것에 한정될 수는 없다. 구원은 하나님이 지으신 모든 것들이 그 존재 전체로 하나님과 소통하는 것이어야 한다.

그런 관점에서 오늘날의 다문화사회를 살펴보자. 과거에는 자연 조건에 따라 '사막의 종교'와 '숲의 종교', '기도의 종교'와 '명상의 종교'가 명백히 구분되었다. 유목민들은 불안한 삶을 의탁할 절대자를 믿었고 자신과 자연의 관계가 가장 큰 관심사였던 정착 농경민들은 자연물들을 신격화하거나(애니미즘, 다신교) 자연의 운행과 연관된 최고신을 숭배했다. 그런데 이제는 사회가 뒤섞여 버렸다. 인종 간의 결혼, 자유로운 이주, 신분의 혼효, 정치적 자유 등등 현대는 이미 '유동성'을 특징으로 하는 사회로 바뀌었다. 종교의 자유는 한 집안에도 여러 종교가 공존하게 만든다. 인종이 다른 부부만 다문화가정이 아니라 이런 가정도 다문화가정이다. 이름 있는 대학과 기업들은 다인종의 용광로가 된 지 오래다.

그리고 사람들은 각기 자기 자리에서 구원의 우물을 판다. 물론 우물의 형태도 다르고 물맛도 다르다. 교회는 이를 어떻게 받아들여야 할까? 생각건대 우물이 다르다 해도 그 물은 다 하나님이 사람 살리시는 물이다. 구분이 있다면 '쓴물'과 '단물'의 구분이 있을 뿐이다. 편협한 자들은 자기 우물물만 단물이고 다른 우물물은 전부 쓴물이라 한다. 그러나 하나님은 아브라함의 집에서 축출된 하갈과 이스마엘에게도 먹을 물을 예비하셨다(창 21:8-19). 교회의 그 어떤 것이 싫어서 밖으로 뛰쳐나간 사람, 교회가 싫어해서 쫓아낸 사람, 이들에게도 하나님은 먹을 물을 예비하시는 분이다. 다음과 같은 신앙고백이 있다.

> (그 분은) 24명의 성자가 설파했던 옛 율법, 가정과 나라를 규율하는 큰 틀을 완성하셨다. (이제껏) 말해진 적이 없던, 삼위일체의 성령淨風의 새로운 교리를 말씀하시고, 올바른 믿음 속에서 선량함을 힘써 행하라고 하셨다. 또한 여덟 단계의 법도八境之道를 정하시어 더러움을 씻으시고 참됨을 이루셨으며, 세 가지 변함없는 문三常之門을 여시어 죽음을 멸하고 생명을 일으키셨다. 밝은 태양을 띄우사 암부(暗府)를 깨시니, 이에 마귀의 망령됨이 모두 부서졌다. (그 뒤) 자비의 배를 저어 눈부신 궁전明宮에 오르시니, 영혼을 지닌 자들 비로소 모두 구원을 얻게 되었다. 권능의 사역은 이것으로 끝나고 정오에 승천하셨다.

'여덟 단계의 법도'는 팔복선언을, '세 가지 변함없는 문'은 고전 13:13의 '믿음, 소망, 사랑'을 뜻한다. 교리 논쟁에서 패배하고 이단으로 낙인찍힌 후 동진에 동진을 거듭하며 가는 곳마다 복음의 씨앗을 뿌리고 당나라 장안에 도착한 네스토리우스파(경교景教)가 비문에 새겨 남긴 신앙고백이다(위의 인용문은, 김호동, 『동방 기독교와 동서문명』, 까치글

방, 2002, 123-24쪽의 '경교비' 번역문). 아름답지 아니한가. 이를 이단의 글이라고 정죄할 수 있을까. 문장도 그렇거니와 글씨 또한 일품이라 한다. 사람들은 자신의 구원의 우물을 이렇게 판다.

단물도 언제든지 쓴물이 될 수 있다. 보편교회임을 자처한 서방 교회가 부패하지 않았더라면 종교개혁은 없었을 것이다. 만약 자체 개혁이 불가능할 정도로 깊은 병이 들면 하나님은 다른 물로 기른 나무의 가지를 던져 넣어 그 쓴물을 단물로 만드실 것이다. 하나님은 '치료하시는 하나님'이시다(출 15:22-26). 어떻게 치료하실까? 사막의 종교는 자아에 대한 성찰을, 숲의 종교는 기도와 찬미를 보완할 필요가 있다. 본디 없었던 것은 아니나 지금은 상당 부분이 소실되어 버렸기 때문이다. 그러나 사람이 별다를 리 없다. 여기 사는 사람에게 필요한 영적 양식은 저기 사는 사람에게도 필요하다. 아무리 시절이 수상해도 그런 양식은 어딘가에 반드시 남아있다. 그러므로 다른 종교를 거울삼아 자신을 비춰보면 자신이 무엇을 잃었는지를 알고 자신 안에 감추어진 보화를 새로이 발견하게 된다. '하나님의 형상'은 쪼개진 별개의 고립된 존재일 수 없다. 사람은 모두 하나님의 의식 안에서 하나다(칼 융은 우리 모두가 공통적인 인류의 무의식으로 융합된다고 본다. C.G. Jung, *Analytical Psychology: It's Theory and Practice*, Routledge, 2009, p. 46. 조지프 캠벨, 『신화의 이미지』, 229쪽). 하나님은 사람이 그렇게 진리를 찾아 나서도록 만드셨고, 이 땅의 고통 받는 사람들은 이미 하나님이 주시는 생수를 마시면서 마음속 찌꺼기를 씻어내고 있다.

다문화사회를 살아야 하는 현대인은 이제 구태의연한 종파주의에 얽매이지 않고 진리로써 사람들을 자유롭게 해주는 진정한 '민중의 사제'를 원한다. 사람들은 한 종교에서 편협하고 과격한 원리주의가 득세하면 다른 쪽도 자신의 울타리를 더욱 견고히 하려는 경향을 보인다는 것을 잘 알고 있다. 그러므로 자신의 종교를 소중히 여기는 이는 그 가르침과 행동이 사람들을 고통과 악에서 해방시키는 진리를 드러내고 있는지를 진지하게 물어야 한다. 그리고 다른 종교와 문화 가운데서 진리를 찾는 노력을 기울이고 진리로써 서로 소통하도록 노력해야 한다.

아우구스티누스는 '교회 밖에 구원 없다'는 교리를 창도한 사람이다. 그러나 그에게는 또 다른 면이 있음을 간과해서는 안 된다. 그는 플라톤을 따라 모든 존재는 선이요 악은 다만 선의 결여일 뿐이라고 갈파했다. 하나님의 은총을 경험한 사람이 철학자의 통찰을 '진리'로 수용한 것이다. 그에게 임한 은총은 악은 뿌리가 없다는 확신이 들게 할 만큼 강렬했다. 그렇다면, 왜 그 은총이 모든 사람에게 미치리라는 생각은 하지 못했을까? 그는 구원론에 관한 한 바울의 충실한 계승자이다. 그런데 바울은 예수를 못 박은 이스라엘의 구원을 믿어 의심치 않았고(롬 11장) 자신이 그로 인해 그리스도와 끊어져도 좋다고 했다(롬 9:1-3). 더 나아가 하나님은 모든 사람이 하나님을 알고 구원을 얻기를 바라시며(딤전 2:4) 그리스도 안에서 모든 사람이 삶을 얻는다고 단언했다(고전 15:22). 아우구스티누스가 이 본문들을 간과했을 리 없다. 다만 그가 살던 시대가 워낙 거칠었기 때문에 엄정한 교리를 확립할 수밖에 없었을 것이다. 그 시대적 정황을 고려한다면 4-5세기 히포의 주교 아우구스티누스와 만인구원설을 주창한 3세기 알렉산드리아의 오리게네스는 능히 친구가 될 수 있다. 둘은 다 같이 아프리카에서 그리스도의 소식을 전하려 진력했던 사람들이다. 선행에 큰 의미를 부여했던 후덕한 사제 펠라기우스도 이단으로 배척되어야 할 하등의 이유가 없다. 그리스도께서는 작은 자 하나에게 자비를 베푼 이는 누구나 하나님 나라를 상속한다 하셨다.

그 작은 자는 하나님의 분신이다. 연민의 마음으로 이웃에게 손을 내미는 사람들은 다 예수께서 말씀하신 '하나님 뜻대로 행하는 자'(마 7:21)다. 이런 말씀을 하신 분이 입은 옷으로 사람을 구분하실 리가 없다. 무슨 종교의 옷을 입었던 그는 속사람을 보신다. 하나님 나라는 사람 안에 먼저 이루어진다.

아담의 원죄로 모든 사람이 죄인이 되었다는 주장에 대해 사람들이 의문을 품은 지도 오래다. 그 전이의 과정이 납득할 수 없는 것이다. '아담'은 그 어원에서부터('흙'이라는 뜻의 '아다마'에서 연유했다) 사람이라는 종의 대명사임을 암시한다. 사람 안에는 분명히 제어할 수 없는 괴물 같은 욕망이 꿈틀거리고 있다. 원죄 교리는 이 사람의 실존적 상황을 예리하게 지적한 것이다. 그러나 사람에게는 그로 인해 괴로워하는 또 다른 정결한 마음도 있다. 인간이 근본적으로 악밖에 행할 수 없고 그가 행하는 선행도 가치 없는 것이라면, 예수님의 산상수훈이 복음서에 수록되어야 할 이유도 없다. 내면의 악과 싸우며 힘겹게 선을 행하고자 하는 '곤고한 자'를 뿌리치는 것은 하나님에 대한 사랑도, 이웃 사랑도, 그리스도에 대한 충성도 아니다. 우리는 이미 마르크스주의처럼 증오에 바탕을 둔 종말론의 '종말'을 보았다. 그리스도교의 종말론이 그 전철을 밟아서는 안 된다. 독선적이고 고대적이며 신화적인 종말론을 벗을 때가 되었다. '종말의 때'는 하나님의 시간 '카이로스'이며, 크로노스의 시간을 사는 사람은 다만 하나님의 손발이 되어 거기에 참여할 뿐이라는 것을 우리는 분명히 알아야 한다.

이를 깨달은 사람은 오직 천지를 지으신 하나님께 의지한다. 그래서 종말신앙은 다시 창조신앙을 낳는다. 자신 안에 이루어지고 있는 하나님 나라가 생생한 현실이듯 그에게는 종말과 창조도 현실이다. 그는 하나님이 예나 지금이나 앞으로도 영원토록 '의와 사랑'의 하나님이심을 현실에서 경험한다. 창조와 종말은 아득한 과거와 먼 훗날의 일에 대한 기술이다. 그러나 그것은 또한 하나님이 지금 여기 살고 있는 인간들 그리고 현존하는 우주를 그가 어떻게 대하고 계시는가에 대한 메시지이기도 하다. '카이로스'는 사람의 시간에 구애받지 않는다. 사람의 시간인 '과거와 현재와 미래'는 하나님의 시간인 '카이로스'에서 벌어지는 '창조와 구원과 종말'에 의해 하나로 꿰어지게 된다(一以貫之). 사람이 겪는 고통과 악도 그 하나님의 시간에 참여하는 과장에서 생성되고 또한 소멸된다. 사람이 오직 크로노스에 매인 존재라면 고통과 악도 그저 스쳐지나가는 바람일 뿐, 그것에 대해 어떤 판단을 할 필요도 없고 그런 능력도 없을 것이다. 그러나 하나님은 흙의 사람에게 자신의 숨을 불어넣으셔서 그 만드신 이를 알아볼 수 있는 존재, 즉 기쁨과 슬픔을 알고, 선과 악을 구분하고 판단하면서 카이로스의 시간 속으로 진입할 수 있는 '생령'을 만드셨다. 예수께서는 이 거룩한 존재인 사람들에게 '하나님 때'가 찼고 하나님 나라가 가까이 왔으니 회개하고 복음을 믿으라 하셨다(막 1:15).

세계는 하나님의 몸

'하나님 나라'는 예수님 메시지의 핵심이다. '하나님 나라에 들어간다', '하나님 나라가 가까웠다'는 등의 말씀뿐 아니라 수많은 비유들이 다 하나님 나라를 드러내고 있다. 그 나라는 땅의 나라와 같지 않다. 그 나라에서는 꽃 한 송이도 하나님을 찬양한다(마 6:29). 인종도 신분도 남녀노소 차별 없이 누구나 그 나라의 일원이 된다(갈 3:28). 그러나 솔로몬 같은 땅의 나라 왕도 그 모든 정과 욕심을 십자가에 못 박지 않고는 그 나라에 들어가지 못한다(갈 5:24). 그 나라의 사람들은 영원한 생명을 경험한다(요 3:16, 11:25-26). 그 나라는 사람 마음속에 이루어져야 하는 영적 · 정신적 나라다(눅 17:21). 그러나 땅의 삶에 필요한 것들을 결코 방기하지 않는다(마 6:33). 하나님의 뜻은 하늘에서와 같이 땅에서 이루어져야 한다(마 6:10). 말씀은 육신이 되셨다(요 1:14). 그 예수를 본 자는 하나님을 본 자다(요 12:45, 14:7-9). 하늘과 땅의 관계도 일방적이지 않다. 땅에서 매면 하늘에서도 매이고 땅에서 풀면 하늘에서도 풀린다(마 16:19). 그러므로 하늘의 하나님 나라와 땅의 하나님 나라는 구분되지 않는다. 하나님이 그 나라의 주인이시라면 그 나라는 그의 자기실현으로서의 '하나님의 몸'이라 말할 수 있다. 여성 신학자 셸리 맥페이그는 그런 제목의 책을 썼다(Sallie McFague, *The Body of God: An Ecological Theology,* Fortress Press, 1993). 그리스도인들은 '그리스도의 몸이요 지체의 각 부분'이고(고전 12:27) 그리스도는 하나님과 하나이시니 교회를 하나님의 몸이라 할 수도 있다. 몰트만에 의하면, 하나님은 그의 창조물들에게 쉼 없이 영을 불어넣어주신다(위르겐 몰트만, 김균진 역, 『창조 안에 계신 하느님』, 한국신학연구소, 2004, 10, 26쪽 이하).

요한복음은 천지창조의 시원이었던 하나님의 '말씀'을 헬라어 '로고스'로 표현했다(요 1:1-3). 로고스는 온 우주에 편만해 있고 모든 존재자들에게 분유(分有)되어 있는 이법이요 이성이며 말씀이요 질서다. 모든 존재하는 것은 하나님의 말씀, 곧 로고스의 구체적 현현이다. 그러므로 우리는 이 세계를 하나님의 몸이라 해도 좋다. 요한은 그리스-로마 문화의 핵심 코드를 이스라엘의 신앙 전통과 결합시킴으로써 예루살렘과 함께 아테네를 하나님 나라의 수호자가 되게 했다. 피조물과 엄격히 대립되는 존재로 인식되던 이스라엘의 하나님이 예수라는 한 인물을 이해하려는 그리스도인들의 노력으로 인해 과거와는 전혀 다른 모습으로 사람들 마음에 각인되게 된 것이다. 그 전에의 하나님은 볼 수도 없고 보면 죽을 수밖에 없는 절대타자이셨다. 그러나 이제는 그와 반대로 그를 본 자가 살고 그가 자신 안에 계신 자가 영생을 얻는다. 유한한 인간이 어떻게 불멸의 삶을 누릴 수 있다고 말할 수 있는가. 그러나 예수와 함께 다가온 하나님의 나라가 그것을 가능하게 했다. '로고스'는 유대교의 그릇으로는 다 담을 수 없는 성자 예수를 위해 마련된 하나님의 또 다른 그릇이었다.

근대에 접어들어 중국인들은 이 로고스를 '道(도)'로 번역했다(우리는 원뜻대로 '말씀'이라 한다). '도'는 어떤 종교, 어떤 사람도 동아시아인들의 뇌리에서 결코 지워낼 수 없는 근원적 실재다. '도'는 천지가 있기 이전부터 본래 존재했으며 하늘과 땅을 생성한다. 천지는 도의 화현이니 나 역시 도와 하나이요 천지와 하나이다. 그러므로 '태초에 도가 있었다(太初有道)'는 이 한 마디에는, 하나님을 절대타자로 인식하는 유대-그리스도교의 전통적 신관의 '토착화'를 넘어 자신들의 역사적 경험에 바탕하여 새로이 하나님 나라를 이해하려는 동아시아인들의 염원이 담겨 있다 해도 과언이 아니다.

동양인들도 하늘[天]과 땅, 체(體)와 용(用)을 구분한다. 그러나 그 관계는 예리하거나 대립적이지 않다. 『서경(書經)』은 "하늘이 보는 것은 백성이 보는 것과 같고 하늘이 듣는 것은 백성이 듣는 것과 같다(天視自我民視 天聽 自我民聽)"고 하여(<태서 중>) 백성과 하늘을 동일시한다. 그러므로 동양의 정신적 전통이 몸에 밴 그리스도인은 하나님이 그 영을 만민에게 부어주실 특별한 '마지막 날'(요엘 3:1-5)을 기대하면서도 일상의 나날이 성령과 아무 관련 없는 무의미한 날로 보지 않는다. 노자의 '무위자연'도 세계는 인간이 더할 것도 뺄 것도 없을 만큼 하나님을 온전히 드러내고 있다는 말로 알아듣는다. '도와의 합일'이나 '하늘과 백성의 동일시'는 단순한 세계관의 표명이 아니다. 그것은 아득한 옛날부터 고난 많았던 아시아 사람들과 함께 하신 '대자대비하신 하나님'에 대한 고백이다. 천지만물은 그로 말미암지 않은 것이 없고 그의 자비는 미치지 않는 곳이 없다. 그는 지극한 위로자이시요 거룩하고 존귀한 자이시니, 사람들은 그에게 감히 '도'라는 이름조차 붙일 수 없었다(道可道非常道, 『도덕경』 1장).

붓다의 가르침도 다르지 않다. 『화엄경』에 이런 구절이 있다. "보살은 중생들이 어질거나 어리석거나 아름답거나 추하거나 남자거나 여자거나 사람이거나 사람 아닌 것이거나, 마음과 행동이 같지 않고 구하는 것이 제각기 다르더라도 평등하게 베풀어 주어 모두 만족하게 합니다"(<십회향품>). "일체 모든 부처님들의 몸은 오직 하나의 법신뿐이어서 마음도 지혜도 하나이시니 힘과 두려움 없음도 그러합니다"(<보살문명품>). 또 <범행품>은 중생이 발심하면 바로 정각을 이룬다(初發心時便成正覺)고 하고, 마지막 품인 <입법계품>에서는 선재(善財, Sudhana)라는 주인공을 통하여 53명의 선지식을 찾아 깨달음을 얻는 과정을 보여준다. 화엄경의 교주는 비로자나불이다. 비로자나불은 광명으로 충만한 청정법신으로, 모든 존재는 비로자나 부처님의 화현 아님이 없다. 부처와 보살, 보살과 중생, 중생과 부처는 다르지 않기에 법계에는 어떤 차별도 없다(안형관 · 전영숙, 『화엄세계 안에서의 대화』, 이문출판사, 2002, 19-32쪽).

젊었을 때 화엄경을 접한 적이 있었지만 그때는 정말 아무것도 몰랐다. 수십 년이 흘러 안형관 선생님과 함께 화엄경을 읽는 모임인 '선우회'의 노작들을 다시 대하고서야 눈이 뜨였다. 그 동안 나에게도 변화가 있었기 때문일까? 삶에 파고들었던 가늠하기 힘든 고통은 싯달타의 고뇌를 이해하는 길잡이가 되었고, 성서의 '하나님 나라'는 화엄의 세계가 바로 그 나라라는 생각을 들게 했다. 법신 비로자나불은 바로 하나님이셨다. 그리고 그 하나님은 선재동자에게서 장로들과 문답을 나누는 소년 예수를 연상케 하셨고, 금산사 미륵전 앞에서는 다시 오실 '인자'를 기다리는 뭇 사람들의 환영을 보게 하셨다. 들판이 황금빛으로 출렁이던 어느 날, 보경사 적광전 앞에 서서 하나님은 거기 그렇게 언제나 계셨다는 강렬한 임재의 경험을 한 것도 기억난다. 선재동자가 만난 53명의 선지식은 세상 모든 중생을 의미하는 것이 아닌가. 선재는 그 어디서나 하나님의 나라를 보았다. 세계는 법신(法身) 비로자나불의 화신(化身)이니, 세계는 곧 하나님의 몸이다. 가이없는 하나님의 숨결이 살아 숨쉬는 세계는 그 자체가 하나님 나라다.

창조자 하나님

쉼과 평안의 길

인간이 경험하는 세계는 경이롭다. 그 경이로움은 인간으로 하여금 세계와 생명 그리고 그 배후에 있을 법한 초자연적 존재들과 인간의 관계에 대한 물음을 갖게 한다. 신화가 그 첫 번째 해답의 체계다. 그러나 인간은 여기서 멈추지 않는다. 간단없이 닥치는 재해와 죽음은 '존재' 자체를 성찰하게 하고 마침내는 완전무결하고 자족하며 모든 것을 초월해 있는 어떤 궁극적인 실재의 존부에까지 생각이 미치게 된다. 인류의 정신사는 그런 발전과정을 거쳐 왔다. 한 인간의 삶의 과정도 그러하다. 당대 최고의 신학자도 어린 손자에게 창조'신학'을 강의할 수는 없다. 그는 재미있게 '이야기'를 해주어야 하고, 아이는 그것을 통해 의식적이든 무의식적이든 세계와 인간에 대한 최초의 인식의 틀을 갖춘다. 그리고 성장하면서 점차 자신과 세계와 궁극 실재에 대한 더 고양된 의식을 갖게 되는 것이다.

나는 창세기 1장을 기술한 포로기 사제들이 이스라엘 백성들의 고통뿐만 아니라 이러한 사람의 성장과정도 염두에 두었다고 생각한다. 아이는 어른의 희망이다. 그저 포로로 잡혀온 순진한 어른들도 아이와 같다. 이 세계가 하나님 보시기에 매우 좋았다는 말씀은 고통 받는 사람들에 대한 위로의 메시지다. 언젠가는 그 창조자의 뜻이 이루어질 날이 온다는 희망을 주기 때문이다. 그 말씀은 아이들 마음에 하나님에 대한 믿음과 평화를 심어준다. 그 후에 죄에 대한 이야기가 펼쳐지더라도 이 믿음과 평화는 흔들리지 않는다. 그런데 타락 이야기가 먼저라고 생각해보자. 어떤 일이 벌어질까? 종교학자 정진홍 교수의 술회다. 어느 교회 초등부 주일학교에서 설교를 하게 되었는데 잘 생긴 한 여학생이 대표기도를 하면서 계속 '우리는 죄인들이니 용서하옵소서'라는 말을 되풀이하더란다. 한마디로 기가 찼다고 하셨다. 어른들 기도를 따라 한 것이라 신경 쓰지 않아도 될 것 같지만, 그렇지 않다. 처음부터 지고 들어가는 싸움이기 때문이다. 하나님은 두려움의 대상이고 세상은 악의 유혹이 득실대는 곳, 한 주간을 거기서 살았으니 성스러운 교회에서 내가 할 일이라곤 용서를 비는 것밖에 없다. 무슨 큰 죄 지을 리도 없는 어린 아이가 혼돈과 공허와 흑암으로 스스로를 몰아넣고 있는 것이다. 고통 받는 백성에게 이게 다 너희 죄 때문이라는 설교를 반복하면 어찌 될까? 아마도 대다수 사람들은 절망에서 헤어나지 못할 것이다. 정 교수님은 다른 이야기도 덧붙이셨다. 홍수가 나서 지붕 위에 피신했다가 구출된 기독교인이 자신을 구해주신 하나님의 은혜에 감사한다 하자. 그러나 이는 어떤 점에서는 구출되지 못한 사람들에 대한 저주이기도 하다는 것이다. 죄인 의식과 은혜 체험은 동전의 양면과 같다. 그리고 둘이 결합하여 때로는 완고하다 할 정도의 구속신앙을 낳는다.

타락과 원죄 그리고 은혜에 의한 구원은 그리스도교의 정통 교리다. 물론 성서에 기초한 것이다. 그만큼 오랜 신앙이라는 말이다. 그러나 은혜의 체험이 강렬하면 할수록 사람은 구원에 대해 배타적 태도를 취하기 쉽다. 칼빈의 예정설도 원래는 구원 받은 자의 지극한 감동을 표현하려 한 것이었지만, 2세대에 접어들어 '구원 받을 이와 멸망으로 예정된 이'로 사람을 구분하는 '이중예정설'로 고착되었다. 창조자 하나님에 대한 깊은 성찰이 뒷받침되지 않으면 구속신앙은 독선에 흐르고 구원의 범위도 아주 좁혀진다. 창세기 편집자가 아름답고 장엄한 창조설화를 성서의 맨 처음에 배치한 것은 그러한 구속신앙의 문제점을 보완하기 위함이었을 것이다.

구원이 무엇인가? 좁은 의미로는 죄, 즉 '윤리적 악'으로부터의 해방이요, 넓은 의미로는 '자연악'으로부터 보호받는 것도 포함한다. 그 근저에는 이해할 수 없는 고통의 경험이 있다. 그런데 사람은 다른 존재와의 관계 속에서 나고 살고 죽는다. 따라서 관계를 배제하고 홀로 죄와 고통으로부터 해방될 수는 없다. 내 마음은 어떤 것에도 흔들리지 않는 경지에 이를지라도 주변세계가 죄와 고통에 싸여 있으면 나 또한 완전히 자유로울 수는 없는 것이다. 내 사랑하는 사람들이 고통에서 헤어나지 못하는데 내가 어찌 홀로 지극한 기쁨에 안주할 수 있겠는가. 이 마음 가진 이는 결국 모든 것을 있게 하고 보존하는, 완전무결하고 자족하며 초월적인 궁극 실재 안에서 참된 자유와 해방의 길을 찾게 된다. 그리고 그는 묻는다. '세계는 왜 있으며, 어떻게 있는가?' 이 의문이 풀릴 때 그도 완전한 자유를 얻는다.

이 정신적 편력의 전 과정을 잘 보여준 사람이 성 아우구스티누스다. 그는 세상을 알고자 했다. 여인도 알았고 아이도 낳았다. 지적 호기심은 타의 추종을 불허했고 종교적 관심도 남달랐다. 말년에는, 한때 그의 마음속에 꿈틀거리고 있던 사악한 욕망이 거대한 집단적 폭력이 되어 그가 거하는 도성을 에워싸는 것도 보았다. 그 지으신 모든 것을 사랑하시는 하나님의 섭리였을까? 다행히도(그 자신뿐 아니라 모든 고통 받는 사람들에게) 그는 악이 횡행하는 세상을 헤매다가 하나님을 만나고서 완전한 쉼과 평안을 얻을 수 있었다(『고백록』 1.1.1). 그리고 창조자 하나님에 대한 심오한 통찰을 우리들에게 남겨 주었다.

하나님은 왜 세계를 창조하셨는가?

아우구스티누스에 의하면, 창조는 하나님이 '원해서' 하신 일이다(『마니교에 대하여 창세기를 옹호함』 1.2.4; 성염, "창조개념의 철학적 난제에 대한 아우구스티누스의 패러독스 해법 - 『신국론』 제12권을 중심으로", 「中世哲學」, 제4호, 1997, 58쪽). 왜 원하셨는가? '좋아서(선해서)'였다. 그는 "하나님이 보시기에 좋더라고 한 것은 하나님이 지으신 것은 부득이하거나 아쉬워서가 아니라 오직 그의 선하심 때문"이었고(『신국론』 11.24/김종흡 역, 『하나님의 도성』 III, 50쪽), "선한 피조세계의 이 원인 곧 하나님의 선하심에 대해서 … 이 가장 공정하고 합당한 원인을 신중히 또 경건하게 고려한다면, 세계의 근원을 연구하는 사람들의 논쟁은 모두 그치게 된다"고 단언한다(11.22/위의 책, 45쪽. 이하 '11.2/45'로 표기함). 그는 창세기 1:12, 31을 풀이하면서 '어떤 것을 만드시는 것이 좋다고 보신 것'과, '만드신 것을 좋다고 보신 것' 간에는 차이가 없다고 한다(11.21/44). 이는 "창조의 결과에 부여하는 창조자의 평가와 창조를 이루려는 신의 의지 사이에, 결국 창조의 선한 동기와 창조하려는 의지 사이에 차이가 없다고 단언하는 발언"으로, 여기서 "신의 의지와 선성이 역설적으로 통합된다"(성염, 위의 글, 62쪽). 아우구스티누스는 또 "바른 의지는 선한 사랑"이라 했다(그리고 이에 덧붙여 마치 창조설화 다음에 타락설화가 연이어 있듯이 "그릇된 의지는 나쁜 사랑이다"고 한다. 14.7/159). 그러므로 하나님이 세계를 만드신 것은 그의 선하시고 자유로우신 의지에서 말미암았고 이는 결국 '하나님은 사랑이시기 때문'이라는 궁극적 이유에 다 종합되는 것이다(성염, 위의 글, 39쪽).

아우구스티누스는 말한다. "존재의 반대는 확실히 비(非)존재이다. 그렇기 때문에 최고의 존재시며 모든 존재들의 창조주이신 하나님께 반대되는 존재는 없다"(12.2/69). "하나님의 원수가 된 것들은 그 본성 때문이 아니라, 그 의지로 반대하기 때문이다. … 최고선에는 결함이 있을 수 없으며, … 선하기만 한 것들이 있을 수 있지만, 악하기만 한 것들은 어떤 경우에도 있을 수 없다"(12.3/69-70). 그러므로 참된 행복은 "최고 존재이신 하나님에게 밀착하는 데 있다"(12.6/72). 한마디로 하나님께 귀의(歸依)하는 것이 구원의 요체요 고통과 악을 벗어나는 유일한 길이라는 것이다.

그렇다. 하나님은 한 처음에 사랑으로 세계를 창조하셨다. 창조도 기쁨이요 지으신 모든 것도 기쁨이다. 그러므로 우리는 감히 '태초에 웃음이 있었다!'고 말할 수 있다. 그 하나님의 무한한 사랑은 가두어 둘 수 없다. '사랑은 자기 확산적'이다(위의 글, 39쪽). 그러므로 창조가 필연이 아니라는 말은 그것이 속박된 필연이 아니라는 것일 뿐, 사랑의 하나님에게 있어 창조는 그 무한한 사랑에서 비롯되는 필연이다. 그 사랑은 미치지 않는 데가 없다. 모든 존재하는 것은 그 사랑에 응답하여 하나님을 찬양한다. 한 인간이 고단한 삶의 여정 어디쯤에서 하나님을 만날 때 그는 거기서 참된 쉼을 얻는다. 무수한 그리스도인들이 그렇게 하나님 나라의 임재를 경험했다. 우리가 아우구스티누스의 원죄론과 인간관에 이의를 달 수는 있지만, 경로야 어떻든 인간이 창조자 하나님을 앎으로써 궁극적인 쉼을 얻는 것만은 확실하다. 그 쉼이 바로 그리스도교가 말하는 구원이다. 그러므로 구원신앙은 창조신앙과 분리되지 않는다. 그리고 이는 다시 종말론적 희망으로 이어진다.

하나님 안에서 쉼을 얻음으로써 하나님의 카이로스의 시간을 살게 된 이에게는 크로노스적 '종말의 때'가 현재의 시간 안으로 진입해 들어온다. 그와 동시에 크로노스는 카이로스에 함입(陷入)되고 그는 '영원한 현재'를 산다. 이것이 '영생'이요 '하나님 나라에 들어가는 것'이다. 거기서 인간은 놀고먹지 않는다. 예수께서 그러하셨듯이 하나님이 일하시니 그도 일한다(요 5:17). 그러나 그 일들은 다 하나님 뜻대로 하는 것이다(요 5:19, 30, 막 14:36). 극히 개인적인 일이라 하더라도 그 나라를 떠나 이루어지는 법이 없다. 그러므로 '유위(有爲)'이면서 '무위(無爲)'다. 자신의 일도 없고 자신의 시간도 사라지니 '공(空)'이요 '태허(太虛)'다. 인간이 이와 같은 평화 넘치는 '종말의 때'를 기다리는 것은 '한번도 먹어볼 수 없는 국을 계속 끓이는'(G. 그레사케, 『종말신앙』, 53쪽. 저자는 희망을 역사 내에 국한시키는 마르크스주의적 종말론을 이렇게 비판한다. 신학자들 중에도 있다) 부질없는 짓이 아니다. 그것은 오늘 여기서의 내 삶을 충일하게 해주는 생명의 원천이다. 하나님의 영이 임하신 한 인물이 나타나고 그로 인해 사자가 소처럼 풀을 먹고 젖 먹는 아이가 독사의 구멍에서 장난하는 평화로운 나라가 올 것이라고 예언한 이사야(사 11:1-10)는 결코 몽상가가 아니다. 그는 자신의 삶 속에서 종말의 때를 지배하시는 하나님을 만난 사람이다.

그러나 사람이 그렇게 유한의 경계를 넘어 무한에 이르고, 진리를 터득함으로써 무궁한 자유를 획득하는 길은 현실의 삶 속에서 찾아야 한다. 여기에 '사람의 시간'의 의미가 있다. 그래서 문수보살은 선재동자에게 어딘가에 살고 있는 스승들을 찾아 길을 떠나라 한다(『화엄경』 <입

법계품>). 하나님 나라가 가까웠으니 회개하고 복음을 믿으라는 예수님의 설교(막 1:15) 역시 '지금 여기서의' 결단을 촉구하는 것이다. 산상수훈은 사람이 어떻게 살아야 하는지에 대한 가르침으로 가득 차 있다. 그는 날 때부터 맹인이 된 이의 과거를 묻지 말라고 하셨다. 하나님의 영광은 '지금 여기서' 드러난다! 구약의 예언서도 신약의 묵시록(마가복음 13장의 '소묵시록', 요한계시록)도 단순히 장래 일에 관해 진술하는 예언(豫言)이 아니라 듣는 사람들의 회개를 요청하는 하나님의 말씀으로서의 예언(預言)이다.

길어야 백년을 사는 것이 인간이지만 그에게는 불멸의 삶에 대한 염원이 있다. 그러나 그 염원은 역설적이게도 바로 '지금 여기 내가 살고 있다'는 존재와 삶에 대한 자각에 기초하고 있다. 극한의 고통을 당하고 있는 사람들조차도 내세보다는 현세에서의 행복을 원한다. 고난으로 점철된 이스라엘의 역사에서도 내세신앙은 거의 찾아볼 수 없다. '약속의 땅'은 언제나 현세적인 것이었다. 하나님이 '삶'에 그토록 강인한 힘과 매력을 불어넣으신 것은 유한한 삶의 관문을 통과하고서야 비로소 영원한 생명의 세계에 발을 들여놓을 수 있기 때문이다. 그리고 믿음의 조상 아브라함이 부르심을 받은 후 근 이천여 년이 지나서야 비로소 예수라는 한 인물을 통해 그 문이 열렸다. 사람들 마음속에 '영생'의 꿈이 영그는 데 그만한 시간이 필요했던 것이다.

사람이 구원신앙 하나에 만족할 때는 타자에 무관심하기 쉽다. 창조신앙은 이런 무관심을 타파한다. 모든 존재하는 것들은 하나님이 지으신, 하나님의 사랑의 대상임을 알게 되기 때문이다. 또 창조신앙은 창조의 뜻이 완전히 성취되는 종말을 이미 잉태하고 있으며, 그 종말신앙은 현재의 고통을 넘어서게 하는 근원적 힘으로서 사람으로 하여금 오늘의 삶을 더욱 의미 있는 것으로 인식하게 한다. 그러므로 창조와 구원과 종말은 구분되지만 분리되어 있지 않다. 이 모든 것은 다 하나님 나라의 한 측면이다.

하나님은 세계를 '어떻게' '어떤 모습으로' 창조하셨는가?

'어떻게'라는 물음에 대해 교회는 늘 창조는 '무로부터의 창조(creatio ex nihilo)'라고 대답해 왔다. 창세기는 "태초에 하나님이 천지를 창조하시니라"라는 말로 시작한다(창 1:1). 성경에서 '창조하셨다(bara)'라는 동사는 오직 하나님을 주어로 해서만 사용되고 있다. '~로부터'라는 재료에 대한 언급도 없다. 이는 하나님의 창조가 어떠한 인간의 유비도 거기에 상응할 수 없는 절대적이고도 철저히 새로운 것임을 의미한다. 그러므로 이 본문은 '무로부터의 창조'를 지지한다고 봐도 좋다(위르겐 몰트만, 『창조 안에 계신 하느님』, 115-17쪽).

'무로부터의 창조'론은 아우구스티누스에 의해 확립되었다. 이에 관해서는 성염 교수의 글을 인용하는 것이 좋겠다. "서구의 철학적 기반을 이루는 그리스 사상으로는, '무로부터는 무밖에 나오지 않는다(=아무것도 나오지 않는다)'는 명제처럼, 그리스도교 창조사상의 핵심인 '무로부터의 창조'는 착안하기 힘들었다. 플라톤처럼 영원한 질료와 데뮤르고스를 상정하거나, 플로티누스처럼 신의 본질이 충일하여 세계를 발생시킨다는 유출설을 펴거나, 아리스토텔레스처럼 신을 '부동의 제일원동자'(primum movens immobile)로만 보면, 세계는 자율적이요 신과 무관하게 나름대로의 의미와 목적이 있다. 그래서 그리스인들에게는 '세계가 곧 신'(dieu-monde)이라는 견해가 유력하였다. 그리스도교 창조관은 바로 이러한 '자율적 세계관'에 강력하게 반발하며, 세계가 자체로 폐쇄되고 자율적인 실재이며 스스로 그 궁극 목적을 갖고 있다는 견해를 용납하지 못한다. 그리스도교 철학이 '무로부터의 창조'를 고수하는 이유는 질료를 포함한 만유 위에 신의 주권(主權)과 세계에 대한 신의 초월성을 살리려는 의도에서다"(성염, 위의 글, 43쪽).

그러나 창세기 1장 2절은 말씀에 의한 창조 이전에 우리로서는 이해하기 힘든 모종의 '땅'과 '물'이 있었다고 한다. 그래서 성경은 '무로부터의 창조'를 지지하지 않는다고 해석하는 학자들도 있다. 오히려 이 부분은 창세기 기자가 고대 자연철학의 영향을 받았을 것이라는 추측을 낳게 한다. 플라톤도 현상계의 배후에 이데아의 세계가 '있다'고 보았다. 그는 이 이상 더 거슬러 올라가지 않는다. 이른바 '제일원인' 또는 '움직이지 않고 움직이는 자(부동의 원동자, Unmoved Mover)'도 '무'를 전제로 하고 있지는 않다. 그런데 이들보다 앞서 살았던 창세기 기자가 과연 '무'를 생각해낼 만큼 형이상학적 논변에 능했을까? '무로부터의 창조'는 성경에 대한 가장 유력한 해석일 뿐, 오늘날 우리의 관념으로 성서 기자의 마음속에 새겨진 계시를 고스란히 재연해 내기는 어렵다. 다만 창세기 기자도 우주가 현실적 존재로 있게 되기 전에 이미 창조자의 사유 속에 존재하고 있었다고 생각하고 그것을 어떤 식으로든 표현하고자 했을 가능성은 있다. 그런 관점에서 보면 태초부터 있었던 '말씀' 안에 만물은 어떤 식으로든 존재하고 있었다고 말할 수 있다(정의채·김규영, 『중세철학사』, 147쪽). 사실 성서 기자에게는 '무로부터의 창조'가 별로 중요한 문제가 아니었을 것이다. 왜냐하면 그가 보기에는 하나님의 말씀에 따르지 않는 어떤 존재도 없기 때문이다. 창세기 기자의 관심의 초점은 창조의 재료가 아니라 세계와 하나님의 관계 그리고 거기서 유추할 수 있는 존재자의 본성에 맞추어져 있다.

'무로부터의 창조'는 하나님의 '걸림 없는 자유'를 드러내고 있다. 창조의 재료가 이미 존재하고 있었다면 창조는 재료의 속성에 의해 제약을 받을 것이기 때문에 완전히 자유로운 행위가 될 수 없다. 그런 점에서 창세기가 모든 존재하는 것이 하나님의 말씀을 따른다고 한 것은 '무로부터의 창조'를 지지하는 것으로 해석할 수 있다. 그 의미는 무엇보다도 하나님이 자유로우시니 하나님의 형상인 인간도 본디 자유로운 존재라는 데 있다. 창세기는 또 하나님 지으신 모든 것이 하나님 보시기에 매우 좋았다고 한다. 사람이 보기에는 '뭐 저런 것이 있나' 하는 생각이 드는 것도 하나님 보시기에는 선하다(좋다)는 것이다. 요컨대 창세기 기자는 '어떻게'가 아니라 '어떤 모습으로' 하나님이 세상을 창조하셨느냐를 기술하고자 한 것이다.

하나님은 먼저 빛을 있게 하사 '빛'과 '어두움'을 나누시고 꼴이 없는 '혼돈'에 '질서'를 부여하시며 내용물 없는 '공허'를 온갖 존재자들로 채우신다. 만물은 다 하나님의 말씀에 의해 모습을 갖추었고 그 손길과 다스림 아래 양육되고 보존된다. 이 모든 것은 상호 의존해서 존재한다. 말씀 따라 땅은 동식물을 내고 물과 하늘은 생물들로 번성한다(창 1:11-12, 20-22). 남녀는 혼인으로 '한 몸'이 되어(창 2:24) 생육하고 번성하며 땅의 모든 생물을 다스린다(창 1:28). 사람은 '흙으로' 빚어졌고(창 2:7) 사람과 동물은 흙의 소산으로 먹고 산다(창 1:29-30). 그러므로 사람은 생존의 터전인 땅을 다스리고 지키며(창 2:15) 갈아야 한다(창 3:23).

땅을 '갈다'라는 말에는 '섬긴다'는 뜻이 함축되어 있다. 그러므로 하나님의 형상인 사람은 하나님이 지으신 세계를 하나님이 사랑하시듯 사랑해야 한다. 사랑의 눈으로 세계를 볼 때 무엇이 잘못되었는지 알게 된다. 하나님이 지으신 만물은 다 선한 것이니 이를 함부로 지배하고 없애고 훼손하는 것은 하나님을 '만홀히 여기는 짓'(사 1:4)이다. "가난한 자를 조롱하는 자는 그를 지으신 주를 멸시하는 자요 사람의 재앙을 기뻐하는 자는 형벌을 면하지 못할 자"이다(잠 17:6). 모름지기 사람에게는 다른 존재자들을 선하게 대할 윤리적 의무가 있을 뿐이다.

창조에는 여백이 있다. 최초에 빛이 있었지만 창세 이전의 흑암이 완전히 사라지지는 않는다. "가장 완전한 것은 결함이 있는 것 같고(大成若缺) 가장 충만한 것은 빈 것과 같으며(大盈若沖) 가장 교묘한 것은 서투른 것 같다(大巧若拙)"는 노자의 말(『도덕경』 45장)을 생각케 한다. 그 어둠은 인간의 타락 가능성을 암시하고 있는지도 모른다. 그러나 이 역시 선하지 않은 것이 아니다. 왜냐하면 타락은 인간이 로봇처럼 입력된 대로 생각하고 행동하는 존재가 아니라 자유로운 의지를 지닌 존재임을 전제로 하기 때문이다. 자유 없는 인간을 상상할 수 있는가? 그의 찬양이 하나님께 무슨 기쁨이 될까? 창조는 한 치의 빈틈도 없는 완벽한 설계에 따라 이루어지는 기계적 작업이 아니라 피조물의 자유와 그 자유가 야기하는 우연성을 애초부터 함축하고 있는 것이다. 그러나 결국 땅과 물은 다 하나님의 말씀에 순응한다. 그리고 여기서 피조물의 자유와 하나님의 의지는 하나로 결합되고, 우리는 모든 것이 회복되는 종말을 확신할 수 있게 된다.

창조의 과정도 여유롭다. 엿새 동안 순차적으로 진행되는 창조는 결코 숨가쁘지 않다. "저녁이 되고 아침이 되니"라는 반복되는 말씀에서 사람들은 일하는 도중의 쉼과 고요한 성장을 연상한다. 그 하루를 '사람의 시간'으로 이해하는 이도 있지만 현대의 대다수 그리스도인들은 그것을 하나의 단계라고 생각한다. 여섯째 날에 사람은 자신이 하나님의 모습을 닮은 그의 형상임을 알게 되고 그의 의식 속에 세계 만물이 진입해 들어온다. 그리고 하나님이 안식하시는 일곱째 날에 이르러, 읽어내려 가는 사람의 영혼은 만물과 함께 하나님 안에 침잠해 들어가고 마침내 평화로운 안식을 얻는다. 이런 세계가 바로 고통 중에 하나님께 부르짖은 사람들이 계시를 통해 알게 된 창조의 세계요 종말에 하나님이 이루실 하나님 나라다. 누가 이 나라를 원치 않으며 누가 이 나라가 임하는 것을 거역할 수 있을까!

알파와 오메가

창세기에는 두 개의 창조설화(창 1:1-2:4a, 2:4b-25)가 있다. 이 설화들이 그리는 창조세계에는 어두운 그림자가 없다. 땅도 물도 하늘도, 혼돈과 공허와 흑암도 하나님의 말씀에 복종한다. 죽음과 고통은 인간이 선악과를 따먹지 말라는 하나님의 명을 거역함으로써 이 세상에 들어왔을 뿐, 애초부터 하나님의 의도 안에 있었던 것은 아니다. 그리고 이 거룩하고 장엄한 창조세계는 마지막 때에 관한 기사에서 다시 재연된다. 하나님이 말씀하셨다. "나의 거룩한 산 모든 곳에서 해됨도 없고 상함도 없을 것이니 이는 물이 바다를 덮음 같이 여호와를 아는 지식이 세상에 충만할 것임이니라"(사 11:9). 그러므로 죽음과 고통과 악은 창조와 종말, 즉 '알파'와 '오메가' 점의 중간기에만 존재한다. 모든 존재하는 것들은 다 무한한 생명이신 하나님으로부터 나서 그에게로 돌아간다.

창세기 기자는 당시 세계에 널리 퍼져 있던 이원론적 세계관에 함몰되지 않았다. 세상의 악을 모를 리 없었건만 그는 조금도 흔들림 없이 세계를 긍정적으로 바라보았다. 그것은 필시 출애굽이라는 극적인 구원 체험이 그에게 원형질처럼 새겨져 있었기 때문일 것이다. 출애굽은 혼돈과 공허와 흑암과 깊음으로부터의 탈출이었다. 하나님은 절망 가운데 부르짖는 노예들을 이끌어내셔서 자신의 백성으로 삼으시고 젖과 꿀이 흐르는 땅으로 인도하셨다. 거기서 그들은 생육하고 번성했다. 출애굽 사건은 명실 공히 빛으로 어둠을 몰아내는 하나님의 '새 창조'였다. 그 '빛과 어둠'의 대비는 성서 곳곳에 등장한다. 시편 기자는 이렇게 송축한다. "주께서 나의 등불을 켜심이여 여호와 내 하나님이 내 흑암을 밝히시리이다"(시 18:28). 이사야와 마태도 그랬다. "스불론 땅과 납달리 땅과 요단 강 저편 해변 길과 이방의 갈릴리여 흑암에 앉은 백성이 큰 빛을 보았고 사망의 땅과 그늘에 앉은 자들에게 빛이 비치었도다"(마 4:15-16; 사 9:1-2).

첫 번째 창조설화(창 1:1-2:4a)는 기원전 6세기 바빌론 포로기에 사제들이 쓴 작품으로 알려져 있다. 비록 너그러운 제국의 정책으로 상당한 자유를 누리고는 있었다고 하나(조직유지, 이주의 자유, 서신왕래, 고용의 기회, 비옥한 땅에서의 삶 등등), 이들은 어디까지나 포로로서의 모욕감을 견디며 살아야 했다. 시편 137편은 이들이 바빌론 강가에서 슬피 울었다 한다(레온 우드, 김의원 역, 『이스라엘의 역사』, 기독교문서선교회, 1989, 427-29쪽). 따라서 이스라엘이 거의 유일하게 기댈 수 있었던 영적 지도자였던 사제들은 넓혀진 세계에서 이스라엘의 존재 의미를 더욱 분명히 하고 자기 백성에게 그 어떤 강대한 권력이나 무시무시한 상황도 다 하나님의 손에 의해 좌우된다는 것을 각성시킬 필요성을 느꼈을 것이다. 그들이 도달한 인간과 세계와 하나님에 대한 깊고 폭 넓은 이해는 그런 역사적 소명의식의 산물이었다. 그것은 사람의 머리에서 짜낸 것이 아니라 고통 속에서 형상화된 하나님의 계시였다.

당시는 모든 전쟁을 신들의 전쟁으로 알고 있던 시대였다. 그러므로 이스라엘이 포로라면 그들의 신이 이방의 신들에게 패배한 것이다. 그런데 이스라엘은 놀랍게도 그들의 하나님이 모든 것을 지으시고 다스리신다고 선언한다. 땅과 하늘과 바다도 황제의 것이 아니라 하나님의 것이다. 하나님은 포로나 자유인이나 황제나 평민이나 남자나 여자나 가리지 않고 모든 사람을 다 자신의 형상과 모습으로 지으셨다. 하나님의 형상을 갖춘 이는 누구나 땅을 차지하고 땅의 생물을 다스릴 수 있다(앞서 보았듯이 이는 '섬김'을 뜻한다. 창세기 1장 28절은 25-26절과 긴밀히 연관됨). 이와 같이 이스라엘은 모든 존재하는 것들의 의미를 창조자요 구원자이신 하나님과의 관계에서 파악했다. 그러므로 포로의 신분일지라도 이스라엘은 어떤 것도 두려워할 이유가 없었다. 이들은 하나님이 여호수아에게 하신 말씀을 기억했다 "두려워 말며 놀라지 말라 네가 어디로 가든지 네 하나님 여호와가 너와 함께하느니라"(수 1:9). 이 믿음은 찬미를 통해 끊임없이 전승되었고(시 27:1) 그리스도교에도 그대로 수용되었다(요일 4:18).

사람은 하나님의 숨결이 살아 숨 쉬는 존엄한 존재이다. 그래서 하나님은 억압받는 자들의 부르짖음을 들으시고 구원의 손길을 펼치신다. 구원은 영적 위안에 그치지 않는다. 이스라엘은 '노예의 땅'을 벗어나 '약속의 땅'에 들어감으로써 구원을 실감했다. '낯선 땅'에서는 하나님의 노래를 부를 수 없다(시 137:4). 하나님의 구원의 역사는 땅에서 경험된다. 그러므로 구원 받은 사람들에게는 세계가 새로운 의미를 띠고 다가

온다. '낯선 땅'이 본향이 되어 유리하던 사람들을 품어주고 그들은 그 '새 땅'에서 하나님을 찬미한다.

그뿐만 아니다. 하나님은 이스라엘에게 이집트에서 종 되었던 일과 하나님이 거기서 속량하신 것을 기억하고 고아와 과부와 나그네와 같은 사회적인 약자들을 돌보라고 하셨다(신 24:14-22). 이 말씀이 시사하는 바는, 고통은 단순히 믿음을 위한 '연단'에 그치는 것이 아니라 다른 사람들을 고통에서 해방시키는 '대속적' 의미를 지닌다는 것이다. 고통당한 사람이 다시 다른 사람을 고통스럽게 하는 일이 비일비재하다. 그러나 하나님은 그 반대로 고통의 경험을 다른 사람의 행복을 위한 기틀로 삼으라 하셨다. 이로써 부정적 경험으로서의 고통이 선의 탄탄한 기초로 전환된다.

오늘날, 국가나 민족 단위의 공동체는 언제나 자신들의 이익을 우선시한다. 근본주의적 종교와 종파도 자신들의 주장을 관철하기 위해 폭력을 사용하는 것을 꺼리지 않는다. 어떤 나라나 종교도 다 과거 한때는 뼈저린 고통을 경험했다. 그러나 오늘에 이르러 그것을 인류 전체의 행복을 위한 밑거름으로 삼으려 하지는 않는다. 순교자의 피를 씨앗으로 하여 자라난 그리스도교도 구원의 은혜를 타종교인과 나누는 데는 인색하다. 선한 마음 가진 이들은 그 거대한 수레바퀴에 깔려 어쩔 줄을 모른다. 그러나 이런 상태로는 '오메가'의 날이 올 수 없다. 고통이 대속의 의미를 상실했다는 것은 사람 마음에서 사랑이 사라졌다는 뜻이다. 그런 사람들이 득실대는 세상이야말로 거친 욕망의 불길이 모든 것을 태워 버리는 지옥이다. 계시록이 말하고 있는 종말의 때의 각종 재앙이 별다른 것이겠는가.

이 총체적 위기에 직면하여 인류가 할 일은, 다시금 모든 것을 있게 하고 보존하시는 창조자를 기억하고 해함도 없고 상함도 없는 그의 나라의 도래(사 11:1-9)를 희망하는 것이다. '오메가 점'이라는 목표 없이는 미로를 벗어나지 못한다. 그 '오메가 점'은 '알파 점'에 의해 지시되고 있다. 그 연결고리는 인류가 역사 속에서 체득한 진리다. 진리는 사람을 자유롭게 한다. 그 진리의 힘을 경험한 이는 진리만이 영원한 생명을 지니고 있음을 안다. 그래서 그는 모든 것 안에서 진리를 보면서 진리 자체를 인식하고, 진리만이 살아있는 종말의 때가 올 것을 믿는다. 그리스도교의 관점에서 보면, '오메가 점'에 대한 기대는 종말신앙이고 '알파 점'에 대한 고백은 창조신앙이다. 구원신앙은 진리 체험이라 할 수 있다. 이 셋은 구분되지만 상호 긴밀히 연결되어 있다.

포로기에 이스라엘은 세계사에 대해 새롭게 눈을 뜬다. 그로 인해 근동의 신화나 영웅담, 세계관이 이스라엘의 신앙에 영향을 준 반면, 이스라엘은 구속사의 지평을 온 세계로 확대했다. 그리스도교가 그리스 문화와 만나면서 일어났던 일이 그때도 이미 있었다. 다니엘서는 구원이 전 인류적인 것임을 강력히 선언한다. 느부갓네살 왕이 본 거대한 우상은 세계의 상징이다. 그러나 그 우상은 사람이 손대지 아니한 돌에 의해 가루가 되고 그 돌만이 온 세계에 가득하게 된다. 왕은 이의를 달지 못한다(단 2장). 페르시아 왕 고레스도 '기름 부음 받은 하나님의 목자'로 인정되었다(사 44:28, 45:1). 하나님이 이스라엘을 택하신 것은 열방이 구원을 얻게 하려 하심이었다(창 12:1-3). 그런데 그것이 이렇게 포로로 잡혀온 사람들에 의해 성취되고 있었다.

넓혀진 구속사의 지평

하나님의 백성이 불신으로 인해 이방의 포로가 되었다는 것은 속죄제를 집전하는 사제들로서는 견딜 수 없는 충격적 사건이었을 것이다. 그러나 이 고통이 오히려 그들을 각성케 했고 동시에 보다 넓혀진 세계에서 이스라엘의 신앙 전통이 어떻게 쇄신되고 심화되어야 하는지를 고민하게 했을 것이다. '사람은 하나님의 형상'이라는 깨달음은 그 쓰라린 고통의 산물이었다. 그 의미와 파급효과는 사제들이 생각할 수 있었던 것 이상으로 깊고 넓다. 인간이 무엇인가에 대한 해답 중 이를 능가할 만한 것은 앞으로도 나오지 않을 것이다. 이 우주에 인류보다 뛰어난 지능을 가진 존재가 있다 하더라도 하나님과의 관계를 이 이상 더 가까운 것으로 이해하고 구현할 수 있는 존재는 없을 것이다. 이웃과의 관계에서도 그러하다. 하나님의 형상은 이웃을 위해 고난을 감수하는 '대속'의 길을 함축하고 있다. 이 우주의 어떤 존재도 이 이상 더 이웃을 사랑할 수는 없을 것이다. 그런 점에서 포로기 사제들은 창조신앙을 통해 우주적 구원론과 종말론의 기초를 닦았다 해도 좋다. 왜 그러한가?

'시루 속에 뉘인 그 아기'가 한국전쟁의 원인제공자가 아니듯이, 사제들도 패역의 당사자가 아니었다. 다니엘과 그의 친구들, 바빌론에서 태어난 이스라엘의 아이들도 마찬가지였다. 이들은 하나님이 그 시대에 생명을 주셨기에 누대에 걸친 이스라엘의 죄악을 담당해야 했다. 이들에게 있어 '대속'은 피할 수 없는 '천명'이었다. 대속은 누가 할 수 있는가? 포로로 잡혀와 오직 하나님만을 의지해야 했던 마음 청결한 사람만이 할 수 있다. 포로로 잡혀온 이스라엘 백성은 그렇게 자신도 모르는 사이에 '세상 죄를 지고 가는 하나님의 어린 양'의 출현(요 1:29)을 예비하고 있었다. 사제들은 바로 이 사람들이 '하나님의 형상'이라고 했다. 어느 시대 어느 곳에서든 이들처럼 '의에 주리고 목마른 사람들'은 다 그리스도의 대속에 참여하고 있는 사람들이다. 그들은 배부를 것이다(마 5:6).

이 모든 되어가는 일들을 지켜보는 또 다른 사람이 있었다. '제2 이사야서'(사 40-66장)를 쓴 예언자다. 그는 '야훼의 종의 노래'를 통해 세상 죄를 대신 감당할 한 인물이 나타날 것임을 예언했다. 그는 이스라엘의 고난을 바라보며 장차 전 인류에게 임하실 하나님의 '은혜의 해'가 다가오고 있음을 예감했다. 그는 '그 때 그 인물'을 두고 이렇게 노래했다. "주 여호와의 신이 내게 임하셨으니 이는 여호와께서 내게 기름을 부으사 가난한 자에게 아름다운 소식을 전하게 하려 하심이라 나를 보내사 마음이 상한 자를 고치며 포로 된 자에게 자유를, 갇힌 자에게 놓임을 전파하며 여호와의 은혜의 해와 우리 하나님의 신원의 날을 전파하여"(사 61:1-3). 수백 년 후 예수께서는 그 말씀이 오늘 여기서 이루어지고 있다고 선언하셨다(눅 4:18-21). 가난하고 애통하는 모든 사람들이 이 기쁨에 참예한다(마 5:3-4).

포로기 이후 또 다른 사람들이 그의 길을 예비했다. 주전 2-3세기경 '다니엘서'의 저자는 종래의 여러 전승과 양식들을 수용, 당시 민중들이 품고 있던 소박하고 강렬한 종말에 대한 믿음을 묵시문학의 양식으로 표현했다. 무대는 포로기의 바빌론 땅, 사제들이 신고와 간난을 감수하며 말씀을 간구했던 바로 그곳이다. 한 신성한 돌이 모든 제국을 허물어뜨리고 온 세상을 가득 채울 것이라는 다니엘의 선포에 제국의 왕은 머리를 숙였다. 청정무구한 한 소년의 말은 곧 하나님의 말씀이었다.

7장에는 구체적으로 그 돌이 무엇인지 기술한다. "내가 또 이상 중에 보았는데 인자 같은 이가 하늘 구름을 타고 와서 옛적부터 항상 계신 자에게 나아와 그 앞에 인도되매 그에게 권세와 영광과 나라를 주고 모든 백성과 나라들과 각 방언하는 자로 그를 섬기게 하였으니 그 권세는 영원한 권세라 옮기지 아니할 것이요 그 나라는 폐하지 아니할 것이니라"(단 7:13-14). 동방의 왕이 다니엘 앞에 무릎을 꿇었듯이(단 2:46) 그 '인자'가 이 땅에 왔을 때 동방 박사들이 별 따라 그를 찾아와 몸을 숙여 경배했다(마 2장). 다니엘처럼 마음 청결한 모든 사람들, 이들이 하나님을 본다(마 5:8).

이 성경의 기록들이 의미하는 바가 무엇인가? '대속'은 자신을 정결케 함과 동시에 다른 사람을 해방시킨다는 것이다. 다른 사람의 죄를 대신 감당할 때 그에게서 하나님의 형상이 온전히 모습을 갖춘다. 하나님은 사람을 고난으로 온전케 하신다. 그리고 마음 가난한 이의 고난은 다른 사람의 완악한 마음을 움직인다. 그 가난한 마음에 가득 찬 하나님의 사랑을 볼 수 있기 때문이다. '사람 손으로 아니 하고 산에서 뜨인 돌'이라는 한 마디 말(단 2:45)에서 정복자 왕은 모든 삿된 마음과 불의한 권력을 허물어뜨리는 고귀한 한 인물을 연상하고 무릎을 꿇었다. 성령의 역사라고 할 수밖에 없다. 구속사의 긴 여정에 나타나 있는 대속은 이런 것이다. 악은 현존한다. 씻어내지 않으면 고통은 끝없이 지속된다. 누가 무엇을 어떻게 씻는가? 원수를 사랑할 수 있는 사람이 자신의 고난으로 죄와 한을 씻어낸다. 가해자는 회개로써 죄를 씻고 고통당한 사람은 위로로써 한을 씻는 것이다. 이로써 모두가 진리 안에서 자유를 얻는다. 대속은 법칙이 아니라 사랑이다. 세상 죄로 탄식하시는 하나님은 대속의 짐을 질 사람을 원하신다.

이와 같이 창조신앙은 인간의 눈에는 부정적으로 보이는 모든 것들을 하나님 안에서 긍정적인 것으로 전환시킴으로써 구원신앙의 문을 넓히고, 구원신앙은 창조신앙과 결부됨으로써 종말신앙의 토대가 된다. 다니엘이 예언했던 '인자'가 드디어 세상에 임하셨을 때 그에게서 하나님의 영광을 본 이들은 그리스도 안에 있는 사람은 '누구나 새로운 피조물'이라고 고백했다(고후 5:17). 하나님의 장막이 사람들 가운데 있으니 애통하는 것이나 곡하는 것이나 아픈 것이 다시는 없다. '새 하늘과 새 땅'이 열렸다(계 21:1이하). 모든 우상과 불의한 권력과 삿된 욕망을 부서뜨리고 한 거룩한 돌이 온 세상을 가득 채웠으니, 그날이야말로 창세시의 그 하나님의 '태초의 미소'가 모든 곳에서 꽃피어 나는 때다.

이로써 우리는 마지막 질문에 이르렀다. 세상을 창조하고 구원하고 보존하시는 하나님은 도대체 어떻게 계시는가 하는 질문이 그것이다. 하나님을 보고자 하는 것은 인지상정이다. 예수님의 제자 빌립도 그랬다(요 14:9).

성부, 성자, 성령

랍비들처럼 상상력을 동원하여(토라 해석인 '미드라쉬'가 그렇다. 조철수, 『랍비들이 풀어 쓴 창세 신화』, 2009, 11쪽) 창세기를 읽어보자. 창 1:26-27에 의하면 사람은 하나님의 형상과 모양으로 지어졌다. 사람이 하나님을 닮았으니 하나님도 어떤 모습과 형상으로 존재하시지 않을까? 이스라엘의 하나님은 관념으로 존재하시는 분이 아니었다. 그는 사람처럼 듣고 보고 말씀하시고 권능을 행하신다(일종의 '신인동형론'). 그러나 이스라엘은 하나님을 묘사하는 것을 극도로 피했다. 어떤 형상으로도 그를 나타내어서는 안 되었다(출 20:23). 때때로 하나님이 친히 모습을 드러내실 때도 있었지만 천사의 형상으로 가려지거나(창 18:1) 옷자락으로만 묘사될 수 있을 뿐이다(사 6:1이하). 사람들은 오직 '말씀'과 '영(ruah)'으로만 하나님을 만날 수 있었다 행 2장).

그런데 요한복음은 말씀이 태초부터 하나님과 '함께' 계셨으며 모든 것이 이로 말미암았다고 한다. 이 말씀은 곧 하나님이며, 말씀이 육신이 되신 분이 예수이시다(요 1:1-14). 예수님 자신도 나를 본 자는 아버지를 보았다고 하셨다(요 14:6). 그러나 또 한편으로 그는 늘 하나님을 아버지라 부르며 기도하셨다(마 6:9, 막 14:36, 눅 23:34, 요 17장). 그 하나님은 아들 예수와 동행하시지만 전면에 등장하시지 않는다. 이적은 하나님의 '손'이 하신 일이다(눅 11:20). 한편, 창세 이전 수면 위에 운행하시던 하나님의 영(창 1:2)은 구약 곳곳에서 사람에게 임하시는 분으로 언급되다가(삿 3:10, 삼상 10:6-10, 사 61:1, 겔 11:5) 신약에 이르러 그리스도의 수세(세례 받으심, 마 3:16), 광야의 시험(마 4:1), 사역의 과정(눅 10:21)에 함께 하신 것으로 되어 있다. 부활하신 후에는 제자들에게 숨을 내쉬며 "성령을 받으라"고 하셨다(요 20:22). 또 그는 생전에 하나님이 그의 이름으로 성령을 보내시리라 약속하셨고(요 14:26) 사도행전과 바울 서신은 오순절 성령강림 이후 실제로 활발한 성령의 역사가 있었음을 증언하고 있다. 성경의 기록대로라면 성령은 성부와 성령으로부터 나왔다. 그리고 이에 관한 모든 기록과 초기 교회의 신앙 체험을 토대로 오랜 논쟁을 거쳐 삼위일체 교리가 완성되었다.

이에 의하면 '성자' 예수는 유일무이한 구원자 그리스도이시며(요 14:6) 그를 믿는 자는 다 멸망치 않고 구원을 얻는다(요 3:16). 그는 성령으로 잉태되신(마 1:20) 살아계신 하나님의 아들이시며(마 3:17, 16:16) 그의 십자가는 죄인들의 허물을 대속하시는(막 10:45) 하나님의 은총이다. 성령은 사람들에게 그가 말씀하신 모든 것을 생각나게 하시며(요 14:26), 죄와 의와 심판에 대하여 세상을 책망하시는 분이다(요 16:7-8). 바울은 갈라디아 여러 교회에게 다음과 같이 말했다. 성령이 인도하시면 사람이 율법 아래 있지 않게 되며(갈 5:18) 육체의 욕심을 이루지 않게 된다(5:16). 성령의 열매는 '사랑과 희락과 화평과 오래 참음과 자비와 양선과 충성과 온유와 절제'다(5:22-23). 그런데 그 열매를 얻으려면 육체와 함께 그 정과 욕심을 십자가에 못 박아야 한다(5:24). 결국 '자기를 부인하고 자기 십자가를 지고 그를 좇으라'(막 8:34)는 것이다. 이 모든 기록에서 알 수 있듯이 초기 그리스도인들은 성부와 성자와 성령이 각기 실재하시면서 또 한데 어우러져 고통 받는 사람에게는 무한한 위로의 은총을 주시고, 죄 지은 자에게는 새 사람으로 거듭날 수 있는 길을 열어 주셨음을 분명히 경험했다. 그것은 진리로 인해 자유와 해방을 얻는 구원의 체험이었다. 삼위일체 교리는 이 체험을 신학적으로 체계화한 것이다.

그러나 이로써 하나님의 모습이 명확히 드러나는 것은 아니다. 성부 하나님은 여전히 신비에 싸여 있다. 성부와 성자가 어떤 내밀한 교감을 하고 계신지도 잘 모른다. 예수께서는 십자가 위에서 "나의 하나님 나의 하나님, 어찌하여 나를 버리셨나이까"라고 부르짖으셨다(막 15:34). 겟세마네에서도 "아버지여 아버지께는 모든 것이 가능하오니 이 잔을 내게서 옮기시옵소서 그러나 나의 원대로 마옵시고 아버지의 원대로 하옵소서"라고 기도하셨다(막 14:36). 여기서 볼 수 있는 성부와 성자의 갈등과 순종을 어떻게 해석해야 하는가? 십자가상의 그 기도는 시편 22편의 첫 부분이고, 22절 이하의 뒷 부분은 구원의 하나님을 찬양하고 있기 때문에 결국 성부와 성자는 뜻에 있어 하나였다고 할 수는 있다. 그러나 놀라운 하나님의 권능을 보이신 분이 고통을 대면해서는 "내 마음이 심히 고민하여 죽게 되었으니 너희는 여기서 머물러 깨어 있으라"고 하실 정도로(막 14:34) 깊은 고뇌에 빠지신 이유는 무엇일까?

이는 분명 사람의 모습이다. 인간적 면모는 '사람의 아들(인자)'이라는 호칭에서도 암시되어 있다. 그렇다면 '나와 아버지는 하나'라는 말씀은 어떻게 이해해야 하는가? 삼위일체 교리는 그가 하나님임과 동시에 사람이라고 말한다. 구약성경에 의하면 하나님은 사람들의 죄로 인해 한탄하고 근심하신다(창 6:5-6). 슬픔도 느끼시고(사 1:4) 진노도 하신다(사 5:25). 복음서에 기록된 예수님 모습 그대로다. 성부께서도 성자처럼 말씀하시고 들으시고 느끼신다. 고통을 두려워하기도 하셨을까? 아들의 두려움에 공감하실 수는 있어도 하나님께 두려움이 있다는 것은 도무지 상상이 안 된다. 겟세마네의 기도대로 성부에게는 모든 것이 가능하니 두려움이 있으실 리가 없다. 적어도 이 점에 관한 한 성부와 성자는 확실히 구분된다.

하나님은 만물의 창조자요 양육자이시다. 하나님이 말씀하시니 모든 것이 있게 되었다. 다만 사람은 특이하게 직접 흙으로 빚고 자신의 숨을 불어넣어 만드신 것으로 되어 있다. 그러나 '사람 됨'의 첫 단계는 선악과를 따먹지 말라는 말씀을 지키는 것이었다. 타락 후 회복의 과정에서 반복된 언약도 율법 준수가 요체다. 율법은 말씀이다. 하나님은 말씀으로 사람을 양육하신다. 그러나 바울은 율법으로는 죄를 깨달을 수 있을 뿐이라 했다(롬 3:20). 자신의 경험에서 우러나온 고백이다. 그는 율법이 아니라 그리스도 안에서 비로소 죄의 법으로부터 자유로울 수 있었다

(롬 8:1-4). 그 중보자가 바로 성령이시다. 이미 빛보다 어둠을 더 사랑하게 된 사람들이 쉽사리 사람이 되신 말씀을 알아보고 순순히 그 앞에 나아오지는 않는다. 하나님의 뜻을 밝혀줄 인물과 함께(사 11:1-5) 성령이 임하셔야 하는 것(요엘 3:1-5)은 오로지 죄인들을 향한 하나님의 은혜요 사랑이다. 하나님은 그 약속을 지키셨다. 성령은 불같이 임하셨고 성자는 범사에 사람들과 같이 되셔서(히 2:17, 빌 2:5이하) 두려운 고통을 순종으로 감내하심으로써 고통당하는 사람들과 온갖 죄인들을 아버지께로 인도하셨다(히 2:18). 그리스도인들은 이 성부, 성자, 성령 하나님 안에서 자신과 세계를 이해하고 거룩한 하나님의 나라가 이 땅에 임하시기를 기원했다. 그리고 스스로 세상의 빛과 소금이 되고자 했다.

제3장

사람의 길

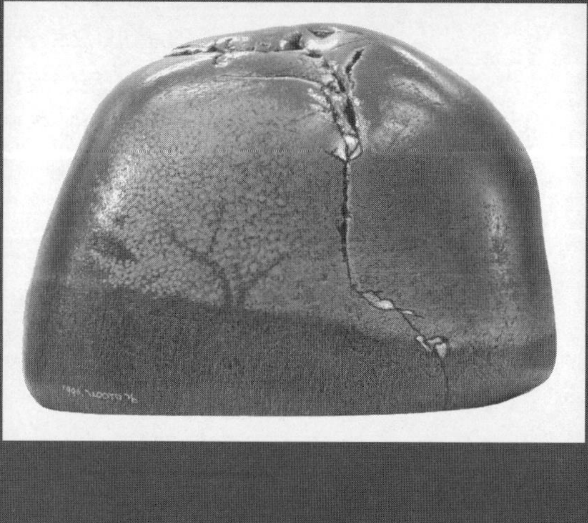

주의 손가락으로 만드신 주의 하늘과
주께서 베풀어 두신 달과 별들을 내가 보오니
사람이 무엇이기에 주께서 그를 생각하시며
인자가 무엇이기에 주께서 그를 돌보시나이까 (시 8:3,4)

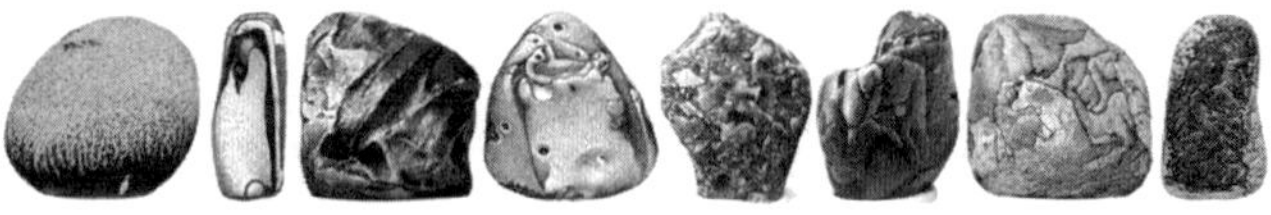

자유를 찾아서

걸림 없는 삶

누가 진리를 찾는가? '지금의 나는 진짜 나가 아니다. 이 세계가 본디 이렇게 생겨 먹지는 않았을 것이다'라는 의문을 품는 이가 진리를 찾는다. 사실 누구나 한 번쯤은 이런 의문을 가진다. 하이데거가 말한 바와 같이 "인간 안에는 어두운 원리의 모든 세력이 존재하며, 동시에 그만큼 빛의 모든 힘이 존재한다. 인간 안에는 가장 깊은 심연과 가장 높은 하늘이, 또는 양 중심들이 존재한다"(M. Heidegger, *Shelling: Vom Wesen der menschlichen Freiheit*(1809), Bd. 42, S. 307. 소광희 외, 『인간에 대한 철학적 성찰』, 문예출판사, 2005, 232쪽에서 재인용). 바울이 로마서에서 고백했던 바로 그 모습이다. 만약 사람에게 빛의 힘이 없다면 그는 진리를 찾을 마음조차 품을 수 없다. 반대로 어둠이 없다면 그는 빛을 찾아 나설 필요가 없다. 그러나 사람에게는 '하나님의 법'을 따르고자 하는 마음과 '죄의 법'을 따르고자 하는 두 마음이 있기에 진리를 찾는 구도자의 발길이 연면히 이어지는 것이다. 성서를 기록한 사람들은 땅의 삶을 수긍할 수 없어 하늘을 향해 머리를 든 사람들이다. 하나님은 그들에게 자신을 열어 보이셨고 이들은 그 보고 들은 바를 사람의 말로 변환시켰다.

사람이 하나님 안에 거하고 하나님이 그 안에 거하실 때, 곧 그가 진정한 '하나님의 형상'일 때, 그의 생각과 행동은 아무 걸림이 없게 된다(요 15:7). 하나님의 무한하신 자유와 창조성이 그대로 발현되기 때문이다. 한 사람이 하루 동안 마음에 떠올리는 생각도 책 한 권이 될 만큼 많다(솔제니친의 『이반 데니소비치의 하루』를 보라). 그러니 그가 일생 동안 자신 및 주변 세계와 나누는 생각과 감정이 얼마나 다채롭겠는가. 헤아릴 수 없이 많은 사람들이 적어도 수천 년간 이 지구상에서 삶을 영위했다. 이들이 나눈 사랑, 하늘에 바친 기도와 찬양, 자연에 대한 경탄은 모두 하나님의 마음에 새겨지고 그의 '빛'을 더욱 밝게 한다.

물론 인간이 저지르는 악과 그로 인해 야기된 고통과 탄식도 똑같이 이 우주에 새겨진다. 하나님은 죄가 넘쳐나는 세상을 보시고 사람 지으신 것을 후회하셨다(창 6:5-7). 바울도 피조물들이 다 함께 탄식하며 고통을 겪는 것이 인간의 죄 때문이라 했다(롬 8:18-22). 그러나 말씀이 임하시면 결국 흑암은 물러난다. 창세기 1장 1절의 '창조'라는 말에는 '낳았다生'는 의미가 함축되어 있다. 시편 기자는 "여호와께서 내게 이르시되 너는 내 아들이라 오늘 내가 너를 낳았도다"(시 2:7) 하며, 70인역(헬라어 히브리 성경)은 창세기 2:4a를 "이것은 하늘과 땅의 출생에 관한 책이다"라고 번역하고 있다(앨런 P. 로스, 강성렬 역, 『창세기』, 두란노, 1989, 7쪽). 사람은 하나님의 무궁한 생명의 화현(化現)이다. 그러므로 흙으로 된 생물학적 인간은 나고 죽지만 하나님의 형상인 인간에게는 '나고 죽음'이 없다. 하나님은 산 자의 하나님이시다(막 12:27). 예수께서 말씀하신 '영생'(요 3:16)은 이스라엘에게 생소한 관념이 아니었다. 창세기는 '생명나무'를 영생과 관련짓고 있다(창 3:22). 영생이란 영원하신 하나님 안에 거하는 것이다. 예수께서는 들풀에도 하나님의 영광이 드러나 있고(마 6:28-30) 참새 한 마리도 하나님의 허락 없이 땅에 떨어지지 않는다 하셨다(마 10:29). 만물은 하나님이 내셨고 하나님은 만물 안에 계신다. 그러므로 우리가 눈으로 볼 수 있는 현상계에는 생멸이 있지만 하나님 안에서는 모든 것이 생멸을 넘어서 있다. 우리가 콩나물 한 젓가락 먹으면서 우주와 인간과 창조자를 생각하고 삶의 신비에 경외감을 느끼는 것은 모든 존재하는 것들이 다 하나님 안에서 하나의 관계의 그물망으로 얽혀 있기 때문이다.

이 신비한 그물망을 두고 마르틴 부버는 "태초에 관계가 있다(Im Anfang ist die Beziehung.)"고 했다(M. 부버, 표재명 역, 『나와 너』, 문예출판사, 2001, 28쪽). 그 관계에는 빛과 어둠이 공존한다. 어둠은 빛의 이면이요 빛으로 창조된 세계에 잠재해 있는 또 다른 가능성이다. 인간은 하나님의 형상이기 때문에 하나님의 자리를 넘볼 수 있다. 창세기 첫 부분의 빛과 어둠의 대조는 이러한 인간의 실존적 상황을 투영하고 있다. 본디 존재하는 모든 것은 하나님 안에서 상호의존적인 협력과 사랑의 관계에 있어야 한다. 인간이 하나님과의 관계를 단절하고 스스로 하나님이 되고자 하는 것은 이 사랑의 관계를 지배-복종 관계로 왜곡시키는 것이다. 성서 기자는 이러한 인간의 마음의 움직임을 정확히 꿰뚫어 보았다. 마르크스 역시 고통의 진원지로 인간의 욕망을 지목했다. "만일 노동자의 활동이 그에게는 고뇌가 되면 타자에게는 그것은 향락이고 생의 기쁨임에 틀림없다. 인간을 지배하는 소원한 힘이 될 수 있는 것은 신들도 자연도 아니다. 그것은 오직 인간 자신만이 가능하다"(『경제학-철학 수고』, 전집증보판 I, 518f쪽 이하). 지배자는 사람들의 반발을 잠재우기 위해 권력을 강화하고 응보사상 등을 통해 교묘히 현실을 정당화한다. 여기에 종교가 가세하여 마약처럼 민중을 호도하기도 한다. 그러나 마르크스는 누구라도 입장이 바뀌면 지배욕의 노예가 될 수 있다는 것을 간과했다. 그리스도교의 원죄 교리는 모든 사람에게 그런 속성이 있다는 것을 꿰뚫어 본 점에서 마르크스보다 더 현실적이다. '죄의 유전'은 동의하기 어렵지만 적어도 이 교리가 현존하는 인간에 대한 깊은 이해에 바탕을 두고 있다는 것은 확실하다.

쾌락을 추구하는 인간의 본능적 성향을 고려하면, 참된 자유의 길은 좁고 험하다. 하나님의 존재를 믿을 수 없는 상황에서 '믿음'을 가지고, 어둠 속에서 빛에 대한 '소망'을 품고, 원수까지도 껴안는 '사랑'(고전 13:13)은 골수를 쪼개는 고통 속에서 비로소 꼴을 갖춘다. 바울의 일생이 그러했다. 하나님은 그의 모든 약함을 제하시지 않았다(고후 12:7-10). 그는 약함 가운데서 자기 십자가를 지고 그리스도를 따랐다. 모든 존재하는 것들의 자유를 위해 몸을 바치는 사람은 필시 고통의 거친 물살 속에서 연단된다. 지배욕은 뒤틀린 형태의 삶의 의지이다. 이 욕망을 순화시키는 것은 의로운 자의 고통이다. 사람 죽이기를 밥 먹듯이 했던 백부장도 십자가의 예수를 보고 바뀌었다. 이 세상에는 폭력으로 새 세상을 이루려 하는 사람들이 많다. 그러나 증오에 바탕을 둔 유사종교는 그런 열매를 거둘 수 없다. 희망은 오직 인간과 세계와 이 모두를 있게 하고 보존하는 궁극자에 대한 통찰을 보유한 참된 종교에 있다. 시편은 고통으로 부르짖는 사람에게 그 짐을 하나님께 맡기라 한다(시 55:22). 예수께서도 "수고하고 무거운 짐 진 자들아 다 내게로 오라 내가 너희를 쉬게 하리라" 하셨다(마 11:28). 집요하고 치명적인 고통도 하나님 안에 거하면 일순간에 물거품처럼 사라질 수 있다. 하나님은 생명이시다. 그가 주신 생명이 인간 삶의 근원이다. 삶의 의지는 그에게서 나온다. 이를 아는 자는 죽기보다 더한 고통도 어디까지나 삶의 부산물일 뿐이라는 것, 고통은 결코 삶을 넘어설 수 없다는 것을 깨닫는다.

지배욕과 자유

지배욕은 관계에 대한 왜곡된 이해에서 비롯된다. 하나님의 형상인 인간이 선악을 알려 하는 것이 잘못일 수는 없다. 다만 자신이 그 최종적 판단자가 되려 한 데서 비극이 탄생한다. 대개 그 판단은 자신의 삿된 욕망을 정당화하는 도구로 기능한다. 인류 역사에는 그렇게 스스로 신이 되려 한 자들이 무수히 많았다. 타락설화는 어떻게 존재자들 간의 관계가 뒤틀리고 고통과 악이 생성되게 되었는가에 대한 계시적 통찰을 담고 있다. 소유는 삶의 필요조건이다. 그러나 소유권의 절대화는 사람에 대한 지배에까지 이른다. 마르크스주의는 그런 기형적 사회를 모태로 하여 태어났다. 노예제도가 국제조약에 의해 항구적으로 폐지된 것은 20세기에 들어와서였다. 그 후에도 조선의 처녀들은 일본군의 성노예가 되었다. 처칠도 종전 후 의회 연설에서 민족자결은 추축국 식민지에만 해당되는 것이라 했다(김대순, 『국제법론』, 삼영사, 2004, 249쪽). 그만큼 지배욕은 끈질기다. 원죄 교리는 논란의 여지가 많지만, 인간의 마음 깊은 곳에 자리 잡고 있는 이 거칠고 어두운 욕망을 꿰뚫어 보고 있다는 점에서는 경청할 가치가 있다. 사실 사랑과 지배욕 간에는 종이 한 장 차이밖에 없다. 지배욕이 사랑의 가면을 쓸 때도 많다. 따라서 당사자들도 이를 잘 분간하지 못한다. 아이를 사랑한답시고 한 일들이 실은 아이를 지배한 것이었다는 사실을 뒤늦게야 깨닫는 부모가 얼마나 많은가.

지배욕은 대개 외부의 자극에 의해 촉발된다. 무수한 존재자들로 가득 차 있는 세계는 인간의 마음에 미묘한 파장을 일으킨다. 창조자를 생각하고 그에게 영광을 돌리는 사람도 있지만 자신이 신의 자리에 앉고자 하는 이도 많다(롬 1:20). 예수께도 그런 유혹은 다가왔었다. 사탄은 그에게 '천하 만국과 그 영광'을 보이고 자신에게 경배하면 그 모든 것을 주겠다고 했다(마 4:8-9). 타락설화와 광야 시험은 하나님과의 관계를 파괴하는 진원지가 바로 인간 내면에 잠복해 있는 지배욕임을 암시한다. 성서는 지배욕이 야기하는 관계의 왜곡과 파탄으로 인해 인간은 전에 없던 고통을 겪게 되었고 인간 상호간에는 대를 이어가며 갈등관계가 조성되었다고 말한다. 인간과 하나님의 거리는 멀어졌으며 자연은 적대적으로 변했다. 뱀과 인간의 갈등은 이 세계가 인간의 지배욕에 의해 끊임없는 고통의 장이 될 것이라는 예언이다.

그렇다면 이 고통에서 벗어나는 길은 무엇인가? 성경의 일관된 주장은 '하나님을 청종하라'는 것이다. 신명기는 말한다. "너는 마음을 다하고 성품을 다하고 힘을 다하여 네 하나님 여호와를 사랑하라"(신 6:5). 예수께서도 유혹자에게 "주 너의 하나님께 경배하고 다만 그를 섬기라"고 하셨다(마 4:10). 그의 초기 설교는 '하나님의 나라가 가까웠으니 회개하고 복음을 믿으라'는 것이었다(막 1:15). 하나님과의 관계 회복이 모든 것의 관건임을 천명하신 것이다. 그 회복은 하나님의 말씀대로 행함으로써 가능해진다(마 7:20). 사람이 말씀 안에 거하면 진리를 알고 진리가 그를 자유롭게 한다(요 8:31-32).

모든 존재하는 것은 관계로 얽혀 있다. 그리고 인간이 자신과 세계를 어떻게 이해하는가에 따라 관계망의 성격도 달라진다. 주변 세계를 자기 뜻대로 지배하려는 사람은 하나님도 지배하려 하고 마침내 자신의 입맛대로 하나님의 모습마저 바꾸어버린다. 결국 하나님은 인간이 입혀주는 황제의 옷을 입으시고 돈과 권력을 달라는 아우성을 들으셔야 한다. 마르크스주의자들도 세계종교들도 지배욕으로부터 자유롭지 못했다. 누구든지 크고자 하는 자는 섬기는 자가 되고 으뜸이 되고자 하는 자는 종이 되어야 한다는 그리스도의 가르침(마 20:26-27)은 아직도 미완의 상태로 남아 있다.

자유를 향한 발걸음

우리는 하나님이 왜 애초부터 비틀린 욕망을 가지지 못하도록 인간을 창조하시지 않았는지 물을 수 있다. 그러나 그런 존재는 로봇이나 동물이지 우리가 아는 인간이 아니다. 하나님의 무한한 창조성은 자신을 닮은 존재, 창조성과 자유를 본성으로 하는 생명체, 즉 '하나님의 형상'을 창조하는 데까지 나아갈 수밖에 없다. 그런 존재로 인해 하나님 또한 자신의 존재 의미를 확인하실 수 있다. '상호' 소통하고 사랑의 교감이 가능한 존재가 하나님에게도 필요한 것이다. 그러므로 자유를 남용할 가능성에도 불구하고 인간의 창조는 필연이다. 또 그로 인해 세상에 고통이 침투한다 해도 인간 창조가 무모하거나 무책임한 일은 아니다. 고통은 어떤 면에서는 인간을 더욱 하나님께 가까이 가게 하는 통로이기 때문이다. 만약 사람에게 죽음이 없다면 목숨을 걸고 남을 살리는 궁극의 사랑을 알 리 없고 삶에 대한 감사도 없을 것이다. 산고가 있기에 아기를 보는 어머니의 기쁨도 배가된다. 이스라엘은 고통의 경험을 통해 하나님의 거룩한 백성으로 성장했다. 그러나 고통 가운데 계시와 접했던 이스라엘의 선지자들도 고통 자체를 예찬하지는 않았다. 그 대신 이들은 고통에서 사람들을 해방시키시는 하나님을 찬양했다. 이스라엘이 추수감사절에 조상들의 고통의 역사를 회상했던 것은(신 26:5이하) 인간사회에서 그런 치 떨리는 고통이 다시는 없어야 한다는 것을 상기하기 위함이었다. 세상의 무수한 사람들이 재해와 전쟁, 압제와 가난 속에서 처절하게 삶을 영위했다. 그러므로 '젖과 꿀이 흐르는 땅', '우는 소리와 부르짖는 소리가 다시는 들리지 않으며 해함도 없고 상함도 없는 하나님의 성산'(사 65:17-25)은 이스라엘뿐 아니라 모든 고통 받는 이들의 궁극적인 소망일 수밖에 없다. 창세기 1장의 장대하고 아름다운 창조설화는 바로 그 희망의 표명이자 그에 대한 하나님의 응답이다.

문제는 신관(神觀)이다. 이스라엘의 하나님은 고통과 악으로부터 사람을 해방시키는 분이셨다. 하나님은 '의의 하나님'이시다. 하나님이 이런 분이 아니시라면 '절망'이라는 또 다른 고통이 인간을 파괴한다. 반면에 '의의 하나님'에 대한 두려움이 지나치면 삶이 왜곡된다. 사람들은 흔히 하나님이 불꽃같은 눈으로 샅샅이 인간의 죄를 살피시고 가차 없는 형벌을 가하신다고 생각한다. 특히 마지막 때의 대심판은 영원한 형벌을 수반하는 것으로 이해되고 있다. 이 형벌에 대한 두려움과 용서에 대한 기대 때문에 전투경험이 없는 많은 사람들이 가족과 전토를 버리고 십자군 전쟁에 참여했다가 허무하게 목숨을 잃었다(시오노 나나미, 『십자군 이야기 I』, 31-36쪽, 59-62쪽 참조). 무시무시한 하나님은 사람들을 하나님으로부터 멀어지게 한다. 더욱이 믿음도 선물이며 구원은 예정된 소수의 사람에게만 주어지는 것이라고 한다면 예정에 없는 사람들이 고통을 넘어서기 위해 기울이는 모든 노력은 도로에 불과하다. 이는 기쁜 소식이 될 수 없다. 자유를 향한 발걸음이 결국 이런 하나님에게 귀결된다면 사람들은 더 이상 걸으려 하지 않을 것이다.

그러나 하나님이 지으신 세계는 결코 무시무시하지 않다. 어느 과학 서적에서 재미있는 기사를 읽었다. 한 천문학자가 우주에서 순도 100%의 에틸 알코올로 이루어진 분자 덩어리들을 발견했다는 것이다. 개수를 하나하나 세었더니 술잔이 1,028개. 질량은 인류가 수조 년 동안 실컷 마실 만큼. 다만 술집이 너무 멀다. 빛의 속도로 가도 1,300년이 걸린단다(크리스 임피, 이강환 역, 『세상은 어떻게 시작되었는가』, 시공사, 2013, 109-110쪽). 창조자는 장난꾸러기 아이 같이 그 술을 그림의 떡으로 만들었다. 하나님은 결코 두려운 분이 아니다. 하나님의 아들 예수께서는 죄인들과 더불어 먹고 마시기를 좋아하셨다. 그는 간음한 여인을 철저히 보호하셨다(요 8:1이하). 그의 비유는 유장하고 태평스럽다. 그 가운데 불의에 대한 강력한 경고가 함께 담겨져 있다. 사랑과 평화로 의를 감싸고 있기에 둘 다 완벽하다.

'십자가에 달리신 예수'를 누가 두렵다 하는가. 그가 태어나셨을 때 천사들은 그 지경의 목자들에게 '온 백성에게 미칠 큰 기쁨의 좋은 소식'을 전한다고 분명히 말했다(눅 2:10). 히브리서는 하나님이 구원의 창시자를 고난을 통해 온전하게 하셨으며 그가 시험을 받으셨기에 또한 시험을 받는 자들을 능히 도우실 수 있다고 고백한다(히 2:10, 18). 바울은 분명히 그리스도 안에서 모든 사람이 삶을 얻는다고 했다(고전 15:22). 바로 그분이 고통에 신음하는 사람들의 발걸음을 인도하신다.

자유를 찾아나서는 사람들의 발걸음은 그 성품에 따라 크게 두 가지로 구분된다. 하나는 삶의 경이와 아름다움에 먼저 눈을 돌림으로써 고통을 넘어서는 것이고, 다른 하나는 삶의 비극적 측면을 정면으로 응시

하는 가운데 출구를 찾는 것이다. 8세기 중국의 시인 이백(李白)과 두보(杜甫)은 혼란스러운 시대의 아픔을 마음에 품은 좋은 벗이었다. 그러나 성격은 판이했다. 이백이 타고난 자유분방함과 탁월한 미적 감각으로 인간의 기쁨을 노래했다면 두보는 인간의 고뇌를 밑바닥까지 파고들어 그 시대적 아픔을 감동적인 시로 길어내었다. 직접 그들의 시를 한번 읽어보자. 이백은 이란 시에서 "하늘이 술을 사랑하지 않는다면 어찌 하늘이 주성이 있으리요"(天若不愛酒 酒星不在天, <월하독작月下獨酌>)라고 했다. 중국인들은 땅의 사물들은 모두 '천'의 반영이라고 생각하고, 땅에 술이 있으니 하늘에도 술별이 있다고 본 모양이다. 그는 술잔에 뜬 달을 마시며 "석 잔 술에 대도에 통하고 한 말 술에 자연과 하나가 되었다"(三盃通大道 一斗合自然). 아마도 그의 마음을 사로잡은 '술별을 만든 하늘'은 고통에 신음하는 방랑자들이 마침내 쉼을 얻는 '돌아갈 본향'이었을지 모른다. 이에 비해 두보는 전란으로 피폐해진 나라를 보면 이렇게 비감 어린 시를 남겼다. "나라는 파괴되었는데 산하는 남아 있네. 도성에 봄이 오니 초목이 무성하다"(國破山河在 城春草木深, <춘망春望>). 그에게 있어 '남아 있는 산하'는 헐벗은 자들의 마지막 '남은 희망'이었을 것이다. 둘은 시각의 차이는 있어도 자연 속에서 하늘의 섭리를 읽어내었다는 점에서 공통점이 있다. 생각건대, 고통을 이기고 자유를 얻는 데는 대체로 아래와 같은 몇 가지 길이 있다.

첫째, 고통을 외면하고 쾌락을 추구하는 것이다. 많은 사람들이 될 수만 있다면 이 길을 가려 한다. 그러나 고통을 비켜갈 수 있는 사람은 없다. 원하는 것을 다 누리더라도 결국은 허망함을 깨달을 수밖에 없는 것이 사람이다(전도서 2장). 그러므로 이 길은 고통에 대응하는 적절한 방식이 아니다. 그러나 그 연장선상에서 감각적 쾌락을 넘어 정신적인 행복에 이르는 삶의 지혜를 찾을 수도 있다. 쾌락의 허무를 경험한 전도서 기자는 결국 "사는 동안에 기뻐하며 선을 행하는 것보다 더 나은 것이 없는" 것과 "사람마다 먹고 마시는 것과 수고함으로 낙을 누리는 그것이 하나님의 선물인 줄" 알고 마침내 "하나님이 이같이 행하심은 사람들이 그의 앞에서 경외하게 하려 하심인 줄을" 깨닫는다(전 3:12-14). 무의미한 쾌락이 '하나님 안에서' 의미 있는 복락으로 반전된 것이다.

둘째, 사람에 의해 야기되는 일련의 고통에 대해 그 원인과 결과를 있어서는 안 되는 '악'으로 규정하고('윤리적 악') 제어함으로써 고통에서 해방되려는 사람들이 있다. 압제자를 몰아내고 범죄자에게 형벌을 과하며 경제발전을 통해 가난을 극복하는 것이 그것이다. 고통을 애매모호한 채로 그냥 두면 삶이 갈피를 잡을 수 없으므로 사람들은 이처럼 선악의 구분을 통해 삶의 길을 분명하게 밝혀 고통을 넘어서고자 한다.

셋째, 어떤 고통이 존재의 유한성에서 오는 숙명적인 것으로 보일 때 그것을 그냥 수용·감내하는 길이 있다. 인생에는 노화와 죽음, 자연재해 같이 피할 수 없는 고통이 있다. 노자는 천지는 인자하지 않아 만물을 풀로 엮어 제사에 쓰고 버리는 개(추구芻狗)처럼 대한다 했다(『도덕경』 5장). 왜 그런지 인간은 잘 모른다. 예방책을 강구하지만 결과는 신통치 않다. 결국 인간의 유한성을 자인하고 수용하는 길밖에 없다.

넷째, 그리스도교의 전통교리가 가르치는 것 같이, 고통을 타락에 대한 하나님의 심판의 결과로 보고 믿음으로 해방의 길을 찾는 것이다. 그러나 이 교리가 예정설(구원 받을 자와 영벌에 처해질 자가 태초부터 예정되어 있다는 것)과 결부되면 악과 고통의 책임은 궁극적으로 자유의지를 남용할 수 있는 존재를 지으신 신에게로 귀착되어 한 하나님 안에 선악이 공존하는 이원론적 사고라는 비판을 면키 어렵다.

다섯째, 모든 고통을 내면화하여 그것을 더 나은 삶을 위한 연단, 즉 '고행'으로 전환시키는 길이 있다. 그리스도교 안에도 위에서 말한 배타적 교리와는 달리 고통을 죄인들의 구원을 위해 하나님이 주시는 시련, 즉 선의 도구로 이해하는 강력한 기맥이 있다(이레네우스). 종교적 신심과 상관없이 온갖 시련과 도전을 극복하고 무엇인가를 성취함으로써 삶의 만족을 얻는 보통사람들도 이 길을 간 것이라 할 수 있다.

여섯째, 존재의 본성에 대한 깨달음을 통해 고통 자체를 넘어서 버리는 방식이 있다. 여기서는 굳이 선악을 구분하지 않는다. 주로 동양인들이 이 길에 친숙하다. 불교인들은 '고(苦)'의 문제를 직시하면서 그 고가 마음에서 비롯되고 그 마음 또한 본디 실체가 없음을 깨달음으로써 걸림 없는 자유와 평안을 얻으려 한다. 육조 혜능(慧能)은 의발을 탈취하려고 자신을 추적해 온 이에게 가르침을 주기를 "선도 생각하지 말고 악도 생각하지 말라"(不思善 不思惡, 『六祖壇經』) 했다. 선도 악도 집착하면 '고'에 빠지게 됨을 자각케 한 것이다. 특이한 것은 장자의 해법이다. 그는 "인생이란 마치 흰 망아지가 문틈 사이로 휙 지나는 것과 같다"(人生如駒過隙, 『장자』 <知北遊>)고 했다. 무한히 긴 우주적 시간과 짧은 인생을 대비시켜 고통을 극도로 축소시킨 것이다. 이 역시 만물의 근원이자 시작도 끝도 없는 도 안에서 고통을 해소하는 한 방식이다.

일곱째, 예수께서 가르치신 '원수 사랑'이 있다. 원수 사랑은 이웃과 원수의 구분을 타파하는 데서 시작하여 죄인들을 품는 것으로 이어진다. 그에게는 선천적 맹인이 결코 하나님의 의의 징표가 아니었다. 오히려 그를 치유하시는 것이 하나님의 영광이었다(요 9:1-7). 원수 사랑이 불의를 용납하는 것은 결코 아니다. 그는 외식하는 서기관과 바리새인들을 통렬히 비판하셨다(마 23장). 그러나 그는 그들의 사죄를 위해 기도하셨다. 원수 사랑은 거룩한 힘이다. 그래서 불의한 자를 회개에로 이끈다(예컨대 골고다의 백부장, 세리 삭개오). 원수 사랑은 모나지 않다. 목자는 당시 팔레스타인에서 죄인에 속한 사람이었다(세리와 창녀뿐 아니라 피혁공, 당나귀몰이꾼과 함께 '목자'도 죄인이었다. 요아킴 예레미아스, 허혁 역, 『예수의 비유』, 분도출판사, 1982, 128쪽). 그런 목자가 '잃은 양 한 마리의 비유'(눅 15:4-7)에서는 하나님의 마음을 가진 사람으로 묘사되고 있다! 그것은 '지금' 자신과 함께 식사를 하고 있는 '여러 죄인들'을 즉시 해방시키는 복음이었다(이 비유는 그가 세리와 죄인들과 더불어 식사하시는 것을 비방하는 바리새인과 서기관들에게 하신 것이다). 일상사를 소재로 한 그의 비유는 듣는 이들로 하여금 하나님 나라가 곧바로 자신의 삶 속으로 밀려들어오는 것을 경험하게 했을 것이다. 하나님은 힘 있는 자로부터 사람을 구해 내시는 분이라는 그의 믿음(막 3:27)은 멀리 이사야와(사 49:25) 출애굽 사건에까지 거슬러 올라간다. 그의 언행은 갇힌 자를 자유케 하시는 하나님의 해방의 사역(사 61:1이하)이었으며, 이를 통해 그는 악한 자의 무력해짐과 하나님 나라의 도래를 고지하셨다(J. 그닐카, 『국제성서주석: 마르코복음 1』, 한국신학연구소, 193쪽).

이상의 여러 가지 대응방식은 '맞춤형' 처방이라는 공통된 특징을 가지고 있다. 사람들은 자신의 성품이나 취향에 따라 고통의 성격을 규정하고 그에 합당한 대응방식을 선택한다. 따라서 여러 방식이 중첩적으로 적용될 수도 있으며 여건에 따라 태도가 바뀌기도 한다. 자신에게 임한 모든 고통을 연단으로 받아들이면서도 악에 대한 투쟁은 얼마든지 병행할 수 있다. 쾌락에 탐닉하던 이가 허무를 절감하고 고통에 정면으로 맞서기도 한다. 예수님의 '원수 사랑'은 이 모두를 포섭한다. 다른 진리의 스승들도 '원수 사랑'을 모르지 않았다. 부처님은 일체 중생이 다 불성을 가지고 있다 하여 일체의 차별을 타파하고 대자비를 실천할 것을 권고하셨다. 공자님은 "덕으로 원한을 갚으면 어떻습니까?"라는 질문에 "올바름으로 원한을 갚고 은덕으로 은덕에 보답하라"(以直報怨 以德報德)고 하셨다(『논어』, <憲問>). 그가 원수 사랑을 몰라서가 아니라 '너무 높거나 깊은 것을 빌리면 그저 한두 사람만 능히 실천할 수 있을 뿐 모든 이들이 함께 실천할 수 없다'는 것을 아셨기 때문이다(이중톈, 심규호 역, 『이중톈, 사람을 말하다』, 중앙북스, 2013, 91쪽).

진리는 이처럼 역사성을 갖출 때 보편성을 획득한다. 현실에 딱 들어맞기에 언제나 상황에 따른 재해석이 가능한 것이다. 그러나 사람들이 마음 문을 닫으면 진리는 설 자리가 없다. 예수께서 주려 하셨던 '새 술'은 당시 사회를 주도하고 있던 '헌 부대'에는 담길 수가 없었다. 완강한 종교적 자부심과 권력욕이 독이 된 것이다. 이에 비해 아무것도 지킬 것이 없는 이들은 그의 말씀에 귀를 기울였다. '잃은 양 한 마리의 비유'의 도입부는 "모든 세리와 죄인들이 말씀을 들으려 가까이 나아오니"라고 되어 있다(눅 15:1). 예수께서는 이들을 영접하고 더불어 음식을 드셨다. 그리고 이를 비방하는 무리들에게 '죄인들' 중의 하나인 목자의 일상적 삶을 통해 하나님의 나라가 어떠한지를 드러내 보이셨다. 이 비유는 잃은 양 한 마리에 대한 특별한 하나님의 사랑을 강조한다. 그러나 우리 안에 있는 양을 배척하는 것은 아니다. 그는 바리새인 시몬의 집에도, 세리 삭개오의 집에도 아무 거리낌 없이 들어가셨다(눅 7:36, 19:5). 이 사람도 저 사람도 그에게는 다 하나님의 자녀였다. 다만 여러 장애물로 인해 사람이 하나님의 말씀을 성심으로 받들지 못하는 것이다. '씨뿌리는 자의 비유'(막 4:1이하)는 사람의 심지가 굳지 못하거나 핍박 때문에 또는 세상의 염려와 재리의 유혹으로 하나님의 말씀이 결실을 맺지 못한다고 한다. 그러므로 요체는 '회개'다. 기쁜 소식에 대한 믿음은 여기에서 말미암는다(막 1:15). 예수께서는 사람을 차별하신 적이 없다. 그는 누구에게나 하나님을 '압바'라 부르라고 가르치셨다(눅 11:2).

팔레스타인 사람들은 우리와 달리 먼저 씨를 뿌리고 땅을 간다. 그러므로 이 비유를 접한 이들은 누구나 어렵지 않게 자신도 '좋은 땅'이 될 수 있다고 알아들었을 것이다. 씨앗은 진리이신 하나님의 말씀이며 사람은 그 씨앗이 뿌려지는 땅이다. 창세기는 인간을 하나님의 형상이라 한다. 그렇게 보면 누구나 다 하나님의 말씀을 잘 받들 수 있는 '좋은 땅'이며 하나님 나라는 바로 사람들 '안에' 있다(눅 17:21). 악이 마음에서 비롯되듯이 악을 이기는 선도 마음 안에 있는 것이다. 아마도 예수께서는 광야에서 40일간 금식하시면서 하나님과의 진정한 일치를 체험하셨을 것이다. 사탄의 시험은 하나님의 말씀이 그의 마음판에 온전히 새겨지는 마지막 단계를 나타낸다. 진리의 씨앗은 그렇게 그리스도 예수 안에서 큰 나무가 되었다. 그리고 그 그늘 아래서 유랑하는 수많은 영혼들이 쉼을 얻었다. 공중의 새들과 들판에 핀 꽃들도 그에게는 하나님의 영광을 드러내는 존재였다. 하나님과 인간과 세계가 마침내 '사람의 아들' 예수 안에서 하나가 된 것이다. 그러므로 그의 말씀은 천지가 없어져도 없어지지 아니한다(막 13:31). 죽음의 세력도 그의 사랑을 꺾을 수 없고 땅끝까지 향하는 그의 발걸음을 누구도 막을 수도 없다. 인간이 도모하는 악은 결코 이 진리를 이길 수 없다.

선악과와 생명나무

예수님을 알고서 다시 창세기를 다시 읽으면 '선악을 알게 하는 나무'와 '생명나무'는 하나님을 상징하는 것으로 이해된다. 인간이 선악과를 따먹었다는 것은 인간이 최종적인 선악의 판단자가 되겠다는 욕망의 표출이다. 그러나 그로 인해 하나님으로부터 흘러들어오는 생기(창 2:7)의 통로가 막히고 말았다. 인간은 더 이상 생명나무에 다가갈 수 없다. 그것은 죽음이다. 생기를 잃은 인간은 흙에 불과할 뿐이니 흙으로 돌아갈 수밖에 없다. 그런데 어느 날 예루살렘 성 바깥 골고다 언덕에 한 사나이가 나무에 달렸다. 십자가에 못 박히신 예수, 그는 '만민 앞에 예비하신 하나님의 구원'이요(눅 2:30-31) '생명의 떡'(요 6:35)이었다. 수고하고 무거운 짐 진 자들이 그에게서 쉼을 얻으니(마 11:29), 십자가는 곧 잃어버린 생명나무다. 또 십자가는 사람들의 마음의 생각을 드러낸다(눅 2:34-35, 요 3:16-21). 그러므로 그를 아는 자는 선과 악이 무엇인지 알게 되니, 그는 곧 '선악을 알게 하는 나무'다.

그는 아버지 하나님과 하나이시니(요 10:32), 십자가를 지신 그의 고뇌를 알면 하나님과 우리 사이에 가로놓인 장벽이 허물어진다(엡 2:14). 자신을 십자가에 못 박는 무지한 자들을 용서해 달라는 그의 간구(눅 23:34)는 그의 평생을 일관하는 기도였다. 피리를 불어도 춤추지 않고(마 11:17) 회개를 촉구해도 솔로몬의 영광만을 추구하는 사람들은 영광의 주를 죽음으로 몰아넣은 뒤에야 비로소 하나님을 안다. 그가 고난을 받음으로써 우리가 나음을 입는 이 신비한 교통(사 53:5)은 사람이 하나님의 형상이기 때문에 가능하다. 사람에게는 나면서부터 하나님을 향하는 마음, 즉 진리의 씨앗이 있다. 이를 알고 계셨기에 그는 우리가 그의 가지가 되고(요 15:5) 친구가 되기를 간절히 원하셨다(요 15:14).

창세기는 하나님도 선악과를 따먹으려는 인간의 욕망을 강제로 제어하실 수 없었다는 것을 시사한다. 불가능해서가 아니라 그렇게 한다면 가라지를 제거하려다가 알곡을 다치게 하듯이(마 13:24-30) 사람 안에 있는 하나님의 씨앗을 훼손하고 인간을 인간 이하의 존재로 전락시키는 결과를 낳을 것이기 때문이다. 십자가 사건도 그렇다. 하나님의 아들 예수는 피하실 수 있었음에도 불구하고 그렇게 하시지 않았다(마 26:53-54). 다만 그는 그 결과를 완벽히 지배하심으로써 세상이 주는 고통을 진리의 씨앗이 자라나는 터전으로 바꾸어 놓으셨다. 이로써 악은 패퇴했고 무의미해졌다. 가라지를 그냥 두라 하신 분은 천사들을 불러 몽둥이 든 자들을 격퇴하는 대신 잠잠히 고난을 감수하셨다. 비유와 실제 사건은 같은 마음에서 나온 것이다. 그것은 바로 죄로 인해 고통 받는 이들에 대한 무한한 자비심이다. 이 자비는 불의에 대한 무분별한 용인이 아니다. 가라지는 때가 되면 불살라진다. 죄인들의 마음의 때가 씻기는 날이 오는 것이다. 마찬가지로 십자가는 마침내 잠들어 있는 인간의 양심을 일깨우고 세상을 변화시킨다.

변화의 원천이신 하나님

세상을 변화시키는 이 힘의 원천은 하나님이다. 고통과 악의 문제로 고뇌하는 이는 필시 만물의 근원 되는 존재에게로 마음이 향하게 되어 있다. 가난과 억압과 질병이 삶을 뒤덮고 있던 시대를 사신 예수님도 분명 그러하셨다. 그리고 고통 가운데 내면에서 무르익은 하나님의 말씀이 마침내 그를 세상으로 나아가게 했다. 그가 보이신 의로운 자비는 그렇게 자신을 인도하신 하나님에게서 연유한 것이었으니, 이 자비가 바로 사람을 모든 속박과 고통에서 자유롭게 하는 진리다.

유일신 종교 외에도 만물의 근원 되는 존재에 대한 의식이나 믿음은 얼마든지 찾아볼 수 있다. 하늘天을 숭상하는 유가는 물론이고 유가에 비판적인 도가도 그러하다. 노자는 전란에 휩싸인 세상을 바라보며 이렇게 말했다. "천지 만물에는 시원이 있으며 그것을 천하의 어머니, 즉 '도'라고 한다. 천하의 시원인 어머니를 알면 그의 아들인 천하 만물을 알 수 있다. 그의 아들을 알고 다시 그의 어머니인 '도'에 돌아가 지켜야 종신토록 위태롭지가 않다"(『도덕경』, 53장 <歸元>). 만물의 근원 되는 '도'에 의지할 때 고통에서 벗어날 수 있다는 것이다. 또 장자는 인생살이를 강물에 비유했다. "아무리 바람과 태양이 황하를 괴롭혀도 황하는 괴로워하지 않으니, 황하는 그 근원을 믿고 흘러가기 때문이다"(『장자』, <雜編, 徐無鬼>). 사실 그렇다. 만물의 시원에로 마음을 돌리지 않고서는 시작과 끝을 알 수 없을 만큼 집요하게 존재에 뿌리를 내리고 있는 고통과 악을 이해할 수 없고 넘어설 수도 없다. 어떤 분은 이법으로, 어떤 분은 인격적 실존으로 그 궁극 실재를 이해했다는 차이는 있다. 그러나 이 실재야말로 고통 받는 사람들에게 생기를 불어넣어 주는 원천이라고 이해한 점에서는 동일하다.

이 만물의 시원인 궁극 실재에 대한 의식은 인간을 둘러싼 세계에 대한 의식과 연계되어 있다. 그래서 사람들은 세계를 이해해 가면서 궁극자를 인식하게 된다. 그리고 궁극 실재를 인식하는 이는 또한 만물이 그를 통해 하나의 그물망처럼 종횡으로, 대칭적 · 비대칭적으로 상호 긴

밀히 연루되어 있음을 깨닫는다. 그는 존재자들의 관계망이 흐트러지지 않게 하고 각각의 그물코가 제 역할을 다하도록 해주는 그물의 벼리綱와 같다. 세상을 한번 살펴보자. 과거는 현재에 진입하고 현존재들은 동시대의 주변의 타자들과의 교류를 통해 자신의 정체성을 형성하면서 '함께' 현재와 미래를 창설해 간다. 어떤 존재자도 타자와의 관계 맺음 없이 홀로 존재할 수는 없다. 이 존재의 구조를 인식할 때 사람들은 비로소 자기 자신과 자신이 속한 세계 전체가 궁극 실재의 '몸'이요 존재양식임을 감지하고 고통에서 벗어나는 길이 바로 이 관계구조를 바르게 하는 데 있음을 깨닫게 된다.

그러나 유한한 인간이 무한한 관계의 그물망의 전모를 파악하는 것은 불가능하다. 인간은 다만 그 '모형(model)'만을 이해할 수 있을 뿐이다. 이 관계망은 도저히 깊이를 알 수 없는 심연과 같은 실재다. 모든 존재하는 것들은 상호 의존해 있으며 알게 모르게 다른 존재자들에게 관여하고 있다. 그러나 개별 존재자들은 또한 각기 고유한 본성을 지니고 있기 때문에 그 '관계 맺음'이 결코 조화롭고 아름답지만은 않다. 특히 생명체들의 욕구는 서로 부딪치기 일쑤다. 고통은 이 과정에서 생겨난다. 그러나 이 '존재의 어둠'(하이데거의 표현이다)이야말로 사람들을 궁극적인 것에로 관심을 돌리게 하는 결정적 동인(動因)이다. 궁극자에 대한 '절대의존의 감정'(슐라이어마허)은 어둠이 깔린 세계에서 더욱 절절하게 솟아나는 것이다. 만약 세상이 참되고 선하고 아름다운 것으로만 가득 채워져 있다면 누가 절대자를 찾겠는가.

자연계의 먹이사슬은 처절하지만 그렇지 않고서는 다양한 생명체들이 존재할 수 없다. 그렇다면 차라리 시신을 새와 들짐승의 먹이로 돌리는 티베트인들처럼 죽음을 새로운 생명의 기틀로 바꾸어버리는 것이 고통을 넘어서는 길이 될 수 있다. 붓다의 『전생담』은 붓다가 산고에 지쳐 녹초가 되어 당장 죽을 것만 같은 호랑이 어미와 호랑이 새끼들을 구하기 위해 자신의 몸을 먹이로 보시한 왕자였던 적이 있다고 한다. 그러나 먹이사슬을 자비의 터전으로 반전시키는 것은 모든 것을 있게 한 궁극 실재의 존재를 믿지 않고서는 불가능하다. 덧없는 생명의 순환이 무궁한 자비의 근원이 되기에는 부족하기 때문이다. 오직 궁극 실재에 대한 믿음만이 존재자들의 관계를 새롭게 이해하고 형성하도록 이끌어가는 자비의 원천이다.

이 세상에는 관찰과 경험만을 진리 인식의 방법으로 믿는 사람들이 있다. 이들에게는 인간의 인식의 한계 너머에 있는 것은 실재하지 않거나 실재하더라도 증명 가능한 진리가 아니다. 그러나 이들과 달리, 모든 것을 있게 하고 보전하는 초월자가 존재한다는 믿음을 가진 사람들이 있다. 이 믿음은 근거를 댈 수 없는 직감에 기초하고 있지만 경험에 의한 지식보다 더 강인하다. 이 믿음의 근저에는 초월자에 의해 완전히 압도되는 경험이 깔려 있다. 그것은 지극한 '말씀'이 다가와 사람을 송두리째 뒤바꾸어 놓는 경험이다. 때로는 순간적으로 때로는 일생을 통해 점진적으로 그렇게 말씀은 다가온다. 그것은 사람을 살리는 생명이며, 그 말씀 안에서 사람들은 모든 존재자들이 살아있는 유기체로서 하나의 관계망을 이루고 있음을 경험한다. 이 거룩한 주재자는 존재의 관계망 어디에도 미치지 않은 곳이 없으되 그 어떤 존재와도 동일하지 않은 초월적이고 궁극적인 실재이다. 그는 실로 '모든 곳의 모든 것 안에' 살아 움직인다. 따라서 그 말씀이 곧 존재자들의 '길이요 진리요 생명'이다.

고통은 관찰 가능한 대상으로 객관적으로 존재하는 것이 아니라 고통을 느끼는 주체와 밀접히 연관된 경험적 실재이며, 궁극 실재 또한 관찰로 그 존부를 판가름할 수 있는 존재가 아니다. 선지자 이사야의 예를 보자(사 6:1이하). 그는 성전에 들어서며 거룩한 하나님을 뵙는다. 그 앞에서 그는 스스로를 죽은 자처럼 여긴다. 그런 인간이 자기 앞에 계신 하나님의 존부를 증명하려 한다는 것은 어불성설이다. 그는 단지 하나님이 계심을 수긍하고 머리를 숙일 수밖에 없다. 그러나 하나님은 제단의 숯불로 그를 정화한 후 임무를 맡기신다. 그는 흔쾌히 그 부르심에 응답한다(사 6:1이하). 그는 이렇게 죽었다가 살았다. 이스라엘의 죄악으로 인해 고통 받던 이사야가 하나님을 만남으로써 이스라엘의 구원의 길을 찾았고 자신도 고통에서 벗어나게 된 것이다. 진리는 이처럼 궁극 실재와의 만남과 해방의 경험을 통해 확증된다.

이사야가 하나님의 말씀으로 죽었다가 산 것 같이 그리스도인들은 예수님의 입에서 나온 하나님의 말씀으로 인생의 비바람을 이겨낸다(마 7:20-28). 공자의 계승자들은 '남 탓 하지 않고 하늘을 원망하지 않으며' 오직 하늘이 명한 인의(仁義)를 구현함으로써 고통을 극복한다. 불교인들은 고통과 희락이 교직되어 있는 숙세의 인연을 그대로 '수용'함으로써 고통 없는 '불국토(佛國土)'에 들어선다. 이분들을 사로잡았고 또 이분들에 의해 설해진 그 진리는 마치 물이 그 담기는 그릇에 따라 모양을 달리하듯이 상황에 따라 가장 알맞은 내용과 형태를 취하였다. 의식 있는 존재자가 진리를 왜곡할 수도 있지만 진리는 결코 '자비와 의'를 잃어버리는 일이 없으며 마침내는 모든 저항과 거부와 왜곡을 잠재우고 존재자들을 자비와 의로 가득 채운다.

아름다움과 추함, 선과 악, 넘침과 결핍, 지배와 피지배 등등 존재의 세계가 보여주는 다양성과 대립과 투쟁을 수용하면서 또 그것을 넘어서 있는 한 근원적 실재가 진리의 스승들을 이끌어 갔다. 이들이 존재에 대한 모든 의문을 풀었다고 느낀 것은 긴 구도의 길을 간 후의 일이다. 그러나 그 길에서 이들은 거룩하고 신비로운 어떤 존재가 늘 자신과 함께하고 있음을 이미 느끼고 있었다. 진리는 그렇게 이들을 이끌었고 깨닫게 했고 또 이들 안에 육화되었다. 이들에게 있어 그 진리는 존재에 대한 의문을 씻어내는 궁극적 이법이요 힘이며 실재였다. 그래서 후대인들은 이 실재를 '궁극 실재' 또는 '궁극자'라 부른다. 이들도 먼저 그 길을 간 사람들의 도움을 받았다. '하나님', '도', '법', '천명' 등 진리를 표상하는 언어도 전승된 것이었다. 그 진리를 찾는 최초의 발걸음이 언제 누구에 의해 시작되었는지는 아무도 모른다. 그 시원은 진리 자체에 있었으니, 진리는 그렇게 언제나 모든 곳에 있다. 그리고 이들이 진리를 더욱 깊이 깨달을수록 앞선 사람들의 깨달음도 더욱 심화되어 갔을 것이다. 땅에서 매면 하늘에서도 매이고 땅에서 풀면 하늘에서도 풀리기 때문이다(막 16:19). 하나님은 일찍 온 자나 늦게 온 자나 가리지 않고 같은 품삯을 주신다. 그것이 하나님의 '선'이다(마 20:8-15). 그의 나라는 윤무(輪舞)와 같아서 앞서거나 뒤처짐이 없다(요아킴 예레미아스, 『예수의 비유』, 33쪽).

진리의 스승들에게 있어 궁극 실재는 개개 존재자와 단절된 초월자가 아니라 끊임없이 모든 존재하는 것들과 교류하는 생생한 실존이었으며, 모든 존재자들은 각기 생김새와 본성은 달라도 이 실재에 의해 생성되고 존속하고 소멸되는 '관계적 존재'로 이해되었다. "태초에 하나님이 천지를 창조하시니라"는 창세기 첫 문장은 모든 존재하는 것과 하나님의 관계를 상징적으로 드러내고 있다. 하나님이 사람을 '흙으로' 빚어 만드시고 그에게 생기를 불어넣어 생령이 되게 하셨으며(창 2:7) '땅더러' 동식물을 '내라' 하시니 그렇게 되었다는 기사(창 1:11, 24)는 인간과 자연과 하나님의 상호관계에 대한 고대인들의 통찰을 담고 있다. 하나님이 인간을 자신의 형상대로 만드시고 그에게 만물을 다스릴 권한을 부여하셨다는 고백(1:26-30)은 '우주에 있어서의 인간의 지위'에 대한 단순명쾌한 선언이다. "하나님이 지으신 그 모든 것을 보시니 보시기에 심히 좋았더라"는 여섯째 날의 기사(창 1:31)는 창조야말로 하나님의 본성이며 이로써 하나님의 실존이 더욱 충일하게 된다는 것을 말해주고 있다. 그런 점에서 하나님도 또한 관계적 존재이시다. 그리고 바로 이것이 궁극 실재와의 생생한 만남을 경험한 이들이 꿰뚫어 본 '있는 그대로의 존재자들의 모습'이다.

인간은 자신이 의존해 살아가는 자연이 폭력적 힘을 보일 때, 이웃이 나의 권리와 존엄을 침해할 때 고통을 느낀다. 질병이나 죽음, 삶에 대한 회의 등 타자와 별 관련이 없어 보이는 고통도 그 밑바탕에는 관계적 존재로서의 자의식이 깔려 있다. 고통은 존재자들의 관계가 헝클어짐으로써 생겨나는 것이 사실이다. 그러나 그 역도 진리다. 올바른 관계는 관련 존재자들에게 평화와 기쁨을 선사한다. 남녀가 사랑하는 사람을 만나고 제자가 참된 스승을 만나고 스승이 훌륭한 제자를 만나는 것은 큰 기쁨이다. 아담은 하와를 보고 '내 뼈 중의 뼈, 살 중의 살'이라 했다. 아우구스티누스는 긴 방황 끝에 하나님을 만나고 비로소 쉼을 얻었다. 수많은 구도자들이 고난을 무릅쓰고 좁은 길을 걸어갔다. 그 과정에 가시관도 있었고 십자가도 있었고 갈등과 굶주림도 있었다. 그러나 이들은 그 '고통을 진리를 향한 고행으로' 전환시킴으로써 다함없는 평화와 기쁨을 얻었다. 그리고 그 평화를 사람들에게 전하기 위해 다시 세상으로 돌아왔다. 존재자들의 관계의 그물망은 본디 사랑과 의가 그 본질임을 알았기 때문이다.

보통사람들에게도 이런 일은 일어난다. 장애를 안고 태어난 아이로 인한 고통이 부모를 더 깊은 사랑과 하나님에 대한 믿음으로 이끌어가는 경우도 많다. 긴 세월 동안의 숙명적 고통이 자신도 모르는 사이에 자신 속에 남이 따를 수 없는 깊은 사랑을 잉태하고 길렀다는 사실을 알 때 그에게는 무한한 기쁨과 감사가 넘친다. 이 기쁨은 곧 그렇게 자신을 인도해온 자비로운 절대자에 대한 믿음으로 이어진다. 의식적 '전환'이 없어도 그렇다. 이것이 진리의 힘이다. 그뿐만 아니다. 이 기쁨은 혼자서 누리지 못한다. 그는 전화기를 들고 그의 고통을 아는 사람 누군가에게 그 환희를 전한다. 그리고 그 둘은 같이 고통에서 벗어난다.

좋은 관계를 맺으려 노력하면 모든 것이 새롭게 이해된다. 삶을 아름답게 보면 먹이사슬도 삶의 순수한 형식으로 보인다. 그래서 삼겹살을 먹다가 돼지에게 감사한 마음이 일고 불빛을 향해 달려드는 나방 무리에게 살충제를 뿌리다가도 갑자기 생명에 대한 외경을 느낀다. 이와 반대로 타자를 투쟁과 지배의 대상으로만 보면 그 관계는 파탄에 이른다. 하와는 아담에게 금단의 열매인 선악과를 따먹을 것을 권한다. 아담은 그 책임을 하와에게 미루고 하와는 뱀에게 미룬다. 결국 하나님이 보시기에 좋았던 피조물 중 뱀은 '간교한' 존재로 낙인이 찍히고, 이 세 존재는 다 고통을 겪으며 악연을 이어간다(창 3:1-19). 하나님과의 관계도 일정 부분 단절된다(창 3:24). 인간이 우주에 있어서의 자신의 지위를 잘못 설정할 때 고통과 악이 세상에 침투해 들어오는 것이다.

이 고통과 악이 진리의 스승들로 하여금 구도의 길을 떠나게 했다. 그리고 모든 것을 있게 하고 보존하는 궁극 실재가 '걸림 없는 무한한 자비와 의'로 이들에게 다가왔다. 이들은 그 만남을 통해 '하나 됨'을 경험하면서 진정한 자유를 얻었다. 그것은 유한한 인간을 모든 고통과 속박으로부터 완전히 자유롭게 해주는 초월의 체험임과 동시에 무한자가 유한자 안에 온전히 현현하는 내재의 체험이었다. 이것이 그들이 경험한 진리의 힘이었다. 이 '하나 됨'의 경험을 통해 이들은 모든 존재자들이 인간의 언어로 표현하기 힘든 절대적 존재의 자비와 의에 의해 지지되고 있으며, 이 세계는 대립과 투쟁이 아니라 다양한 특성을 지닌 개개 존재자들이 서로 분리되어 있지 않은 상호 의존적 관계로 이루어져 있다는 것을 확신하게 되었다. 이들은 어디서든지 진리를 볼 수 있었다. 그래서 왕을 만나면 왕의 길을 가르치고 괴로워하는 이에게는 거기서 벗어나는 길을 가르쳤다. 산천초목도 그의 말을 듣는다(막 4:39, 11:20-24). 그리고 이 '하나 됨'의 경험은 그들을 세상으로 돌아가게 했다. 그 돌아옴은 또 다른 고통을 그들에게 안겼다. 수많은 중생들의 탄식이 아픈 가시가 되어 그들의 몸에 꽂혔다. 그러나 이 '공감의 고통'은 출구 없는 절망적 고통이 아니었다. 자신에게 임한 궁극 실재의 무한한 자비와 의와 생명이 '이미' 모든 존재자들에게도 똑같이 임재하고 있음을 알고 있었기 때문이다. 그의 얼굴에 하나님의 그 태초의 미소가 번진다.

손봉호 교수는 『고통받는 인간』에서 이렇게 결론을 내렸다. "인간에게 어떤 고상함이 있다면 그것은 고통을 자원할 수 있는 데서 나타나는 것이 아닐까? 고통을 자원하지 않았다면 예수와 싯달타가 인류의 추앙을 받지 못했을 것이다"(손봉호, 『고통받는 인간』, 서울대 출판부, 1995, 211쪽).

태초의 미소

작은 자 하나에게 내미는 손

'일만'이라는 이름의 근육장애아가 있었다. 혼자 되신 어머니가 재혼하여 낳은 아이다. 위로 두 형이 있었는데 그 중 하나도 장애인이었다. 어머니는 일만이 밑으로 건강한 아이 하나를 더 낳았지만 결국 일만이와 두 형을 데리고 집을 나와야만 했고, 몇 년 후 성남 어느 모퉁이에서 결국 유명을 달리하셨다. 피를 토하며 쓰러지셨다 한다. 원래 그는 '정일만'이었다. 그러나 시설에 맡겨지면서 형들 성을 따라 '김일만'이 되었다. 내가 그 아이를 만난 것은 바로 그 시설에서였다. 좋은 분들이 정성껏 돌봐 주셨지만 그 몸으로 단체생활을 견디기는 힘겨웠다. 그러던 어느 날, 장애인 협회 행사장에서 휠체어에 앉아 있는 그 아이의 뒷통수를 보았다. 그렇게 허전하게 보일 수가 없었다. 어느 마음씨 고운 봉사자가 말했다. "아들 삼으시지요." 그렇게 해서 일만이는 우여곡절 끝에 '지일만'이 되었다. 그러나 입양한 것도 아니고 여느 아버지처럼 하지도 못했다. '그저 게으른 삼촌 정도였다'고 말하는 게 맞다. 아무튼 일만이는 얼마 후 장애인 그룹 홈으로 바뀐 옛날 내 집에 옮겨 살게 되었다. 그 동네에서 가장 작은 집이었지만(중국집에 걸린 지도를 보면 안다) 어느 집보다 많은 사람이 드나들었고, 일만이는 이층 마루 중간에 앉아 생활하며 많은 사람들의 사랑을 받았다. 막대기로 두는 장기는 당할 자가 없었다. 그에게 죽음의 그림자가 다가온다고 느꼈을 때 우리는 그의 본래 성을 찾아 주기로 했다. 어렴풋이 남아있던 기억을 되살려 그 태어난 곳을 찾아내었다. 거기서 자총지종을 듣고서야 우리는 일만이가 얼마나 기구한 삶을 살아왔는가를 알 수 있었고, 그는 다시 원래의 '정일만'으로 돌아갔다. 그 아이는 죽는 날까지 뻐꾸기 소리 흉내를 잘 내던 맏형을 그리워했다. 그리고 시 한 수를 남겼다. 거기에 이렇게 썼다. "하나님은 나를 아들 삼으셨다." 그 몇 달 뒤인가, 협회 K차장이 일만이가 집('잔디네 집'으로 불리는 그룹 홈)에 '걸어 들어와' 한참을 놀다 가는 꿈을 꾸었다.

또 다른 아이 재왕이는 내가 봉사자로서 맨 처음 찾아갔던 아이다. 1985년의 일이니 벌써 30년이 되었다. 17세 소년이었다. 근육디스트로피(근이양증)는 단백질을 근육으로 만드는 효소의 결핍으로 서서히 근육이 없어지는 진행성 질환이다. 여러 타입이 있는데 가장 많은 비율을 차지하는 것이 듀첸 타입으로 남자 아이에게만 나타나고 어릴 때 증상이 시작되어 결국 앉거나 누워서 생활하다가 20세 전후에 사망한다. 다른 타입도 진행과정은 거의 동일하다. 요즘은 수명이 좀 늘어난 듯이 보이지만 관리가 잘 안 되면 진행이 빨리 된다. 유전 반, 돌연변이 반으로 보면 된다. 여성이 유전자 캐리어로 알려져 있어 어머니의 정신적·육체적 고통도 아이 못지않게 크다. 내가 처음 보았을 때 재왕이는 이미 빼짝 마르고 무릎은 펴지지 않았다. 다만 일만이와 달리 가족과 교회 청년들의 따뜻한 보살핌 속에 살았다. 그 아이도 "너는 내 아들이라"는 시를 썼다. 이은수가 곡을 붙여 복음성가로 만들었다. 우리 교회에서 지금도 가끔씩 부른다. 내가 결코 잊지 못할 사람이 협회('잔디회') 산파 역할을 한 정철영 '부회장'(나중에 회장을 오래 하셨지만 봉사자들에게는 이

호칭이 훨씬 정겹다)이다. 내가 무수히 업고 다녔다. 학생들은 학교 가고 직장인은 일에 매여 있으니 낮에 시간 나는 사람이 목회자밖에 더 있나. 그는 내 등을 지극히 편안히 여겼고 같은 장애를 안고 있던 큰 누님은 매년 고향 남해의 유자차를 보내왔었다. 이제는 두 분 다 소천하셨다. 내가 담임하던 교회가 남해 그의 본교회로 수련회를 갔을 때 성도들께서는 사람이 이 이상 더 할 수 없다 할 정도로 극진한 대접을 해주셨다. 정 부회장은 전문의들이 감탄할 정도로 근육소실 방지책과 생활방식을 스스로 체득하여 교육까지 했다. 그는 내게 근육장애인이 어떻게 혼자 용변을 볼 수 있는지를 몸소 보여주었고 장애인의 성문제에 대해서도 솔직히 말해 주었다. 한마디로 장애인도 똑같은 사람이라는 것이었다. 초등학교 졸업이 학력의 전부였지만 컴퓨터 전문가로 자립했다. 장애인 컴퓨터 교육에 힘쓰다가 과로로 쓰러져 오랜 투병 끝에 세상을 떴다. 그는 평생토록 초등학교 때 자기에게 달리기를 시켜놓고 뒤뚱거리는 모습을 보며 웃던 선생님을 잊지 못했다. 정 부회장의 오해일 수도 있다고 생각한다. 그러나 만약 그 선생님이 '철영이' 손을 잡고 '웃으면서' 보조를 맞추어 같이 달려 주었다면 어땠을까? 아마도 학교가 바뀌고 동네가 바뀌었을 것이다. 장애인 어머니들이 가장 힘들어 하는 것 중 하나가 "기도가 부족해서 그러니 기도 많이 하세요"라는 믿음 좋은 아줌마들의 권면이다. 그러고 불쌍한 눈으로 바라본다. 자기는 하나님의 은혜로 그런 일을 당하지 않았다는 듯이. 다 잘못 가르친 목사들 탓이다. 이제 이런 태도는 거둬들일 때가 되었다.

협회 K차장은 처녀 시절에 컴퓨터 사러 그를 찾아왔다가 붙잡혀서 오늘날까지 20년을 온 마음 다해 일하고 있다. J는 고교생 때 봉천동까지 버스 타고 가서 택시에 그를 태워 홍제동 와서는 3층을 단숨에 뛰어

올라 교회에 내려준 봉사자다. 벌써 쉰이 가까워 오지만 여전히 잔디회의 기둥이다. 처음부터 나와 함께했던 K집사는 지금도 장애인들을 태워 나르는 봉사자들의 '지존'이다. Y집사는 환우 O집사와 결혼해서 즐겁게 사는 봉사자들의 '대모', 일어서서 찬양해야 할 때도 남편 곁에 그냥 앉아 있다. 마음이 따뜻하다. 우리 교회 협동목사이신 정기철 목사님은 정 부회장과 동향으로 당시 사역하시던 향린교회 청년들로 최초의 봉사자단을 구성하여 장애인 협회 탄생에 결정적 기여를 하셨다. 큰 교통사고를 당해 말씀은 어눌하지만 설교에는 은혜가 넘친다.

많은 젊은이들이 봉사자로 일하다가 부부가 되었다. 이제는 그 아이들이 소년 소녀가 되어 오손도손 같이 모여 오이도 썰고 지지고 볶고 하면서 일을 돕는다. 사회봉사 점수를 얻는 유익함도 있지만 어릴 때부터 보고 배운 게 몸에 익어 그럴 것이다. 그냥 신이 나서 즐겁게 일한다. 20년 넘게 봉사자로 있는 그 부모들이 그러했다. 우리 교회에도 그 중 한 부부가 있다. 아이 수완이는 아직 꼬맹이다. 그 애가 오면 교회에 웃음꽃이 피고 행여 빠지는 날에는 교회가 썰렁하다. 이 아이도 엄마와 아빠처럼 그리고 형과 누나들처럼 분명 아름다운 삶을 살 것이다. 2대에 걸친 봉사, 하나님은 그렇게 감격적인 인연으로 우리를 엮어 주셨다.

그러나 처음부터 거창한 신심에서 달려든 사람은 별로 없다. 나도 그랬다. 협회 창립에 법대 출신인 내가 좀 도움이 될까 생각한 교회 청년 하나가 정 부회장을 만나게 해주면서 일이 시작되었다. 그러나 일하다 보니 계속 할 수밖에 없는 상황이 되었고 그러다가 수십 년이 흘러 아이들에게까지 이어지게 된 것이다. 다른 봉사자들도 대개 그렇다. 이게 하나님의 인도하심인가 하고 느낀 것은 훨씬 나중의 일이다. '양과 염소의 비유'에서도 작은 자 하나에게 손을 내민 사람들은 별 생각 없이 그렇게 한 것으로 되어 있다. 그럼에도 불구하고 그 일은 하나님 나라의 한 부분을 구성한다. 오히려 신앙으로 접근하는 사람은 오래 버티지 못하는 것을 많이 보았다. 예수께 '주여, 주여' 한 사람이 다 천국에 들어간 것은 아니다. 다만 하나님 뜻대로 행한 자가 들어간다.

협회는 그리스도인들이 주축이 되어 만들었다. 그러나 타종교인에 대한 배려의 필요성이 생겨 외형상으로는 점차 종교적 색채를 희석시켜 나갔다. 물론 반기지 않는 이도 있었다. 그러나 보다 더 중요한 것은 사람에 대한 태도라고 우리는 믿는다. '잔디네집'이 교회 가까이 있지만 출석은 자유다. 언젠가 한 무속인 환우의 딸이 초등학교 입학할 때 아내가 가방을 선물한 적이 있었다. 정말 고마워했다. 무슨 연유로 치유의 길이 열리지 않는지는 모르지만, '하나님이 함께 하시는구나' 하고 느낄 때가 한두 번이 아니었다.

그런 일을 하다 보면 없던 능력도 생긴다. 나는 무얼 하다가도 갑자기 2초 만에 잠드는 사람인데(그래서 아내와 아이들이 깔깔대며 놀린다) 장애인 캠프에서는 놀라운 집중력을 발휘한다. 마치 장세동이 전두환 경호하듯, 자다가도 저 멀리서 누가 신호를 보내면 금세 알아챘다. 청년들이 낮의 고된 일로 골아떨어졌으니 밤은 내 책임이라는 의식이 있어 그랬을 것이다. 그런데 그게 화근이었다. 내가 코를 심하게 곤다는 사실을 뒤늦게 알았다. 어땠냐고 물어 봤더니 대답이 이러했다. "예, 저희가 10년 간 캠프 때마다 한숨도 못 잤습니다." 뭐, 내가 깨어보니 다들 정신없이 자던데, 잠 기억이란 게 원래 그런가 보다. 잤는데도 안 잔 것 같은. 아무튼 내 코 고는 걸 내가 안 이상 K차장이 가만있을 리 없다. 예쁜 미소 지으며 봉사자들과 합세하여 나를 왕따 시켰다. 혼자 독방에서 코 마음대로 고시며 주무시라는 것이었다. 언젠가는 누구를 업고 가다가 잠시 비틀거렸더니 청년 하나가 이제는 그만 업으시라고 했다. 쉰 가까운 때였다. 그 후에는 가벼운 아이들만 골라 가끔씩 안아 봤다. 그렇게 나는 점차 노인 취급을 받고 말았다. 그래도 행사가 있으면 얼굴을 내밀고 원로 대접을 받는다. 이제는 내가 몸 쓰지 않아도 되니, 이런 게 안식일까? 기쁘다.

돌이켜 보면 참 많은 장애인들이 장애를 안은 채 세상을 떠났다. 부모들의 고통도 이만저만이 아니었다. 그래서 캠프에 따라온 아버지들 중에는 목사인 나를 붙들고 소주 한 잔 하자는 분들이 꽤 있었다. 우리는 친구가 되어 밤새 '피눈물'을 들이켰다. 장애인과 그 가족들은 외롭지 않았다. 찾아온 사람들이 오히려 '사람 됨'이 무엇인지 깨달은 적이 많았다. 봉사자들이 나이 들어서도 이들과의 인연의 끈을 놓지 못하는 것은 그와 그 가족들 마음속에 흐르는 눈물을 보았기 때문일 것이다. 그리고 처지는 달라도 양측은 맞잡은 손을 통해 제각기 자신의 자유를 얻었다. 물론 완결된 것이라 말할 수는 없다. 그러나 그로 인해 삶에 찾아든 어둠이 서서히 걷히고 있는 것을 경험했던 것만큼은 틀림이 없다. '진리가 너희를 자유케 하리라'는 말씀은 그야말로 진리였다. 고통이 사람과 사람을 이어주고 함께 자유의 나라로 나아가게 한다는 것, 그것이 존재의 신비다.

그러나 처음부터 있었고 지금도 풀리지 않는 숙제가 있다. 바로 장애인들이 무슨 '일'을 하며 지낼지에 관한 것이다. 듀첸 타입도 스무 살 훨씬 너머까지 살기도 한다. 다른 타입은 더 오래 산다. 청소년기까지는 공부도 어느 정도 하며 컴퓨터로 논다 하자. 그 뒤는 어떻게 할 것인가? 정부회장도 가까스로 일어섰다. 중소기업의 상무로 초빙되어 갔지만 장애인의 출퇴근은 쉬운 일이 아니었고 결국 퇴사했다. 내 살던 집에 기거하게 했다. 1980년대 후반의 일이다. 첫날, 당분간 지내시라고 25만원을 드렸다. 그런데 이걸로 전화를 놓고 그날부터 컴퓨터 조립 판매를 시작했다. 전화 통화 후 사람들이 찾아와 컴퓨터를 사가는 것이 신기했다. 그렇게 그는 일어섰고 그 집은 결국 '잔디네집'이 되었다. 그는 우리 장애인이 살 길은 컴퓨터밖에 없다는 지론을 갖고 있었다. 근육장애인들은 지속적으로 몸 쓰는 일을 할 수 없기 때문이다. 그러나 컴퓨터도 정부회장 정도 실력이 되지 않으면 생활수단이 될 수 없었다. 좌절은 포기를 낳는다. 이제 누구도 직업을 가지려는 생각을 하지 못한다. 전동 휠체어와 장애인 택시, 저상버스, 지하철 엘리베이터가 있어 다니는 데는 지장이 없어도 '일감'은 없다. 그것은 치료방법이 없는 것보다 더 큰 고통이다. 장애는 수용할 수 있지만, 할 일이 없다는 것은 자기 자신을 수용하지 못하도록 만든다. 보조금보다는 직업 있는 것이 훨씬 더 나은 것이다. 물론 아무도 표현하지 않는다. 그러나 속에 흐르는 눈물은 선명하다. 과연 이 사회에 이들이 비집고 들어갈 틈이 있을까? 없다면 어떻게 만들어야 할까?

마태복음 20장의 '포도원 품꾼의 비유'가 답이 아닌가 싶다. 예수님은 천국을 포도원 주인이라 하신다. 주인은 아침부터 일꾼을 구하러 다니면서 보는 족족 포도원에 들여보낸다. 일과가 끝나기 한 시간 전에도 그런다. 대체로 사용자는 노동시장에 모인 노동자들 중 쓸 만한 사람부터 고르지 않나. 그러니 맨 마지막 사람은 노동력 떨어지는 비리비리한 사람 아니면 장애인들일 것이다. 그런데 주인은 이들 모두에게 길든 짧든 일할 기회를 주고 똑같은 일당을 준다. 은근히 약속한 돈 이상을 받기를 기대하던 자들은 주인으로부터 무안을 당한다. 가난한 사람들이 넘쳐나던 시절, '땅'(돈과 권력)은 독하고 탐욕적인 사람들이 차지하고 있었다. 그런데 예수께서는 그런 자들이 아니라 이 포도원 주인처럼 마음이 온유한 자가 땅을 차지하고(시 37:11, 마 5:5) 마지막 품꾼들에게도 일할 기회와 살 만큼의 급여(한 데나리온은 당시 일용노동자의 하루 품삯)를 주는 것이 하나님의 나라라고 말씀하신다. 가히 혁명적이다. 그러나 그는 사회 혁명을 주창하시지 않았다. 그는 다만 변화를 요청하셨다. 그의 말씀에 귀를 기울인 세리장 삭개오는 실제로 변화되었다. 이 비유를 현대사회에 맞게 재해석하면 어떻게 될까? '사용자는 기업을 하늘이 주신 것으로 알고 일자리 창출에 진력해야 한다. 정규직은 생산성 떨어뜨리는 과대한 임금 요구를 해서는 안 된다. 이로써 확보된 틈을 취업의 기회를 박탈당한 사람들에게 열어준다면, 이들도 스스로 거기 맞는 능력을 계발할 것이다.'는 등등의 대책이 나오지 않겠는가. 한마디로 남의 눈에 피눈물 흐르게 해서는 안 된다는 말씀이다. 만약 그렇지 않으면 어떻게 될까? 하나님의 의에 뿌리를 두지 않은 부와 권력이 영원할 수는 없을 것이다. 예나 이제나 '땅'의 주인은 하나님이시다(레 25:23).

다음으로, 난지도 얘기를 해보자. 내가 신학교를 졸업할 즈음인 1982년 초 '치과의료선교회'(광주기독병원 치과 선교사 닥터 뉴스마의 제자들이 만듦) 초대간사 자리 제의가 들어왔다. 목사 되는 데는 도움이 안 되는 경력이지만 이거 혹시 하나님이 예비하신 길인지도 모른다는 생각이 들어 무작정 한번 해보기로 했다. 그런데 직을 맡은 지 얼마 안 있어 언더우드 4세가 난지도에 낡은 치과 체어 하나 가져다놓고 우리더러 치과 진료를 해달라 했다. 난지도는 서울시 쓰레기 매립장으로 이미 거대한 쓰레기 산이 형성되어 있었고 수천여 명이 가족 단위로 판잣집을 지어 살면서 쓰레기 재활용 사업에 종사하고 있었다. 그 후 매립은 1992

년에 끝나고 2001년에는 주민 이주도 완결되어, 쓰레기 산은 하늘공원으로 탈바꿈하고 바로 앞에 월드컵 경기장이 들어섰다.

아무튼 그렇게 해서 진료가 시작되었다. 그러나 사람들이 샛강 건너 진료소로 잘 오지 않는 것이 문제였다. 그만큼 난지도 사람들은 분리되어 살았다. 몸에 쓰레기 냄새가 배어 바깥 교회에 나가는 것도 꺼려했다. 결국 나는 진료의 원활한 수행을 위해 난지도 내 한 교회에 출석하게 되었고 그렇게 난지도 사람들과의 긴 인연이 시작되었다. H는 그때 만난 여자 아이이다. 나를 끌어들여 난지도 일을 하게 한 P집사님의 둘째 딸로서 당시 유치원생이었다. 그 후 10년 간 난지도에서 살았다. 그런데 몇 년 전 이제는 완전히 바뀌어버린 그곳을 지나가는데 갑자기 옛날 몸에 배었던 쓰레기 냄새가 더없이 푸근하게 다가오더라고 했다. 감신대를 졸업하고 목사 아내가 된 E도 같은 얘기를 했었다. 남이 보기에는 아픈 기억일 것 같은데 정작 당사자에게는 좋은 추억으로 간직되어 있었던 것이다. 남편 만나 아들 딸 낳고 사는 지금의 삶이 행복해서일까? 아니면 누구에게나 어린 시절은 좋은 것으로 기억하고 싶은 마음이 있는 것일까? 그보다는 오히려 어린 시절에 같이 노래하고 놀아주던 선생님과 언니, 오빠, 친구들이 있었기에 그러하리라고 생각한다. 게다가 그곳은 어버이들의 피땀이 고인 땅이 아닌가. 결국 사람에 대한 좋은 기억이 쓰레기 냄새마저 향기로 바꾸어 놓는 것이다. 어느 노랫말처럼 확실히 '사람이 꽃보다 아름답다!'

1983년 8월 27일, 그 난지도에 판잣집 교회를 세웠다. 야학도 겸했다. 나는 이미 다른 교회를 담임하고 있어 잘 아는 다른 분(주활 목사)을 담임자로 모셨다. 창립예배 때 햇볕에 까맣게 그을린 얼굴의 아주머니들이 곱게 한복 차려입고 '고향의 봄'을 불렀다. 모두가 눈물을 뿌렸다.

한바탕 정화의 의례가 펼쳐진 것이다. 몇 년 지나 교회를 조립식으로 재건축했을 때, 후원한 큰 교회 목사님을 비롯하여 용모 빼어나고 찬양 잘 하는 많은 교인들이 왔다. 그 이후 나는 가끔씩 이렇게 말한다. "예쁜 여성은 아예 그런 곳에 안 가는 게 좋다. 정 가려면 화장도 하지 말고 좋은 옷도 입지 마라. 찬양도 하지 마라." 그때의 경험이 없었다면 나도 지금 그분들과 똑같았을 것이다. 그리고 선교여행 떠나는 학생들에게 "가거든 '땅 밟기' 하지 말고 먼저 그 땅에 잠긴 슬픔을 이해하고 그 땅의 사람들과 함께 기도해라"라는 말도 하지 못했을 것이다. 배려는 사람에게 연대감을 심어주지만 자기 생각만 하면 관계가 냉랭해진다.

난지도 사람 중에는 암 기타 괴질로 일찍 세상을 뜬 이가 많다. 열악한 환경 탓이다. 난지도 사람들이 왜 거기 흘러들어 왔는가? 오직 살기 위해서였다. 그래서 쓰레기 더미에서 퍼지는 오염물질이 건강을 해친다는 것을 알면서도 끝까지 버티며 아파트 입주권을 얻으려 했다. 가족의 생활 터전을 마련해야 한다는 일념에서였다. 카릴 지브란은 『예언자』에서 <아이들에 대하여> 이렇게 말했다. "그대는 그대의 아이들을 날아가는 화살처럼 앞으로 나아가게 하는 활입니다. 궁수인 그 분은 무한한 길 위에 한 표적 놓아두고, 자신의 화살이 보다 빨리 보다 멀리 갈 수 있도록 그대들을 힘껏 당겨 구부립니다. 활이 되어 그 분의 손에 당겨 구부러짐을 기뻐하십시오. 그 분은 날아가는 활을 사랑하시는 만큼, 남아 있는 활도 사랑하기 때문입니다." 난지도의 어버이들은 바로 자신이 알지 못하는 나라로 아이들을 날려 보내기 위해 팽팽히 당겨진 활이었다. 시위가 놓이고 아이들은 화살처럼 새 세상으로 날아갔다. 그리고 많은 활들이 부러졌다.

2002년 월드컵 대회, '대~한민국'을 열창하던 사람들은 과연 경기장 바로 옆 하늘공원 깊숙이 잠겨 있던 그 '부러진 활'의 노래를 들었을까? 나는 그 이전 상영되었던 모든 올림픽과 월드컵 기록영화를 다 본 사람이다. 그러나 그 해의 월드컵은 애써 외면했다. 바로 전 해, 난지도의 폐허에서 강제퇴거에 항거하며 전기 수도 다 끊어진 가운데 한여름을 보내던 한 가족이 눈앞에 어른거렸기 때문이다. 한 세기가 넘도록 무수한 '부러진 활'들이 이 땅의 생명을 부지해 왔다. 그러나 지금 우리는 어떤가. 얼마 전 바로 옆에서 있었던 일도 외면한다. 장애인 처우는 국가 소관이라며 밀어낸다. 무상급식 주창자들은 가난한 집 아이들이 아침저녁을 어떻게 먹으며 휴일과 방학 때는 뭘 먹는지 관심이 없는 것 같다. 도무지 배 곯아본 사람들 같지 않다. 절대로 부러질 일 없는 고래 심줄 같은 활이다.

난지도에 처음 들어갔을 때, 악취가 진동하는 쓰레기 산 옆 공터에 옥수수와 호박이 자라고 있는 것을 보았다. 한 모퉁이에서는 아이들이 버려진 장난감을 가지고 놀고 있었다. 오월의 하늘은 푸르렀고 땅은 어두웠다. 천지에 기도를 새겼다. "하나님, 누군가가 저 옥수수와 호박을 추수해 가듯 이 아이들을 데리고 나가소서." 어느 날 내 기도는 멈추었어도 하나님은 쉬지 않으셨다. 아이들은 장성하여 하나 둘 성큼성큼 도시의 삶 속으로 걸어 들어갔다. 쪽방을 전전하는 젊은이도 있었지만 다들 H처럼 어지간히 잘 살아간다. 어버이들은 쓰레기 더미에서 재활용품을 뒤졌듯이 여전히 무언가를 찾아 일을 한다. N권사님은 여러 번의 좌절에도 불구하고 늘 웃는 얼굴이다. 목사 아내 된 E가 그 딸이다. 마음 한 구석에 먹구름이 남아있은들 어떤가. 그 삶 전체가 진실로 경이롭다. 거기, 사랑이 살아 숨 쉬고 있기 때문이다.

P집사님은 상수도도 하수도도 없던 시절의 난지도에서 세대별 지도를 만든 분이다. 이를 토대로 조립식 주택이 건립되었다. 사람 사랑이 지극하지 않으면 엄두도 못낼 일이다. 그분 아주머니께서 셋째 아이를 조산을 했는데 많은 사람들이 그 아기 살리기 위해 무진 노력했다. 그러나 우리가 모은 돈이 바닥났을 때 아기가 하늘나라로 갔다. 인큐베이터에 들어간 지 28일 만이었다. 라면 박스에 아기를 담아 내가 안고 집사님 오토바이 뒤에 앉아 벽제에 갔다. 가망 없다는 걸 알면서도(의사는 우리나라에서는 그 몸무게의 아기를 살려낸 전례가 없고 인큐베이터는 초기 비용이 대단히 많이 든다고 했다. 사실은 포기하라는 얘기였다) 우리는 난지도에 돌아온 아기가 보리차를 조금씩 받아 마시는 것을 외면할 수 없었다. 그런저런 일들이 사람들 간에 가로놓인 장벽을 허물어뜨렸다.

큰 맘 먹지 않고도 얼마든지 내릴 수 있는 작은 결정, 우연의 연속. 그런데 어느 날 그것이 모두 하나님의 인도였다는 것을 느낀다. 하늘의 그물은 실로 사람이 가늠할 수 없다. 어느 날 집이 두 채가 되었는데 장애인 집은 필요하다. 그럴 때 '아, 이게 하나님 뜻인가' 하는 생각이 들면 어렵지 않게 집을 내어줄 수 있다. 그 전에 집 구하는 데 정말 애 많이 먹었다. 대문에 교회 팻말 붙어 있는 집은 죄다 장애인을 싫어했다. 오히려 불교인 아줌마가 내가 정 부회장 업고 들어서는 걸 보고 "저 사람한테 집 안 주면 벌 받지" 했다. 그 아들들도 그렇게 우리에게 잘해줄 수가 없었다. 이래도 계속 '예수 천국 불신 지옥'을 주장할 텐가. 언젠가 잔디네집 아이들 밥 먹는 걸 물끄러미 보며 생각했다. '내 집 밥상이 이 밥상보다 나아서도 안 되고 내 사는 집이 이 집보다 더 좋아서도 안 된다.' 앞으로는 모르겠다. 지금까지는 비슷하다. 가끔 '이품'이라는 맛있는 중국집에서 가족회식을 한다. 그런데 그 주인 아저씨가 다른 화교들과 함께 온갖 요리를 해서 잔디네집을 찾아오는 게 아닌가. 아무튼 그렇게 밥상 평등은 이루어지고 있어서 우리는 계속 '이품'을 간다. 카운터의 주인 아주머니가 우리 보면 방긋이 웃으신다.

도대체 무엇이 어쩌면 한 번도 만나지 못했을 수도 있는 사람들을 만나게 하고 허물없이 지내게 했을까? 언젠가 몇 사람에게 물어봤다. 혹시 내가 품어야 했던 고통이 그렇게 했던가고. 다 머리를 끄덕였다. 사실 나는 웃을 수 없는 사람이었다. 수용할 수밖에 없었지만 견디어 낼 수도 없었던 부담이 있었기 때문이다. 바로 위의 세 아이들의 어머니다. 아픈 사람이었는데 셋째 아이 낳고 얼마 안 있어 혼자 신새벽에 집을 떠났다. 1987년의 일이다. 그리고 몇 년 전 스스로 하늘의 문을 열고 들어갔다. 아무것도 남기지 않았다. 김옥길 이대 총장으로부터 받은 혼수이불은 물론이고 들고나간 아이들 사진, 본인 사진, 그 어느 하나도 없었다. 유복자. 누가 말했었다. '자갈밭에서 혼자 자란 아이'라고. 내가 껴안았지만 역불급이었다. 여진은 길었고 가족들의 내상은 깊었다. 본인의 그 후 삶도 고달프기 그지없었다. 차가운 침대 위에 누운 이를 보며 월명사의 '제망매가(祭亡妹歌)'를 읊었다. 남편이 아니라 차라리 오빠로 생각했더라면…. 며칠 후 꿈에 꽃가마 타고 어디론가 가는 것을 보았다. 이제는 먼저 세상을 떠난 내 사랑하는 누님과 남동생과 함께 예수께서 예비하신 처소에서 기쁨과 안식을 누리기를 빌 뿐이다.

슬며시 여동생을 나에게 떠밀었던 내 친구 사학자 김기협이 아버지(사학자 김성칠 선생)와 어머니(국어학자 이남덕 선생) 이야기에 이어 여동생 이야기도 쓴다 했으니 다른 사연은 그에게 미루자. 그러나 하나의 기억만은 더 글로 남겨야겠다. 결혼하여 얼마 안 되었을 때 교회에서 성찬식을 거행했다. 불교인 집안이어서 아직 세례를 받지 않았던 그 사람은 멋모르고 성찬을 받으려 일어섰다. 얼른 손을 잡아 앉혔다. 나도 그 옆에 그대로 앉아 있었다. 내 존경하는 김 목사님도 "세례 받은 분만 나오시오"라고 고지할 때만큼은 주저하시는 품이 역력했다. 지금도 나는 그런 제한을 두는 전통적 성찬은 '주님의 식탁'이 아니라고 생각한다. 주님은 자신의 식탁에 앉을 사람에 제한을 두지 않으셨다(눅 14:15-24).

내가 만난 사람들 중에는 웃을 수 없는 사연을 간직한 사람들이 많았다. 그런데 용케도 잘 웃었다. 쓰레기 산 옆에 살면서도 그랬다. 4.25평 집에서 9평 집으로 옮겼을 때 참기름 한 병 사들고 가서 기도했다. 사는 날 동안 이 집에 기름 떨어지지 않게 해 달라고. 그게 좋았던지 연이어 여러 집을 가야 했다. 우리 아이 둘은 '엉금엉금 기어서 가자' 악어 노래를 부르며 놀았다. 돌아올 때 쓰레기 산 옆 텃밭에서 수확한 채소를 담아주었다. 그래, 판잣집 시절, 희뿌연 펌프 물로 끓인 라면도 같이 먹었었지. 잠언이 생각났다. "마른 떡 한 조각만 있고도 화목하는 것이 제육이 집에 가득하고도 다투는 것보다 나으니라"(잠 17:1).

마음 한번 돌이켜 세상을 다시 보면 웃을 일은 참 많다. 누군가 옆에서 무심코 부르는 콧노래가 엄청난 위로가 되고 아이들의 웃고 떠드는 모습에 미소를 짓는다. 어린이들에게 태권도를 가르친 적이 있다. 신문지로 만든 창으로 맞히기를 할 때면 웃음이 그치지를 않았다. 나를 거인 걸리버로 규정하고 지네들끼리 똘똘 뭉친다. 현수, 혁제, 유현이, 유진이, 동환이, 동진이가 그 아이들이다. 호칭 헷갈려 하는 것도 재미있다. '목사님?! 사범님께 경례' 그런다. YMCA 태권도 사범 시절, 인사 끝나기 무섭게 바로 뜀틀 위에 올라가 구경만 하던 둘째 아이 모습도 웃겼다. 어느 해엔가 친구 S검사가 성탄절 즈음에 아이들 선물 사주라고 거금을 주기에 전자기기 하나를 사서 산타 선물로 꾸며 마루에 두었다. 밑에 두 아이가 산타 할아버지가 선물을 주셨다고 무지 기뻐했다. 우리 아이들 다섯은 다 초등학교 졸업할 때까지 성탄 선물은 정말 산타 할아버지가 주는 줄 알았다. 위의 아이 셋은 동생들이 그런 걸 보고도 가만히 있었다. 그게 아이 적 행복이라고 생각한 모양이다. 넷째 아이 말이, 학교 가서 엄청 자랑을 했더니 친구들이 피식 웃으며 '다 아빠가 사준 거야' 하더란다. 정말 그런지 확인하는데 그 표정이 말로 할 수 없을 만큼 '순진' 그 자체였다. 나중에 둘째에게 물어봤다. '너거는 어떻게 알았나?' 어느 날 내 설합 안에서 성탄 카드 글씨와 똑같은 체의 내 글을 보고 '아, 속았구나!' 했단다. 한번은 친구들 모임에 나가기 위해 '가위바위보'로 세 아이를 다 이겨야 했다. 도무지 못나가게 막은 것이다. 이유는 묻지 않아도 안다. '27 대 0'이라는 경이적인 스코어를 기록한 뒤에야 풀려났다. 지금도 마음이 짠하지만 그래도 아름다운 추억으로 남아 있다. 청년들도 웃음을 준다. 한동대 '생활체육' 시간, 여학생들은 '날 버리고 떠난 놈 코피 내기, 팔 다리 한꺼번에 부러뜨려 주저앉히기'를 가르치면 무식하기 그지없는 말에 약간 동요하는 듯하다가 이내 키득거리며 마구마구 연습을 한다. 그런 '썩을 놈'이 있긴 있는 모양이다. 나도 웃는다. 마치 작은 돌 하나가 위압적인 신상을 무너뜨리고 온 세상을 가득 채우듯, 그렇게 작은 웃음이 큰 고통을 몰아낸다.

사실 사람의 속 상처 씻어 주는 것은 이런 사소한 일들이다. 한동대 생활관장으로 있을 때 여직원 한분이 애기 하나 남겨두고 암으로 세상을 떠났다. 병상의 그녀에게 약속했다. '재겸이 성인 될 때까지 생일만큼은 내가 책임지겠다.' 어머니가 눈물을 뿌리며 웃었다. 해마다 아이 생일이 되면 권 부장, 황 과장, 간사님들 몇 등등 그 어머니를 기억하는 사람들이 아이 보기 위해 모인다. 아이는 씩씩하고 잘 생겼다. 티 하나 없다. 7월이면 매년 같은 음식점에서 엄마 친구들을 만난다는 것을 안다. 작은 선물에 무척이나 기뻐한다. 초등학교 들어갈 때는 김영길 총장께서 가방과 학용품을 선물하셨다. 하늘나라에서 어머니도 기뻐할 것이다. 땅에서 매면 하늘에서도 매인다고 예수께서 말씀하시지 않았나. 인간이 어쩔 수 없는 비극도 그렇게 작은 잔치 하나로 이겨낼 수 있다. 이제 어머니와 약속한 기간의 반이 지났다.

웃음은 자유의 증거

진리 안에서 자유를 얻은 이의 얼굴에 은은히 번지는 미소는 보는 이로 하여금 자신이 살아있음을 느끼게 한다. 자유로 향하는 소통의 시작이다. 사마리아 우물가의 그 여인이 그랬다. 그녀는 오랫동안 통곡으로 기다려 오던 분이 바로 앞에서 자신을 바라보며 말을 걸고 계신다는 것을 깨달았다. 대화가 진행되면서 그녀를 옭죄었던 모든 굴레는 서서히 벗겨지고 마침내 온 몸이 기쁨으로 넘쳤다. 그분은 마지막에 '네가 기다리는 이가 바로 나다'라고 확언하셨다. 그분 역시 무한히 기뻐하신 것이다. 단 둘이서 나눈 대화를 도대체 누가 알고 퍼뜨렸겠는가? 그녀 자신밖에 없다. 그녀의 증언은 동네 사람들을 바꾸었다. 그들이 누군가? 바로 멸시 받던 사마리아 사람들이다. 그들은 그분의 말씀을 듣고 진실로 하나님은 사랑이심을 깨달았다. 아마 제자들도 뒤늦게 무슨 일이 일어났는지 알고 같이 기뻐했을 것이다. 그렇게 진리 안에서 자유를 얻은 사람들의 웃음은 성령의 바람을 타고 땅 끝까지 전파되어 고통 받는 이들에게 해방의 복음이 되었다.

진리로 자유케 된 이는 사람의 속마음을 헤아린다. 그는 남이 알지 못하는 것을 알아챈다. 그 사랑이 사람을 진리로 돌아서게 한다. 중국 전역에서 지장보살로 추앙 받는 김교각 스님의 시 한 수를 보자. 호랑이에게서 구해 준 고아가 집을 그리워하다가 결국 하산한다기에 그 아이에게 부쳐 보낸 시다. 끝끝내 세속의 정을 끊지 못하는 아이를 바라보며, 다시는 아이가 가져오는 다기에 비치는 밝은 달을 볼 수 없음을 탄식하고 있는데, 10여년 전 보성 대원사에 갔다가 이 시를 읽고 하루 종일 마음이 아렸다. 교각은 신라 성덕왕의 왕자로 태어나 출가, 중국 구화산(九華山)에서 99세에 몰했다(696-794).

> 불문이 쓸쓸해 먼 산 바라고 옛집 그리더니/ 정든 절 떠나 구화산을 내려가려느냐/ 난간에 뛰어올라 죽마 타던 아이야/ 금모래 모으는 일도 이제 싫으냐/ 옻 칠한 병 속 시냇물엔 밝은 달 찾아 올 일 없겠고/ 차 달인 단지에는 향긋한 꽃 필 일 없겠네/ 눈물을 거두고 조심히 내려가거라/ 노승은 안개와 노을을 벗하리니. <동자를 보내며>

그 죽마 타던 아이의 세속의 삶도 어찌 평안하기만 했겠는가. 아마 그는 비애와 허무를 경험할 때마다 이 시를 읽으며 스님의 자비가 여전히 자신을 감싸고 있음을 알고 위안을 얻었을 것이다. 스님 돌아가셨다는 소식에 몇 번이고 혼절했을 한 사내의 모습이 눈에 선하다. 그렇다. 사랑이 사람을 살리고 사랑이 한(恨)을 풀어낸다.

'금화'는 이국땅 유곽의 조선 여인. 식민지의 가난과 질고가 그녀를 거기로 내몰았다. 그런데 거기서 조선 청년 '우석'을 사랑하게 된다. 그리고 목숨을 걸고 그를 탈출시킨다. 그녀는 됫병 술을 입에 쏟아부으며 이렇게 외친다. "나는 여기 남아 있지만 내 마음은 그에게 안겨서 저

원한의 바다를 건넜다. 세상 살면서 어느 천년에 내가 어떤 남자를 위해 빌 일이 있을 줄 꿈이나 꾸었던가. 그래. 당신은 저 벌판, 흙이라고 합시다. 나는 그 위에 뜬 무지개로 살렵니다." 그러나 우석은 탈출에 실패하고 금화는 모진 고문 끝에 목숨을 잃는다. 살아남은 우석도 원폭으로 죽고 그의 시신은 금화의 뼈 하나 가슴에 품은 채 흑우(黑雨)에 쓸려 바다로 흘러간다. 한수산의 『까마귀』 이야기다. 작가는 이렇게 말한다. "1945년 그 8월의 폭염 속에서 썩어 나가던 피폭 조선인의 시신에 까마귀떼가 달려들었다. 진동하는 악취 속에서 누구도 그 까마귀들을 쫓는 사람이 없었다. 그리고 태풍이 왔다. 살아서 헐벗었던 삶, 죽어서 새에게 뜯기면서 썩어간 주검들은 넘치는 빗물에 쓸려 바다로 흘러 들어갔다. 일본인 화가 마루기丸木 부부는 이 참상을 그림으로 그렸다. 시신을 뜯으며 새카맣게 뒤덮인 까마귀떼 사이로 희디흰 치마 저고리 하나가 떠가고 있는 그림이다. 그리고 그는 이렇게 썼다. '시체마저 차별받아야 했던 조선인. 시체까지도 차별했던 일본인 … 아름다운 치마 저고리가 고향 조선을 향해 날아간다.' 미국의 원폭투하로 인해 조금이라도 빨리 조국을 되찾지 않았느냐고 물을 수는 있다. 그러나 그 누구도, 징용으로 끌려와 있던 조선인 원폭피해자에 대해서만은 그렇게 물어서는 안 된다. 그들의 죽음은 무참했고, 그들은 순결했다." 사족을 달지 말자. 작가의 눈이 수정처럼 맑다. 그 맑은 눈이 징용으로 끌려간 조선인의 한을 풀어낸다.

1997년, P양 유괴 살해 사건이 있었다. 그런데 충격적이게도 범인은 아이를 밴 여성이었다. 이 아이를 어떻게 할 것인가? 아내가 말했다. 이미 박경리가 『토지』에서 그 해답을 내놓았다고. 내용은 이렇다. 최치수의 무남독녀 서희가 어렸을 적에 혼자 사는 아버지가 피살되는데,

그 이면에는 재산을 노린 동네 건달 양반 김평산과 서희 집의 몸종 귀녀의 음모가 개재되어 있다. 귀녀는 자신을 짝사랑하는 강포수의 아이를 배고는 김평산이 최치수를 살해한 후 자신이 최치수의 아이를 가졌다고 주장한다. 그러나 최치수는 아이를 가질 수 없는 사람이었고 이 사실을 잘 알고 있던 그의 어머니 윤씨 부인은 비로소 사태의 추이를 눈치챈다. 이리하여 하마터면 영구 미제 사건으로 남을 뻔했던 최치수 피살사건의 전모가 드러나고 김평산과 귀녀는 죽음을 맞게 된다. 그러나 바로 이때, 귀녀의 거부에도 불구하고 끝까지 그녀를 사랑했던 강포수는 옥중에서 귀녀가 낳은 아이를 빼내어 멀리 도망가 살면서 모든 것을 숨긴 채 그를 길렀고 그 아이는 마침내 탁월한 독립운동가로 성장한다는 것이다. 이런 것이 한국의 어머니 마음이다. 고개가 끄덕여지지 않는가. 진실로 사랑은 모든 허물을 덮는다(잠 10:12). 그리고 마지막에 웃는다.

압제자들이 가장 상대하기 힘든 사람은 극악한 환경에서도 서로 사랑할 줄 아는 사람들이다. 이들은 겉으로는 굴종하는 듯 보이나 잔칫날이면 자기들 식으로 음식 장만하고 자기들 말로 웃고 떠든다. 그러다가 어느 날 그들의 입에서 자유를 향한 함성이 봇물처럼 터져 나온다. '3.1 독립운동'이 그랬다. 압제자는 결국 물러날 수밖에 없다. 인도의 소금 전매권을 장악하려는 영국의 정책에 대항하여 간디는 냄비 하나 들고 수천리 길을 걸어갔다. 직접 소금을 만들러 바다로 간 것이다. 수많은 사람들이 따랐다. 진압 명령을 받은 영국 경찰이 뇌까렸다. '내가 이 짓하러 경찰이 된 건 아니잖아?' 1963년 8월 28일, 워싱턴DC 링컨기념관 앞에서 마틴 루터 킹 목사는 "나에게는 꿈이 있습니다"라는 그 유명한 연설을 토해냈다. 그 꿈은 이전 노예의 자녀들과 노예 주인의 자녀들이 형제로서 한 식탁에 앉는 꿈이었다. 이 연설이 어떤 결과를 낳았는지 우리는 잘 알고 있다. 그 이전, 린다 브라운이라는 한 흑인 소녀의 작은 의문('나는 왜 옆에 백인 학교를 두고 멀리 떨어진 학교흑인 학교를 가야 하지?')이 '분리하되 동등하게'라는 교육정책이 미국헌법상 평등의 원칙에 위배된다는 역사적 판결을 이끌어냈었다. 오프라 윈프리는 그해 1954년에 자신이 태어났음을 자랑스러워했다. 버스에서 백인 좌석에 버티고 앉아 끝까지 옮기기를 거부했던 로자 파커스 아줌마도 있다(1955년). 누가 이들을 막을 수 있겠는가. 악은 선을 결코 이길 수 없다. 악을 대수롭지 않게 여겨도 된다는 말이 아니다. 악과 고통을 이기는 힘의 원천을 사람의 '타고난 자유함'에서 찾자는 것이다.

난지도(蘭芝島)는 원래 이름처럼(난초와 영지가 난다는 뜻) 아름다운 섬이었지만 쓰레기 산이 되었다. 그리고 이제 다시 '하늘공원'이 되었다. 사람도 그러하다. 사람은 본디 하나님의 형상으로 지음 받았지만 타락으로 죄인이 되었다. 그래서 홍수 심판도 있었다. 그러나 하나님의 사랑은 처음부터 변함이 없었다. 아담과 하와도, 동생을 살해한 카인도 그의 사랑 안에 있었다. 성서 기자는 도대체 무엇을 보았던 것일까? 그는 이스라엘의 패역의 역사를 잘 알고 있었다. 그럼에도 불구하고 그는 그 선조들에게서 어떤 불신과 악도 감히 훼손할 수 없는 하나님의 형상을 보았던 것이다. 창조는 선하다. 창조된 대상들도 선하다. 생명이요 빛이신 창조자 하나님에게는 선하지 아니한 것이 없다. 사람은 '언제나' 하나님의 형상이다. 그러므로 사람에 대한 하나님의 사랑도 변함이 없다.

원산도의 그날 밤, 먹구름이 걷히고 별들과 산천초목이 춤추던 그때, 하늘은 모든 '반대 되는 것들이 본디 하나임'을 일깨워 주었다. 하나님의 사랑이시며(요일 4:8) 그 사랑은 선인과 악인, 의로운 자와 불의한 자를 가리지 않는다(마 5:45)는 말씀을 대자연이 확인해 주는 순간이었다. 그 후, 사람과의 관계에서 어떤 힘든 일이 생길 때마다 좋았던 날들, 사랑으로 교감했던 날들만을 떠올리기로 했다. 갈등으로 인해 퇴색해 버린 옛사랑을 되살림으로써 오늘의 관계를 새롭게 만들고자 했던 것이다. 물론 쉽지는 않았다. 그렇다고 불가능한 것도 아니었다. 하찮은 예 하나만 들어보자. 그날 그 자리, 흥겨움에 들뜬 나에게 웃으면서 라면을 끓여준 사람이 있었다. 아내다. 내가 6년 간 혼자 아이들 셋 기르다가 결혼한 사람이다. 아이 둘 낳았다. 그런데 내 성질이 별로여서 부부싸움 한번 하면 아주 오래오래 한다(그러나 무술 가르칠 때는 '5초 이내에 끝내라' 한다. 이렇게 사람이 일관성이 없다). 한마디로 꾀죄죄하다. 그러나 그때의 웃음을 기억하고 다시 평화를 회복한다. 이 점에 관한 한 아내가 나보다 훨씬 빠르다. 칸트는 사람을 완결된 도덕적 존재로 파악했지만, 그건 사람 본디 모습이 그렇다는 얘기고 현실의 인간이 어디 그런가. 누구나 그에게 책임을 돌릴 수 없는 내면의 상처를 안고 있으며, 그런 것들이 또한 다른 사람과의 관계를 왜곡하고 악화시킨다. 평화의 길은 인간사의 이 비극적 연기(緣起)를 이해할 때 비로소 열릴 것이다. 화이트헤드가 말한 대로 '평화는 비극의 이해이자 그 보존'이다(*Adventures of Ideas*, 1967, p. 286).

하나님의 형상인 인간이 악의 화신이 된다는 것이야말로 최대의 비극이다. 이 상황을 반전시켜 다시금 하나님의 형상을 회복하게 하는 것은 사랑밖에 없다. 그러나 상처 입은 사람이 어찌 하나님처럼 사람을 사랑할 수 있겠는가. 결국 하나님의 사랑을 체득해야만 한다. 그 길을 밝히는 등불이 진리 안에서 자유를 얻은 위대한 스승들이요 선인이나 악인이나 가리지 않고 햇빛과 비를 내리는 대자연이다. "부르심이 지엄하시기에 차라리 슬픔이 많았던가 싶다." 젊은 시절, 내 평생의 스승이신 안형관 선생님께서 보내주신 성탄카드에 적혀있던 글이다. 이 한 마디로 오랜 세월을 버티어 왔다. 그리고 웃을 수 없었으니 웃음을 찾아 나섰고, 긴 여행 끝에 마침내 태초부터 온 세상은 웃음으로 가득했음을 깨달았다.

사랑은 결국 웃음으로 표현되고 또한 완결된다. 연민이 눈물로 끝나서야 되겠는가. 단 한 번의 웃음에도 그 밑에는 거대한 산이 자리하고 있다. 하나님의 그 태초의 미소다. 만약 웃음도 하나님이 프로그래밍하신 대로 생성되는 것이라면 웃는 사람이 비참하다. 반대로, 동물도 식물도 다 웃을 수 있다면 얼마나 대단하신 하나님의 능력이요 영광인가. 웃음은 분명 자유에 기초를 두고 있다. 웃음은 자유의 증거다. 물론 자유는 남용과 왜곡의 가능성을 내포하고 있다. 그러나 마음에서 일어난 악의 파도가 멈추면 마음속 하나님의 숨이 다시 살아난다. 악한 자도 본디 청정한 하나님의 형상이다.

'너희는 서로 사랑하라'는 가르침이 진리인 이유는 사람은 본디 서로 사랑하게끔 되어 있는 존재이기 때문이다. 하나님은 사람을 그렇게 만드셨다. 사랑은 삶의 가장 고상한 가치다(손봉호, 『고통받는 인간』, 머리말 v). 사람은 자신이 사랑 받고 또 사랑하기를 원하는 존재임을 안다. 사랑은 하나님이 사람 속에 심어놓으신 씨앗이다. 사랑은 하나님의 숨이다. 그러므로 '사랑'이 바로 모든 고통과 악의 문제를 해결하는 유일한 열쇠다. 하나님은 '자비로우시지만 전능하시지 않거나, 전능하시지만 자비롭지 않으신 분'이 아니다. 그는 전능하시고 자비로우시다. 그의 대자비가 모든 허물을 덮고 극악한 죄인도 '산 존재'로 다시 빚어내기 때문이다. 자유, 웃음, 사랑, 이 모두는 나누어지지도 훼손되지도 않는 사람의 근원적 본성이다.

사랑은 관계 속에서 꽃핀다. 이 사랑의 관계를 확인하고 강화하는 것이 제의(祭儀)다. 언젠가 TV에서 코끼리들이 죽은 동료를 기리는 행동을 하는 것을 본 적이 있다. 동물들도 이별은 슬픈 모양이다. 그러나 이별을 의식화(儀式化)하고 죽음의 경계를 넘어 사랑의 관계를 유지하고자 하는 것은 인간뿐일 것이다. 제의는 사람의 근원적 본성의 표현이다. 사람은 타고난 '종교인(homo religiosus)'이다. 그는 제의를 통해 하나님과 사람과 세계를 만나고 사랑하면서 스스로 하나님의 형상이 되어간다.

제의와 하나님의 형상

섬기는 자

하나님은 자기 모습과 형상대로 사람을 지으셨다. 여기에는 남녀의 차별이 없다. 하나님은 '사람'을 '남자와 여자'로 만드셨다(창 1:27). 여자는 남자의 '뼈 중의 뼈, 살 중의 살'로서 둘은 '한 몸'을 이룬다(창 2:24-25). '한 몸'은 상호 내재하는 사랑의 관계를 상징한다. 여자를 남자의 종속물로 여기던 시절에 성서는 이렇게 여성의 해방을 말하고 있다. 만약 남녀가 지배-복종의 관계에 있다면 여성에 관한 한 생육하고 번성하는 것(창 1:28)은 축복이 아니라 저주다. 성경은 다시 이 '한 몸'을 이웃에까지 확장시킨다. "이웃 사랑하기를 네 몸과 같이 하라"(레 19:18). 사람은 누구나 '하나님의 형상'으로 평등하다. 그러므로 서로 차별 없이 사랑하고 섬겨야 한다(막 9:35). 하나님의 형상의 본성은 '사랑'이다. '선한 사마리아인'은 이를 체현한 사람이다. 예수께서 마지막으로 제자들에게 주신 계명도 '서로 사랑하라'는 것이었다. 이 '이웃 사랑'이 곧 사람과 만물을 지으신 '하나님에 대한 사랑'이다(마 22:39). 예수께서는 분명히 믿음보다 사랑을 강조하셨다. 그를 보고 '주여, 주여' 하는 자가 아니라 하나님 뜻대로 행하는 자가 천국에 들어간다(마 7:21). 바울도 다르지 않다. 그는 "믿음, 소망, 사랑, 이 세 가지는 항상 있을 것인데 그중에 제일은 사랑이라"고 분명히 말했다(고전 13:13).

그러면 왜 사람은 서로 사랑해야 하는가? 사람은 자유로운 존재이기 때문이다. 이스라엘은 압제와 포로의 경험을 통해 자유가 사람의 생래적 본성임을 깨달았고 그것을 '사람은 하나님의 형상'이라는 고백의 형식으로 표현했다. 사람을 하나님과 연관 지은 것은 그들이 여타 종족의 신들(왕은 대개 신의 아들이나 대리자로 여겨졌다)과는 전혀 다른 하나님을 만났다는 것을 의미한다. 공동체로서의 이스라엘이 자신들이 얼마나 존엄한 존재인가를 자각하게 된 최초의 사건이 바로 '시내 산 계약'이다. 계약은 제의다. 이를 통해 이스라엘은 하나님의 백성이 되었다. 그래서 초기 이스라엘은 야훼 하나님에 대해 '왕'이라는 칭호를 한번도 사용하지 않았다. 야훼는 "처음부터 왕권 밑에서 종이 되었던 자들의 편에 해방자로 나타나셨기 때문에, 그는 본래적으로 고대 동방의 어떤 왕과 비교될 수가 없었다"(한스 발터 볼프, 문희석 역, 『<舊約聖書의 人間學』 분도출판사, 1981, 327쪽).

하나님의 형상으로서의 사람은 마음이 온유하고 겸손하다(마 11:29). 그는 지배하려 하지 않는다. 성경은 그런 사람이 땅을 기업으로 얻는다고 한다(시 37:11, 마 5:5). 땅은 하나님의 것이니(레 25:23), 지배하고 억압하고 착취하는 정복자들은 땅을 다스릴 자격이 없다는 말이다. 비록 지금은 땅이 그들의 것이지만 조만간 그들은 하나님에 의해 축출될 것이다. 땅도 성전도 다 잃었지만 포로기의 사제들은 그 새로운 세상이 다가오고 있음을 분명히 보았다. 그런 나라는 마음에만 묻어 둘 수 없다. 그들은 써야 할 책무를 느꼈다. 또 그들만이 쓸 수 있었다. 그리고 신분에 걸맞게 '제의의 갱신'을 통해 그 나라의 도래를 준비했다. 후일, 그리스도인들도 십자가 사건을 제의적 관점에서 이해하고('대속') 이를 통해 하나님의 구원을 경험했다. 사람이 사람됨에 있어 제의의 중요성은 아무리 강조해도 지나치지 않다. 오늘날 '레위법전'의 대부분은 효력을 상실했다. 그러나 사제들이 꿰뚫어보았던 제의의 본질은 그대로 살아있어야 한다.

제의의 갱신

포로기 사제들은 전승들을 온전히 보존하면서도 편집을 통해 자신들의 입장을 분명히 밝혔다. '카인과 아벨 설화'는 하나님을 '야훼'라 부른 사람들의 저작(야훼 문서)으로 알려져 있다. 그러나 여기에는 사제가 아니면 간파하기 힘든 '제의'의 본질적 특징이 내포되어 있다. 여기서 하나님은 '아벨과 그의 제물'은 받으시고 '카인과 그의 제물'은 받지 않으신다(창 4:3-5). 제사의 핵심은 제물과 함께 '인간 자신'을 바치는 것이라는 말이다. 그렇다면 하나님이 카인과 그의 제물을 받지 않으신 이유는 무엇인가? 설명은 없지만 우리는 그가 제물은 바쳐도 자신은 바치지 않았다고 추측할 수 있다. 이는 풍요의 신을 경배하는 이들의 전형적 모습이다. 이들은 신에게서 무엇을 받기를 바라고 제물을 바친다. 그러나 결코 자신을 바치지는 않는다. 그럴 이유가 없다. 그 신은 바로 그들의 욕망이 투사된 '만들어진 신'이기 때문이다. 이 신은 재물을 얻기 위해 사람을 살해하는 것을 전혀 개의치 않는다. 카인은 이 '만들어진 신'의 경배자를 표상한다. 하나님이 다른 신에게 바쳐진 이 제물과 사람을 받으실 수는 없다.

이에 비해, 죄 지으면 종이 한 장 들지 못할 정도로 안절부절못하는 사람은 결국 속사람을 보시며 '의'로써 판단하시고 '사랑'으로 사하시는 거룩하신 하나님 앞에 나아간다. 그는 제물로 감히 용서를 빌지 못한다. 그는 자기 자신을 바쳐야 한다. 여기서 제물은 단순한 물질이 아니라 인간 자신의 성별(聖別)의 상징이다. 성경에서 양은 대표적인 희생 제물이므로(창 15:9, 22:13 참조) '양 치는 자' 아벨은 바로 이런 이들의 표상이라 볼 수 있다. 희생제의는 삼엄하다. 아브라함이 제사를 드릴 때 쪼갠 제물 사이로 횃불이 지나간 것은 계약 위반 시의 징벌을 상징한다(창 15:9-17). 그는 나중에 이삭을 제물로 바치고서야 비로소 하나님 경외함을 인정받았다(창 22:12). 이삭은 그의 분신이니, 그는 결국 자기 자신을 바친 것이다.

자신을 바쳐 하나님을 경배하는 이들은 결코 살인자가 될 수 없다. 하나님은 자기 형상대로 사람을 지으셨으므로 사람을 죽이는 자는 자신도 죽어야 한다고 하나님은 분명히 말씀하셨다(창 9:6). '생육과 번성'의 축복(창 1:28과 9:7)이 '하나님의 형상으로서의 사람'에 대한 기술 바로 뒤에 배치되어 있는 것은, 그런 사람들만이 땅에 번성하고 땅의 생물을 다스릴 자격이 있다는 것을 강력히 시사한다. 아벨이 카인에 의해 죽임을 당했다는 것은 현실에서는 아직 악이 우세하다는 것을 보여준다. 그러나 땅은 입을 벌려 아벨의 피를 받았고 그의 호소는 하나님께 상달되었다'(창 4:10-11). 땅은 아벨의 것이고 그는 죽어서도 여전히 살아있는 하나님의 형상이다. 이와 반대로 살인자 카인은 땅으로부터 배척당한다. 그는 유리하는 자가 되었다(창 4:11b-12).

그렇다면 왜 타락설화는 아벨보다 카인에게 더 많은 지면을 할애하고 있는가? 패역자들의 구원이 성서 기자의 중요한 관심사였기 때문이다. 하나님은 두려워하는 카인에게 표를 주어 보호하시고(창 4:15) 가정을 갖고 살게 하신다(창 4:17). 사람 죽인 자에게 사람 사랑하는 길을 열어주신 것이다. 그러므로 성서에는 '타락한 죄인'은 있어도 애초부터 하나님의 형상이 아닌 사람은 없다고 할 수 있다. 메시지는 이거다. '죄인도 구원을 얻을 수 있다. 그는 처음부터 마음속에서 꿈틀거리는 사악한 욕망에 굴레를 씌워야 했지만(창 4:7) 이제라도 늦지는 않다. 돌아서라.' 카인에 대한 하나님의 이 일련의 조치는 또한 그를 징치하려는 사람들에게 용서를 가르쳐주고 있다. 하나님이 죄인을 사랑하는 것처럼 너희도 원수를 사랑하라는 것이다. 이렇게 구원의 하나님은 지으신 만물을 보시고 미소 지으신 창조의 하나님과 수미일관한다.

하나님의 백성 이스라엘의 전 역사는 '만들어진 신'을 경배하는 자들과의 투쟁이었다고 해도 과언이 아니다. 외부의 이교도들뿐 아니라 이스라엘 내부에서도 다른 신을 섬기는 사람들이 허다했다. 사제들은 선조들의 절절한 경험이 함축된 타락설화 전승에서 두 상반된 경배자의 모습을 보았을 것이다. 바빌론 포로로 인해 그 고백적 설화는 또다시 현실이 되었다. 카인의 아벨 살해는 만들어진 신의 경배자들이 하나님의 백성을 압도하고 있는 현실을 반영한다. 아벨은 죽임을 당했다. 그런데도 하나님은 카인을 보호하신다. 여기서 우리는 넓혀진 세계에서의 구원관의 변화를 읽어낼 수 있다. 과거 가나안 진입 시에는 아벨이 카인을 죽였다. 그러나 이스라엘은 결국 영속적 평화는 카인의 회개와 변화를 동반해야 한다는 것을 포로기에 와서야 깨달은 것이다. 사제들은 전승된 설화에서 이스라엘의 과거와 현재 그리고 이 세계의 미래를 보았다. 그들은 카인에게서는 정복자 바빌론을, 아벨에게서는 이집트의 압제에 신음하던 조상들을 떠올렸을 것이다. 그러나 과거로 퇴행하지 않았다. 그들은 바빌론은 카인처럼 회개하고 이스라엘은 구원을 얻음으로써 이 땅에 진정한 평화가 도래할 것을 믿었다.

사제들은 전승을 재해석함으로써 제사의 갱신을 도모했다. 요지는 하나님에 대한 경배는 모름지기 자신을 바치는 것이어야 한다는 것이다. 신약시대에도 이 전통은 그대로 계승되었다. 할례는 마음에 해야 하고(롬 2:29), 제사는 '여기 또는 저기'가 아니라 자신이 서 있는 그곳에서 오직 '신령과 진정으로' 드려야 한다(요 4:21-24). 사마리아 여인은 예수님의 그 한마디로 걸림 없는 자유를 얻었다. 이 여인의 행실은 사마리아 사람들에게도 수용될 수 없었다. 그래서 아무도 없는 한낮에 물을 길으러 나왔다. 물론 성전에도 갈 수 없었다. 그러나 그 극한의 고통 속에서 오히려 그녀는 예배의 본질을 체득했고 예수께서는 그것을 확인해 주심으로써 그녀를 하나님의 형상으로 재창조하셨다.

예배(제사, 제의)를 하나님과의 교통의 장으로 이해하는 사람에게는 '어떤 예배냐'가 그의 생사를 좌우한다. '만들어진 신'의 경배자는 그 속에 하나님의 숨결이 질식해 있는 '죽은 목숨'이다. 자신을 비워 신령과 진정으로 경배하는 이는 그 속에 하나님의 숨결이 살아있는 '산 존재'다. 그렇다고 누구나 쉽게 신령과 진정으로 하나님을 경배할 수 있는 것은 아니다. 사람에게는 경배할 분을 상징하는 그 무엇이 필요하다. 성소는 그의 임재를 체험하는 장소다. 제물을 바침은 그에게 자신을 바치는 상징적 행위요, 물질에 대한 욕심이 하나님과의 교제에 장애가 되지 않도록 하겠다는 서약이다. 희생제의는 사람이 하나님과 세계와의 진정한 소통을 경험할 수 있는 통로이며, 이로써 사람은 자신이 하나님의 형상임을 확인하게 된다. 사제들이 성전이 허물어졌음에도 불구하고 제사에 대해 상세한 해설을 남긴 것은 이러한 제의의 중요성을 잘 알고 있었기 때문이다. 화려한 성전보다 '골방'이 더 성소다울 수 있다(마 6:6). 아무리 작은 집에 살더라도 신령과 진정으로 경배하는 이는 그 안에서 자신만의 골방을 성별한다.

다른 종교의 제의도 크게 다를 바 없다. 돌과 나무를 쪼아 불상을 만드는 것은 자신 안에 살아있는 부처의 형상화다理事無碍. 이때 재료인 자연과 장인은 하나가 된다事事無碍. 어느 스님이 이렇게 말했다. "萬象(만상)은 귀를 열고 山光水色(산광수색, 변화무쌍한 산과 물)은 萬德(만덕, 온갖 덕)을 具足(구족, 고루 갖춘)한 法身(법신)을 빚고 있지 않는가"(정휴, 삼각산 삼천사 <세존진신사리비>). 여기서 자연은 그 자체가 진리의 현현으로 인식되고 있다. 그러나 진정한 경배의 대상은 부처이지 자연물로 조성된 그의 형상이나 자연물이 아님을 불교인은 안다. 그래서 목 없는 돌부처에게 절도 하고 목불을 쪼개 불쏘시개로 쓰기도 한다. 그리스도교 내에서도 치열한 '성상' 논쟁이 있었다. 그러나 성상을 만들고 그 앞에 머리를 숙이는 것을 내면의 악을 씻어내는 정화의 제의이자 하나님에 대한 순종의 상징으로 이해한다면 크게 문제될 것은 없다. 어떤 건축가는 유럽의 한 성당 문을 열고 들어가는 순간 바로 무릎을 꿇지 않을 수 없었다고 한다. 웅장하고 화려한 건축물이 아니라 그것을 만들고 거기서 하나님을 경배했던 무수한 사람들의 순박한 신심이 그를 압도했던 것이다.

사람 모두가 사제다

고대사회에서 사제들은 신의 대리자로 자리매김되어 있었다. 이를 감안하면, 사람 일반을 하나님의 형상이라 한 것은 가히 '만인제사장설'의

효시라 할 만하다. 그렇다. 가족 간에 깊은 골이 패인 것을 슬퍼하는 사람은 그 가족의 사제다. 그는 사랑과 섬김으로 자신과 가족의 상처를 치유해야 한다. 하나님이 그를 그 자리에 부르셨다는 것을 안다면 그는 능히 그 일을 감당할 수 있다. 자신을 비워 하나님께 바침으로써 하나님이 그 안에 사시기 때문이다. 그리고 그의 마음은 점차 이웃에게로 넓혀져서 저 고결한 '고난 받는 야훼의 종'의 모습을 닮아간다. 그는 중생을 위해 흘리는 보살의 눈물도 이해한다. 예수께서는 예나 이제나 이런 그리스도인을 원하신다.

광대무변한 우주에서 인간이란 존재는 정말 한낱 티끌에 불과하다. 그러나 현대인은 137억 7천만 년 된 우주의 나이를 자신의 나이로 생각할 수 있게 되었고, 생각 없이 사과 파이 하나를 만들려 해도 우주를 먼저 만들어야 한다는 것도 안다(칼 세이건). 시간적으로 공간적으로 사람과 세계는 분리되어 있지 않다는 것을 이해하고 있는 것이다. 천체물리학 이론 중에 '인간원리(anthropic principle)'란 게 있다. '우주는 어느 시기에 관측자(인간)의 탄생을 허용하는 특성을 가져야 한다'는 것이다(스티븐 호킹, 현정준 역, 『시간의 역사』, 1989, 278쪽). 양자역학에서 유래한 것이라는데, 아무튼 긴 세월에 걸친 이루어진 인간에 대한 종교적 철학적 탐구가 자연과학과도 연계되어야 할 시대가 도래한 것만은 분명하다. '우리 우주를 설명할 유일한 방법은 그 속에 우리가 존재한다는 사실에서 출발하는 데 있다'는 생각(위의 책, 280쪽)과 창조의 절정에 인간을 위치시키고 있는 성서의 관점이 얼마나 차이가 있을까?

우리는 예수 안에서 창세기 기자들이 고백한 하나님의 형상의 전형을 본다. 그의 순전한 영은 모든 것에 열려 있었다. 그는 하나님을 아버지라 부르셨고 공중의 새와 들풀 하나에서도 하나님의 손길과 숨결을 느끼셨다. 그는 하나님과의 만남을 통해 존재하는 모든 것들과 소통하셨다. 유한한 인간이 무한의 세계에 들어서고 무한자가 유한한 존재 안에 진입해 들어오는 유한과 무한의 일치, 초월과 내재의 합일을 경험하신 것이다. 그는 자신은 포도나무요 하나님은 농부이시며 사람들은 포도나무에 붙어있어야 할 가지라 하셨다(요 15:1이하). 그렇게 될 때 그 사람들은 비로소 존재의 무한한 관계의 그물을 한데 묶어 주는 벼리의 역할을 감당할 수 있다. 모든 피조물은 탄식하며 그러한 하나님의 자녀들을 기다린다(롬 8:19-23). 이들은 만물에 대해서도 사제다. '우주에서의 인간의 지위'가 그러하다.

부활

신령과 진정으로 드리는 경배는 사람을 살린다. 그는 죽어도 살겠고 살아서도 영생을 경험한다. 부활이다(요 11:25-26). 부활은 기쁨과 웃음과 사랑과 평화와 용기를 선사한다. 은총이다. 사마리아 우물가의 여인이 그랬다. 그녀와 비견되는 또 다른 인물이 삭개오다. 그는 세리장으로 부자였다. 그러나 유대인들로부터는 로마에 빌붙어 먹고사는 자라는 경멸을 받아야 했다. 그것은 참담한 고통이었다. 그런 그가 예수라는 한 인물의 소문을 들었다. 아마도 이분이라면 자신의 고통을 아시리라 믿었던지 그는 그분을 보기 위해 나무위에 올라갔다. 그의 이 작은 믿음이 예수의 마음에 화살처럼 날아가 박혔다. 그를 보신 예수께서 말씀하셨다. "삭개오야, 속히 내려오라. 내가 오늘 네 집에 유하여야 하겠다." 하나님의 아들은 그렇게 해서 죄인의 집에 들어가셨다. 두 사람 사이에서 이루어진 '고통의 공감'이 낳은 결과였다. 그리고 그것은 삭개오에게 어마어마한 기쁨을 선사했다. 그는 곧 재산의 절반을 가난한 이들을 위해 주겠으며 토색질한 것은 네 배로 배상하겠다 했다. 그때 예수께서 하신 말씀이 이렇다. "오늘 구원이 이 집에 이르렀으니 이 사람도 아브라함의 자손임이로다. 인자의 온 것은 잃어버린 자를 찾아 구원하려 함이니라"(눅 19:1-10). 이렇게 겨자씨 한 알처럼 작은 믿음이 결국 삭개오를 천국의 아이가 되게 했다. 부자가 하나님의 나라에 들어가는 것은 낙타가 바늘귀로 들어가는 것보다 어렵지만 하나님은 그렇게 하실 수 있다(마 19:24-26). 삭개오는 예수님을 영접하면서 비로소 가난한 자와 하나가 되었고 그럼으로써 팔복의 첫 번째 복('천국은 가난한 자의 것', 마 5:3; 눅 6:20)이 그에게 임했다.

붓다께서도 부자와 빈자를 가리지 않고 찾아가 탁발(托鉢)을 하셨다. 부자든 빈자든 다 고해를 헤매고 있음을 알고 그들 모두가 자신의 청정한 본디 모습을 깨우칠 수 있게끔 자신을 중생들에게 회향(廻向)하신 것이다. 그것은 신분의 질곡에 얽매여 있는 천민들에게는 더할 수 없는 기쁨이며, 차별을 당연시하던 사람들에게는 온 세상에 편만한 진리에 눈을 번쩍 뜨도록 하는 금강과 같은 방망이金剛杵였다. 『맹자』의 첫 부분도 그렇다. 학정으로 사람을 죽이는 것과 몽둥이로 사람을 죽이는 것이 무엇이 다르냐는 맹자의 매서운 질타가 왕을 떨게 한다. 하늘이 사람을 낳고 기르시니 통치자인 왕의 역할은 '인의(仁義)'를 구현하는 것밖에 없다는 것이다. 그의 말은 '민(民)'의 마음속에 잠재해 있는 '하늘'의 뜻을 드러낸 것이니 왕이라 할지라도 그 앞에서는 입을 닫을 수밖에 없다. 송천성은 백성과 통치자들이 하나님을 두려워하지 않았더라면 중국의 역사는 방향 없이 방황하는 길고 슬픈 이야기로 가득 찼을 것이라

한다(송천성, 『대자대비하신 하느님』, 206쪽). 어두운 세상에서도 사람들이 희망을 가질 수 있는 것은 궁극자와 하나 된 이들이 세상에 돌아와 빛과 생명을 불어넣기 때문이다.

세상 사람들의 고통은 이들의 걸림 없는 마음에 공명되고 고통의 공감이라는 통로를 통해 궁극자의 자비와 의가 사람들에게 파고들어 그들을 변화시킨다. 물론 모든 사람이 다 삭개오처럼 예수를 만남으로써 새사람으로 거듭나는 것은 아니다. 부처를 만난 사람이 다 부처가 되는 것도 아니다. 위대한 성현들의 가르침에도 불구하고 많은 사람들이 고통의 미로를 헤맨다. 고통 받는 사람들이 진심으로 원하는 것은 진리의 말씀이 몸과 마음에 속속들이 새겨진 사람, 즉 진리가 육화된 사람인데, 그런 사람이 드물기 때문이다. 그러나 그런 이가 나타나면 용케도 알아본다.

어째서 그럴까? 마음속에 하나님이 부여하신 성품, 곧 하나님의 형상이 새겨져 있기 때문이다. 사람마다 타고난 성품과 능력에 차이가 있지만 누구에게나 그 마음 가장 깊은 곳에는 성스럽고 전지전능한 존재가 자신을 구해주리라는 소박한 믿음이 자리 잡고 있다. 이것이 희망의 근거이다. 성경에 의하면 지혜는 '생명나무'요(잠 3:14, 사람살이의 기초라는 말이겠다) 그 근본은 '하나님 경외'다(잠 9:10). 예수께서는 사람이 자신의 말에 거하면 진리를 알고 진리가 그를 자유롭게 한다고 하셨다(요 8:31-32). 붓다는 '모든 것이 공(空)함'을 꿰뚫어 봄으로써 고통과 공포와 몽상을 벗어나 열반에 이르며(『반야심경』), 그 '첫 마음 내는 자리가 바른 깨달음의 자리'라 하셨다(『화엄경』 <범행품>). 오늘날에도 이분들이 간 진리의 고독한 길을 같이 걸어가려는 사람들이 있으면 사람들은 틀림없이 그들의 말에 귀를 기울일 것이다.

옛날 로마 총독 빌라도는 '진리를 증언하러 왔다'고 주장하는 예수에게 '진리가 무엇이냐?'고 물었다. 예수께서는 침묵으로 응대하셨다. 그 자신이 바로 진리라고 무언의 대답을 하신 것일까? 빌라도의 진의는 잘 알 수 없다. 그러나 잔인무도한 사람으로 알려진 그가 그런 질문을 했다는 것은 그 역시 삶에 의문을 갖고 있었다는 증거다. 빌라도에게는 로마가 진리였다. 약소민족들은 당연히 로마가 주는 평화 안에서 황제에게 복속해야 하고 반역자는 십자가에 달려야 한다는 것이 그의 신념이었다. 그런데 자기 앞에 끌려온 한 사나이는 그가 질 십자가야말로 진리를 증거하는 길이라고 말하고 있다. 아마도 이 극도로 대비되는 두 개의 진리 체계가 가져다주는 혼란스러움이 빌라도로 하여금 그런 질문을 던지게 했을 것이다. 그는 예수에게서 아무 죄도 발견할 수 없었고 무언가에 이끌려 예수를 살리려 노력했으며 끝까지 그를 '유대인의 왕'으로 인정했다. 비록 예수의 목숨보다 자신의 정치 생명을 더 소중하게 여겼지만 그에게도 진리에 대한 한 가닥 경외심은 있었다. 그러나 그는 자신이 처형할 이 인물이 다시 살아 수많은 사람들에게 부활과 생명을 선사할 것을 예상하지는 못했다.

세계 도처에서 벌어지는 수많은 참극들을 실시간으로 접하면서 서서히 이웃의 고통에 둔감해져 가고 있는 오늘의 세대는 빌라도보다 훨씬 진지하게 고통에 대해 묻지 않으면 안 된다. '왜 세상에는 고통이 끊이지 않으며, 십자가와 같은 이해할 수 없는 고통이 어째서 진리란 말인가?' 지금도 '물을 만한 사람'이 나타나면 분명 삶에 어떤 회의도 하지 않을 것 같은 사람이 입을 열어 물어 볼 것이다. 그리고 옛 스승들이 다시 살아오신다면 틀림없이 사람들이 알아들을 수 있는 '말씀'으로 대답하실 것이다. 중생들에 대한 연민이 그를 침묵하게 내버려 두지 않을 것이기 때문이다.

진리의 스승들은 의미를 찾을 수 없는 고통으로 신음하는 중생들을 보며 괴로워했다. 사람들은 고통에서 의미를 찾을 수 없을 때 그것을 '있어서는 안 되는 악'이라고 느낀다. 그리고 이 고통과 악의 경험이 사람을 구도의 길로 내몬다. 생로병사에 시달리는 사람들의 신음이 붓다를 일어서게 했고, 억압자의 음흉한 웃음과 피억압자의 탄식이 예수로 하여금 하나님 나라를 찾게 했다. 공자를 천명으로 인도한 것은 전란으로 피폐해진 민중들의 눈물이었다. 그리고 이분들은 긴 구도의 여정 끝에 궁극 실재와의 만남을 통해 반드시 이루어지고야 말 '새 하늘과 새 땅'을 보았고, 세상으로 돌아와 그 종말론적 세계에 대해 말씀하시기 시작하였다. 이들은 악과 고통이 편만한 세상 속에서 남이 보지 못하는 희망의 씨앗을 보았다. 그것은 모든 것의 근원인 궁극 실재가 모든 것 안에 뿌려놓은 진리의 씨앗이다. 그 씨앗은 신비로운 손길에 의해 길러져 결실을 맺게 되며 그때에 이르러 악과 고통은 가라지처럼 불살라질 것이다(마 13:24-30). 사람들의 삿된 욕망이 아무리 세상을 어지럽혀도 진리는 반드시 자신을 완벽히 구현하고 만다.

이를 깨달은 이는 폐허가 된 성읍의 돌무더기에 핀 한 송이 들꽃에서도 거룩한 영의 숨결을 느끼고, 삶의 무게에 짓눌리면서도 이웃을 사랑하고 작은 일에 기뻐하는 보통 사람들의 삶 속에서 하나님의 생명과 말씀이 살아 약동하고 있음을 본다. 부활의 생명은 그렇게 모든 곳에 미친다. 물론 범부중생들이 이를 쉽게 깨닫지는 못한다. 그렇기 때문에 탐욕에 눈이 멀어 온갖 짓을 벌이기도 한다. 그러나 사람이 머리를 돌이켜 거룩하신 하나님을 찾으면 '작은 일' 하나하나가 다 의미 있는 일이 된다(마태복음 25:31이하의 '양과 염소의 비유'). 이 돌이킴과 각성이 하늘의 문을 여는 열쇠다. 다만 그 '작은 일'이 널리 모든 존재에게 확산되지 않고 집단적 이기심의 지배를 받는 것이 문제이다. 여기에 개인과 집단의 변덕스러운 감정과 완강한 자의식이 덧붙여져 갈등과 고통이 끊이지 않는다. 진리의 스승들과 일반인들의 차이는 이 관문을 통과하느냐 못하느냐 하는 데 있다. 그러나 사람은 누구나 하늘이 뿌린 씨앗을 간직하고 있다. 성경은 이를 하나님이 사람 몸에 불어넣으신 '생기'(창 2:7)라 하고 불교는 모든 중생들이 구유하고 있는 '불성'이라 하며 유가에서는 하늘이 부여한 '성'(天命之謂性, 『중용』)이라 한다. 이 성스러운 씨앗이 있기에 범부들도 '기쁜 소식'을 전하는 진리의 스승들에게 마음이 끌리는 것이다. 이 마음은 영원하고 거룩한 근원적 존재에 의해 품부된 것이기에 결코 완전히 파괴될 수 없으며 또 그렇기 때문에 '이미 언제나' 세상 가운데 임재하고 있는 진리는 반드시 모든 존재들 안에 완전히 꽃 피게 된다.

궁극 실재의 무한한 자비는 사람 속에 화체되어 다시 고통 받는 다른 이들을 자유롭게 한다. 그 사람은 모든 존재자들이 고통에서 자유로워질 때까지 자신을 기꺼이 고통의 바다에 떠돌도록 맡긴다. 나날을 힘겹게 살아가는 사람들은 이러한 사람이 나타나기를 원한다. 지극히 자비로우면서도 고통의 가시를 가슴에 품고 있는 그의 말이 사람을 고통과 악에서 자유롭게 하기 때문이다. 그리고 어느 날 자신이 자유를 얻었을 때 그를 이끌어 준 사람처럼 그도 타인의 고통을 마음에 품고 사람들에게로 돌아가 해방의 기쁜 소식을 전한다. 그러는 가운데 그는 자신도 모르는 사이에 모든 존재하는 것들이 궁극자 하나님 안에서 하나로 엮여져 있음을 체득한다. 그는 진리가 결코 외모를 따지는 법이 없음을 안다. 흑인이나 백인이나, 머슴이나 주인이나, 남자나 여자나, 장애인이나 비장애인이나 하나님의 거룩한 영은 차별 없이 임한다(고전 12:13, 갈 3:28). 헐벗은 자에게 내민 작은 손은 두 사람을 다 진리로 이끌며(마 25:40) 의인의 기도는 능히 죄인을 살려낸다(약 5:16). 그러나 빛을 찾아 나오지 않는 이는 그냥 어둠 속에 있다(요 3:19-20). 하늘의 저울은 참으로 공평하다. 몸을 움직이지 못하는 장애인의 맑은 영혼이 그를 찾아온 사람들에게 인간의 존엄과 아름다움을 깨우쳐 주고 폐허가 된 땅에 핀 한 송이 꽃이 망한 나라의 백성에게 불멸의 소망을 안겨 준다. 이렇게 모든 존재들은 각기 자신이 가진 진리의 달란트로 타자들 안에 있는 진리의 씨앗을 일깨우면서 자신 안에서 진리의 나무를 키워나간다.

다양성 속의 일치

여기서 의문이 하나 남는다. 그것은 진리의 스승들이 가르친 바가 왜 서로 다른 것처럼 보이는가 하는 것이다. 아마도 그 이유는 진리란 '지금 여기'뿐 아니라 '언제나 모든 곳'에서 타당해야 하기 때문일 것이다. 위대한 스승들의 가르침은 일차적으로 자신을 포함하여 특정한 시대를 살던 사람들이 가지고 있었던 물음에 대한 대답이다. 따라서 그 시대의 조건에 가장 합당한 표현을 취할 수밖에 없다. 그렇지 않으면 '참된 대답'이 아니다. 그러나 사람들은 또한 그 대답이 시대를 초월한 절대성과 타당성을 가지고 있다고 판단되지 않으면 '참된 대답'으로 수용하지 않는다. 대답은 구체적이되 그 근거는 초월적이고 절대적인 데서 찾는 것이 사람들의 진리에 대한 관념이다. 진리는 역사성과 초월성을 겸비해야만 사람들에게 참된 대답으로 받아들여진다.

문제는 사람들이 진리의 역사성과 초월성을 혼동하여 세계 내에서 일정한 특수형태로 표현된 역사적 진리에 절대성을 부여하게 될 때 일어난다. 야스퍼스는 이를 '질적 일자(一者)'를 '숫자상의 일자'로 전도시킨 것이라 한다. 이때 각 특수형태의 대표자들은 제각기 자신만이 진리를 소유하고 있다고 주장하면서 투쟁을 일삼는다(이때의 일자가 '숫자상의 일자'다). 그리고 다른 사람들도 자기들과 마찬가지로 초월자인 일자에 의해서 잘 생존하고 있다는 것은 완전히 잊는다(이때의 일자가 바로 '질적 일자'이다). 야스퍼스는 모든 시대를 통해서 성서적 종교에는 이러한 '악마적 요소'가 있었으며 바로 그 때문에 오늘날에 와서 더욱 급속히 성서적 종교의 위세가 쇠퇴하고 있다고 보았다(야스퍼스, 이종후/정영도 역, 『초월자의 암호』, 이문출판사, 1996, 78-79쪽).

그의 용어를 빌려 말하자면, 사람들이 '세계 내의 특수형태'로서의 진리 진술에 절대성을 부여하려는 경향을 보이는 것은 사람에게 '질적 일자'에게로 향하는 귀소본능이 있기 때문이다. 그리고 이 인간의 본성이 신념체계들 간의 분쟁을 야기한다. 그러므로 이 점을 깊이 인식하면서 각종의 세계 내의 특수형태로서의 진리 진술을 열린 마음으로 돌아본다면 진리에 대한 '상이한 표현들'이 다 질적 일자의 '특수 상황에서의 구체적 현현'으로 이해될 수 있다. 나도 다른 종교의 경전을 읽다가 그런 경험을 한 적이 있다.

『장자』 <내편, 덕충부(德充符)>에는 왕태(王駘)라는 현자가 형벌로 다리를 잘렸음에도 불구하고 이를 흙 한 덩이 잃은 것쯤으로 여겼다는 이야기가 실려 있다. 장자는 공자의 입을 통해 도가 그의 중심에 있기에 그렇다고 말한다. 이 대목을 접하는 순간 갑자기 오랫동안 관여해 온 근육장애인단체 회원들의 모습이 눈앞을 스쳐지나가며 '하나님이 흙으로 사람을 지으시고 생기를 불어넣어 생령이 되게 하셨다'는 성경 말씀(창 2:7)이 새롭게 다가왔다. 하나님의 영이 내 안에 살아 숨 쉬면 다리 한 쪽 없는 것도 흙 한 덩이 잃은 것일 뿐이요, 망가진 육신도 약간 찌그러진 흙에 불과하다는 생각이 든 것이다. 공자가 흠모해 마지않았던 '주공 단(周公 旦)'은 꼽추였다고 한다. 이를 안다면 그 뿔테 안경의 청년도 위로를 받을까? 하나님의 숨결이 내 안에 살아있다면, 어떤 것도 장애가 되지 않는다.

근육장애인들은 기적적 치유를 바라는 기도를 바칠 때가 많다. 예수께서는 의학적으로 치유불가능한 사람들을 하나님의 능력으로 고치셨다고 믿기 때문이다. 인간 '지놈' 지도가 완성되었다는 소식을 들은 지가 한참인데도 1985년 협회 창립 이후 지금까지 전 세계적으로 단 한 건의 치유 사례도 보고되지 않았기 때문에 더욱 그러하다. 이런 상황에서 마주친 장자의 통찰은 하나님을 전혀 다른 각도에서 바라볼 수 있게 했다. 기적을 기대하기 힘든 상황에서는 확실히 장자의 해법이 훨씬 더 적절하다. 그렇지만 우리는 또한 기적을 바라는 기도를 그치지 않는다. 이게 사람 마음이다. 특이한 것은 시간이 흐를수록 그 기도는 모든 환우들이 혜택을 받을 수 있는 치료법이 개발되기를 바라는 기도로 바뀌어 갔다는 것이다. 그와 함께 우리들 안에 하나님이 이 장애인들과 함께하신다는 믿음도 점차 깊어져 갔다. 어쩌면 이 믿음이 기도에 대한 응답일지도 모른다. 그렇다면, 기적은 '실제로' 일어났다.

동양의 현자는 고통을 수용했고 갈릴리의 예수는 고통을 돌파했다. 이 두 길은 전혀 다른 길처럼 보인다. 그럼에도 불구하고 왠지 둘은 다 같은 진리를 말하고 있다는 느낌이 든다. 갈릴리의 예수는 놀라운 능력으로 병을 고치셨지만 예수께서는 십자가의 고통을 받아들이심으로써 만인의 고통을 치유하려 하셨으니, 혹시 그 형벌의 언덕에서 그리스도와 장자가 만나고 있는 것일까? 아마 기적이 일상화된다면 사람들은 서로를 배려할 필요성을 별반 느끼지 않을 것이다. 타자의 고통에 공감할 이유도 없다. 그래서 사람들이 자신의 삶에만 관심을 기울인다면 존재자들 간의 관계의 그물망은 허물어지고 말 것이다. 그러므로 기적은 일상화되어서는 안 된다. 그러나 기적이 전혀 없다면 사람들은 또한 초월에 대한 동경을 접을 것이다. 이는 궁극 실재와의 단절을 야기할 터이니 이럴 수도 없다. 기적은 있어야 한다. 다만 그 기적은 사람들이 상상하는 초자연적인 것이 아니라 지극히 일상적인 데서 드러날 가능성이 훨씬 크다. 오랫동안 장애인들과 삶을 함께해 온 사람들은 이 점을 충분히 공감한다. 이 두 길은 모두 사람을 고통에서 해방시키는 힘이 있는 진리다. 그래서 나는 우리 근육장애인들이, 그리고 그 뿔테 안경의 청년과 가족이 이 두 길을 한 몸에 육화할 수 있기를 지금도 간절히 바라고 있다.

나는 위대한 스승들에 의해 우리 인간이 고통을 이해하고 극복하는 데 필요한 진리는 다 설해졌다고 생각한다. 외관상의 차이에도 불구하고 그 가르침들은 모두 각양각색의 고통에 시달리는 사람들에게 제각기 의미 있는 진리다. 다만 그것들은 '역사 속에서 언어와 행동으로 형상화된 진리'이기에 늘 적절한 재해석이 필요하다. 진리의 스승들도 그렇게 하셨다. 예수께서는 율법을 폐하려 한다는 공격을 받을 만큼 성경을 파격적으로 재해석하셨지만 그것은 오히려 율법의 진정한 의미를 회복하는 것이었다(마 5:17. 행 15장은 초기 교회도 이 길을 따랐음을 보여준다). 붓다는 분명 인도 사회에서 전례가 없던 새로운 진리의 세계를 열어 보이셨지만 그 역시 기존의 가르침을 이해하는 데서 구도의 길을 시작했고 또 그 중 상당 부분을 발전적으로 수용하셨다. 공자는 이분들보다 더 겸손하게 "나는 과거에 존재했던 위대한 유산을 기술할 뿐 새로 창작하지 않는다(述而不作)"고 하셨다(『논어』 <述而>). 그럼에도 불구하고 그가 남긴 말씀은 지금까지도 동아시아인들의 마음을 사로잡을 만큼 하늘과 땅과 사람에 대한 새로운 이해의 지평을 여는 것이었다.

그러나 세대가 거듭될수록 사람들은 시대에 맞게 스승들의 가르침을 재해석하기보다는 번쇄하고 방대한 체계를 구축하고 그것을 절대화하는 경향을 보였다. 특히 다른 종교나 사상과 어깨를 맞대야 하는 상황에서는 이런 경향이 더욱 두드러지게 나타나 '서로 다름'이 필요 이상으로 강조되었다. 개인적 집단적 고통이 그 어느 때보다 확대·심화되고 있는 오늘의 현실에서 이런 대립과 혼란은 바람직하지 않다. 이 시대의 사람들은 인류가 당면하고 있는 고통의 문제에 대한 구체적이고 확실한 해답을 원한다. 그러나 선부른 재해석은 오히려 진리를 훼손할 가능성이 있다. 이 위험을 최소화하려면 무엇보다도 진리의 스승들이 그러했듯이 고통 받는 사람들에 대한 깊은 연민이 있어야 한다. 사랑이 있으면 설사 표현에 오류가 있어도 진리는 정확히 전달된다. 바울이 말했듯이, 예언도 폐하고 방언도 그치고 지식도 폐하지만 사랑은 언제까지나 떨어지지 아니한다(고전 13:8). 더 나아가 진리는 사람들에게 반드시 이루어질 수밖에 없다는 종말론적 희망을 줄 만큼 현실성 있는 표현을 얻어야 한다. 그 작업은 삶의 현장에서 경전을 다시 봄으로써 말씀이 가진 오늘의 의미를 길어내는 것이다.

의미의 추구

히브리 성경(구약성경)에는 아브라함의 출향(出鄕)에서부터 출애굽과 가나안 정착, 왕정의 등장과 남북왕조 분열, 비극적 멸망 등 영욕이 뒤섞인 이스라엘의 긴 역사적 경험이 녹아 있다. 그리고 그 역사의 고비마다 신실한 이들이 나타나 옛 전승에 자신들의 고백을 덧붙이면서 이스라엘의 '역사 속에 자신을 계시하신' 하나님을 증언했다. 이들은 고난으로 점철된 이스라엘의 역사 한가운데에서 구원의 하나님을 만났고, 그 만남을 통해 선악의 밑바닥을 꿰뚫어보았다. 실로 이스라엘 백성에게 있어 역사는 하나님의 구원의 역사였다. 그러나 이들은 여기서 한 걸음 더 나아가 마침내 자연의 역사도 하나님의 섭리에 따라 진행되고 있다고 믿기에 이른다. 그래서 많은 현대 신학자들은 '창조 신앙'(또는 '자연의 신학 the theology of nature')도 구속 신앙 못지않게 중요하다고 본다. 성경은 인간과 자연을 함께 조망하면서 모든 존재하는 것들의 종말론적 구원을 지향하고 있기 때문이다. 악은 구속 신앙에서만 문제되는 것이 아니었다.

구속 신앙은 인간의 '회심'에 초점을 맞춘다(막 1:14-15 참조). 그러나 존재들의 관계성에 관한 창조신앙의 통찰이 그 회심에 특별한 의미를 부여한다. 죄는 자연을 황폐하게 하고(창 3:18) 사람을 자연과 소원하게 만든다(창 3:24, 4:12). 인간의 죄악이 관영하면 만물이 탄식한다(롬 8:22). 그러나 회심은 자연을 다시 회복시킨다(사 11:6-9, 롬 8:19-21, 엡 1:10). 자연의 파괴적 힘은 회심을 촉구하고(노아의 홍수와 소돔의 파멸) 자연의 은택은 인간에게 하나님의 섭리를 깨닫게 한다(마 5:45). 말씀에 대한

'청종'은 땅에서의 복과 직결된다(창 13:15-17, 출 3:17, 사 1:19). 온유한 자가 땅을 기업으로 받는다(시 37:11; 마 5:5). 확실히 성서 기자는 남들이 보지 못하는 것을 보았다. 그들의 눈에는 하나님 안에서 인간과 자연이 상호 유기적 관련을 맺고 있으며, 죄와 구원도 개인의 문제가 아니라 피조세계의 전체 질서와 관련된 문제로 비쳤다. 극단적으로 말하자면, '모두가 구원될 때 비로소 개개 존재들도 완전한 구원에 이른다'는 것이다. 창조신앙은 이렇게 구속신앙을 확대 심화시킨다.

인간이 하나님께 순종하는 한 인간과 세계와 하나님 간에는 어떤 불협화음도 어둠도 없다. 본디 하나님 안에는 어둠이 전혀 없다(요일 1:5). 하나님이 창조하신 모든 것은 하나님이 보시기에 심히 좋았다(창 1:31). 그러나 창세기는 이 빛의 나라가 '최초의' 인간에 의해 곧바로 훼손되었다고 기술한다. '타락' 이전의 '좋았던' 시간은 극히 짧았다(문자적으로 해석하면 창조는 6일에 걸쳐 있었고 아담과 하와는 아이도 낳기 전에 선악과를 따먹었다). 그렇다면 왜 창세기는 그 짧은 시기의 이야기를 그렇게 정교하고 풍부하게 서술하고 있는 것일까? 그 이유는 창조설화가 한 때 있었던 황금시대에 관한 이야기가 아니라, 악한 세상에서 고통 받는 선한 양심이 하나님께 묻고 또 물은 끝에 선취(先取)하게 된, 장차 도래할 '하나님 나라'에 대한 고백이기 때문이다. 그런 점에서 창조설화는 창조에 관한 기사라기보다 종말론적 구원신학의 고대적 표현이다. 또 그렇기 때문에 당연히 악의 연원에 대한 해명을 수반한다. 타락설화(창 3장)가 바로 그것이다.

이에 따르면 하나님이 보시기에 좋았던 세계는 '인간의 불순종으로 인해' 혼란에 빠졌다. 인간은 느닷없이 등장한 간교한 뱀의 유혹에 빠져 하나님이 따먹지 말라 하신 선악과를 따먹음으로써(창 3:1-6, 인간이 하나님을 거역할 수 있는 존재라면 피조물 중에 '간교한' 뱀이 있다는 것도 이상한 일은 아니다) 모든 것에 부족함이 없던 에덴에서 쫓겨나(창 3:22-24) 적대적인 환경 속에서 살게 되었으며(창 3:16-19), 사람 사이에도 평화가 깨어지고(창 3:12, 아담은 하와에게 선악과를 먹은 책임을 전가한다. 4장의 카인설화에서 이는 더욱 강조되어 나타난다) 유혹자 뱀은 끊임없이 인간을 공격하는 음습한 힘으로 남게 되었다는 것이다(창 3:14-15).

성서 기자는 하나님을 배척하는 인간의 자기 절대화의 욕망이 모든 존재자들의 관계를 흔들어 놓는 악의 원천이라고 보았다. 오늘날에도 '욕심이 잉태하여 죄를 낳고 죄가 장성하여 사망을 낳는' 일(약 1:15)은 비일비재하게 일어난다. 타락설화는 인간의 욕망과 그것이 야기하는 삶의 정황에 대한 묘사이다. 선악과 사건은 하나님을 배제하고 스스로 하나님 행세를 하려는 인간의 자아 형성 과정을 표현한 것이다. 악을 하나님과 인간의 관계 속에서 파악하는 성서의 선악관은 고대 사회에서 그 유례를 찾을 수 없을 정도로 독특한 것이다. '선악을 아는 지식의 나무'는 '생명나무'와 달리 고대의 어떤 신화에도 등장하지 않는다. 이는 이스라엘이 당시의 어떤 족속보다 더 예리한 윤리의식을 보유하고 있었다는 증거다. 이 윤리의식은 역사적 경험에서 비롯되었다. 이스라엘은 그 형성기부터 하나님의 도우심으로 압제자의 손아귀에서 벗어났고, 하나님은 계약을 통해 그들을 자신의 백성으로 삼으시면서 일련의 종교적 윤리적 의무를 부과하셨다. 압제자들과의 대결구도 속에서 이스라엘은 하나님에 대한 순종이 선이요 불순종이 악임을 자연스럽게 터득했던 것이다.

하나님이 천지를 지으셨다는 창세기 첫 머리 기사는 고대 사회의 모든 신들과 절대 권력자들의 권위와 정당성을 근본적으로 부정하는 선언이며, 인간을 하나님의 형상으로 규정한 것은 모든 억압과 폭력적 지배를 거부하는 인간 선언이요, 창조의 과정에 대한 세세한 묘사는 미물(微物)에까지 미치는 창조주 하나님에 대한 찬미이자 자연계의 '권리장전'이다. 악은 인간의 책임이다. 그리고 하나님의 형상으로서 가진 '선 의지'가 늘 '악의 유혹'을 이길 만큼 강인하지는 않다. 사람들은 빛과 생명을 갈구하는 순수한 정신이 있음을 의식하면서도 '흙'의 본성을 따라 살고자 하는 욕구를 떨치지 못한다. 그러나 분명히 길은 있다.

칸트의 마지막 말은 '좋다(Es ist gut.)'였다고 한다. 이 희열은 그가 일생을 통해 자신의 내면에 용솟음치는 선을 향한 의지를 분명히 확인했다는 것을 의미한다. 동양의 사상가들은 직관과 배움과 익힘을 통해 세계에는 본디 선 아닌 것이 없다는 깨달음을 얻었고, 과학자는 분석과 관찰을 통해 우주와 인간의 관계에 대한 깊은 통찰에 이르렀다. 유신론자들은 초월자의 절대선이 결국 모든 존재하는 것들을 감싸게 될 것을 믿는다. 이들 모두는 인간이 자발적 의지로 그 위대한 선에 동참하게 됨을 기뻐한다. 그것은 말로 다 표현할 수 없는 '지극한 기쁨'이다. 선이 궁극 실재의 본성임을 깨달은 자는 자신 안에서 그 선이 빛과 생명으로 약동하고 있음을 느낀다.

인간과 세계가 필연에 의해서만 움직이는 것이라면 굳이 선과 악을 구분할 필요가 없다. 선악은 오직 자유롭게 생각하고 행동할 수 있는 존재에게만 의미가 있다. 자유가 없는 존재자들에 대해서는 '옳고 그름'의 판단을 할 수 없다. 사람들이 자연계의 먹이사슬에서 비애를 느끼는 것은 모든 생명체들에게서 생명에 대한 애착과 자유로움에 대한 의지를 읽을 수 있기 때문이다. 어떤 나무박사가 가뭄에 시들어가던 나무에 물을 뿌려주었더니 나무속 관을 타고 물이 가지로 올라가고 나무가 희열에 떠는 것이 보였다고 한다(『코레일』, 2013. 12월호). 자연과 인간의 교감이 이 정도에까지 이를 수 있다. 이런 이들에게는 이 세계가 전일한 하나의 유기체다.

인간은 긍정적이든 부정적이든 자신의 삶과 연루되어 있는 의미 있는 타자들과의 대면을 통해 '같음과 다름'을 인식하면서 자아정체성을 형성해 간다. 사람들이 제각기 가지고 있는 '좋음과 싫음', '아름다움과 추함', '옳고 그름'의 기준은 그 자아정체성의 특징적인 요소이다. 그 형성 과정은 복잡하고 중첩적이다. 인간은 자기가 어떤 환경에서 태어날지를 스스로 결정하지 못한다. 그러나 자신의 생래적 터전을 떠나 새로운 관계를 맺을 자유도 가지고 있다. 인간의 자아정체성은 필연과 자유의지가 상호 영향을 주고받는 가운데 형성되는 것이다. 따라서 필연적 관계인 가족 간에는 물론이고 자유로운 사람들의 공동체 내에도 갈등은 언제나 생겨날 수 있다. 공동체 간에도 그렇다. 하나님과의 관계도 복잡미묘하다. 이스라엘은 고통 중에 하나님을 믿게 되었고 랍비의 아들 마르크스는 반대의 길을 걸었다. 가난한 자가 하나님을 믿는가 하면 부유한 자가 하나님을 떠난다. 어떤 이는 '절대선'과 '근본악'을 상정하기도 하고, 어떤 이는 모든 선악의 범주를 상대화하기도 한다. 이 역시 인간에게 자유의지가 있기 때문이다.

그런데 이 자유의지는 자신에게 좋은 것은 옳은 것이며 또 그것이 사물의 본성에 합치되는 것이라고 합리화하는 경향이 있다. 주관적 감정과 가치평가를 절대화하고 이를 기초로 엄연한 악마저 정당화할 수 있다는 것이다. 악의 집요함은 여기서 비롯된다. 그러므로 고통과 악에서 해방되는 길은 이 자기애에 기반을 둔 주관성을 벗어나는 데서 시작된다. 우리가 칸트에게 경의를 표해야 하는 것은 그가 주관적 감정과 순수이성의 인식까지도 뛰어넘어 누구나 수긍할 수밖에 없는 정언명령으로서의 도덕률이 실재함을 입증하려 했기 때문이다. 자연재해도 그것을 사물의 본성으로 이해하면 능히 수용할 수 있듯이, 나에게 싫은 일도 옳은 일이라면 할 수 있다. 그러나 칸트의 정언명령은 '사람의' 마음 안에서 확인되는 것이기에 완전하다고 하기 어렵다. 절대 선은 오직 모든 것을 있게 하고 보존하는 궁극 실재와 관련해서만 최종적으로 확인될 수 있다.

사람들을 이끌어 영광스러운 하나님 나라에 들어가게 하는 이는 스스로 고난으로 말미암아 온전케 되심이 합당하다(히 2:10). 그렇지 않으면 하나님은 언제나 저 멀리 계신 분일 뿐, 자신들의 고난을 이해하고 함께 하시는 분으로 이해될 수 없다. 그러므로 "엘리 엘리 라마 사박다니(나의 하나님, 나의 하나님 어찌하여 나를 버리셨나이까. 막 15:34)"라는 처절한 기도야말로 오히려 고통 받는 사람들에게는 더할 나위 없는 복음이다. 메시아는 사람들의 억울한 '죽음'의 행렬에 동참하셨다!

십자가는 하나님이 사람들의 모든 사정을 속속들이 아신다는 증거다. 그러므로 고통 받는 사람들은 더 이상 서러워할 이유가 없다. 부활은 이를 확증하는 하나님의 은혜의 표징이다. 하나님은 아들을 일으키셨고 그와 함께 고통 받은 모든 사람들을 일으키셨다. 그 나라는 진실로 '산 자'의 나라이니, 이스라엘이 그리던 '약속의 땅'이 이로써 온전히 성취되었다. 이제 죽음과 어둠은 물러가고 생명과 빛이 이들의 온몸을 채웠다. 창세 시의 하나님의 그 '태초의 미소'가 비로소 사람들 안에서 되살아났다. 그것은 어떤 고통과 악도 훼손할 수 없는 '지극한 기쁨'이다.

메시아의 대속적 수난(막 10:45)은 '선악과'에 중독된 사람들마저 각성케 한다. 지극히 선하신 분의 고난이 무지한 자들의 눈을 뜨게 하는 것이다. 회개를 통해 그의 옛 사람은 죽고 새 사람이 태어난다. 땅만 보던 눈이 하나님을 본다. 그와 함께 그는 회개에 합당한 열매를 맺는다. 다시 땅으로 돌아와 자신으로 인해 고통 받은 사람들에게 용서를 빌고 화해를 요청하는 것이다(마 5:21-26). 이로써 가해자와 피해자가 함께 살아난다. 대속은 결코 값싼 은혜가 아니다. 교회는 대속에 대한 믿음을 유일한 구원의 길로 가르쳐 왔다. 그러나 길은 여기에만 국한되지 않는다. 열두 해 동안 혈루병 앓던 여인이 그의 옷에 손만 대고도 나음을 입고 구원을 얻었듯이(막 5:25이하) 우리는 그의 삶 가운데 어느 한 자락을 잡고도 능히 하나님 나라에 들어갈 수 있다. 그의 잉태와 죽음과 부활과 승천 그리고 다시 오리라는 약속에 이르기까지 하나님의 임재 아닌 것이 없기 때문이다.

예수님의 모든 언행에 공감하고 그를 따르고자 하면서도 대속만큼은 받아들이기 어려워하는 이들도 있다. 나는 선천적으로 장애를 타고 나서 죄 지을 겨를도 생각도 없이 살다가 스무 살 무렵에 생을 마감하는 근육장애인 아이들에게, 너는 죄인이니 그리스도의 대속하심을 믿고 구원을 얻으라는 말을 할 수 있는 무쇠의 심장을 가지고 있지 않다. 다만 언제 어느 곳에서든 하나님이 '무적의 방패'로 이들을 보호해 주시기만을 기도할 뿐이다. 대속에 대한 믿음 외에 구원이 없다면 그 교리를 확립한 바울 사후에 왜 복음서가 연이어 편찬되었겠는가. 필시 구전되던 그의 언행이 사람들을 변화시키는 놀라운 역사를 경험했기 때문일 것이다. 대속은 하나님이 정하신 구원의 법칙이 아니다. 대속은 하나님의 형상인 사람이 보일 수 있는 궁극의 사랑이다. 예수께서는 그것을 보여 주셨고, 제자들에게도 그 길을 따라 오라 하신 것이다. 대속은 폄훼되어서도 안 되고 과도하게 강요되어서도 안 된다. 대속은 자유로 향하는 거룩한 길이다.

사람이 어느 자락에서 예수를 믿게 되었든, 그로 인해 하나님을 향하는 모든 길이 열리게 된다. 단, 거기 머물지 않고 끊임없이 찾고 두드려야 한다. 그러면 감추어졌던 그 나라가 하나씩 하나씩 모습을 드러낸다. 그것이 '영생'이다. 하나님과의 끊임없는 교통이 사람 안에서 하나님의 생기(창 2:7)를 약동케 하는 것이다. '가이없는 하나님의 숨결'은 본디 그러하다. 만약 더 이상 두드리지 않으면 어떻게 될까? 누가복음에 답이 있다. 말씀으로 나음을 입은 열 명의 나병환자 중 돌아와 예수께 사례한 사람은 사마리아 사람 하나뿐이었다. 그는 믿음으로 구원을 얻었다. 그러나 돌아와 하나님께 영광을 돌리지 않은 아홉 명은 거기가 끝이었다(눅 17:11이하). 그들의 치유는 영생으로 이어지지 못했다.

하나님 나라에 들어간다는 것은 어떤 식으로든 죽음과 부활의 과정을 통해 하나님과 '하나 됨'을 의미한다. 이사야는 성전에서 하나님을 뵙고 "화로다 나여, 망하게 되었도다"고 했다(사 6:5). 죽음의 경험이다. 그러나 하나님은 그런 이사야를 일으켜 세우셔서 사명을 부여하셨고, 이사야는 "내가 여기 있나이다 나를 보내소서"라고 응답했다(사 6:8). 죄의식에 사로잡혀 있던 이가 속박에서 해방되었을 뿐만 아니라 하나님의 거룩한 역사(役事)에 참여하는 자가 된 것이다. 부활이다. 진정한 자유는 단순히 사슬에서 풀려나는 것이 아니라 이처럼 하나님 나라의 일원으로 성심껏 일하는 데서 온전히 성취된다. 이 이사야의 응답은 예수를 따르고자 하는 이들에게는 언제나 되풀이되는 고백이다(1521년 루터는 보름스 제국회의에서 이 유명한 말을 남겼다). 부활하신 예수님은 제자들에게 그 마음으로 땅 끝까지 가서 말씀으로 사람들을 살리라고 하셨다(마 28:19-20). 이 부활의 삶이 하나님 나라의 빈 곳을 하나하나 채워나가고 그 자신도 '하나님의 형상'으로 빚어져 간다. 부활은 정녕 '새 창조'다.

하나님은 흙으로 사람을 빚으시고 자신의 생기를 불어넣으심으로써 생령이 되게 하셨다. 부활은 이 사람과 하나님의 관계의 완성된 양태다. 예수 말씀하시기를 "나는 곧 부활이요 생명이니 나를 믿는 자는 죽어도 살겠고 무릇 살아서 나를 믿는 자는 영원히 죽지 아니하리니"라 하셨다(요 11:25-26). 여기서 죽은 자의 부활은 산 자의 영생과 동일시되고 있다. '몸'을 가진 자의 삶은 영생으로 이어지고 죽은 자의 '몸'은 다시 산다. 그분 역시 '몸'으로 다시 사셨다(요 20:27). 그러므로 영생과 부활에 관한한 삶과 죽음의 경계는 없다. 산 자의 몸이 '육체'라면 죽은 자의 몸은 '영체'라 할 수 있다. 그러나 구원에 있어서 이런 구분은 무의미하다. 사람은 '몸'으로써 하나님 나라에 들어가고 '영생'을 얻는다. 중요한 것은 그 몸 안에 살아계신 하나님의 숨결이다. 이를 두고 예수께서는 "그 날에는 내가 아버지 안에, 너희가 내 안에, 내가 너희 안에 있는 것을 너희가 알리라" 하셨다(요 14:20). 바울은 자신 안에 그리스도께서 살아계시며(갈 2:20) 유대인이나 헬라인이나 종이나 자유인이나 남자나 여자나 다 '그리스도 예수 안에서 하나임'을 체험했다(갈 3:28, 엡 2:11이하). 이로써 "땅의 모든 족속이 너로 말미암아 복을 얻을 것"이라는 아브라함에 대한 하나님의 약속(창 12:3)이 성취되었다. 물론 우리는 아직 동(銅) 거울을 보듯 희미하게만 그 관계를 의식할 수 있다(고전 13:12). 그러나 언젠가는 예수께서 예비하신 '처소'(요 14:1-4)가 어떤 것인지 확연히 알게 될 날이 올 것이다. 하나님은 이미 이천 수백 년 전 예레미야를 통해 말씀하셨다. "그 날 후에 내가 이스라엘 집과 맺을 언약은 이러하니 곧 내가 나의 법을 그들의 속에 두며 그들의 마음에 기록하여 나는 그들의 하나님이 되고 그들은 내 백성이 될 것이라 여호와의 말씀이니라 그들이 다시는 각기 이웃과 형제를 가르쳐 이르기를 너는 여호와를 알라 하지 아니하리니 이는 작은 자로부터 큰 자까지 다 나를 알기 때문이라 내가 그들의 악행을 사하고 다시는 그 죄를 기억하지 아니하리라 여호와의 말씀이니라"(렘 31:33-34).

그러면 바울은 왜 '하나님 안에'라 하지 않고 '그리스도 안에'라고 하며, 그리스도는 '하나님의 형상'이고(고후 4:4, 골 1:15. 히브리서도 그렇다. 히 1:3) 사람은 '그리스도의 형상'(갈 4:19, 롬 8:29, 고전 15:49)이라 했을까? 유대교의 전통에 따르면 사람은 하나님을 직접 대면할 수 없다. 형상화할 수도 없다. 아마도 바울은 이를 거스르지 않으면서 '하나님과 하나이신 그리스도'(요 10:30)를 드러내고, 그럼으로써 왜 사람이 그를 믿음으로써 구원을 얻는지도 명확히 해명하려 했던 것으로 추측된다. 보통 사람들에게는 하나님이 볼 수 있고 느낄 수 있는 모습으로 자신을 나타내셔야만 하고, 그리스도인들은 예수 안에서 그렇게 하나님이 모습을 드러내셨다고 믿는 것이다.

바울은 예수님이 "하나님 우편에 계신 자요 우리를 위해 간구하시는 자"시라 했다(롬 8:34). 우리는 '하나님 우편에 계신다'는, 그리스도와 하나님의 그 내밀한 관계가 어떤 것인지 알지 못한다. 그러나 그가 우리를 위해 간구하신다는 것은 충분히 이해한다. 그리고 그가 씨를 뿌리고 거두는 농부의 삶에서, 하늘에서 나리는 햇빛과 비에서, 공중의 새와 들의 꽃 한 송이에서 하나님의 현존을 느끼셨다는 것도 안다. 그는 고통 받는 사람들에게 하나님의 권능을 나타내 보이셨다. 지극히 작은 자 하나에게 손을 내민 것이 곧 하나님께 한 것이라는 선언(마 25:40)은 그가 이들 가운데서 하나님을 만나셨다는 것을 시사한다. 확실히 그는 사람 안에서 하나님을 보셨다! 고통스러운 십자가 위에서도 그는 하나님의 임재를 경험하셨다. 그에게 다가오신 하나님은 고통 받는 사람들을 사랑하는 분이시기에 그는 십자가를 피할 수 없었고, 하나님은 바로 거기서 자신의 진면목을 드러내셨다. 십자가는 하늘에 세워지는 것이 아니다. 자기를 부인하고 자기 십자가를 지는 것은 땅에서의 일이다. 바로 그 땅에서 사람이 하나님을 만난다. 예수께는 땅의 모든 실상이 투명하게 비쳤다. 그는 죄인들의 남모를 고뇌를 아셨기에 그들을 변호하셨고(특히 요 8:1이하의 간음한 여인) 자칭 의인들의 위선을 꿰뚫어보시고 질타를 서슴지 않으셨다(마 23장). 그것이 이 땅에 임하신 하나님의 모습이다.

제4장

새로운 영성의 출연

우리는 그의 약속대로

의가 있는 곳인 새 하늘과 새 땅을 바라보도다

(벧후 3:13)

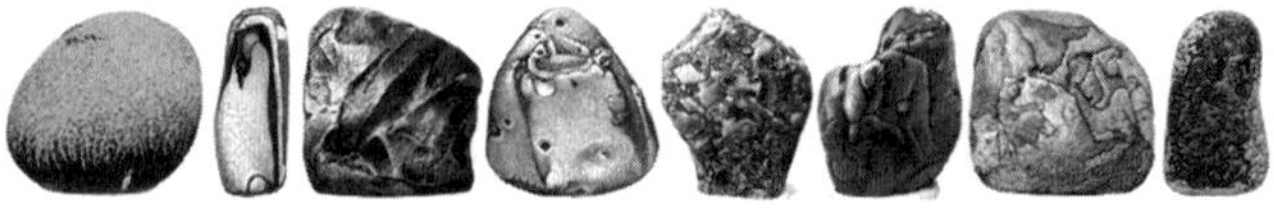

종교 간 대화

철학과 종교

인류의 정신사는 인간이 자신과 우주에 대해 물음을 던지는 데서 출발하였다. 그리고 이 물음은 자연히 이 모든 것을 있게 한 궁극적 존재의 실재 여부와 그 본성에 대한 물음으로 이어졌다. 그러나 이 존재의 근원은 마치 거대한 심연처럼 파악 불가능한 것으로 다가와 인간의 정신을 압도했으며, 비록 용기 있는 소수의 사람들이 그 심연에 몸을 던져 그 깊이와 넓이를 가늠하고자 했어도 이들조차 마침내는 자신의 유한함을 자각하고 이 위대한 초월자의 절대적 무한성 앞에 무릎을 꿇고 말았다.

많은 철학자들이 '신'이라 불리는 이 실재의 존재를 증명하고자 노력했으나 결과는 실패로 끝났다. 그래서 어떤 이들은 이 실재의 존재 자체를 부인하고 자신의 탐구 대상에서 제외시키기도 한다. 그러나 이런 태도 역시 이 실재에 대한 또 다른 해명의 하나일 뿐이다. 칸트처럼 철학을 '인간이란 무엇인가?'라는 하나의 질문에로 수렴시켜 나간 사람도 마지막에는 절대적 신을 요청하고 있으니, 이는 비록 불가해하고 언표 불가능한 실재일지라도 이것과의 연관 없이는 어떤 것도 제대로 이해할 수 없다는 사실을 역설적으로 보여 주는 것이다. 인간이 존재의 근원에 대한 사고를 단절하면 어떤 존재도 온전하게 파악할 수 없으며, 따라서 그는 결국 자신을 포함하여 어느 누구도, 가장 가까운 단 한 명의 사람도 진정으로 만나지 못한 채 평생을 보내게 된다. 이것이야말로 절대적 고독이요 모든 것으로부터의 소외이다.

아득한 옛날부터 인간은 이 근원적인 소외 현상에 본능적으로 반응한 것 같다. 그 결과 궁극적 실재에 의존하여 삶의 의미를 찾고 모든 존재하는 것들과의 관계를 재설정하는 종교가 인류 문화의 핵심으로 등장하게 된다. 그런 점에서 종교적 경험의 궁극적 근거를 고독의 경지로 파악한 화이트헤드(A. N. Whitehead)의 통찰은 정당하다.

이 고독과 소외는 불교에 있어서는 '위로는 깨달음을 구하고 아래로는 중생을 교화하는(上求菩提 下化衆生)' 보살상을 통해, 그리스도교에서는 신과 인간에 대한 사랑으로써 해소되고 있으며, 유교는 천도(天道)에 순응하는 것으로 이 문제를 극복하는 것으로 보인다. 이 길을 끝까지 걸어간 구도자에게 있어서, 진리는 이미 그 자신과 둘이 아니며 모든 존재도 더 이상 폐쇄된 단독자가 아니다. 이제 그 사람 안에는 오직 진리만이 살아 움직이며 그가 자비를 행하는 것이 아니라 자비가 스스로 자비를 행하게 된다. 이를 일러 바울로 사도는 "이제는 내가 산 것이 아니라 오직 내 안에 그리스도께서 사신 것이라"고 했다(갈 2:20). 또한 공자가 여러 차례 생명의 위협을 받았을 때도 결코 두려워하지 않았던 것은 문왕(文王)으로부터 이어져 온 천도가 자신 속에 살아있고 또 장강의 물결처럼 끊임없이 흘러가야 할 것임을 확신했기 때문이다. 이와 같이 인간은 궁극적 실재 앞에 자신을 한없이 열어젖힐 때 비로소 진정한 자아와 만나고 또 다른 모든 존재와 만난다. 해탈과 구원이란 자신의 마음속에서 진리를 밀어내고 있는 모든 것들을 직시하고 그것을 무화시킴으로써 진리와 하나 되고 또 모든 존재들과 하나 되는 것이니, 고독과 죄와 두려움으로부터의 진정한 해방과 자유는 이로써 달성되는 것이다.

한편, 사람들이 '철학'이라 이름 붙인 인간의 정신활동도 사물의 본질과 의미를 천착해 나가는 과정에서 필연적으로 모든 존재의 시발 즉 이른바 '제일원인'에 부닥치지 않을 수 없다. 그러나 같은 대상을 두고 종교는 삶 전체를 던져 그것과 대면하는 데 비해, 철학은 이성이나 의지 등 방법론적으로 일정하게 제한된 접근을 시도한다는 점에 그 특징이 있다. 그리고 바로 이러한 철학의 근본 입장으로 인해 철학과 종교 사이에는 언제나 약간의 긴장관계가 조성된다. 종교는 성스러움에 대한 초월적 영적 체험이 그 중요한 요소로 되어 있지만 철학은 이런 현상에 대해서마저 이성적 합리적 설명을 요구한다. 철학의 본고장인 희랍세계에 전파된 체험의 종교 그리스도교가 얼마 안 가서 '알기 위하여 믿느냐, 믿기 위해 아느냐?' 하는 논쟁에 휘말린 것도 양자 사이의 긴장관계의 한 단면이다.

그러나 철학과 종교는 서로가 상대방에 함몰되지 않고 긴장관계 속에서 각자의 정체성을 유지하는 것이 오히려 진리를 찾는 사람들에게는 바람직한 일이다. 우선, 종교는 철학으로부터 다음과 같은 두 가지 측면에서 많은 도움을 얻고 있음을 알 필요가 있다. 첫째, 종교에 대한 이성적 비판이 초월적 체험을 선호하는 종교인에게는 못마땅할는지 모르나 사실은 그것이 종교를 건강하게 만들어 세상에 뿌리를 내리도록 해준다. 특이한 영적 체험은 때때로 성과 속을 완전히 분리시켜 종교인들을 세상 속의 고아로 만들기도 하는데, '인간학'으로서의 철학은 이런 위험으로부터 종교를 지켜 줄 수 있다. 둘째로, 종교가 자신을 사람들에게 이해시키는 데 있어서는 철학적 언어의 사용이 불가피하다. 대체로 종교적 경험은 말로 설명하기 어렵다고 하지만 그래도 그것이 전파되고 이해되기 위해서는 인간의 정신 활동에 관한 고도로 정련된 언어가 필요하다. 히브리인의 종교인 그리스도교가 세계종교로 발돋움하는 데 희랍철학이 얼마나 기여했는지는 두말할 필요가 없다. 이런 현상은 정도의 차이는 있을지언정 동양종교에서도 마찬가지로 일어났다.

다음으로, 철학 역시 자신이 종교에 주는 도움 못지않게 종교로부터 무한한 영감을 받고 있음을 인정해야 한다. 토인비의 연구에 의존하지 않더라도, 우리는 하나의 문명이 몰락의 위기에 처했을 때 새로운 세상을 열어가는 힘이 종교로부터 흘러나왔음을 어렵지 않게 알 수 있다. 엄밀히 말하자면 그러한 위기가 '새로운 영성의 출현'을 가져왔다고 할 수 있다. 종교 특유의 풍부한 영적 상상력은 잃어버린 황금시대의 기억을 되살리면서 인간으로 하여금 '새 하늘과 새 땅'을 향해 머리를 들도록 만든다. 이성적으로 판단하면 옛날의 그 아름다운 시절이란 고려의 대상이 되지 못한다. 그러나 종교는 비극적인 현실에서 피어나는 간절한 인간의 소망을 과거와 미래의 모든 시간 속에 투영하고 재구성할 수 있다. 한 시대의 획을 긋는 이러한 새로운 종교적 영성의 출현이 가능했던 것은 인간의 영혼 가장 깊은 곳에 근원적 존재의 편린이 깃들어 있기 때문이다. 종교에 있어서 이 근원적 존재는 때로 '무'와 '공'과 같은 역설적 언어로 표현되기도 하지만, 명칭과 상관없이 모든 영적 존재들이 궁극적으로 회향할 수밖에 없는 그 무엇으로 이해되고 있다. 철학적 자아는 이에 대해 항상 일정한 간격을 유지하려 하지만 종교적 자아는 그와의 합일 속에서 자기존재의 의미를 찾는다. 따라서 인간이 자신의 전인격을 들어 헌신해야 하는 사회변혁의 새로운 정신 운동은 필시 종교적 성격을 띠게 마련이다. 마르크스주의가 일세를 풍미한 것도 그의 정치

경제학 때문이라기보다는 특정계층의 사람들을 메시아화한 그 종교적 성격에 있다. 분명 종교가 비춰주는 미래에 대한 비전은 현실의 벽 앞에서 절망하는 철학자들의 눈을 뜨게 하고 새로운 세상의 인프라(infra)를 구축하도록 자극한다. 수많은 철학자들이 종교적 빛의 세례를 받았으며, 바다처럼 넓은 철학의 세계는 종교의 영향을 도외시하고 결코 설명될 수 없다.

새로운 영성의 출현

21세기에 접어든 지금도 현실은 어둡기 짝이 없다. 우리가 살아온 20세기가 어떤 모순을 안고 있는지는 굳이 긴 설명을 필요로 하지 않는다. 한 마디로 땅은 부르짖고 하늘의 권능은 흔들렸다. 이 어둠이 앞으로도 계속될 것인지, 아니면 새로운 영성이 출현하여 새 세상을 이룩할 수 있을 것인지는 오늘을 살고 있는 우리들에게 달려 있다. 이천 년 전 그리스도의 사도 바울은, 피조물이 고통 가운데 탄식하며 하나님의 자녀들이 나타날 것을 기다린다고 했다. 이 생생한 영적 체험을 나는 '새로운 영성의 출현에 대한 기대'라고 해석하고자 한다. '하나님의 자녀들의 나타남'이라는 그리스도교 신앙고백에 대비되는 이 일반적 명제는, 미래사회에는 모든 종교의 성스러운 가치들이 다 함께 인류의 정신적 영적 양식이 되는 것이 옳다는 이성적 통찰을 담고 있다. 그러나 그것은 결코 모든 종교적 가치들의 산술적 결합으로 이루어질 수 있는 일은 아니다.

지난 한 세기 동안 인류는 삶의 근본구조에 대한 모든 실험을 다 해보았다. 그러나 그 이념적 토대가 철학이든 경제학이든 종교이든, 사람들을 '약속의 땅'에 정착시키지는 못했다. 어떤 제도와 이념도 인간 자신의 근본적 변화를 전제하지 않고는 실패로 끝날 수밖에 없음이 판명되었다. 그럼에도 불구하고 나는 인간 정신의 코페르니쿠스적 전회를 요체로 하는 종교에 마지막 기대를 걸어본다. 물론 세계종교들이 현재의 모습을 고수하는 한 이런 기대는 곧 물거품이 되고 말 것이다.

니체가 '신은 죽었다'고 선언한 지 한 세기가 지난 지금까지 진정한 자비의 하나님은 다시 살아나지 못했으며, 제도로서의 종교는 세속적 가치에 물들어 급속도로 자신의 정체성을 상실하고 인간 삶의 한 구석에 처박히고 말았다. 종교가 마음의 평화나 사후의 안식을 약속해 주는 역할에만 만족할 때 그것은 곧 인민의 아편으로 전락하고 새로운 세상을 꿈꾸는 사람들에게 어떠한 계기도 제공할 수 없게 된다. 또한 여러 종교가 공존하는 다원화사회에서도 여전히 견지되고 있는 각 종교의 전통적인 배타성과 타종교에 대한 비관용적 태도는 종교 간의 반목과 갈등을 심화시키면서 세계평화를 위협하는 중요한 요소로 작용하고 있다. 그러므로 종교가 진실로 암울한 시대의 '빛과 소금'이 되려면, 먼저 그 어떤 주의나 사상보다도 더 평화를 강조하는 자신들이 왜 격동의 한 세기 동안 세계평화에 아무 기여도 하지 못한 채 역사의 뒤편에 우두커니 서 있어야만 했던가를 깊이 성찰하지 않으면 안 된다.

참된 종교는 인간에게 있어 언제나 혼돈과 어둠을 뚫고 찾아오는 '참빛'이었다. 종교가 지향하는 바는 평화, 사랑, 정의, 자유 등과 같은 극히 고결한 단어로도 결코 다 드러낼 수 없는, 모든 존재의 근원에 자리잡고 그 모든 존재들을 거두어들이는 '일자(一者)'에의 회귀요 발현이라 함이 옳다. 종교는 인간의 모든 지적 활동을 넘어서 있는 신비한 영성의 모태이며, 삶의 근본성격을 규정하는 문화의 핵심이다. 사람들은 허무와 소외를 극복하기 위해 하늘을 향해 머리를 들었고 탁월한 영의 소유자들은 그들이 경험한 궁극자를 이 땅에 다시 화육시키고자 희망했다. 제도로서의 종교는 이렇게 해서 탄생된 것이다. 그러나 궁극자에 대한 경험의 제도화는 결국 그 제도 자체를 절대화하고 신봉자들에게 제도에 대한 절대적 복종을 요구하게 된다. 역사상 일어났던 종교 간 분쟁의 대부분은 바로 여기에 그 원인이 있다.

종교적 신조나 상징은 절대자 경험을 표현하고 전달하는 수단이다. 그런데도 종교의 수호자들은 이 수단을 절대화하고 이에 항거하는 사람들을 압박할 때가 비일비재하다. 이들은 스스로가 신이 되어, 내부적으로는 제도의 신격화를 반대하는 사람들을 종교재판으로 처단하고 외부적으로는 타종교에 대해 극단적인 저주를 퍼붓기를 마다하지 않는다. 이리하여 절대자의 진실한 현현을 바라는 목소리는 잦아들고 종교 간에는 불신의 벽이 더욱 높이 쌓여간다. 여러 종교가 살을 맞대고 공존하는 오늘날, 인간 삶의 근본적 태도를 규정하는 종교가 서로 '좋은 이웃'이 되지 못한다는 것은 곧 인류의 평화에 대한 중대한 위협으로 작용한다. 많은 사람들의 입에 오르내리는 '문명의 충돌'이 아직은 수평선 저 너머에 가물거리는 작은 구름 덩어리처럼 보이지만 언제 그것이 지구를 뒤덮을 먹구름이 될지 알 수 없다. 절대자 안에서 삶의 의미를 찾는 종교가 거꾸로 평화의 파괴자가 되어 인간의 삶을 불안정하게 한다면 그 종교는 이미 그 본래의 생명과 가치를 상실한 것이다. 따라서 종교가 미래 사회의 등불이 되기 위해서는 먼저 그 근원에로의 귀환, 본래적 가치의 회복이 선행되어야 한다.

오늘날에 있어 종교 간의 대화가 갖는 의미는 그것이 바로 이러한 근원에로의 회귀를 위한 매개 역할을 한다는 점이다. 대화는 무엇보다도 먼저 자신의 종교에 대한 깊은 성찰을 촉구한다. 그리고 이렇게 하여 시도되는 긴 영적 편력이 어느 날 궁극자와의 진정한 만남으로 이어질 때 그는 다시는 유한한 인간을 무한자로 착각하거나 시공간의 제약 속에 탄생한 제도적 종교를 절대화할 수 없다. 그는 모든 개체 존재자가 한 근원에 의존해 있으며, 그 안에서 상호 연관을 맺고 있음을 안다. 그에게는 이제 어느 한 사람, 한 그루의 나무, 풀 한 포기, 조약돌 하나에 이르기까지 의미 없는 것이 없다. 각 종교가 추구해 온 성스러움은 그 자체로 하나의 아름다운 세계이다. 만약 지금의 세계종교가 다 이러한 인식에 도달하고 그것을 표현할 적절한 수단을 얻는다면 종교 간의 평화는 훨씬 앞당겨질 것이다. '새로운 영성의 출현'은 바로 이 바탕 위에서 이루어진다.

'새로운 영성의 출현'은 진리 자체인 근원적 실재가 그대로 현현(顯現)하는 것이다. 예수의 재림이나 미륵하생(彌勒下生)이 단순히 옛날에 이 땅을 거닐었던 예수와 석가에 대한 현대적 재해석이라고 말할 수 없다. 그것은 바로 그 인격의 현신(顯身)이다. 그러므로 '새로운 영성의 출현'은 종말론적인 궁극자의 현현을 일컫는 또 다른 표현이다. 그 출현이 어떻게 이루어질는지는 오직 궁극자 하나님의 영역에 속한다. 그러나 그것이 인간에게 전혀 새로운 것은 결코 아닐 것이다. 진리는 과거나 현재나 변함없이 본래적인 것이며, 다만 온갖 장애물에 가로막혀 드러나지 못했을 뿐, 언제나 살아있는 것이기 때문이다. 진리가 그러하기에 진리를 찾는 길도 퇴행적이고 복고적일 수가 없다. 그런데도 이를 망각하고 옛 표현과 상징에 얽매여 그것을 절대화하면 진리는 드러나지 못한다. 견고한 왕국처럼 어떤 도전도 허용하지 않는 폐쇄된 종교는 살아있는 진리로부터 멀어지게 된다. 종교 간의 오해는 오늘 살아 움직이는 진리, 그 근원적 실재와 제도적 종교가 분리됨으로써 일어난 것이다. 이렇게 볼 때, 종교 간의 대화는 서로간의 반목을 완화하여 세계평화를 이루는 것만을 목표로 하는 것이 아니다. 그것은 오히려 종교의 깊은 자기성찰을 재촉함으로써 종교 내부의 우상을 타파하고 진리 자체가 온전히 현현하게 하는 첫걸음이라는 데 더 큰 의미를 지니고 있다.

다행히 최근에 이르러 종교의 자기 각성운동이 도처에서 일어나고 있고, 특히 전 인류적인 평화의 정착을 위해서는 종교 간의 대화와 협력이 절대적으로 필요하다는 인식이 점차 확산되고 있다. 21세기를 맞이하기 전 과거의 모든 죄악을 참회하고 끊어진 관계를 잇고자 했던 가톨릭의 대희년 운동이나, 빈곤 등 인류의 당면한 문제들을 범종교적 연대를 통해 해결하려는 노력이 각 종교에서 일어나고 있는 것은 분명 새로운 시대의 서곡이라 해도 좋을 것이다. '새로운 영성의 출현'을 예비하는 종교 간 대화의 일차적 당사자는 물론 종교인들이다. 그러나 앞서 언급한 철학과 종교의 상관관계를 생각할 때, 철학도 이 대화에 중요한 역할을 감당할 수 있고 또 그래야만 한다.

먼저, 철학은 특수한 종교체험의 결과물인 종교적 상징들을 철학적 사유를 통해 재해석함으로써 종교 간의 이해의 폭을 넓힐 수 있다. 각 종교는 나름대로 독특한 신앙의 표현양식을 가지고 있어서 타종교인이 그것을 이해하기는 쉽지 않다. 특히 근동의 종교와 아시아의 종교처럼 서로 판이한 성격을 가진 종교 간에는 서로가 그 의미를 즉각적으로 이해할 만한 공통의 언어가 없다. 그러므로 종교에 대한 철학의 해석학적 작업은 이들간에 대화와 이해를 위한 공통의 언어를 만들어 내는 것이라 할 수 있다. 과거에도 종교는 철학으로부터 종교체험의 표현에 관한 한 많은 빚을 졌지만, 이제 또다시 종교 간의 상호이해를 위해 이 역할이 확대되고 있는 것이다.

다음으로, 철학은 종교 간에 그 핵심적인 가르침을 가지고 대화하도록 촉구할 수 있다. 앞에서 보았듯이 종교 간 대화는 종교의 자기 성찰을 겨냥하고 있는데, 철학은 그 대화의 주제를 분명히 함으로써 이를 더욱 강화시킨다. 인간의 본성으로서의 이성을 신뢰하는 철학은 모든 인간과 사물이 어떤 한 궁극적 존재에 의존해서 있다고 생각한다. 따라서 철학은 종교를 향하여 이 실재에 대해, 그리고 이 실재와 모든 존재자들의 관계에 대해 해명을 요구할 수 있다. 종교 간에 있어 진정한 대화는 궁극자에 관한 물음을 중심으로 이루어지는 것이다. 그리고 이 실재에 대한 질문을 결코 놓아본 적이 없었던 철학은 종교를 향해 그러한 대화를 요구할 충분한 자격이 있다.

마지막으로, 철학은 종교적 결단에 관여하지 않음으로써 종교 간 대화에 기여한다. 종교인들이 철학을 자기 종교의 변증수단으로 사용할 수는 있어도 이성의 학문인 철학은 여전히 절대자에의 전적인 헌신을 요구하는 종교와 독립하여 존재한다. 철학은 종교지도자들이 흔히 빠지기 쉬운 자신의 종교에 의한 다른 종교의 통합이라는 유혹에 흔들리지 않는다. 철학은 모든 존재의 근원으로서의 궁극적 실재가 어느 한 종교에만 화육한다고 이해할 수 없으며 또한 그 실재의 절대성과 제도로서의 종교의 상대성을 혼동하지도 않기 때문이다. 오히려 철학은 각 종교가 자기 쇄신을 통해 그 본래 모습을 되찾고 그 주장하는 바 절대적 진리의 핵심을 가지고 대화에 임할 것을 원한다. 다만 종교 간 대화의 중대한 장애물인 비본질적인 것의 본질화와 상대적인 것의 절대화를 타파하는 것은 겸허하고도 예리한 철학적 성찰에 주어진 임무일 것이다. 그런 의미에서 철학은 '알곡과 쭉정이'를 갈라내는 종말론적인 사건의 '세례자 요한'이다. 영원한 실재를 끝없이 추구해 온 철학은 이 시대가 필요로 하는 새로운 영성이 그런 가운데 자연히 인류의 마음속에 임재할 것이라 기대한다.

세계는 이미 하나의 지구촌으로 변해버렸고 미래에 대한 불안은 그 어느 때보다도 더욱 깊어지고 있다. 그럼에도 불구하고 종교가 여전히 폐쇄된 성곽의 빗장을 풀지 않는다면 그 종교는 '맛을 잃은 소금'으로 전락하고 말 것이다. 현재 내가 소장으로 있는 '한국종교문화연구재단' 부설 '현대종교문화연구소'는 40년 가까이 이러한 기본입장에서 종교에 몸을 담은 철학자들을 중심으로 종교 간의 대화를 모색해 왔다. 이미 그 초석을 놓으신 이종후 선생님은 고인이 되셨다. 2대 소장이신 안형관 선생님도 이제 80세를 바라보신다. 우리는 그동안 '철학함'은 결코 철학자들의 전유물이 아니라는 사실을 잊지 않았다. 성직자도 평신도도 시골의 아낙네도 철학함의 주체가 되기에 결코 부족하지 않다. 그래서 언젠가 하늘로부터 임하실 새 시대의 새로운 영성이 모든 사람의 영혼을 사로잡을 것을 오늘도 기다리는 것이다. 종교로부터 수많은 영감을 받으며 자라온 철학에게도 그것은 참으로 '기쁜 소식'이다.

주 예수여 오시옵소서

종말론적 희망

그리스도께서 가신 지 이천 년, 고통 중에 신음하는 사람들은 또다시 그를 기다린다. 그는 밧모 섬에서 중노동에 시달리며 기도하던 요한에게 약속하셨다. "내가 진실로 속히 오리라." 요한은 기쁨으로 응답했다. "아멘 주 예수여 오시옵소서"(계 22:20). '마라나타'로 알려져 있는 간구다. 그렇다면, 과연 어떤 모습으로 다시 오실까? 마가는 다니엘서에 따라 구름을 타고 오실 것이라 한다(막 13:26). 그러나 처음 오실 때도 사람의 아들로 오셨으니 다시 오실 때도 사람의 아들로 오실 것이라 보는 것이 옳지 않을까? 병든 사람들은 여전히 그가 손을 대어 치유해 주실 것을 바라며 의에 주리고 목마른 이들은 그가 무릎으로 다가와 "내가 네 사정 아니 너무 서러워 말아라" 말씀해 주기를 기대한다. 전란 중에 갓난아기를 시루 속에 누이고 피난 온 어머니, 불의의 사고로 아이를 잃은 부모들은 그가 눈물을 뿌리며 기도하시는 모습에서 위로를 얻을 것이다.

예나 이제나 고통 받는 사람들은 자신들을 구원해 줄 메시아가 사람들 가운데 함께 살면서 자비로운 손으로 지친 심신을 위로해 주시기를 원한다. 처음 오셨을 때 그는 분명 '사람의 아들'이셨다. 다시 오실 때도 다르지 않으리라 본다. '십우도'(불교에서 깨달음의 단계를 그림으로 표현한 것)의 마지막 장면처럼 그는 자신의 손을 시장바닥에 드리우실 것이고(입전수수入廛垂手), 사람들은 그 보이지 않는 손이 자신의 몸에 닿고 있음을 느낄 것이다. 성령께서 그렇게 하신다! 그러나 어쩌면 그는 자신의 '몸'을 숨기시고 말씀으로 사람들 안에 육화하실지도 모른다. 그는 본디 '말씀'이시며, 나무는 그 열매로 자신을 증명하기 때문이다. 사람의 한계를 고려하면 그분 역시 자신의 뜻을 펼치시면 뜻을 같이하는 많은 사람들이 있어야 한다. 그날에 천사들이 땅 끝에서부터 하늘 끝까지 사방에서 모을 택하신 사람들(막 13:27)이 바로 그 사람들일 수 있다. 그는 제자들을 친구로 대하셨으며(요 15:14-15), "그날에는 내가 아버지 안에, 너희가 내 안에, 내가 너희 안에 있는 것을 너희가 알리라"(요 14:20)고 밝히 말씀하셨다. 그의 관심사는 오직 하나님 나라가 이루어지는 것뿐, 그가 어떻게 오시든 그것은 그가 선택하실 일이다. 다만 우리는 죄인들과 거리낌 없이 어울리시던 그분이 만약 '몸으로' 이 한국 땅에 계시다면, 그 때와 똑같이 저자거리 사람들과 함께 '간짜장에 쪼끄만 이과주'를 드시며 웃음 지으실 수 있다는 것만은 알아야 한다. 하나님 나라는 사람들이 알지 못하는 사이에 자라는 법이다(막 4:27).

바울은 그가 하나님 우편에 앉으셔서 우리를 위해 간구하신다 했다(롬 8:34). 바울이 활동하던 때는 그래도 교회가 강건하고 순결했다. 그러나 그 뒤의 교회는 꼭 그렇지만은 않았고 세상의 죄는 날로 더 기승을 부린다. 그리스도의 어깨에서 아직 십자가는 벗겨지지 않았다. 그렇다면 오늘 그분은 도대체 무엇을 간구하고 계실까? 많은 그리스도인들이 그가 다시 오실 때는 심판자로 오신다고 믿는다. 물론 그런 면이 있다. 빛이 임하신다는 것은 그 자체가 어둠과 죽음에 대한 심판이기 때문이다(요 3:19). 그러나 바울은 맨 나중에 멸망 받을 원수는 '사망'이라고 단언한다(고전 15:26). 심판은 결국 어둠과 죽음의 종말이라는 말씀이다. 다시 오실 때도 그는 역시 구원자이신 것이다. 그의 세상을 위한 간구가 어느 순간 갑자기 그칠 리가 없다. '그날'이 수많은 사람을 영원한 어둠의 세계에 몰아넣는 저주의 날이 되어서는 안 된다. 그것은 십자가를 지신 예수께 전혀 어울리지 않는 일이다.

그의 말씀과 행적을 따라가다 보면 우리가 어떤 마음으로 살아야 하는지에 대해서도 어지간히 정리가 된다. 예수께서는 '자기를 부인하고 자기 십자가를 지고 나를 좇으라'고 하셨지만(막 8:34) 보통사람이 이를 고스란히 따르기는 어렵다. 그런데 바울은 십자가를 지신 "그리스도 예수의 마음을 품으라"고만 했다(빌 2:5이하). 그 마음 품으려 하다 보면 바울처럼 순교까지 이를 수도 있겠지만, 그렇지 못하더라도 그의 가르침을 사람과 세계와 하나님을 이해하는 궁극적 기준으로 마음에 새길 수는 있다. 그리고 그런 사람은 필시 그리스도께 십자가에서 보여 주신 '원수 사랑'(눅 23:34)을 맨 먼저 마음에 떠올릴 것이다. 복음서와 바울서신을 일관하는 메시지가 바로 이것이기 때문이다. 그래서 죄도 밉고 죄짓는 놈은 더 밉지만, 그래서 도저히 그들을 사랑할 수는 없지만, 최소한 영원한 불지옥에나 떨어져라고 저주하지는 못한다. 바울은 이렇게 권면한다. "내 사랑하는 자들아 너희가 친히 원수를 갚지 말고 진노하심에 맡기라 기록되었으되 원수 갚는 것이 내게 있으니 내가 갚으리라고 주께서 말씀하시니라"(롬 12:19).

저주는 하나님과 호흡을 같이하는 사람이 할 일이 아니다. 하나님은 아벨을 죽인 카인도 보호하신 분이다. 하나님의 생기는 '마른 뼈들'을 다시 사람 되게 한다(겔 37장). 그런데 하나님의 생기로 '생령'이 된 사람이 다시 다른 사람을 '마른 뼈' 되게 해달라고 할 수 있는가. 지옥에서 수많은 사람이 영원한 고통을 당한다는 것은 원수 사랑과도 일치하지 않으며, 그런 어둠을 그대로 두고 보는 자에게 온전한 자유가 성취되었다고 말할 수도 없다. 그는 여전히 증오에 사로잡혀 있기 때문이다.

그러면 날 때부터 멸망 받을 자로 예정된 사람들과 그들을 위해 예비된 지옥이 있는 것일까? 그것이 하나님의 영광인가? 그 지으신 모든 것이 하나님 보시기에 매우 좋았다는 창세기의 언명은 이를 전적으로 부인한다. '하나님의 형상'인 '사람(아담)'은 보통명사다. 그에게는 하나님의 숨이 살아 있다. 그 숨은 잠시 질식시킬 수는 있어도 없애 버릴 수는 없다. 그것은 유한한 인간의 한계 밖의 일이다. 물론 하나님은 하실 수 있다. 그러나 그것은 하나님의 자기 부인이니 그의 전능성과 모순된다. 그의 자비와 전능은 오히려 질식한 숨을 살리는 데서 드러난다. 마태는 예수께서 성령으로 잉태되셨다고 한다. 스스로 '사람의 아들'이라 칭하신 분이 그러하시다면, 또 그가 제자들을 '친구'라 하신 것이 사실이라면, 우리는 모든 사람이 다 성령으로 말미암아 태어났다고 말해도 된다. 사람이 성령에 의해 거듭날 수 있다면(요 3:3-5) 잉태될 때도 성령이 관여하실 수 있다. 그것이 사람은 하나님의 숨이 불어넣어진 하나님의 형상이라는 창세기의 언명과 일치되는 해석이다. 사람은 그가 누구이든 다 하나님 안에서 하나다. 창세 시의 그 하나님의 미소는 모든 존재하는 것들에 새겨진 지워질 수 없는 본성이다. 그러므로 모든 종교는 하나님 안에서 협력할 수 있고 같이 평화를 위해 노력할 수 있다. 물론 성경에는 영원한 불못에 대한 언급이 있다. 그러나 사람이 할 일은, 예수께서 자기를 못 박는 자를 위해 간구하셨듯이 모든 사람의 구원과 '사망'의 종말을 간구하는 것이어야 한다. 그러나 장애물이 하나 있다. 구원을 얻으려면 십자가의 구속의 은총을 믿어야 한다는 그리스도교의 핵심 교리가 바로 그것이다. 만약 믿지 않는 자에게는 구원이 없다면 지금까지 말한 온 세상에 기쁨이 넘치는 종말의 때도 기대할 수 없다. 우리는 과연 이 대속의 교리를 어떻게 이해해야 하는가?

대속

예부터 '교회 밖에 구원 없다'는 전통 교리(배타주의)에 의문을 품은 사람이 한둘이 아니었다. 대표적 인물이 만인구원설을 제창한 오리게네스다. 그러나 본격적 논쟁은 그리스도교가 동양 문화권에 전래되면서 시작되었다. 그리고 타종교인에도 구원이 있는지, 예수를 듣도 보도 못한 사람은 어떻게 되는지 하는 등의 질문에 곤혹감을 느낀 이들은 결국 그리스도 안에 모두가 포섭된다거나(포괄주의 또는 그리스도 중심주의. 여기서 타종교인은 '익명의 그리스도인'으로 인정된다), 모든 종교가 하나님께로 가는 길(종교다원주의 또는 신중심주의)이라는 등의 대안을 제시하기에 이르렀다. 그러나 교회의 기본 입장은 전과 크게 달라진 게 없다. 타종교에도 진리가 있다는 정도(가톨릭)이지 구원이 있다고 단언하는 그리스도교 종파는 없다. 여기서 일일이 그 당부를 논할 필요는 없다. 중요한 것은 사람들에게 예수 그리스도는 누구인가 하는 것이다. 대속은 대속의 십자가를 지신 그분 자신의 마음에 따라 해석되어야 한다. 여기서 반드시 명심해야 할 것은 고통과 악에 시달리는 사람에게는 자유와 해방의 진리가 우선이며 그리스도께서는 누구보다도 명확히 이를 알고 계신다는 것이다.

간단히 '윤리적 악'의 상반되는 두 당사자인 가해자와 피해자를 생각해 보자. 고난 받는 성자가 없다면 피해자에게 하나님은 아주 멀리 계신 분일 수밖에 없다. 전능하시고 자비로우신 분이 자신을 고통 속에 팽개쳤다는 생각에 잠을 이루지 못한다. 무슨 큰 잘못한 일이 있나 헤아려 보지만 그런 일도 없다. 결국 하나님을 믿을 수 없게 되는 것이다. 이들에게는 하나님이 자신들 가운데 계신다는 확신을 줄 만한 무언가가 필요하다. 하나님은 자신들의 속사정을 낱낱이 다 아시고 부르짖음을 들으시는 분이라는 증거가 있어야 하는 것이다. 결국 하나님은 아들을 보내셔서 얼굴과 얼굴을 맞대고 자신이 누구신지 알게 하셔야만 한다. 십자가에 달리신 예수께서는 이들의 마음에서 원망과 복수심을 씻어낸다. 평화와 쉼이 찾아온다. 이것이 십자가의 신비요 성령의 역사다.

가해자들은 어떨까? 자기 행위가 악해서 빛을 피해 숨으려 하겠지만 (요 3:19-20) 사람이 죄 짓고는 못 산다. 용서 받지 못하면 고통이 살을 저민다. 카인이 그랬다. 속에 하나님의 숨이 있기 때문이다. 여기서 '대속'의 은총이 빛을 발한다. '그가 네 죄를 대신 감당하셨다'는 말이 그의 양심을 찌르고 회개로 이끌어간다. 대속을 이해하지 못하더라도 지극히 선한 분의 고난은 죄인들을 돌아서게 하는 힘이 있다. 그런데 대속을 법칙이라 하게 되면 이 힘이 대폭 약화된다. 영화 '밀양'이 고발하고 있는 바와 같이 뻔뻔한 가해자가 속출하고 피해자는 하나님을 떠난다. 순박한 교인들도 매주일 용서해 달라는 기도밖에 못한다. 그가 '징벌을 받음으로써' 하나님의 의가 이루어졌고 그가 '대신' 죄를 감당함으로써 사랑이 이루어졌다는 전통적 십자가 해석은 반드시 재고되어야 한다. 여기서 성부 하나님은 죄에 대해 반드시 피의 대가를 요구하시는 분이고 성자는 그보다 훨씬 자비로운 분이다. 두 분은 일체가 아니다.

십자가는 있는 그대로 느껴야 한다. 불의한 사람들이 지극히 선하신 하나님의 아들을 죽였다. 사람들의 적나라한 모습이 드러났다. 그와 함께 하나님의 아들이 어떻게 불의한 자들을 사랑하시는가도 명명백백히 드러났다. 그는 죄인들을 위해 기도하셨다. '원수 사랑'이 무엇인지 완벽히 보여주는 최초의 사건이었다. 원수 사랑은 하나님의 형상인 인간이 도달할 수 있는 구극의 경지다. 이 사랑이 사람으로 하여금 자신이 얼마나 형편없는 존재인가를 깨닫게 하고 하나님의 형상을 회복하는 길을 찾게 하는 것이다. 그래서 그는 "길이요 진리요 생명"이다(요 14:6). 이어지는 "나로 말미암지 않고는 아버지께로 올 자가 없느니라"는 말씀도 그 맥락에서 이해해야 한다. 그 사랑 마음에 품지 아니 하면 그에게 하나님 나라는 임하지 않는 것이다. 이 말씀은 하나님의 보좌를 지킨다는 명목으로 그를 죽이려 한 '외식하는 자들'을 향한 것이었다. 이웃은 사랑하고 원수를 미워하라는 율법은 극복되어야 했고, 그의 고난을 통해 비로소 원수를 사랑하시는 하나님 마음이 온전히 드러났다. 그는 하나님의 완전한 계시다. '성자 하나님'도 이런 의미로 새겨야 한다.

십자가에 달리신 예수님은 하나님이 정하신 구원의 법칙을 성취하려 하신 것이 아니다. 대속을 믿는 것이 구원의 유일한 길이라고 보면 그분 역시 또 하나의 지배자로 전락하게 된다. 교리를 손대지 않은 채 포섭주의를 주장하는 것도 한계가 분명하다. 타종교인들은 자신들이 '익명의 그리스도인'이라는 말에 코웃음을 친다. 많은 사람의 대속물로 자신을 내어주는 것(막 10:45)은 섬기는 자의 전형이요 하나님의 형상의 오롯한 구현이다. 이 본문 말씀 전체는 이러하다. "인자의 온 것은 섬김을 받으려 함이 아니라 도리어 섬기려 하고 자기 목숨을 많은 사람의 대속물로 주려 함이니라." 성령이 이끄시는 대로 말씀을 그냥 수용하자. 그러면 결코 피해자들의 원망이나 복수심도 죄이니 그의 대속하심을 믿고 구원을 얻으라는 말은 하지 못할 것이다. 하나님께는 사람들의 구원의 주를 고난으로 말미암아 온전케 하심이 진실로 합당했다(히 2:10).

사랑은 본디 자체 완결적이다. 덧붙이고 뺄 것도 없고 아무 걸림도 없다. 그가 만인을 사랑하신다면 만인이 그분 안에 이미 있다. 그 사랑에 감응하지 못하고 있다면 아직 그는 하나님의 형상을 회복하지 못한 상태에 있는 것일 뿐이다. 성령께서 함께하시는 그의 구원의 역사와 사랑의 힘은 사람이 가늠할 수 없으며 교회 마음대로 이렇다 저렇다 말할 수도 없다. 그를 알지 못하는 사람이 어떻게 되는지에 대해서도 함부로 단언해서는 안 된다. '양과 염소의 비유'에서 양으로 분류된 많은 사람들은 분명 '저는 주님을 만난 적이 없습니다'고 했다. 그러나 주님께서는 지극히 작은 자 하나에게 한 것이 곧 나에게 한 것이라 하셨다. 작은 사랑이라도 하늘까지 미치고 이웃 사랑이 곧 하나님 사랑이라는 말씀이다. 이웃을 사랑하고 하나님을 사랑하는 사람이 천국에 들어가지 못한다면 도대체 누가 들어간단 말인가. 기준은 오직 '걸림 없는 사랑' 하나뿐이다. 그의 사랑에 접한 사람은 분명 그분 안에서 하나님을 본다. 그는 스스로 '사람의 아들'이라 칭하셨고 한 분 하나님 외에는 선한 분이 없다 하셨으니(마 19:17) '하나님'이라는 호칭을 심히 부담스러워하실 것 같다. 그러나 사람이 느끼는 감동은 '성자 하나님'으로 표현해서 조금도 틀리지 않다. 진리가 완전히 체화된 사람에게서는 신적 광휘가 흘러나오는 법이다. 모르긴 해도 불교인들이 석가모니 부처님을 대할 때도 그런 감동이 있을 것이다.

현재의 교회는 예수 그리스도가 유일무이한 구원자요 그를 통하지 않고는 하나님 나라에 들어가지 못한다는 근본교리를 철회할 입장에 있지 않다. 예수님의 직접적 언명(요 14:6)에 기초한 것이기 때문이다. 그렇다고 그리스도교 안에 만인이 들어올 것이라고 기대할 수도 없다. 아마 앞으로 일만 년을 더 주더라도 현재 정도의 그리스도교는 모든 사람을 자신의 울타리 안에 들이지 못할 것이다. 문지기를 보니 안 들어가는 게 더 낫다고 할 정도로 내공이 형편없기 때문이다. 앞에서 본 바와 같이 '대속'은 이스라엘의 고통스러운 역사적 경험에 그 뿌리를 두고 있다. 타종교인들이 '고난 받는 야훼의 종'의 노래에는 감탄하면서 왜 대속의 '교리'에는 고개를 절레절레 흔드는지 교회는 심각하게 생각해 보아야 한다. '교리 수호'라는 명분이 그리스도의 진면목을 가리는 일이 결코 있어서는 안 된다. 나는 예수께서 모든 사람들 안에서 자신의 '뼈 중의 뼈'를 보셨다고 믿는다. 그에게는 모든 사람이 하나님의 형상이었다. '성찬'은 그 사람들 안에 자신이 사시고자 하는 비원의 상징이다. 하나님의 아들이 이들을 위해 목숨을 버리신 것이 어찌 믿지 않으면 지옥 가야 하는 냉혹한 법칙이 될 수 있겠는가.

뼈 중의 뼈

2007년 7월, 명파해수욕장 잔디회 바다 캠프. 내 일은 식사 돕는 것이었다. 모래사장이 뜨겁게 달아오르려는 아침, 무심히 당근을 깎고 있었다. 그런데, 누군가가 내 앞에 와 섰다. "당근은 그렇게 깎는 게 아니예요." 눈을 들어 보니 오며가며 마주친 꼽추 여인이었다. 그는 당근은 칼로 털듯이 쳐내는 거라며 몸소 시범을 보였다. 정말 빠르고 쉬웠다. 그러나 그녀는 나에게 당근 깎는 것을 가르친 게 아니었다. 그보다 훨씬 더 중요한 것, 즉 누구나 남에게 가르칠 것이 있다는 것을 가르쳐 준 것이다. 내 나이나 인상으로 보아 그가 내게 다가오는 것이 쉽지는 않았을 텐데, 그 여인은 아주 당당하게 나에게 가르침을 주었다. 그 눈, 아름다웠다. 앞뒤로 튀어나온 혹이 얼마나 많은 고뇌를 삭여내었을지 나는 모른다. 그러나 내 앞에 서 있는 꼽추 여인은 그대로 맑고 투명했다. 나는 그녀 안에서 내 '뼈 중의 뼈'를 보았다.

나는 기름을 '예비하지 않은' 다섯 처녀가 어떤 사람들인지 알지 못한다. 그러나 이 꼽추 여인이 기름을 '예비한' 다섯 처녀 안에 드는 것만은 확실하다. 이 비유(마 25:1-13)에서 열 처녀는 신부의 들러리다. 이들은 다 신랑을 기다렸고 준비도 했다. 그러나 그 중 다섯은 신부를 진실로 사랑했고 다섯은 그렇지 못했다. 그래서 신부를 사랑한 처녀들은 모든 준비를 하여 신부와 함께 신랑을 맞았고 신부를 사랑하지 않은 다섯 처녀들은 준비 없이 허둥대다가 결국 신랑을 맞이하지 못했다. 하나님을 믿고 그 나라가 오기를 고대했지만 하나님을 사랑하지 않았기에 예수를 알아보지 못한 이스라엘(요 5:39이하)을 빗댄 비유라 할 수 있지만 그것이 어디 옛날 한 때 일어난 일에 대한 비유이기만 하겠는가.

까치 그림으로 유명한 고 장욱진 화백이 어느 날 조용히 책상 앞에 앉아 불경을 읽는 아내의 뒷모습에서 불현듯 보살을 보았다. 그리고 일주일간 식음을 전폐하고 한 장의 그림을 그렸다. 우리가 흔히 보는 아름답고 풍만한 관세음보살상이 아니라 굵은 선으로 뼈대만 슥슥 그린 듯한 그런 그림이었다. 그런데 그 뒤가 더 흥미롭다. 그림을 완성한 후 장 화백은 몇 달을 끙끙 앓았는데, 이를 지켜본 부인이 남편을 앓게 한 불길한 그림이라 하여 팔아치워 버렸다. 장 화백은 이를 못내 아쉬워했다. 가까이 두고 볼 수 없었기 때문이다. 그러나 내 생각에, 장 화백은 오히려 남편 생각하는 평범한 아내에게서 불경 읽던 아내보다 더 완결된 보살을 보았지 않았을까 싶다. 왜냐하면 그림 속의 보살은 온갖 고초를 겪으며 나이가 든 한 여인, 바로 그 아내였기 때문이다. 나는 은행인가 어딘가에 비치되어 있던 잡지에서 우연히 그 그림과 해설을 보았다. 지금도 기억난다. 뼈만 남은 보살의 머리에 얹혀 있는 보관을 보고 찬탄에 찬탄을 거듭했던 것을. 그래, 장 화백은 술꾼 그림쟁이 남편만 바라보고 온갖 고초를 견디어낸 아내에게 보살의 보관을 씌워주고 싶었던 것이다. 그 보관 역시 종이 모자처럼 선으로만 표현되어 있었다. 화백의 장난끼가 발동해서였을까? 그 그림을 접하기 오래 전 장 화백과 친분이 있던 형님 내외분을 따라 장 화백 그림 전시회에 간 적이 있었다. 부인도 같이 계셨던 듯한데, 모습이 생각나지 않는다. 그러나 상관없다. 그분은 그 그림을 보고 "뭘 그만 일에 보관까지"라고 하실 만큼 정말 평범한 분이셨을 테니까. 그래서 차라리 보관을 머리에 쓸 만한 진짜 보살이다. 뼈대만 있는 보살. 화백은 아내에게서 자신의 '뼈 중의 뼈'를 본 것이다. 그것은 또한 자기 자신, 그리고 관음이었다. 그리스도인이 다른 사람에게서 하나님의 형상, 자신의 '뼈 중의 뼈'를 볼 수 있을까? 못 보고 있다면 장 화백에게서 배워야 한다.

『화엄경』 <야마천궁게찬품>에 이런 게송이 있다. "몸도 부처 아니고 부처도 몸 아니지만 다만 법으로 몸을 삼아(以法爲身) 온갖 법을 통달하도다." 이는 붓다에 대한 찬미이지만 실은 깨달은 자는 누구나 붓다처럼 법이 그의 몸이 된다는 것을 말해 주고 있다. 모든 중생은 다 불성을 가지고 있는 부처의 몸이다. 창세기도 인간은 '하나님의 형상'으로 지음 받았다고 했다. 그러므로 모든 사람에게 내재해 있는 이 존엄한 본성(眞我)을 꿰뚫어본 사람이 자신의 모든 것을 다른 사람들을 위해 '회향(廻

向)'하고 그들 대신 십자가를 지고자 한다면, 비록 더디긴 해도 공동체의 각성은 반드시 이루어진다. 의인 열 명이 있었다면 소돔성은 멸망하지 않았다(창 18:32). 하나님이 그 소수의 의인들을 통해 그 성읍에 머무실 수 있었기 때문이다.

진리의 스승들은 절대고독 속에서 궁극적 실재와 조우하면서(A. N. Whitehead, *Religion in the Making*, p. 19) 마침내 고통과 악의 종말에 대한 분명한 확신을 얻었다. 그리고 다시 세상 속으로 돌아와 사람들을 가르쳤다. 이들이 발견한 길은 서로 달라 보인다. 그러나 고통과 악에 대한 공감이 그 출발점이었다는 점에서는 동일하다. 이들은 어느 극단에 치우치지 않았다. 꽃 한 송이에서 하나님의 영광을 보면서도 삶에는 알곡과 가라지가 함께 있는 것을 명징하게 의식했고(마 13:24이하), 도는 하나로 귀일된다 하면서도 그 안에 선과 악이 공존하는 것(兩行)을 보았으며(장자), 세상의 악을 질타하면서도 인성은 본래 선하다고 설파했다(맹자). 이들은 자연 속에 현현하되 그것을 넘어서 있는 궁극적 실재의 존재를 인식하고 거기에 자신을 맡겼다. 그래서 자연을 배척하지도 거기에 함몰되지도 않았으며 스스로 절대자가 되지도 않았다. 비록 표현은 다를지라도 이들은 자연과 궁극적 실재와 관계성 안에서 인간의 지위와 존재 의미를 찾아내었다. 이제는 우리 자신들이 그 길을 가야 한다.

사람은 어떤 이의 주검 앞에서 그가 살면서 경험한 마음의 고통이 온 우주도 감당할 수 없을 만큼 크고 깊었다는 느낌을 받을 때가 있다. 그것은 거대한 슬픔이다. 그리고 쓰나미처럼 밀려오는 그의 고통을 자신이 받아들이고 있다는 사실에 놀란다. 공자와 붓다, 노자와 장자는 다 피비린내가 진동하던 시대를 산 사람들이다. 악과 고통의 문제야말로 이들의 첫 번째 관심사였으며 그런 문제의식이 이들의 마음을 근원적 실재에로 향하게 했다. 이들에게는 결코 역사의식이 결여되어 있지 않다. 장자의 선조들은 권력투쟁에 연루되어 격심한 고통을 겪었고 붓다의 조국도 늘 강대국의 위협에 노출되어 있었다. 이들은 그런 현실을 괴로워했기에 그것을 넘어서고자 했고 그 가르침이 고통과 악에 신음하는 민중들에게 위로를 가져다줄 수 있었다. 원효도 아미타불을 염송하면 극락에 왕생한다는 정토신앙으로써 전쟁으로 상처 입은 민중들을 위무했다. 그것은 인간이 줄 수 있는 위로가 아니었다. 요컨대 고대 동양인들도 이스라엘이 하나님으로부터 위로를 받았던 것과 유사한 경험을 했던 것이다.

보살은 지옥의 마지막 한 사람이 해탈할 때까지 그와 함께 지옥에 있고자 한다. 예수께서는 자신이 십자가에 달리면 모든 사람을 자신에게로 이끌겠노라고 하셨다(요 12:32). 자신을 배반한 유다도 그의 마음속에서 지워진 적이 없었다. 카릴 지브란이 유다는 '목숨이 백 개라면 백 번이라도 죽었을 것'이라고 느꼈던 것(『사람의 아들』, 서문)은 그를 향한 예수의 탄식(마 26:24)이 시공을 초월하여 사람들의 심정에 울리고 있기 때문이다. 대자비야말로 사람을 악과 고통에서 해방시키는 진정한 힘이다. 악한 자의 회심 없이 의는 완성될 수 없고 회심은 사랑 없이 이루어지지 않는다.

진리의 스승들은 자신을 낮추어 오묘한 궁극 실재의 신비를 알기 쉽게 설명했고 실천을 통해 그 말씀의 진실 됨을 몸소 증명했다. 정치적 종교적 억압이 사람들을 옭죄던 시대에 사랑으로 가득 찬 예수의 언행은 참으로 사람을 자유롭게 하는 진리였다. 그의 멍에는 쉽고 가벼웠다(마 11:29-30). 붓다로 하여금 40년 이상 법을 설하게 한 것도 괴로움에 시달리는 중생들에 대한 연민이었다. 그래서 사람들은 붓다의 자비가 자신을 번뇌에서 벗어나게 하리라 믿고 그 상 앞에 수없이 절을 하는 것이다. 공자의 가르침의 핵심도 사람 사는 근본도리여서 이해하기가 어렵지 않았다. 이분들이 가르치신 '사랑'과 '자비'와 '인'은 처절한 구도의 길에서 문득 조우하게 되었던 궁극적 실재의 본성이었다. 우주를 낳고 움직이는 근원적 정신이 분명히 있다. 인류의 스승들은 바로 그것을 밝혀 주었다.

가끔씩 사람들의 고통이 가슴을 저밀 때, 이들에게 필요한 것은 문수보살(文殊菩薩)의 지혜와 관음(觀音)의 자비, 보현(普賢)의 행함과 지장(地藏)의 눈물이라는 생각이 들곤 했다. 아마도 공자는 이 모두를 실현했던 사람일지도 모른다. 말년의 공자는 젊은 나이에 세상을 떠난 안회(顔回)를 눈물로 조상했지만 참혹하게 죽어 돌아온 자로(子路) 앞에서는 울지 않았다. 헤아릴 수 없이 많은 사람들이 비정한 역사의 수레바퀴에 깔려 죽는 것을 지켜본 하늘의 슬픔이 노도처럼 공자의 마음에 밀려들어왔기 때문이었을까? 하늘은 그렇게 공자에게 한없는 자신의 슬픔을 알림으로써 '아래'를 배워 '위'에 통달하려고 평생을 바친 그에게 마지막 은혜를 베풀었다. 진실로 공자를 안 이는 하늘이었고('知我者其天乎') 하늘을 안 이는 공자였다. 예수께서 십자가 위에서 죄인들의 용서를 간구하신 것도 땅의 사람들의 고뇌와 하나님의 슬픔을 아셨기 때문일 것이다.

보살들을 통해 표현된 붓다의 지혜와 자비가 곧 '법계(法界)'의 실상이며 공자의 인(仁)이 곧 '하늘'의 마음이다. 예수의 십자가는 그 자체가 바로 '하나님 나라'이다. 이 위대한 스승들은 이 세상 너머에 있는 거룩하고 자비로운 어떤 존재를 만났고 그 무한한 자비가 온 세상을 감싸고 있음을 알았다. 뿐만 아니라 그 자비는 이들 속에 육화(肉化)되어 이들로 하여금 온 몸을 던져 그 자비를 펼치도록 이끌어 갔다. 이들은 사람들과 궁극적 실재를 만나게 하는 단순한 매개자가 아니라 그 자신이 바로 궁극 실재의 현현이었다. 그래서 사람들은 이분들을 보며 궁극 실재가 사람과 단절된 절대타자가 아니라 본성적으로 사람과 세계 안에 육화되고 형상화되는 존재라는 것, 더 나아가 그들 자신이 또한 궁극적 실재의 '그릇'(행 9:15 참조)임을 깨닫는다.

진리의 스승들은 모든 사람이 궁극 실재 안에서 하나의 띠로 연결되어 있음을 깨달았기에 모든 사람이 고통과 악에서 해방되지 않는 한 스스로를 해방시킬 수 없다. 그래서 보살은 여전히 지옥에 있고 예수는 지금도 십자가를 지고 사람들을 위해 기도하신다. 종교 간의 힘겨루기란 이분들에게는 부질없는 짓이다. 사람을 살리는 사랑에는 차별도 없고 우열도 없기 때문이다. 예수께서는 일찍이 자리다툼하는 제자들에게 "너희 중에 누구든지 으뜸이 되고자 하는 자는 모든 사람의 종이 되어야 하리라"고 질타하신 적이 있다(막 10:44). 이는 오만해질 대로 오만해진 오늘날의 교회에 대해 하시는 말씀이라 해도 좋다. 이분들이 자신의 절대성을 주장한 때도 있었지만 그것은 오직 비진리가 진리의 자리를 차지하고 있을 때뿐이었다.

글을 마치며

또 현수가 전화를 했다. 넷째, 대학 1학년이다. 이것저것 물었다. 학교 과제란다. 나는 모르는 게 없는 줄 생각하지만 절대 그렇지 않다. 2007년 『의미를 추구하는 인간, 법률인』을 쓸 때는 문헌 자료 참고하고 경험 좀 섞어 쓰면 되었다. 그 후 7년 동안 이 책에 매달렸지만 '나는 아무것도 아는 것이 없구나' 하고 느낀 때가 한 두 번이 아니었다. 마지막까지 그랬다. 그러나 아는 게 하나 있다. 무언가 속에서 치밀어 오르는 것이 있으면 컴퓨터 자판에서 손을 뗄 때가 되었다는 것을. 변선환 선생 추모 논문을 쓸 때부터였다. 그 후 매번 그랬다. 이번도 예외는 아니었다. 마지막 '뼈 중의 뼈'를 쓰며 옛날에 써 놓았던 꼽추 여인의 이야기를 끼워 넣을 때였다. 한 소년을 태우고 진리의 강물 따라 흘러가던 조각배가 마침내 뭍에 닿은 것일까?

한동대에 온 지 12년. 정년은 2015년 2월. 강의는 계속하지만 인생의 한 고비가 꺾인다. 생각을 글로 비워냈으니 마음은 가볍다. 바람 따라 왔다가 갈대 잎 하나에 몸을 싣고 떠나는 기분이다. 하나님이 또 어디로 나를 이끌어 가실지는 모른다. 그러나 인생은 신비의 연속이며 어디에나 하나님의 '태초의 미소'가 있다는 것만은 분명하다.

부록

공동체 내 소집단의 자기 정체성 이해와 '정의의 원칙'

- 난지도 쓰레기 매립장 주민의 사례를 중심으로 -

1. 들어가는 말

2009년 1월 하순 서울 용산구 한강로 2가 재개발 지역에서 세입자들이 주거 생존권 쟁취 등을 요구하며 농성을 벌이다가 진압경찰과 충돌, 화재로 인해 경찰 1인 포함 6명이 사망하는 사고가 발생했다. 이 사건은 우리 사회 내의 한 작은 생활공동체가 갖고 있는 정의관과 그에 대응하는 또 다른 사회계층 및 정부의 정의관이 충돌한 데서 빚어진 비극이다. 그런 점에서 앞으로도 이와 유사한 사건은 얼마든지 발생할 수 있으며, 우리 사회의 안전과 평화를 위해서는 이 비극의 원인에 대한 국민적 차원의 이해와[1] 다양한 생활공동체의 각기 상이한 정의관을 조정해 줄 시스템이 필요하다.

이 논문은 그런 인식을 토대로 '난지도 쓰레기 매립장 주민들'이라는 특수 소집단이 국가 공동체 내에서 자신을 어떻게 이해하고 내외의 이해관계를 조정하려 했는지를 살펴보고, 그것을 정의의 원칙에 관한 최

1) 필자는 "평화는 비극의 이해이자 보존"이라는 화이트헤드의 통찰(Whitehead, 1967: 286)에 동의한다.

근의 논쟁에 비추어보면서 우리 사회가 안고 있는 구조적 갈등을 해소할 수 있는 현실적 방안을 찾으려는 데 그 목적이 있다.[2] 난지도의 경험으로 미루어보아[3] 용산사태는 '소유주와 사업자, 정부'가 '세입자들'의 입장을 고려하지 않고 자유주의 이데올로기를 당연한 정의의 원칙으로 밀어붙인 데서 비롯되었다. 이에 비해 난지도에서는 자유주의 이념을 전제로 하되 상대방을 의미 있는 타자로 인정하고 투쟁과 대화를 병행하면서 결론을 도출해 내는 공동체주의적 행위양태가 주조를 이루었다. 즉, 기존 법질서의 정의의 원칙들을 받아들이되 그 한계를 넘나들며 정부에게 자기 집단의 특수성을 납득시킴으로써 원하는 조치들을 이끌어 내었던 것이다.

이 글 앞부분에서는 우선 그 과정을 소상히 밝히고자 했다. '사회의 갈등구조 해소방안 찾기'는 사회 내의 소집단들이 다른 집단과 국가에 대해 어떤 생각을 가지고 있는지를 모르고서는 달성될 수 없는 일이기 때문이다. 이 작업에는 롤스의 「정의론」 이후 활발히 전개된 '자유주의와 공동체주의 논쟁'이 결정적 기여를 했다. 용산과 난지도는 거꾸로 이 논쟁의 당부를 가리는 사례가 될 수도 있지만, 그것은 이 글의 목적

---

2) 난지도 주민의 행태와 정의론의 관계에 대해서는 졸저, 『의미를 추구하는 인간, 법률인』(대구: 이문출판사, 2007)에도 언급되어 있지만, 이 논문은 주민들의 공동체의식의 심층 분석을 토대로 우리 사회의 갈등 구조를 해소할 수 있는 길을 찾으려는 것이라는 점에서 그 목적과 서술방식이 다르다.

3) 필자는 1982년부터 근 20년간 난지도 주민들과 치과진료, 야학, 교회 창립, 주택 건립을 위한 호구조사 등의 일로 관계를 맺어 왔고 그 경험을 토대로 이 글을 쓴다. 난지도 일에 관한 한 필자의 경험이 바로 일차 자료이다. 당시 만든 난지도 주민 분포도를 비롯하여 수백 쪽에 달하는 생생한 자료들을 보관하고 있지만 이 논문의 목적에 비추어 볼 때 그것들을 일일이 인용할 필요는 없다. 문서의 배후에 있는 사람들의 마음의 움직임이 더욱 중요한 것이기 때문이다.

이 아니기에 불필요한 논의는 생략했다. 논문의 후반부에서는 그러한 분석을 토대로 주민과 정부 등 관계 집단들이 갈등해소를 위해 어떻게 상대를 이해하고 대해야 하는지에 대해 서술했다. 재개발 사업에 정부가 개입하면 세입자들은 그것을 당연히 정부 사업으로 이해하고 합당한 배려를 기대하게 되는데, 이 소집단의 '자연발생적 정의감'(Ellul, 1969: 7)은 정부가 강경할수록 폭력을 수용하게 되고, 힘의 대립이 한번 폭력 사태로 이어지면 상대를 의미 있는 타자로 인정하고 대화에 임하는 것은 어렵게 된다. 사태가 이 지경에 이르면 정부가 어떤 정의의 원칙을 제시하더라도 그것은 반쪽짜리에 불과하게 된다. 논문의 마지막 부분에서 대화를 통한 '소통'을 강조한 것은 이러한 예상되는 사태에 대한 우려 때문이다. 필자는 난지도 주민과 용산 세입자들의 국가공동체 내에서의 자기 정체성에 대한 의식과 그것을 바탕으로 한 정의관이 기본적으로 크게 다르지 않다고 생각한다. 다른 것은 정부의 태도였고 그것이 역으로 주민들의 의식에 영향을 끼쳤다. 난지도 사례를 일반화할 수는 없지만 분명히 우리 사회의 갈등을 해소하는 데 중요한 참고자료는 될 것이다.

2. 소집단의 형성과 소집단 내의 소그룹들[4]

'공동체주의'의 대표적 논객 중 한 사람인 왈쩌(M. Walzer)는 공동체적 유대가 해체되는 현대사회의 분화 현상을 '지리적 유동성', '사회적 유동성', '결혼 유동성', '정치적 유동성'이라는 네 가지 유동성으로 설명

4) 여기서의 '소집단'은 난지도 주민 전체를, '소그룹'은 그 내부의 여러 집단을 가리킨다.

한 바 있다.[5)] 난지도 사람들은 그가 말한 '지리적 유동성'의 전형적인 예이다. 60년대에 들어 산업화가 진행되면서 빈곤탈출, 자녀교육 등 복합적 이유로 농촌인구의 대규모 도시이주가 이루어졌다. 일제의 지배와 전쟁 같은 외적 요인에 의해서가 아니라 국내에서 생계를 위해 자발적인 '인프라노마드'가 대거 등장한 것은 이때부터라고 보면 된다.[6)] 이런 인구 이동은 생산구조의 변화에 따른 불가피한 현상이었지만 이로 인해 '도시빈민' 문제가 우리 사회의 주요 이슈가 되었고 지금도 노숙자와의 경계선상에 있는 사람들이 몰려 사는 '쪽방촌'이 서울에만도 5군데가 있다. 아무튼 새로운 도시 인프라를 구축하지 않을 수 없는 상황에서 정부와 도시빈민 간에 많은 충돌이 있었다. 통상적인 정부 시책은 도시 곳곳에 허름한 집을 짓고 몰려 사는 이들을 한적한 곳에 집단으로 강제이주 시키는 것이었는데, 당시 철거담당 공무원의 경험담에 따르면 '땅에 금을 그어 새끼줄을 쳐놓고 텐트 등을 공여한 후 며칠 뒤 가만히 찾아가 보면 철거민들이 나름대로 알아서 잘 살고 있었다.'고 한다. '난지도 주민 문제'도 이런 우리 사회의 변화 가운데서 생겨난 일이다. 서울

5) '지리적 유동성(Geographic Mobility)'은 사람들이 거주지를 자주 바꾼다는 것이고, '사회적 유동성'이란 전세대로부터 물려받은 신념이나 관습과는 다른 삶을 산다는 것, '결혼 유동성'은 이혼 · 재혼 등으로 인한 가족해체와 부모 자식 간의 단절을, '정치적 유동성'은 모든 정치적 조직체로부터 자유롭고자 하는 시민들이 증가한다는 것이다(Walzer, 1995: 58-60).

6) 자크 아탈리는 노마드를 크게 '하이퍼 노마드'와 '인프라 노마드'로 구분한다. 하이퍼 노마드는 창의적 직업을 가진 소수의 사람들, 예컨대 고위 간부, 연구원, 예술가 등과 같이 부유하게 살아가는 소수의 자발적 노마드 집단을 말한다. 반면에 인프라 노마드는 생존을 위해 이동해야 하는 노숙자, 이주노동자, 망명객 등과 같이 어쩔 수 없이 노마드가 된 사람들로서 그 규모가 대규모로 발생하는 경향을 갖는다(자크 아탈리, 2005: 418-19).

이라는 대도시가 쏟아내는 엄청난 쓰레기를 처리하기 위해 서울시는 1978년부터 한강 하류에 있는 삼각주 난지도를 쓰레기 매립장으로 고시하고 토지를 수용, 주민들을 이주시킨 후 본격적으로 쓰레기를 매립하기 시작했고, 여기에 쓰레기를 재활용하여 생계를 유지하려는 사람들이 몰려들어 판잣집 마을을 형성하게 된 것이다.

난지도 주민들의 권리문제는 이 마을 공동체 형성에서 시작된다. 그 후 20년도 더 지난 2001년에 마지막 두 가구가 난지도를 떠날 때까지 이 권리관계는 대단히 복잡한 양상을 보여 왔다. 그 권리관계는 크게 난지도 주민 상호간의 관계와 국가와의 관계라는 두 유형으로 구분된다. 우선, 난지도 주민들은 재활용품을 수거할 '권리'를 둘러싸고 다시 몇 개의 더 작은 소그룹으로 나누어졌고 그 경계선은 대단히 분명했다. 그러나 국가와의 관계에서는 그러한 경계가 허물어지고 다른 기준에 의해 주민을 분류하고 권리관계를 확정하고자 하는 경향을 보였다. 밖에서 보면 '난지도 사람들'이라는 하나의 공동체인데 내부에서는 공동체 내의 작은 공동체들로 나누어져 각기 자신들의 권리의무관계를 형성해 나가고 있었던 것이다. 비록 소집단이라 하더라도 자기 정체성에 대한 인식은 이렇게 다층구조를 이루고 있었다. 자기 정체성은 타자와의 관계에 대한 인식을 기초로 하며 타자와의 관계는 사람마다 다를 수밖에 없기 때문이다. 아무튼 이는 한국인의 권리의식이 어떤 것인지를 보여주는 부분으로, 용산 등의 재개발 지역이나 대기업 노조와 같은 직역 내부에서도 이런 일은 일반적인 현상일 것으로 추측된다. 그 과정을 좀 더 자세히 살펴보자.

3. 주민들의 권리의무관계

(1) 소그룹들 상호간의 권리의무

1978년부터 1993년까지 마포구 상암동 난지도 82만 3천 평 부지는 서울시 쓰레기 매립장이었으며 실제 매립지는 57만 7천 평이었다. 지금은 월드컵 경기장과 아름다운 공원으로 변모했지만, 필자가 여기 발을 들여놓은 1982년에는 악취 풍기는 쓰레기 산 옆에 800여 가구 3천여 명의 사람들이 살았다. 이들은 상하수도도 없고 주민등록 이전도 되지 않고 우편물 배달도 되지 않는 곳에 판잣집을 짓고 살면서 각기 '앞벌이', '뒷벌이', '개인차', '구청차', '흙차' 등의 이름을 달고 쓰레기 재생사업에 종사하고 있었다. '앞벌이'와 '뒷벌이'는 재활용품을 수거하는 순서에 따른 분류로서 당연히 '앞벌이'가 소득이 높았다. '개인차'와 '구청차'는 취급대상 쓰레기가 개인차 쓰레기냐 구청차 쓰레기냐에 따른 분류로서, 원래는 구청차만 있었으나 물량이 늘어남에 따라 용역을 준 것이 개인차로 명명이 되었다. 서울시의 십 수 개 구 주민의 생활정도나 쓰레기 물량의 차이 때문에 구청차 사람들 사이에도 소득격차가 있었고 대개 한 구청 당 20-40명의 앞벌이와 뒷벌이가 있었다. '흙차'는 굴삭기 등 장비를 이용하여 건축폐기물이나 지하철공사장에서 나온 흙더미로 복토작업을 하는 사람으로서 흙을 싣고 들어오는 차들은 대당 상당액을 이들에게 지불하였다. 어느 난지도 주민들보다 이들의 소득이 높았고 작업도 쉬웠다. 이들 간에는 상호 소속의 변동이 어려워서 앞벌이의 경우, 한 사람이 나가면 한 사람이 들어오는 식이었고 권리금을 받고 지위를 이전하는 경우가 많았다. '흙차'는 거의 중세적 길드 조직이라 해도 과언이 아닐 정도로 들어가기가 힘들었다. 이들은 난지도의 어느 한 곳에 모여 살았지만 소그룹들끼리 따로 떨어져 살기도 했다. 그러다가 서울시에서 1984년에 지금의 난지 공원 주차장 터에 조립식 주택을 지어 집단거주지를 형성하고 살게 했다.

그러면, 이들 소그룹들의 권리의무의 성격은 무엇이었는가? 직업선택의 자유가 있는 나라에서 쓰레기 재활용사업에 종사하는 것은 자유이지만, 난지도 사람들은 그 자유의 범위 내에서 소그룹을 만들고 상호간에 진입장벽을 견고하게 쌓았다. 적어도 난지도 안에서만큼은 하고 싶다 해서 아무 일이나 할 수 있는 것이 아니었다. 여기서 '앞벌이'와 '뒷벌이'들의 권리는 쓰레기 수거, 즉 '포기'에 의해 무주물이 된 물건을 '선점'함으로써 소유권을 획득하는 것이었다. 그리고 처음에는 '앞벌이'만 있었는데, 점차 사람이 늘어나니까 어느 날부터 일차, 이차로 구분하여 쓰레기에 손을 대기로 원칙을 정하고부터 뒤에 온 사람들이 이른바 '뒷벌이'가 되었다. '앞벌이'의 영역을 침해해서는 안 되는 '뒷벌이'의 의무는 처음부터 '앞벌이'에 의해 부과된 것으로서 일종의 관습상의 의무라 할 수 있다. 그러나 아무도 이 의무를 위배하지 않은 것으로 보아 강제력은 실정법상의 의무 이상이었다. 의무를 위반하면 뒷벌이마저 할 수 없도록 제재를 받을 수밖에 없는 분위기였다. 이런 제도가 1982년에 이미 정착되어 있었던 것으로 보아 이는 난지도가 쓰레기 매립장으로 공시된 후 1, 2년 안에 사람들이 밀려들면서 빠르게 형성되었던 것으로 판단된다. '개인차'의 경우 물량이 적어 '뒷벌이'가 거의 없었던 데 비해 '구청차'는 철저히 '앞벌이'와 '뒷벌이'로 구분되어 배타적 권한 행사가 이루어졌으며, 각 구청 간의 이동도 특수한 사정이 없는 한 불가능했다. 이 역시 '뒷벌이'의 의무처럼 관습상의 의무였다. '흙차'의 경우, 원래 복토작업은 구청의 일이었지만 30여 명쯤 되는 소수의 사람들이 돈을 받고 스스로 장비를 동원해 복토를 하는 것을 보고 그것이 비용절감에 유용하다는 인식을 한 구청이 이를 용인함으로써 시작되었다. 그리고 서울시 지하철 공사로 흙의 양이 기하급수적으로 늘어나면서 '흙차'도 증가했는데, 그 숫자가 2백 50여 명 정도 되었을 때 이들은 더 이상 사람 숫자를 불리지 않고 상당한 고소득을 배타적 집단의 구성원들이 독점하였다. 이들의 권리의무의 성격은 '앞벌이'나 '뒷벌이'처럼 선점에 의한 소유권이 아니라 흙을 싣고 들어오는 차의 차주에게 용역을 제공하고 대가를 받는 '도급계약'에 의한 권리의무였다. 누구나 짐작할 수 있듯이 난지도 사람들은 다 '흙차'를 부러워했지만 이들은 철저한 심사를 거쳐 전체 구성원의 동의를 구한 뒤 신입회원을 영입하는 일종의 '조합' 체제를 구성하고 있었고 법을 잘 알지는 못했지만 내부적 권리의무는 대체로 조합의 법리에 따랐다. 그리고 난지도 주민은 물론이고 국가마저도 이들의 권리를 침해하거나 박탈하지 못했다. 이들의 배타적 권리 행사가 옳지 못하다고 판단한 정부가 이를 타파하기 위해 흙차의 진입로를 막고 다른 곳으로 흙차를 유도하려 했지만 그 길 위에 '흙차'들이 드러누워 항의하는 바람에 결국 무산되고 말았다. '목숨을 걸고' 권익을 지킨 것이다.

(2) 국가와의 관계에서 본 난지도 주민의 권리의무관계

난지도에는 원래 사유지가 많았으나 서울시가 수용하여 1978년 쓰레기 매립장으로 고시함으로써 사람이 거주할 수 없는 곳이 되었다. 그런데도 수천 명의 사람들이 마음대로 허름한 집을 짓고 살면서 재활용쓰레기 '수거권'을 가지고 돈을 벌고 있었다. 이 '수거권'에 대해 정부는 아무런 이의를 제기하지 않았으니 결국 관습상의 권리가 되었다고 할

수 있다. 국가는 이들의 소득에 대해 소득세를 부과한 적이 없었다. 사실상 납세의무를 면제 받은 것이다. 그 이유는 그것이 이미 사회문제화되고 있던 도시 빈민들의 생계수단이라는 점 외에 소득을 파악하기가 쉽지 않았던 것도 그 한 원인이었을 것이다. 만약 이들에게 세금을 부과하려 했더라면 아마 피탈질이 났을 것이다. 서울시민들도 이들의 삶에 대해 호기심을 갖고는 있었지만 권리관계를 문제 삼지는 않았다.

그러나 '거주권'에 대해서는 정부가 끊임없이 제동을 걸어 주민들이 은근히 기대했던 부동산취득시효를 중단시키곤 했다. 우리 민법 제 245조 ①항에 의하면 등기 없이도 20년을 점유하고 있으면 부동산 소유권을 취득할 수 있는데, 나중에 정말 20년이 흘러 이 권리 취득을 주장하는 사람이 꽤나 있었고 이를 토대로 '대토'를 국가에 요구하기도 했다. 그러나 정부는 '지혜롭게도' 일정한 주기로 철거계고장을 발부하거나 수시로 토지소유권이 서울시에 있음을 확인하는 공문을 발송하여 이런 권리 주장을 사전에 차단했다.

이와 같이 거주권 내지 토지 소유권에 대해서는 정부가 강경했지만 주민 복지 차원에서의 배려는 그런 대로 이루어졌다. 우선적으로 이루어진 것은 전기 공급이었고 이에 대해서는 한전에서 비용을 징수했다. 그리고 1984년에 그동안 화재와 홍수 피해가 빈발했던 것을 고려하여 조립식주택을 지어 주민들이 입주하도록 하고 상하수도도 개통되었으며 주민등록도 이곳의 번지로 이전할 수 있게 했다. 그러므로 1984년 이전에는 거주권도 인정하지 않다가 이때부터 그 실체를 국가가 인정했다고 할 수 있다. 그러나 앞서 말했듯이 토지 소유권을 서울시가 양보한 적은 없었다. 아무튼 이런 저간의 변화의 배경에는 한 사람의 노력이 있었다. 그의 발의로 많은 사람들이 협력하여 주민지도를 만들어 누가 어느 집에 사는지 파악하고 이를 토대로 한 세대 당 4. 25평의 조립식 주택을 정부가 건립하도록 기초자료를 만들었던 것이다. 특기할 것은 조사 시작과 함께 주택이 건립될 것이라는 소문이 돌자 800여 가구쯤 되던 세대 수가 몇 달 사이에 160세대 정도가 늘어 960가구가 되었다는 것이다. 다들 먼 훗날 이 '거주권'을 근거로 또 다른 주택 소유권을 취득할 수 있으리라 기대하고 알음알음으로 몰려들었기 때문이다. 그만큼 당시 한국의 주거문제는 전체적으로 열악했다. 정부주도로 아파트 200만 채 건립계획이 수립된 것도 이때쯤이다.

그리고 1993년 난지도 매립장이 폐쇄되기까지는 쓰레기 수거권이든 난지도 내의 거주권이든 일반 시민들에게 어떤 영향을 주는 것은 아니었기 때문에 이에 관해 특별한 사회적 논란이 일어나지 않았다. 그러나 폐쇄 시점을 얼마 앞둔 때부터 난지도에 솟아오른 높이가 90미터에 달하는 거대한 쓰레기 산의 용도를 놓고 논의가 일기 시작했고 그것이 무엇이든 주민들을 그냥 두고서는 아무 일도 할 수 없었기 때문에 결국 난지도 주민들의 이주문제가 서울시의 핵심과제 중의 하나가 될 수밖에 없었다. 이에 관해 서울시는 순차적으로 여러 이주 대책을 마련했고 1,000여 세대 주민 중 상당수는 거기에 응했다. 그러나 4백여 세대의 주민들은 난지도가 월드컵 경기장 부지로 확정되어 공사에 들어갈 때까지 주택 확보를 위해 악취를 견디며 살아갔고 결국 그 뜻을 관철했다.

먼저 정부가 제시한 방안은 임대주택으로의 입주였다. 60년대에는 도심 재개발을 위해 성남, 상계동 같은 특정 지역으로 집단이주를 시켰지만 그런 지역이 동이 나자 주민들에게 아파트 입주권을 주는 것이 일반화되었던 것이다. 그래서 여러 차례에 걸쳐 저소득층 2백여 가구는 보증금이 거의 없는 소규모 영구임대아파트에 입주했고 또 다른 4백여 가구는 좀 더 넓지만 보증금이 꽤 되는 공공 임대아파트에 입주했다. 그 대상은 '앞벌이', '뒷벌이', '흙차' 등의 구분 없이 난지도에 주민등록이 있는 사람이면 누구나 자격이 있었다. 이들은 후일 월드컵 경기장 주변에 들어선 아파트의 입주권을 얻은 사람들에 비하여 주택 확보라는 측면에서는 손해를 보았지만 자녀 교육이나 건강 등의 면에서는 득을 보았다. 필자가 알기로 이들은 그런대로 새로운 환경에 만족하며 살아가고 있다. 다른 대책으로는 농촌으로의 이주가 있었는데 이는 거의 호응을 얻지 못했다. 이들 중 상당수가 이농민으로서 농촌의 생산성을 누구보다도 더 잘 알고 있었기 때문이다. 난지도 내의 한 교회가 '대토'라는 명목으로 국가로부터 땅을 무상 취득하여 집단으로 농촌으로 옮겨가려 했지만 주민들의 반응도 없었고 국가도 냉담하여 실패했다. 김 진홍 목사가 청계천 판잣집 사람들을 남양만으로 이주시켜 두레마을을 만든 것이나 고 제 정구 의원이 양평동 판잣집 주민을 중심으로 시흥 복음자리 마을을 만든 것과 같은 일은 난지도에서는 일어나지 않았다. 자녀들이 이미 도시에 길들여진 상황에서 농촌에로의 복귀는 한갓 백일몽이었던 것이다. 이 점은 앞으로도 정책결정권자들이 특히 유념해야 할 부분이다. 아무튼 당시 서울시의 대책은 국가의 주택정책의 테두리 내에서 이루어진 것이었고 주민들은 이익을 비교형량하여 자신들의 진로를 선택했던 것이다.

이에 비해 남은 4백여 세대에 대해서는 정부도 골머리를 앓았다. 이들은 주민 숫자가 줄어들수록 끝까지 버티면 마지막에는 정부가 더 나은 조건을 제시할 것을 확신했고, 2002년의 월드컵대회를 코앞에 둔 정부는 결국 이들의 예상대로 경기장 주변 아파트 입주권이라는 권리를 부여함으로써 이들의 요구를 들어주고 말았다. 이들은 20여 년에 걸쳐 열악한 환경을 견디며 입주권을 확보했는데, 그 배경은 이렇다. 한국에서 아파트는 단독주택에 비해 훨씬 교환가치가 높으며 당시에는 입주권도 매매가 가능했다. 그러므로 입주권을 팔아 연립주택 같은 다른 형태의 주거를 확보할 수도 있고 그 돈으로 다른 사업을 벌일 수도 있었던 것이다. 물론 세금은 내야 했다. 입주권을 팔지 않고 그대로 입주하는 사람은 소유권 취득을 위해 은행으로부터 대출 받은 원금과 이자를 갚아나가야 하지만 언제든지 아파트를 팔아 차익을 얻을 수 있었다. 대충 60여 세대가 그대로 입주했다고 한다.

그런데, 주민들의 '난지도 엑소더스' 과정에서 대단히 흥미로운 일이 발생했다. 일부 주민들이 정부가 조립식주택을 지어준 것을 근거로 취득시효를 주장하면서 '대토'를 요구했던 것이다. 그러나 서울시는 간헐적으로 이곳이 서울시 부지임과 동시에 주택도 임시거주지로 서울시에 그 소유권이 있음을 분명히 함으로써 주민들의 이런 주장을 사전에 봉쇄하는 조치를 취해 왔다. 과거의 많은 경험이 이런 조치의 배경이 되었음은 물론이다. 그럼에도 불구하고 이 소수 주민들은 아파트 입주가 끝난 후에도 변호사의 조력으로 소송을 제기하기까지 했다. 물론 그 변호사도 법률관계를 사전에 잘 설명해 주었지만 이들의 요구가 워낙 강력해서 소송을 진행할 수밖에 없었다고 하는데, 결과는 예상대로였다.

아무튼 이렇게 해서 결국 월드컵 경기장 주변의 아파트 입주권을 주기로 약속하고 최종적으로 철거가 마무리된 것이 월드컵 개막 1년 전인 2001년 여름이었다. 그러나 문제는 엉뚱한 곳에서 터져 나왔다. '도시재개발법' 등 관련 법령에 의하면 아파트입주권은 다른 곳에 주택을 소유하고 있는 철거민에게는 주어지지 않게 되어 있었다. 이 제도는 그 나름의 정당성이 있다. 도시빈민의 집단거주지에 단칸방을 확보하고는 거기 살지도 않으면서 입주권을 챙기는 사람들이 상당히 있었기 때문이다. 그러나 난지도의 경우는 사정이 달랐다. 악취가 진동하는 난지도에서 쓰레기재활사업에 십 수 년을 종사하면서 번 돈을 탕진하지 않고 모아 겨우 전세 떠안고 집을 사 두었는데, 그 돈을 현금으로 갖고 있거나 아무렇게나 써버린 사람에게는 아파트를 주고 이것으로 미래를 위해 집을 산 사람들에게는 아무것도 주지 않는 것이 말이 되느냐는 것이다. 이 주장 또한 상당히 설득력이 있어서 현장의 공무원과 주민 간의 물밑작업 끝에 아파트 입주 시까지 그 집을 팔면 입주권을 준다는 타협이 이루어졌다. 법을 엄격히 적용한다면 불가능한 결론일지 모르나 서둘러 개발을 해야 하는 정부로서는 어쩔 수 없는 선택이었던 것으로 보인다.

그러나 이 타협안에 대해서마저 '내가 왜 그 집을 팔아야 하나?' 하며 끝까지 저항한 사람이 둘 있었다. 월드컵을 위해서는 하루 빨리 공사가 이루어져야 했던 관계로 철거반원이 들이닥쳤지만, 온갖 방법으로 강력히 반발하는 두 사람을 어찌 해볼 수가 없었다. 철거현장에서 우리가 흔히 볼 수 있는 모습인데, 결말은 이렇게 났다. 대치상황이 몇 주일째 지속되던 어느 날 아침, 어떻게 하다가 한 사람이 먼저 제압을 당했다. 이를 본 마지막 한 사람은 방에 석유를 뿌리고 불을 지른 후 LPG 가스통에 호스를 연결하여 마치 화염방사기처럼 철거반원들을 향해 불길을 내뿜었다. 그런데 당사자의 표현에 따르면, 이 불길을 뚫고 헬멧을 쓴 젊은 놈 하나가 굴러들어와 자기 바짓가랑이를 잡는데 그만 아들 생각이 나서 저항을 포기하고 말았다는 것이다. 국가의 정의는 그를 설득할 수 없었지만 자기에게 주어진 임무에 헌신하는 한 젊은이를 보며 그는 이렇게 자신의 요구를 접었다. 이 두 사람은 나중에 외부의 집을 처분하고 아파트에 입주했다.

입주권 부여에 있어 특이한 점은 주민들 내부의 소그룹들이 이 문제에 관한 한 아무런 역할을 하지 못했다는 것이다. 기준은 오직 '누가 끝까지 버텼느냐'는 것이었고 그가 쓰레기재생사업 아닌 다른 직업을 가졌건 '앞벌이'건 '뒷벌이'건 '흙차'건 구별하지 않았다. 일찍이 '정부시책에 순응하여' 자기 돈으로 보증금 내고 임대아파트에 나간 사람들 중에도 오랫동안 쓰레기더미에서 일했던 사람이 많았지만, 난지도에 남은 사람들은 이들을 배려하지 않았다. 끝까지 버티지 않았으니 자격이 없다는 게 이유였다. 그러나 더 특이한 것은 먼저 나간 사람들이 은연중에 자신들에게도 입주권을 받을 자격이 있지 않나 하고 생각은 했지만 더 이상 행동에 옮기지는 않았고 또 남은 사람들의 입주권에 대해서도 불공평한 처사라고 불평하지는 않았다는 것이다. 주거권에 대한 절박한 소망을 잘 알고 있었기 때문이다.

4. '자유주의와 공동체주의 논쟁'에 비추어 본 난지도 주민들의 주민들의 정의관

상술한 난지도 사례는 이른바 '자유주의와 공동체주의 논쟁'에서 불거진 이론들을 적용시켜 볼 수 있는 좋은 자료이다. 과연 우리나라 사람들은 자유주의적 사고에 따라 권리의무관계를 형성해 가는가? 아니면 공동체주의의 여러 주장들에 부합되는 행동양식을 보이는가? 이것도 저것도 아니라면 한국인들은 어떻게 어떤 내용의 정의의 원칙에 합의해

가는가?

'자유주의(liberalism)'와 공동체주의(communitarianism)' 논쟁은 존 롤스(John. Rawls)의 정의론(A Theory of Justice, 1971)에서 비롯되었지만 논의는 끝없이 확산되었고 결국 서구의 철학적 전통 전체가 도마 위에 올랐다. 이른바 '포스트모던' 시대가 윤리학에서도 열리게 된 것이다(송 재룡, 2006: 124이하). 잘 알다시피 자유주의는 로크와 데카르트 그리고 칸트에로 이어지는 서구 정치철학과 도덕철학의 적자(嫡子)이다. 그러나 공동체주의도 그와 동떨어진 이단아는 아니다. 이 논쟁의 핵심은 다원화된 사회에서 개인과 집단의 자율성을 어느 정도까지 인정할 것인가에 관한 것이며, 공동체주의도 자유주의에 대립되는 또 하나의 이념체계가 아니라 태생적으로 '자유주의의 테두리 안에서 이루어지는 자기비판적 성격을 띠고 있는' 정의론으로 이해되고 있다(이 진우, 1998: 244).

대체로 자유로운 인격과 공동체의 관계를 파악하는 데는 두 종류의 관점이 있다. 하나는 공동체의 규범적 토대에 관한 정치적-도덕적 관점이고 또 하나는 자아의 정체성(identity)과 관련된 존재론적 관점이다. 매킨타이어는 전자의 관점에서 자유주의의 정의원칙이 아무런 규범적 토대가 없음을 아리스토텔레스의 '공적(功績, desert)' 개념을 통해 밝히려 했고, 테일러는 후자의 관점에서 헤겔의 '인륜성(Sittlichkeit)' 개념을 가지고써 공동체와 관련된 자아의 정체성 구성문제를 해명하려 한다. 이제 이들의 관점에서 난지도 주민들의 법과 정의에 대한 의식을 조명해보자.

(1) 매킨타이어의 관점에서 본 난지도 주민들의 정의관

매킨타이어는 After Virtue(1984) 서두에서 도덕성의 언어에 콘텍스트가 상실되었음을 지적하고(MacIntyre, 1984: 1-4 / 18-22, 뒷부분은 번역서 쪽수. 이하 동일), 이 '상실된 콘텍스트'의 회복을 아리스토텔레스의 '덕'에서 찾는다. 아리스토텔레스에 의하면 "모든 나라는 일종의 공동생활체이며, 모든 공동생활체는 어떤 선한 목적을 위하여 구성된 것"이고(아리스토텔레스, 1981: 191, I 1, 1252a), "전체는 필연적으로 부분에 앞서는 것이므로, 국가는 가족이나 개인보다 앞서는 것이다"(아리스토텔레스, 1981: 194-195, I 2, 1252b). 그리고 이 공동체의 선한 목적, 즉 공동선에 기여하는 것이 '공적'이다. 정의롭다는 것은 모든 사람에게 그가 마땅히 받을 만한 것을 주는 것을 의미하며(MacIntyre, 1984: 152/227), 정의는 공적을 보상하고, 이미 구성된 공동체 내에서 공적 보상의 실패를 교정하는 덕이다(윗글, 156/232). '공적' 개념은 오직 공동체의 콘텍스트 속에, 즉 인간에 대한 선과 공동체의 선에 관한 공유된 이해를 기초적 유대로 하며 또 개인들이 그들의 일차적 이해관계를 이 선들과의 관계에서 규정하는, 그러한 공동체의 콘텍스트 속에 토대를 두고 있다(윗글, 250/368). 이와 같이 정의는 그 자체가 공동선이라는 분명한 목적을 가지고 있다. 그는 이렇게 말한다. "분명한 것은 나는 형제이고, 사촌이고, 손자이고, 이 가계와 저 마을 그리고 이 부족의 구성원이다. 그것들은 결코 우연히 인간에게 부여된 특성들이 아니며, 또 '진정한 자아'를 발견하기 위하여 제거되어야 할 특성들도 아니다. 그것들은 나의 실체의 한 부분으로서, 적어도 부분적으로 그리고 종종 전체적으로 나의 책무와 의무를 규정한다"(윗글, 33/63).

매킨타이어의 관점에서 볼 때 난지도 주민들의 권리 주장에서 주목할

점은 이들이 자신들의 권리를 '공적' 관념에 따라 이해했으며 서울시민은 그것을 정당한 것으로 인정하였는가 하는 것이다. 매킨타이어가 말하는 '공적'의 유무와 정도에 대한 판단은 소집단이 자신을 국가나 지방자치단체와 같은 큰 공동체 내의 한 부분으로 뚜렷하게 의식했을 때만 가능하다. 그런데 필자가 난지도 주민들로부터 자주 들은 말은 "우리가 재생시킨 쓰레기를 돈으로 따지면 한강 다리 두 개는 만들 정도가 된다."는 것이었다. 이는 주민들이 결코 자신들을 사회로부터 버림받은 '팔도의 잡놈들'로 이해하지는 않았다는 증거이다. 이들의 주장은 합리적 근거가 있다. 재활용 쓰레기는 한 달에 한 번 정도 무게로 달아 파는 것이어서 금세 난지도 전체 총액이 나오고 한강 다리 건설 금액은 대체로 떠도는 자료가 있었기 때문이다. 필자가 이 말을 전하면 관심 있는 일반시민들도 어느 정도 수긍했다. 그러나 이들과 맞닥뜨려 정책을 수행하는 공무원들 중에는 자신들의 봉급에 비추어 수천만 원의 차익을 남길 수 있는 아파트 입주권을 난지도 사람들에게 주는 것이 합당한가에 대해 회의적 시각을 가진 이도 있었다. 이들의 생각의 근저에는 '국민이 내는 세금으로 과연 이 정도까지 배려를 해야 하나?' 하는 질문이 도사리고 있었던 것으로 기억된다. 그러나 난지도 주민들은 '인간다운 생활을 할 권리'라든가 '행복추구권' 같은 추상적인 헌법상의 기본권을 터무니없이 주장한 바가 없다. 이들은 국가경제에 대한 공헌도라는 '공적'에 따른 보상만을 요구한 점에서 매킨타이어가 파악한 정의의 본질에 충실한 생활인이었다. 정부도 이를 인정, 이들의 주장을 수용했다. 이들과 이들의 아이들은 난지도를 탈출하여 서슴없이 시민사회로 걸어들어가 그 일원이 되었고, 그런 결말에 이르기까지 한 나라의 당당한 국민이라는 자부심을 잃은 적이 없었다. 용산을 비롯한 전국 곳곳의 철거지역 주민들도 이 점에 있어서 난지도 주민들과 결코 다를 바 없다. 이들은 근본적으로 자유민주주의라는 국가가 설정한 정의의 원칙에 동의하고 있는 것이다.

국가에 대한 권리주장은 그렇다 치고, 이들 내부의 차별화에 대한 주민들의 생각은 어떠했는가? 앞서 말한 '앞벌이', '뒷벌이', '흙차' 등 소집단 간의 소득격차로 인해 주민들 사이에 갈등이 일어나지는 않았다. 외형적으로 볼 때 이는 '선점'의 법적 효과를 인정한 것이라 하겠지만, 그 밑바탕에는 선점한 사람들의 뒷사람에 대한 배려가 깔려 있다. 먹고 살기 힘들어 난지도에 들어오고자 하는 사람들에게 먼저 정착한 사람들은 자기 집 옆에 이들이 판잣집을 짓고 살게 해주었고 일자리도 알선해 주었다. 요컨대 '가난한 사람들'의 심적 유대감이 소득 격차로 인한 갈등을 최소화하는 주된 요인이 되었던 것이다. 이는 난지도 사람들이 한국 사회가 정치적으로 자유주의에 기반을 둔 사회임에도 불구하고 서구식 자유주의적 행동양식이 아니라 한국 전래의 공동체적 유대관계[7] 속에서 공동선을 추구했다는 것을 의미한다. 사실 매킨타이어도 사람의 정의관이 이렇게 형성된다는 것을 꿰뚫어보고 있었다.[8]

(2) 테일러의 관점에서 본 난지도 주민들의 정의관

헤겔은 '인륜성(Sittlichkeit)'을 "자기의식 속에서 자신의 지식, 의지 그리고 이 의지의 행위를 통해 자신의 현실을 가지고 있는 살아있는

7) 옛부터 우리나라에 '두레공동체'라는 게 있었다. 이 이름을 따서 김 진홍 목사가 '두레교회'와 '두레마을'을 만들었다.

8) 위의 인용문(MacIntyre, 1984: 33/63)에서 보았듯이 그는 '공적' 관념이 가족 및 마을공동체와 자신과의 관계에 대한 자각에서 파생되는 것이라고 했다.

선(善)으로서의 자유의 이념"이라고 했다(Hegel, 1976: 292, §142). 인간은 '자유로운 의지'를 가진 주체이며,9) 이러한 개인이 역사적으로 규정된 현실을 통해 자유롭게 되어가는 정체성 형성과정이 인륜성이라는 것이다. 그리고 이 과정에 작동되는 원리가 바로 '주관성의 원리(das Prinzip der Subjektivität)'이다(이진우, 1998: 262).

테일러는 이러한 헤겔의 관점에로 돌아가 자유주의 사회에서 가능한 정체성의 형식을 탐구한다(Taylor, 1997: 49). 그는 현대적 개인주의가 사람들 각자가 모두 '논증이 불가능한' 자기 자신의 '가치들'을 가지고 있으며 이 가치들에 대해 타인이 도전해서는 안 된다는 인식론적 · 도덕적 입장 위에 서 있다고 보고, 각자가 자신의 방식대로 좋은 삶을 찾고 정부는 그러한 모든 시민을 동등하게 존중하는 이런 '가치중립적 자유주의'(윗글, 17, 21)는 자기파괴적 성격을 지니고 있다고 비판한다(윗글, 13-15). 자유주의적 선택은 이 가치들, 방향들, 삶의 형식들을 똑같이 가치 있는 것으로 판단하고 또 자유롭게 선택할 수 있다고 봄으로써 "기존의 의미지평(horizon of significance)의 존재를 부인"(윗글, 38)하고 타인에 대한 무관심을 초래하여 유대관계를 파괴하게 되는데, 이렇듯 역사와 유대관계의 결속을 배척하고 자아실현에 집중하는 '자아도취적' 개인주의는 결국 실존의 양식에 있어 자기파괴적(self-stultifying) 성격을 가지게 된다(윗글, 40)는 것이다.

이러한 문명의 양태에 대한 이해를 바탕으로 테일러는 '자아실현(self-fulfillment)'의 배후에서 작동하고 있는 강력한 '도덕적 이상'을 인정해야 한다고 주장하고 이에 대해 '본래성(Authenticity)'이라는 이름

9) 헤겔은 "대체로 법의 토대는 정신적인 것이요 더욱 정확한 장소와 출발점은 의지, 그것도 자유로운 의지"라고 한다(Hegel, 1976: 46, §4).

을 붙였다(윗글, 15-16). 이 본래성의 특징은 우리에게 무엇을 행하는 것이 올바른가를 가르쳐 주는 '내면의 소리'에 귀를 기울이게 하는데(윗글, 25-26), 그는 여기서 한 걸음 더 나아가 인간 삶의 양태가 근본적으로 '대화적' 성격에 있음을 환기시킴으로써 현대에 있어서 본래성의 의미를 더욱 분명히 하려 한다. 자아의 정체성 확립은 풍부한 인간의 '말'을 받아들임으로써, 다시 말해 자유주의자들이 흔히 그러하듯 '고독한 반성'이나 독백을 통해서가 아니라 항상 '의미 있는 타자'가 우리 안에서 인정하고자 하는 정체성과의 대화 안에서, 때로는 투쟁 안에서, 이루어진다고 보는 것이다(윗글, 32-33). 그리고 이처럼 어떤 사물들이 우리에게 의미 있는 것으로 나타날 수 있도록 해주는 배경이 바로 '의미지평'이며, 테일러는 이러한 의미지평이 역사적으로 형성되어 "우리에게 주어져 있다"고 이해한다(윗글, 39). 우리가 선택하는 다양한 가치들, 방향들, 삶의 형식들은 이미 우리가 어떤 것을 더 좋고 바람직하다고 판단할 수 있을 정도로 상이한 의미와 중요성을 갖고 있으며, 따라서 자신의 삶 속에서 의미를 찾고 또 자신의 정체성을 의미 있게 규정하고자 하는 행위자는 중요한 문제들의 의미지평 속에서 실존해야만 한다는 것이다(윗글, 37-41). 내 자신의 원초적 존재방식은 사회적으로가 아니라 내면적으로 창출되지만, 그것은 고립되어 이루어지는 것이 아니라 타인과의 때로는 명백하고 때로는 내면화된 대화를 통해 이룩된다(윗글, 47). 이와 같이 사람의 정체성이 의미 있는 타자와의 대화적 관계에 의존하는 이상 사람들은 결코 공동체를 자기실현의 '수단으로' 파악할 수 없게 된다(윗글, 52).

이데올로기로서의 추상적이고 형식적인 자유를 추구하는 사람이 아니라 '의미 있는 타자'와의 대화 가운데서 자아 정체성을 형성하고 이를 토대로 공동선의 관념과 정의의 원칙을 형성해 나간다고 하는 테일러적 인간상에 비추어 볼 때 난지도 주민들은 어떤 모습일까? 이들은 한국의 급격한 경제성장 과정에서 자신의 원래 직업과 터전을 떠나 대도시에서 새로 삶을 꾸려보려고 작정한 사람들로서, 그 첫 번째 관심사는 생계유지와 자녀 교육이었다. 산업화 시대에 소규모 농업으로 이런 목적을 달성한다는 것은 거의 불가능했기 때문에 이들은 모험을 감행했다. 산업화는 주어진 조건이었고 가족에 대한 책임의식은 한국 사람에게 있어서는 필수적으로 요구되는 덕목이었다. 이들은 이런 여러 조건들을 '의미지평'으로 하여 적극적으로 자신의 행동을 선택했으며, 자원재생을 통해 국가경제에 이바지하는 사람이라는 자부심, 즉 '공동체 내의 의미 있는 인간'이라는 의식으로 스스로를 무장하고 그것을 기반으로 당당히 권리를 주장했다. 그리고 내부적으로는 다른 사람들의 사정을 이해하고 난지도에 정착하는 것을 도와줌으로써, 비록 진입장벽이 높다는 한계는 있었지만 그들을 의미 있는 타자로 수용했다. 그런 점에서 자아 정체성 형성에 관한 테일러의 분석은 난지도 주민들에게 부합한다.

그러나 모든 난지도 사람들이 그러했던 것은 아니다. 아파트 입주권에 만족하지 않고 '대토' 관념에 근거하여 난지도 철거 후 1년이 넘게 무상에 가까운 아파트 소유를 위해 인권 변호사를 졸라댄 또 다른 소그룹도 있었다. 테일러는 '모든 사람'이 '의미지평' 속에서 실존한다고 보는 듯한데, 난지도의 경험으로 보아 어느 사회든지 어떤 의미지평도 인정하지 않고 오직 자신의 이익만을 추구하는 사람들은 항상 있는 것 같다. 니버가 「도덕적 인간과 비도덕적 사회」에서 지적한 집단이기주의[10]는 비록 일부 사람들이긴 하지만 난지도에서도 분명히 표출되었다.

---

10) 니버는 "개인적 이기심은 개별적으로 점잖게 나타날 때보다 연합해서 공동의

용산을 위시하여 많은 재개발지역에도 이런 사람들이 있을 것이다. 그러나 용산 참사를 계기로 발간된 재개발지역 주민들의 애환을 그린 책(조 혜원 외, 2009)에 따르면 재개발지역에서는 소유주와 사업자가 더 집단적 이기주의에 사로잡혀 있다. 이들은 자신들의 권리주장이 당연하다고 생각하는 점에서 개인주의적 자유주의 이데올로기의 신봉자들이다. 그리고 그에 대한 세입자들의 격렬한 저항이 참사를 불러일으켰으니, 결국 테일러가 지적한 가치중립적 자유주의의 자기파괴적 성격은 권력과 부를 가진 측이 자유주의 이데올로기를 절대화하는 데서 불거져 나온다고 하겠다.

테일러의 이론과 관련하여 주목할 필요가 있는 것은 난지도에서의 정부와 종교단체의 역할이다. 난지도에서는 용산과 비교할 수 없을 정도로 정부가 중요한 이해관계 당사자였고 종교단체 역시 난지도 문제에 관한 한 주도적 역할을 하려고 많은 노력을 기울였기 때문이다.

먼저 난지도에서의 정부의 역할에 관해서는, 단 한 사람의 탁월한 현장 공무원의 중요성을 절감하지 않을 수 없다. 그는 주민들의 애로사항을 서울시에 정확히 보고하고 해결책이 무엇인지도 생각해 냈다. 그리고 그러한 노력이 정부시책에 대한 주민들의 신뢰감을 높였고 결과적으로 난지도 주택 철거가 원만히 이루어지도록 했다. 그는 양 당사자가 추구하는 바가 무엇인지를 정확히 알고 상호간에 그 의미를 받아들일 수 있게 설득했다. 이 사람과 주민들은 서로를 '의미 있는 타자'로 받아들였고 대화를 통해 매킨타이어가 말한 '공적'에 대한 이견(異見)을 좁혀나갔다. 물론 이는 정부가 그 공무원을 신뢰했기 때문에 가능한 일이

충동으로 나타날 때 더욱 생생하게 표현되고 보다 더 누적적인 효과를 가져온다."고 했다(Niebuhr, 1960: Introduction, xii).

었다. 이처럼 주민들이 공무원의 존재를 인정하고 각종의 이주 대책을 협의했다는 것은 난지도 주민들이 치외법권 지역 주민으로 남기를 원치 않고 진정한 시민사회의 일원이 되기를 염원했다는 증거이다.[11] 바꾸어 말해 자유주의는 이들에게도 무엇과도 바꿀 수 없는 '의미 있는' 이념이자 제도였던 것이다. 용산 사태는 그 추이로 보아 이런 공직자의 활동이 미흡했거나 어떤 연유에서건 정부와 세입자는 원래 적대적일 수밖에 없다는 이분법적 사고가 당사자들을 사로잡음으로 해서 일어난 일이다. 난지도의 예를 보건대, 세입자들처럼 열악한 지위에 있는 이들이 처음부터 격렬한 저항자가 되는 것은 아니다. 이들의 저항은 소유주와 사업자와 정부의 일방적 밀어붙이기에 대한 반작용일 뿐이다. 이들은 사실 자유주의의 이념과 가치의 한도 내에서 자신들의 이익과 법적 지위를 보장 받으려는 의지가 훨씬 강하다. 정부가 이해관계가 예리하게 대립하고 있는 집단 상호간의 이익을 조절하려면 확고한 정의의 원칙에 입각한 대책을 제시하는 것도 중요할 뿐 아니라 상대를 의미 있는 타자로 인정한다는 것도 중요하다는 것을 깨우쳐 준 사람이 바로 난지도의 이

11) 80년대에 난지도는 서울시민들에게 그전에 흔히 거리에서 볼 수 있던 '넝마주이'들이 집단으로 모여사는 곳쯤으로 인식되고 있었고, 주민들 안에서도 자신들과 샛강 건너 상암본동 사람들은 별종의 인간이라는 인식이 있었다. 붙어 있는 동네였지만 교류도 별로 없었고 교회도 그리로 다니지 않았다. 주민 스스로도 어디 가나 자신들에게서 쓰레기 냄새가 난다고 생각해서 그렇기도 했지만 원래 특별한 인간관계가 없었기에 그럴 수도 있다. 주민 중에는 자신들을 '팔도의 잡놈들이 다 모인 곳'이라고 자조하는 사람도 있었고 또 실제로 하루 종일 술에 절어 사는 사람도 없진 않았지만, 대다수 사람들은 정말 성실하게 쓰레기 재활용 사업에 종사했다. 그런 점에서 이들에게는 자신들이 '치외법권 지역에 산다'는 의식과 함께 자녀들만큼은 시민사회의 일원이 되게 해야 한다는 강력한 염원이 있었다고 봐야 한다 . 난지도 사람들의 애환을 기술한 책으로는 <유 재순, 「난지도 사람들」, 서울: 글수레, 1985>, <이 정환, 「샛江」, 서울: 창작과비평사, 1977>이 있다.

공무원이다.

종교단체의 역할에 대해서는 테일러의 또 다른 통찰이 시사하는 바가 많다. 그는 자아 정체성 형성에 영향을 미치는 '의미지평'으로 유신론적 종교의 중요성을 강조하면서도 현실은 그렇지 못함을 애석해 하는데(Taylor, 1989: 310f.),[12] 난지도에서도 비슷한 일이 일어났다. 난지도에는 세 개의 개신교 교회가 있었고 수녀들의 지도를 받는 가톨릭 봉사단체가 하나 있었다. 이 가톨릭 단체는 의외로 철저히 봉사에 전념함으로써 전체 주민들을 위한 정치적 일에는 관여하지 않았다. 이에 비해 맨 처음 창립된 교회의 목사는 원래부터 주민들을 다른 곳으로 집단으로 이주시켜 모든 면에서 명실상부한 지도자가 되기를 꿈꾸던 이로 주민들이 동조하지 않아 그 꿈은 좌절되었다. 두 번째 교회의 목사는 교인들을 중심으로 권리 신장을 위해 동분서주했지만 대토나 아파트 요구 등 주장이 좀 과도해서 뜻을 이루지 못했다. 마지막에 설립된 교회는 필자가 주민들과 협력하여 창립한 교회로서 의료봉사, 지도 작성, 조립식주택 건립 등 주민복지에 기여한 바가 많았다. 그러나 대체로 보아 주민들이 난지도를 탈출하여 도시의 정착민이 되는 그런 정치적 영역의 일에 있어서는 사람들이 교회의 주장에 귀를 기울이지 않았다. 교인들까지도 그랬다. 이는 주민 개개인의 욕구가 다양하고 소그룹 간의 주장도 첨예하게 대립되고 있어서 교회가 끼어들 여지가 없었기 때문이었다. 물론 그런 노력이 전혀 없었던 것은 아니다. 필자를 중심으로 소수의 교인들이 '땅은 하나님의 것'(레 25:23)이라는 신념하에 난지도 일부 땅을 싼

12) 테일러는 이렇게 된 이렇게 된 결정적 이유는 더 많은 교육과 과학의 진보가 아니라 대다수 사람들이 도덕의 원천을 과거와는 전혀 다른 종류의 것, 다시 말해 반드시 하나님을 가정하지 않아도 되는 도덕의 원천들을 상정할 수 있게 된 데 있다고 본다(윗글, 313).

값에 '매입', 제3자 개발방식으로 아파트를 건립하여 입주하는 방안을 추진했지만 이는 월드컵 경기장 건설과 수색・상암지구 아파트 건립이라는 이미 확정된 정부의 난지도 개발계획과 어긋나는 것으로 일언지하에 거부되었다. 복음은 '온유한 자가 땅을 기업으로 받을 것'이라고 선포하지만(마 5:5), 그런 사람은 일찍 임대아파트로 이주해 나가고 은근히 다른 사람들이 빨리 나가주어서 남은 사람 숫자가 줄어들기를 바라고 또 먼저 나간 옛 동료들의 권리 주장을 일축했던 '독한 사람들'이 결국 프리미엄이 많은 아파트 입주권을 획득했다. 성경은 적어도 현실의 절박한 문제에 대한 해답은 될 수 없었다. 테일러의 분석대로, 이해관계가 날카롭게 대립하고 있는 현대의 정치적 경제적 생활영역에 있어서 교회는 의미 있는 당사자로서의 지위를 획득할 수 없었다. 복음과 현실 사이의 괴리는 의외로 깊고 넓었다. 다만 이들 교회는 땅을 점유하고 있었기 때문에 난지도를 떠나면서 상당액의 보상금을 받았다. 주민들도 어떤 형태로든 정부 시책에 따른 보상을 받았기 때문에[13] 이에 대해 이의를 제기하는 내부 주민은 없었다.

(3) 롤스 이론의 적합성

앞서 본 난지도 사람들의 행태는 롤스의 모델과는 일치하지 않는다. 롤스의 '정의의 원칙'은 '모든 사람은 다른 사람들의 유사한 자유와 양립할 수 있는 가장 광범위한 기본적 자유에 대하여 동등한 권리를 가져야 한다'는 '자유우선성의 원칙'과 '불평등은 최소수혜자에게 최대한의 이익을 보장하여야 한다'는 '차등의 원칙'을 요체로 하는데(Rawls, 1971:

13) 아파트 입주권을 받은 4백여 가구는 아파트 입주가 가능한 때까지 임대아파트로 이주, 실비만 내고 살았다.

60, 83, 302), 아파트 입주권을 받은 마지막 남은 4백여 가구에 관한 한 이들은 최소수혜자, 즉 영세민으로 영구 임대아파트에 이주해 나간 동료들에게 별다른 자비심을 보이지 않았다. 관용을 강조하는 롤스의 '공적 이성(public reason)'(Rawls, 1993: 154)도 난지도에서는 힘을 발휘하지 못했다. 또 내부적으로 '앞벌이', '뒷벌이', '흙차' 등 배타적 집단 간의 이동이 거의 불가능했다는 점에서 '자유우선성의 원칙'도 전혀 지켜지지 않았다. 그러나 뒤에서 보겠지만 차등의 원칙은 난지도 주민과 서울시민 전체와의 관계에서는 적용될 만한 가치를 가진 정의의 원칙이다.

5. 사회적 약자들의 희망 : 공적에 따른 보상과 주거권의 보장

난지도에서 끝까지 버틴 사람들의 경우, 그것이 '공적'인지는 잘 모르겠으나, 먼저 나간 사람들이 이에 대해 이의를 제기하지 않은 것은 그만한 처우가 합당하다고 생각했기 때문이다. 다시 말해 난지도 사람은 누구나 자신들이 쓰레기재활용사업에 종사한 이들로서 서울시내에 주거권을 가질 만한 공적이 있다고 생각한 것이다. 또 이 사업에 종사하지 않은 이도 있었지만 그것조차 문제 삼지 않은 것은 '공적' 이외에 '주거권'에 대한 인간 일반의 간절한 희망을 이들이 긍정하고 있었기 때문이다.

생각건대 이 공적과 주거권에 대한 희망을 어떻게 이해하고 수용하느냐 하는 것이 요사이 우리 사회에서 문제되고 있는 뉴타운 사업을 성패를 좌우하는 관건이다. 난지도에서는 현명한 공무원과 지혜로운 주민들이 있어 별 탈 없이 일이 성사되었다. 그러나 재개발 현장의 자료에 따르면 뉴타운 22개소의 총 세대의 세입자 비율은 72.24%, 또 다른 지역들은 80%를 넘고 있으며, 세입자세대 수 대비 임대주택 건립비율은 10% 내외다(조 혜원 외, 2009: 310-11).[14] 사실 이런 상황에서의 재개발이란 소수의 개발업자, 투기꾼, 땅 부자들의 배만 불리는 일에 불과하다. 재개발의 필요성이 제고된 것은 세입자들의 활동에 힘입은 바 큰데도 이들의 공적이 무시되고 또 주거권마저 소유권 절대라는 전통적 자유주의 이데올로기에 함몰되어 버린 것이다. 그러므로 언제든지 용산 사태와 같은 일이 재발할 수 있는 상황에서 정부가 할 일은 정말 '공적' 개념에 따른 정의의 원칙을 천명함과 동시에 절차적으로는 대화와 소통을 통해 이견을 좁혀나가는 것이라고 본다. 이 경우, 테일러의 '의미지평' 관념이 좋은 도구가 될 수 있다. 정부는 목전의 특정 목표를 이루는 데 급급하지 말고 인간의 자아 정체성은 의미 있는 타자[15]와의 대화적 관계에 의존하며 공동체의 정의도 그러한 관계를 토대로 할 때 비로소 안정적일 수 있다는 사실을 이해관계자 모두에게 상기시켜야 한다.

용산 사태를 계기로 서울 곳곳에서 벌어지고 있는 뉴타운 건설과 재건축, 재개발 사업에 대한 반성과 재검토가 이루어지고 있는데, 전문가들은 대체로 개발 속도를 조절한다거나 이해관계 당사자 간의 충분한 대화를 통해 세입자들의 기여도를 참작, 이를 보상비에 반영하여 철거민들이 현재의 주거 및 영업활동 수준을 유지할 수 있도록 해주어야 한다고 말한다. 일본의 경우 땅값 형성 과정에 주인뿐 아니라 거주자와 임차인의 기여도를 인정하여 재개발 때 30%의 기여보상비를 준다(동아

14) 난지도의 비율도 비슷하다. 아파트 입주권을 받은 400여 가구 중 실제 입주한 가구는 60여 가구뿐이고 그나마 그 중 상당수가 다시 아파트를 팔고 떠났다 한다. 높은 분양가를 견딜 수 없기 때문이다.

15) 이 타자는 국가, 일반국민, 특정 범위 내의 이해관계자 모두를 포함한다.

일보 2009. 1. 22. A4면). 또 최근 우리 정부는 '도시및주거환경정비법' 관련 규정을 개정, 종전 17%에 묶여 있던 세입자용 임대주택을 늘리는 방안을 마련했고 '순환용 임대주택' 건설도 추진 중이다(2010. 2. 1. 연합뉴스). 이 순환용 임대주택은 대단히 효용성이 크다. 난지도의 마지막 400여 세대는 이 임대주택에서 3년을 살다가 각자의 길을 갔다. 아무튼 정부가 재개발에 관여하는 이상[16] 가장 먼저 고려해야 할 것은 '공적'에 따른 보상과 '주거권' 확보를 원하는 세입자들의 자연발생적 정의감임을 명심해야 한다. 사실 세입자의 이익은 특별한 것이 아니다. 종전처럼 주거권과 영업권을 확보해 달라는 것에 불과하고 재개발 사업이 이를 수용 못할 만큼 규모가 작지도 않다.

여기서 개발과 관련하여 18세기 프리드리히 대왕 시절 프로이센 최고재판소의 판례를 한번 살펴보고자 한다. 물방앗간 주인 아놀드의 이웃이 물방앗간에 흘러드는 물을 끌어들여 물고기를 기르는 연못을 만들려 했는데 아놀드는 이 일로 인해 물이 부족하게 되어 물방아를 제대로 돌리지 못하는 사태를 야기할 것이라는 이유로 그것을 막아 달라는 소송을 제기했다. 최고재판소는 자신의 토지를 관통하여 흐르는 물은 어떻게 사용하든 상관없다 하여 그 이웃의 손을 들어주었다. 슈탐러(R. Stammler, 1856-1938)는 이 판례를 '정법(正法, just law)'의 원칙에 따라 이렇게 평석했다. <이들은 '참여'의 원칙에 따라 공동체 내의 한 이웃이며 따라서 어느 한 쪽이 연못 건설로 전적으로 피해자가 되어서는 안 되며 동시에 상대방도 단순히 자신의 권리 행사가 거부되어서는 안 된다. 아놀드의 불이익은 그 이웃이 그의 권리를 행사함으로써 피할 수

16) 세입자들은 결코 재개발을 민영사업이라 생각하지 않는다. 조 혜원 외, 2009: 308.

있는 손실의 범위를 넘어서는 안 된다.> 결국 양쪽의 손실을 비교형량하라는 얘기다. 프리드만은 아마 영국법에서라면 연못 축조는 용수권의 범위를 벗어나는 것이어서 아놀드가 승소할 것이고,[17] 사회주의 국가라면 연못이라는 개인적 사치는 주인의 생계 및 공동체의 식량 공급이라는 물방앗간의 생산적 용도에 양보해야 한다고 생각할 것이라고 했다(Friedman, 1953. 103-107).

우리나라는 어떨까? 아놀드가 세입자이고 토지소유자는 그 이웃이라 상정할 때, 현재로서는 법이 이웃의 손을 들어주었다고 할 수 있다. 그러나 난지도의 예를 보면, 우리나라의 적절한 모델은 롤스의 '차등의 원칙'에 따라 개발이 최소수혜자인 세입자에게 이익이 되도록 조정되는 것이라고 생각된다. 비록 난지도 내부에서는 이 원칙이 휴지조각에 불과했지만, 서울 시민들이 난지도 주민들에 대한 정부의 배려에 이의를 달지 않은 것은 난지도 주민과 서울 시민 전체와의 관계에서는 이 원칙이 받아들여질 만한 것이었기 때문이다. 즉 국민 일반의 정의감은 롤스의 차등의 원칙에 상당한 정도로 동의하고 있는 것이다. 이 차등의 원칙은 '자유우선성의 원칙'을 전제로 하는 것으로서 이웃을 의미 있는 타자로 인정하는 공동체주의와 일맥상통한다.[18] 아놀드 케이스에서는 이웃을 의미 있는 타자로 인정하지 않은 것이 문제였다. 요컨대 현실은 어떨지 몰라도 적어도 우리 사회가 지향해야 할 정의의 원칙은 다른 사람을 의미 있는 타자로 여기며 공적을 상호 인정해 주는 공동체주의와 함께 국민 일반이 가지고 있는 자유와 평등이라는 자유주의 이념까지 동시에

---

17) 이유는 설명이 없지만 아마도 영국은 물 부족 국가이기 때문이 아닌가 한다.

18) 그런 점에서 차등의 원칙도 결국 자유를 지향하는 것으로 봐야 한다. 생존권이 실질적 자유를 보장하는 것과 같다.

고려하는 것이어야 한다고 본다.[19]

6. 맺는 말

지금까지 난지도 주민이라는 우리 사회 내의 특수 소집단의 자기 정체성에 대한 의식과 행태를 분석하고 그것을 '자유주의와 공동체주의 논쟁'에 비추어 고찰하면서 용산 사태와 같은 우리 사회의 갈등구조를 해소할 수 있는 방도에 대해 서술했다. 한 가지 반드시 언급해야 할 것은 난지도 주민들이 사람이 거주하지 못하는 곳으로 고시된 쓰레기 매립장에 판잣집을 짓고 산 건은 분명 헌법상 보장된 자유권의 한계를 일탈한 것이며 용산 세입자들의 시위 또한 위법한 행위라는 점이다. 그러므로 이들의 행태는 국가가 용인할 수 없는 개인적 집단적 이기심의 발로라 해도 좋다. 그러나 이러한 행동을 한 배경에는 '생존'이라는 원초적 욕구가 있음을 이해해야 한다. 엄격한 법적용은 그 다음의 일이다. 현재 재개발지역에서 일어나고 있는 분쟁은 삶 속에 파고든 비극에 대한 이해 결여와 그에 따른 정부의 미숙한 대응에서 비롯된 것이다. 그러므로 정부와 사회 내의 소집단 간에 치열한 대립이 있을 때는 양쪽의 입장을 잘 이해하는 조정자들이 양쪽에서 나와서 대화를 통해 정의의 원칙을 정립하는 것이 가장 바람직하다는 점을 재차 강조하고 싶다. 격렬히 저항하는 사람 중에도 찾아보면 그런 마인드를 가진 사람이 반드시 있다. 정부는 이런 사람을 찾아내고 대화하는 끈기와 이해심이 필요하다. 난지도에도 그런 사람은 많았다. 어떤 이는 수년간 하루도 쉬지

19) 이 점에서 '참여(participation)'의 원칙을 강조한 슈탐러는 공동체주의의 선구자라 할 만하다.

않고 쓰레기 산에 올라 폐품을 주웠다. 그리고 그 아들은 반항과 순응을 반복하다가 40의 나이가 되어 여의도에 자그만 가게를 열었다. 저항자들의 속마음은 이렇다. 국가가 이를 감싸 안지 못하면 이들은 영원히 이방인이 된다. 이들은 원래 자신들의 이익을 위해 생명을 거는 사람들이 아니다. 정치적 야망이 존재할 리 없는 이들이기 때문이다. 이들은 다만 자신과 자신의 가족들이 시민사회의 일원이 되기를 바랄 뿐이다. 그러므로 정부와 그에 대항하는 소집단 간의 '소통'은 결코 불가능한 것이 아니다.

이제 난지도는 사라졌고 세월은 흘렀다. 그와 함께 난지도 노마드도 정착민이 되었다. 우리 사회 구성원들은 이들도 예술의 전당에서 정명훈의 음악을 듣고 싶어 하고 아들딸들이 호텔커피숍에서 친구를 만나기를 바란다는 것을 알아야 한다. 필자도 오랫동안 그것은 불가능하다고 생각했다. 그러나 아니었다. 이들은 그렇게 했다. 삶은 참으로 경이로운 것이다. 지금도 생생히 기억난다. 필자가 주민 지도 작성을 위해 처음 찾아간 판잣집의 주인은 '외팔이 최'라고 불리는 중년의 사나이, 반생을 쓰레기와 함께 살아왔다는 그는 우리가 하는 일이 반드시 필요하다고 했다. 거대한 쓰레기 산 옆의 먼지 뒤집어 쓴 작은 판잣집이었지만 그의 방은 정갈했고 그의 숨결은 고요했다. 한쪽 팔을 잃은 고통 속에서도 매일매일 인간다운 삶을 위해 쓰레기 더미를 뒤져야 했던 그 조선의 아들, 이미 고인이 되었을지 모를 그가 '지금 여기서' '의미 있는 타자'로 불쑥 필자의 마음속에 들어와 자리를 잡았다.

[참고문헌]

Ellul, J., *The Theological Foundation of Law*, trans. by Marguerite Wieser(New York: The Seabury Press, 1969).

Friedmann, W., *Legal Theory*(London: Stevens & Sons Ltd, 1953).

Hegel, G. W. F., *Grundlinien der Philosophie des Rechts*(Frankfurt am Main: Suhrkamp, 1976).

MacIntyre, Alasdair, *After Virtue -A Study in Moral Theory*(Notre Dame: University of Notre Dame Press, 1984). 번역서는, 매킨타이어, 알래스데어,「덕의 상실」(이 진우 옮김)(서울: 문예출판사, 1997).

Niebuhr, R., *Moral Man and Immoral Society*(New York: Charles Scribner's Sons, 1960).

Rawls, John, *A Theory of Justice*(Cambridge, Massachusetts: Harvard University Press, 1971).

Rawls, John, *Political Liberalism*(New York: Columbia University Press, 1993).

Taylor, Charles, *Sources of the Self: The Making of the Modern Identity*(Cambridge: Harvard University Press, 1989).

Taylor, Charles, *The Ethics of Authenticity*(Cambridge: Harvard University Press, 1997).

Walzer, Michael, "The Communitarian Critique of Liberalism", Amitai Etzioni(엮음), *New Communitarian Thinking, Persons, Virtues, Institytions, and Communities*(Charlottesville and London: University Press of Virginia, 1995).

Whitehead, A. N., *Adventures of Ideas*(New York: Macmillian Co., 1967)

송 재룡, 「포스트 모던 시대와 공동체주의」(서울: 철학과현실사, 2001).

송 재룡, "포스트 모던 조건과 '윤리적 전환' 테제의 가능성", 「사회이론」, 30호(2006).

아리스토텔레스(1981), 「정치학」(김 완수 · 천 병희 옮김)(서울: 휘문출판사, 1981).
이 진우, "공동체주의의 철학적 변형", 「철학연구」, 42집(1998).
자크 아탈리(2005), 「호모 노마드 : 유목하는 인간」(이 효숙 옮김)(서울: 웅진닷컴, 2005). "L'homme Nomade (titled "Homo Nomad" in Korea)," published in 2003,
조 혜원 외, 「여기 사람이 있다」(서울: 삶이 보이는 창, 2009).
지 승원, 「의미를 추구하는 인간, 법률인」(대구: 이문출판사, 2007).